Dietrich Hermann Hegewisch

Geschichte der Regierung Kaiser Karls des Großen

EHV
HISTORY

Dietrich Hermann Hegewisch

Geschichte der Regierung Kaiser Karls des Großen

ISBN/EAN: 9783955643133

Auflage: 1

Erscheinungsjahr: 2013

Erscheinungsort: Bremen, Deutschland

EHV
HISTORY

Geschichte der Regierung
Kaiser Karls des Großen.

Von

D. H. Hegewisch,

Professor zu Kiel.

Hamburg,
bey Carl Ernst Bohn 1791.

Vorrede.

Gewisse Schickfale, die mich trafen, zum Theil Folgen des dänischen Indigenatgesetzes, veranlaßten mich, die Schriftstellerbahn, zu der ich mich nicht berufen glaubte, zu betreten. In der traurigen Muße, worin jene Schickfale mich versetzten, schrieb ich zu

Ham=

Vorrede.

Hamburg, aufgemuntert von meinen dortigen Freunden den **Versuch einer Geschichte Kaiser Karls des Großen** *). Der von mir sehr gewünschte, aber kaum gehoffte Beyfall, womit Kenner, womit ein Pütter, womit ein Menſel meine Arbeit beehrten, erzeugte bey mir den natürlichen, lebhaften und festen Vorſatz, einem ſo gütig angenommenen Werke alle -mögliche Vollkommenheit zu geben. Allein Vorſätze dieſer Art können nur von Lieblingen des Glücks, denen es alle äuſſerlichen Hülfsmittel zur Erreichung ihrer Zwecke zuwendet, ausgeführt werden, und ich war nie dieſer Liebling. Indeſſen gab ich meinen Vorſatz nie auf, manche Stunde verwandt'

---

*) Leipzig 1777.

Vorrede.

wandt' ich auf die unangenehmste und be=
schwerlichste aller Beschäftigungen, auf die
Umarbeitung jenes Versuchs, und gegenwär=
tiges neue Werk ist die Frucht meines Be=
strebens.

Auf dem Felde der deutschen Geschichte
sind seit jenem meinen Versuche der Männer
viel erschienen, die es mit dem glücklichsten
Erfolge bearbeitet haben, alle mit großen Ta=
lenten gerüstet, — alle durch einen großen,
zum Theil durch einen beneidenswerthen
Reichthum von Hülfsmitteln, weit mehr im
Stande, wie ich, große Plane zu vollen=
den. Alles, was ich den Freunden meiner
Schriften über meine künftigen Entschlüsse

*3   sagen

sagen kann, ist, daß ich vielleicht noch die Periode von Konrad II. bis zu Maximilian I. in ein paar Gemählden aufstelle, deren einziges Interesse dann vielleicht von dem Gesichtspunkte abhängen wird, aus welchem iene Zeiten jedem Deutschen, wie ich glaube, am interessantesten und lehrreichsten erscheinen müssen.

Geschichte
Kaiser Karls des Großen.

Erstes Kapitel.

Inhalt.

Entstehung der fränkischen Nation — Veranlassung ihres
Namens — Wahrscheinliche erste Epoche desselben — Ihr
Vaterland — Ihr Zustand bey ihrer ersten Bekanntschaft
mit den Römern — Sie hatten Ackerbau — Beweise da=
von — Sie hatten Obrigkeiten mit richterlicher Gewalt —
Ihre Geseze Mord betreffend, wider den Vorwurf der
Barbarey vertheidiget — Die Nachbarschaft der Römer
und die Kriege mit ihnen hatten einen entscheidenden,
mehr nachtheiligen, als heilsamen, Einfluß auf den Cha=
rakter der Deutschen — Sie lernten von den Römern,
sich einige Bequemlichkeiten des Lebens zu verschaffen —
Aber der Hang zum Kriege, Raubsucht und Gewaltthä=
tigkeit bekam durch die gegenseitige Erbitterung das Ueber=
gewicht — Abwechselndes Glück der Franken in ihren
Kriegen gegen die Römer — Zwey Meinungen über die
Art, wie sie die Eroberung Galliens zu Stande brachten —
Die wahren Umstände von dieser Begebenheit — Dama=
liger Zustand Galliens — Staatsverfassung der Franken —
In welchem Sinn die königliche Würde bey ihnen erblich
war — Ceremonie, wodurch die neuen Könige vom Volke
anerkannt wurden — Einkünfte der Könige — Verfassung
des Hofes — Ansehn und Einfluß der Geistlichen —

Hegewisch Gesch.   A   Wann

Wann der Unterschied zwischen Franken und Galliern auf
gehört habe, und aus beyden eine Nation geworden sey —
Chlodowichs Nachfolger — Ihre Lasterhaftigkeit — Veranlassungen der Revolution, wodurch die Merovinger gestürzt
wurden — Theilungen — Majores Domus — Vorfahren
Kaiser Karls des Großen — Pipin — Karls Vater wird
König — Anmerkungen über die Mitwirkung der Päbste
zu dieser Begebenheit.

Ueber den Ursprung der Franken konnten die Geschichtforscher nur so lange verschiedner Meinung seyn, als sie
entweder Volkssagen zu viel Gewicht beylegten, oder sich
von Nationalvorurtheilen verblenden ließen, oder zu ihren
Untersuchungen mehr falsche Gelehrsamkeit als Urtheilskraft mitbrachten, oder endlich auch durch die Begierde,
etwas Neues zu sagen, verführt wurden. Man braucht
nur die römischen Autoren, die von den Kriegen der
Römer und der Deutschen handeln, im Zusammenhange
mit Aufmerksamkeit gelesen zu haben, um sich von der
einzigen wahren Art, wie das Volk der Franken entstand, zu überzeugen. Sie entstanden, wie alle große
Völker entstanden sind, durch Verbindungen kleiner Völkerschaften, die durch verschiedene Umstände veranlaßt
wurden, sich, bald gezwungen, bald freywillig, einem ge-
meinschaftlichem Oberhaupte zu unterwerfen. Die Römer fingen unter dem August an, und fuhren, mit einer
Art von Hartnäckigkeit, Jahrhunderte fort, die Völker,
die vom Unterrhein bis zur Weser wohnten, ihrer Herrschaft unterwerfen zu wollen. Diese Völker, die Bruk-
terer, die Chamaver, die Chauder, die Sikambrer und
andere, deren Namen den Lesern der römischen Geschichte
bekannt sind, vertheidigten sich; oft mit unglücklichem
Erfolge, aber stets mit neuem Muthe: die meiste Zeit
einzeln, jedes für sich; selten mit vereinigten Kräften.
Endlich schlossen einige von ihnen einen neuen Bund gegen

gen den gemeinschaftlichen Feind, und es ist wahrscheinlich, daß sie sich bey dieser Gelegenheit einen Namen gaben, der ihren angelegensten Wunsch, der den Gegenstand ihrer feurigen Bestrebungen am besten bezeichnete, den Namen der Franken, das ist, freyer, unabhängiger Völker. Das Wort Frank hat noch heut zu Tage in einigen deutschen Mundarten diese Bedeutung. Frank und frey ist in ihnen ein gewöhnlicher Ausdruck, der eine völlige Abwesenheit aller Arten von Zwang oder Verpflichtung bedeutet. Völlige Freyheit von der Herrschaft der Römer, war die Absicht des erwähnten Bundes.

Einige römische Verfasser gedenken eines solchen unter den genannten Völkern geschlossenen Bundes [1]). Ungefähr um eben die Zeit fangen sie zuerst an, der Franken zu erwähnen; der Name hingegen jener Völker kommt selten mehr vor, oder wenn er irgend wo gebraucht wird, so ist es von solchen Personen, von welchen wir aus andern Stellen wissen, daß sie Franken waren [2]). Diese Umstände sind hinlänglich, die Entstehungsart der Nation der Franken zu erklären. Ein fast authentisches Zeugniß, daß dieses ihr Ursprung war, hat uns die Na-

A 2

tion

---

[1]) Nazarius Paneg. in Constant. c. XVIII. Quid memorem Bructeros? quid Chamauos? quid Cheruscos, Vangiones, Alamannos, Tubantes? bellicum strepunt nomina, et immanitas barbariae in ipsis vocabulis adhibet horrorem. Hi omnes sigillatim, dein pariter armati, conspiratione foederatae societatis exarserunt.

[2]) Als Chlodowich die Taufe bekommen sollte, redete ihn der heilige Remigius, der die Handlung verrichtete, an: Mitis depone Sicamber colla etc. Gregor. Turon II, 31. In der Tab. Peut steht: Chauci, Ampsiuarii, Cherusci, Chamaui, qui et Franci.

tion selbst durch eben die Bevollmächtigte, durch die sie ihr
Gesetzbuch schreiben ließ, hinterlassen. Diese Bevoll=
mächtigte nennen die Franken, in der Vorrede zu den
salischen Gesetzen, „eine durch Gott entstandne, durch
den Bund, der sie vereinige, starke Nation, und rühmt
sich durch ihre Tapferkeit das harte Joch der Römer
zerbrochen zu haben ³)“

Ich habe gesagt, ein Bund, durch den diese Völker
sich vereinigten, habe wahrscheinlich veranlaßt, daß sie
sich Franken nannten.   Eigentlich wurden dergleichen
Bündnisse öfterer geschlossen, aber auch wieder getrennt,
bald durch die List oder Uebermacht der Römer, bald
durch die Schuld der Bundesgenossen selbst.   Und was
den Namen Franken anbetrift, so muß man sich nicht
vorstellen, daß sie ihn feyerlich annahmen, so wie sich et=
wa die dreyzehn americanische Colonien, als sie sich un=
abhängig erklärten, den Namen der dreyzehn vereinigten
Staaten beylegten.   Sondern die Sache scheint sich so
zu verhalten.   Die deutschen Völkerschaften auf der west=
lichen Seite des Rheins hatten sich an eine gewisse Ab=
hängigkeit von den Römern gewöhnt.   Sie waren, einige
mehr, die andern weniger dienstbar.   Jene Völker aber,
die das römische Joch nicht tragen wollten, und die mei=
stens zwischen dem Unterrhein, der Nordsee und der Weser
wohnten, rühmten sich ihrer errungenen Freyheit gegen
diese ihre dienstbaren Landesleute, wie sich der Engländer
lange dadurch, daß er sich den freyen Britten nannte,
                                                            über

---

³) Prologus Legis Salicae: Gens Francorum inclita, au=
    ctore Deo condita, fortis in armis, firma pacis foedere
    etc   Haec est enim gens, quae fortis dum esset et robore
    valida, Romanorum jugum durissimum de suis cerui=
    cibus excussit pugnando.

über andere Nationen zu erheben glaubte. Es ist also
eigentlich eben so unmöglich, die Zeit zu bestimmen, wo
das Beywort, franke Völker, angefangen hat, ein eigen-
thümlicher Name aller der zu ihrer gemeinschaftlichen
Vertheidigung zusammengetretenen Völker zu werden,
als es unmöglich ist einen Zeitpunkt zu bestimmen, wo
das Wort Eidgenosse, welches überhaupt die Genossen
eines Eides oder diejenigen bedeutet, die in eine eidliche
Verbindung eintreten, angefangen hat, ein eigenthümli-
cher Name der Schweizer zu werden. Ob also gleich
die Römer erst ungefehr zweyhundert und vierzig Jahr
nach Christi Geburt anfiengen, den Namen Franken, als
einen eigenthümlichen Namen dieser Völker zu brauchen,
so muß man doch natürlicherweise annehmen, daß er
schon lange vorher unter diesen Völkern im Gange war.

Die erste Veranlassung, daß einige deutsche Völker
sich als franken oder freye von denen unterschieden, die
der Römer Herrschaft muthlos oder willig ertrugen, wurde
vielleicht durch den anfangs glücklichen Erfolg der Unternehmungen des Civilis gegeben, die Tacitus im vierten
Buch seiner Geschichte beschrieben hat. Civilis, ein
Bataver aus einer der vornehmsten Familien hatte in
römischen Diensten gestanden. Einer erlittnen vermeinten Beschimpfung wegen verließ er sie, und brachte Verbindungen zwischen den Batavern, Friesen und andern
Völkerschaften gegen die Römer zu Stande. Ihre ersten
Bestrebungen gelangen ihren, und nun wurden sie in
ganz Gallien und Deutschland berühmt, als die ersten,
die andern Völkern auf dem Wege verangingen, auf
welchem sie ihre Freyheit wieder erlangen, auf welchem
sie franke Völker werden könnten *).

A 3   Die

---

*) Folgende Stelle beym Tacitus, Hiftor. IV, 17. enthält
wahrscheinlich die wahre Epoche, da der Name franke
Völker

Die ersten Franken also wohnten ursprünglich in dem Theile von Deutschland, welcher durch den Rhein, die Nordsee und die Weser begränzt wird. Ein vollständiges Gemälde ihrer Verfassung, ihrer Sitten und Gewohnheiten kann ich hier nicht liefern. Es würde eine zu weitläuftige Arbeit für meine gegenwärtige Absicht seyn. Ich will mich mit einigen Anmerkungen begnügen, welche vielleicht dazu dienen können, richtig zu beurtheilen, wie weit sich diese Völker aus dem Stande der Wildheit zu einer regelmäßigen Verfassung erhoben hatten. Nach der Behauptung einiger Neuern waren sie noch völlig Wilde, oder doch von allen den Einrichtungen, die ein gebildetes Volk voraussetzen, weit entfernt. Robertson will eine vollkommne Gleichheit zwischen ihren Gewohnheiten und den Gewohnheiten der americanischen Wilden bemerken. Mably stellt sie wie die tartarischen Horden vor, die ohne festen Sitz, stets herumziehend, vorzüglich von der Jagd und Viehzucht leben. Mir hingegen hat es immer geschienen, daß diese Völker einer ordentlichen Verfassung merklich näher, als man gewöhnlich glaubt, gekommen waren. Ich halte daher für nöthig, diese Meynung gegen zwey Männer von so verdientem Ansehen mit Gründen zu unterstützen.

Schon

***

Völker zuerst gebraucht wurde. Die Rede ist von Civilis und den Batavern, Friesen und übrigen deutschen Völkern, die unter seiner Anführung a. u. c 822, nach Christi Geburt 69. die Römer am Unterrhein angriffen: Clara ea victoria in praesens, in posterum usui: armaque et naves, quibus indigebant, adepti, magna per Germanias Galliasque fama, *libertatis auctores* celebrabantur. Mösers Osnabrückische Geschichte 1. Th. 3 Abschnitt § 19 ist ein befriedigender Commentarius zu dieser Stelle.

Schon die bloße Geschichte der Kriege, welche diese
Völker mit den Römern führten, erweckt die Vermuthung, daß ihre Verfassung und ihre Sitten weit ge-
schikter waren, die Bevölkerung geschwind und stark zu
befördern, als es die Lebensart der Wilden oder noma-
discher Horden seyn kann. Man bedenke, daß die Römer, in ihren besten Zeiten, acht Legionen [5]) gebrauchten, nur den Strich Landes von dem Rhein bis an die
Weser zu bezwingen, und daß sie ihre Absicht nicht erreichten [6]), sie, die oft mit weniger, als die Hälfte die-

A 4

ser

[5]) Tatitus in Annal. 1. 37. seq. Die Armee unter dem
Commando des Germanicus am Rhein bestand aus folgenden acht Legionen: aus der ersten, der fünften, der
zwölften, der dreyzehnten, der vierzehnten, der sechszehn-
ten, der neunzehnten und der zwanzigsten.

[6]) Man hat gegen meine Behauptung eingewandt, die Vertheidigungsart der deutschen Völkerschaften mache es begreif-
lich, warum die Römer mit der Eroberung dieser Länder
nie hätten zu Stande kommen können; eine Vertheidigungsart, die auch bey einem geringen Grade von Bevölkerung die nämliche Wirkung hätte haben müssen. Die
Deutschen nämlich hätten es gemacht, wie die tartarischen
oder sonst wilde Horden, die bey Annäherung eines zu
starcken Feindes erst alles verwüsten, dann sich tief ins
Land ziehen, und sich still halten, bis der Feind, genöthigt
vom Mangel an Lebensmitteln und Futter, vom schlechten
Wetter und von andern dringenden Umständen, den Rückzug nach seinem eigenen Lande wieder antritt, wo sie denn
immer hinter ihm her oder zur Seite, jede Gelegenheit,
die ihnen entweder seine Fehler oder ihre eigene Kenntnisse
des Terrains verschaffen, zu seinem Schaden nutzen. Wider diesen Einwurf weis ich nichts anders zu antworten,
als daß ich mir, wenn ich z. E. bloß nur die Expedition
des Germanicus beim Tacitus lese, eine ganz andere Vorstellung von der Vertheidigungsart der alten Deutschen
machen muß. Selbst nach verlohrner Schlacht verließen

sie

ſer Truppen, ganze Reiche gebildeter Völker erobert hatten.   Nicht mehr als vier Legionen ſtellten ſie in jenen
Zeiten den Parthern entgegen 7).   Man füge hinzu,
daß nicht alle Völker zwiſchen den genannten Flüſſen ſich
den römiſchen Heeren mit vereinigter Macht widerſetzten,
ſondern daß oft eine einzelne Völkerſchaft von ſo vielen,
die dieſen Strich Landes bewohnten, ſtark genug war,
ſo zahlreiche, ſo geübte, ſo gut angeführte Schaaren,
aufzuhalten, ja zu ſchlagen.   Dieſer einzige Umſtand
ſcheint mir ein entſcheidender Beweis, daß dieſe Gegenden dichter bevölkert waren, als ein ſo rauhes Land von
nicht ſehr großem Umfang hätte ſeyn können, wenn ſeine
Einwohner nicht vom Ackerbau, ſondern vorzüglich von
der Jagd oder Viehzucht gelebt hätten.   Ich müßte
mich ſehr irren, wenn nicht diejenigen, die über die Urſachen der Bevölkerung nachgedacht haben, aus dem An-
geführt-

ſie die Weſer nicht, wichen nicht bis zur Elbe hin, ſie hielten Stand.   Ich muß noch bitten, zu bemerken, daß ich
jene ſtarke Bevölkerung nur von den am Rhein gelegnen
und von den bis zur Weſer hin ſich erſtreckenden Ländern
annehme; ſo dann, daß es in Vergleich mit den ſpätern
Zeiten immer nur eine ſchwache Bevölkerung war, denn
ſie wurde noch nicht durch ſtädtiſches Gewerbe, ſondern
nur durch Ackerbau verurſacht.

7) Als Corbulo eine faſt unbegrenzte Vollmacht zur Führung
des bedenklich gewordenen parthiſchen Krieges bekam, ſandte
er die ſehr geſchwächte vierte und zwölfte Legion zurück
nach Syrien, behielt nur die dritte und ſechſte, wozu er
aber noch die fünfte und funfzehnte ſtoßen ließ.   Tacitus
Annal. XV, 26.   Dieſer Feldzug des Corbulo geſchah 48
Jahr nach obigem des Germanicus.   Man wird ſich alſo
nicht wundern, bey der Armee des Corbulo in den Gegenden am Euphrat zwey Legionen wieder zu finden, die ehmals unter dem Germanicus am Rhein gedient hatten.

geführten vielmehr das Gegentheil schließen und urtheilen werden, daß diese Völker nicht nur keine Wilden, keine Nomaden, sondern dem Ackerbau eifrig ergeben waren. Nur dann, wenn man dieß voraussetzt und hinzudenkt, daß sie keine Städte hatten, die dem Lande seine Bearbeiter rauben, und keine Ueppigkeit, die so wohl den genießenden, als den arbeitenden Theil einer Nation aufreibt, nur dann kann man sich eine Sache erklären, über die sich zwar noch kein Geschichtschreiber verwundert hat, die aber in der That, ohne jene Voraussetzungen, unbegreiflich wäre, dieses nämlich, daß aus einem Lande, dessen Einwohner drey = bis vierhundert Jahre zu thun hatten, den hartnäckigsten, zahlreichsten, geübtesten Feind von ihren Grenzen abzuhalten, gleichwohl ein Heer nach dem andern ausgehen konnte; Heere, die stark-genug waren, die Römer aus ihren Provinzen zu vertreiben.

Man beruft sich auf einige Stellen beym Cäsar und Tacitus, aus welchen man schließen will, daß diese Völker ein herumziehendes Leben festen Sitzen, wie der Ackerbau erfordert, vorgezogen und keinen Begriff von ländlichem Eigenthum gehabt hätten. Cäsar erzählt, die Obrigkeiten oder die Fürsten der Deutschen hätten jährlich die Aecker unter das Volk ausgetheilt, und nie den nämlichen Acker dem nämlichen Besitzer über ein Jahr gelassen; sie hätten diesen Gebrauch aus verschiedenen Gründen eingeführt, die alle darauf hinauslaufen, zu verhüten, daß das Volk sich der Neigung zum Ackerbau nicht zum Nachtheil ihrer kriegerischen Verfassung ergeben möchte. Diese Stelle, statt zu beweisen, daß die Deutschen wenig Lust zum Landbau hatten, sagt vielmehr deutlich, daß diese Neigung bey dem Volke stärker, als die Neigung zum Kriege war, und daß die Fürsten jene Gewohnheit aufbrachten, um diese Neigung zum

Acker=

Ackerbau mit ihren kriegeriſchen Einrichtungen zu verbinden.   Was die Stelle beym Tacitus betrifft, wo er
ſagt, daß die Deutſchen entweder im Kriege, oder auf
der Jagd, oder müßig wären, ſo muß dieſe bloß von der
Claſſe der Reichen verſtanden werden.   Wenn ſie kein
ländliches Eigenthum hatten, wie konnte es Gutsbeſitzer
unter ihnen geben, die ihren Knechten gewiſſe Aecker unter der Bedingung einräumten, daß dieſe ihnen jährlich
eine beſtimmte Menge von Getraide liefern ſollten [8])?
Dieſe Knechte waren vielleicht bloß eine Art von Päch-
tern.   Knechte hießen in der Sprache unſerer Vorfahren überhaupt alle, die ſich in einer gewiſſen Abhängigkeit
befanden, oder Befehle von andern annehmen mußten.
Endlich finden wir in den Geſetzen der Franken, von welchen es außer Zweifel iſt, daß ſie die uralten Gewohnheiten der deutſchen Völker enthalten, unwiderſprechliche
Beweiſe, daß ſie ländliches Eigenthum hatten.   Von
vielen Exempeln, die ich anführen könnte, will ich bloß
erwähnen, daß ſelbſt die Waldungen [9]), die Jagd [10]),
die Fiſcherey [11]) nicht mehr frey, ſondern dem Eigenthum unterworfen waren.

Von einem Volke, das mit der Jagd und der Viehzucht den Ackerbau als eine Hauptnahrungsquelle ver-
bindet, kann man faſt mit Gewißheit annehmen, daß
es von dem Stande der Wildheit ſchon merklich entfernt iſt, und daß ſeine Einrichtungen und Sitten eine
gewiſſe Regelmäßigkeit, eine gewiſſe Ordnung werden
bekom-

---

[8]) Tacit. de Germania. 25.
[9]) Leg. Sal. Tit. VIII 4.
[10]) Leg. Sal. Tit. XXXVI. 1.
[11]) Leg. Sal. Tit. XXVII. 13.

bekommen haben.   Dieſe Behauptung läßt ſich aus der Natur der Sache erweiſen.   So bald die Menſchen anfangen, Ackerbau zu treiben, fühlen ſie das Bedürfniß beſtimmter das Eigenthum und die allgemeine Sicherheit betreffender Geſetze und Anſtalten weit dringender, als bloße Jäger und Hirten dieſes Bedürfniß empfinden. Das erſte Ackervolk hatte wahrſcheinlich auch die erſte gerichtliche Verfaſſung.

Die Obrigkeiten der Wilden oder vielmehr — denn jener Name kömmt ihnen nicht zu — ihre Häupter haben bloß Einfluß, keine Gewalt.   Ihre Ausſprüche, wenn zwey ſtreitende Partheyen ſich an ſie wenden, ſind nicht Anwendungen bekannter Geſetze auf den gegenwärtigen Fall, ſondern ihre eigene Meinungen, die ihnen ihr eigener Verſtand, oder ihr eigenes augenblickliches Gefühl eingiebt.   Wenn dieſe ihre willkührlichen Ausſprüche von den Partheyen befolgt werden: ſo iſt es nicht aus Pflicht, ſondern aus freywilliger Folgſamkeit, und die Häupter haben ſo wenig das Recht, als die Macht, den Gehorſam von demjenigen, der ihn verweigert, zu erzwingen.   Eben ſo, meynt Robertſon, habe es der Obrigkeit der alten Deutſchen an der eigentlichen obrigkeitlichen Gewalt gefehlt; der Graf, der Richter habe alles durch ſein perſönliches Anſehn bewirken müſſen, habe nichts durch ihm anvertraute Macht bewirken können. In dieſer Vorſtellung liegt, was Robertſon nicht ausdrücklich hinzuſetzt, daß dieſe Grafen nach ihrem eigenen Gefühl oder Urtheil, nicht nach bekannten, von dem Volke ſelbſt gegebenen Geſetzen geſprochen hätten.   Dieß war nicht ſo.   Erſtlich hatten dieſe Völker deutliche und beſtimmte Geſetze, die in den öffentlichen Verſammlungen gegeben wurden.   Dieſes iſt bekannt.   Auf dieſe Geſetze beriefen ſich die Partheyen, und der Ausſpruch

des

des Richters war nichts anders, als eine Erklärung, unter welchem Geſetze der gegenwärtige Fall begriffen ſey. Diejenige Parthey, welche glaubte, daß die Bey= ſitzer des Gerichts aus Unwiſſenheit oder Ungerechtigkeit nicht nach dem wahren Geſetze geſprochen hätten, konnte ſie deswegen verklagen, und ſie wurden, wenn ſie über= führt waren, beſtraft [12]). Auf der andern Seite hat= ten Richter und Obrigkeiten alle erforderliche Gewalt, die Vollziehung dieſer Geſetze zu bewirken. Sie hat= ten das Strafrecht. In den ſaliſchen Geſetzen iſt jeder Schritt, den die Partheyen zu thun hatten, vorgeſchrie= ben, und die Strafe beſtimmt, die der Ungehorſame in jedem Fall leiden mußte; Strafe für den Beklagten, wenn er auf geſchehene Vorladung nicht erſchien; Strafe für den Kläger, wenn dieſer ſelbſt ausblieb; Strafe für diejenigen, welche dem ausgeſprochenen Urtheile nicht nachlebten, und ſo in andern Fällen, die in dem Laufe einer gerichtlichen Streitigkeit kommen können [13]). Uebrigens hat das ganze Verfahren, das dieſe Geſetze beyden Partheyen ſo wohl als dem Richter vorſchreiben, ein ſolches Anſehn von Urſprünglichkeit, daß niemand eine Nachahmung der Römer darin erkennen wird.

Robertſon unterdeſſen führt, zur Beſtätigung ſeiner Meynung, den beſondern Umſtand an, daß die Deut= ſchen das Recht der Selbſtrache auf eben die Art ausge= übt hätten, wie es heut zu Tage unter den Wilden in Amerika gewöhnlich iſt. Bey dieſen hat der Beleidigte, oder die Familie des Beleidigten, das Recht, den Be= leidiger eigenmächtig zu ſtrafen, und ſie üben dieß Recht
oft=

---

12) Leg. Sal. LX. 11.
13) Leg. Sal. LIX.

oft mit Unversöhnlichkeit, mit Grausamkeit, aus. Bisweilen aber lassen sie sich besänftigen und nehmen von dem
Beleidiger eine Art von Vergütung an. Besteht die
Beleidigung, die ihnen wiederfahren ist, in der Er-
mordnung eines ihrer Verwandten; so schenkt ihnen der
Mörder, zur Vergütung, einen von ihm gemachten
Kriegsgefangnen, der von ihnen in ihre Familie aufgenommen, mit dem Namen des Ermordeten benannt, und
völlig, wie er, gehalten wird. Bey den Deutschen, sagt
Robertson, war die nämliche Gewohnheit. Auch bey
ihnen wurde der Mord durch eine Vergütung gebüßt.
Aber es kam auf die Willkühr der Familie des Ermordeten an, ob sie die Vergütung annehmen wollten.

Die anscheinende Aehnlichkeit dieser beyden Gewohnheiten verschwindet, wenn wir sie genauer betrachten. 1)
Bey den Wilden ist die Vergütung, in Absicht des Wer-
thes, unbestimmt; es kömmt auf die Forderung des
Beleidigten an, wie groß sie seyn soll. Bey den Deutschen ist durch die Gesetze bestimmt, wie viel der Beleidiger für jede Art und jeden Grad der Beleidigung bezahlen muß: [14]) 2) Bey den Wilden hat es der Beleidiger in seiner Willkühr, ob er die Vergütung geben,
oder sich der Rache der Beleidigten aussetzen will. Bey
den Deutschen wird er durch die Obrigkeit dazu gezwungen. Seine Verwandten, selbst die entferntesten, mußten für ihn haften, wenn er nicht im Stande war, so
viel als das Gesetz forderte, zu bezahlen [15]). 3) Bey
den Wilden bekömmt der Beleidigte die ganze Vergütung. Bey den Deutschen gehört ein Theil davon dem
Richter.

[14]) Man findet Beweise davon fast auf allen Seiten in den
salischen und ripuarischen Gesetzen.

[15]) Leg. Sal. LXI.

Richter. Was den Beleidigten anbetrift, ſo finden wir zwar kein ausdrückliches Geſetz bey den Deutſchen, das ihm die Annehmung der Vergütung geboten hätte. — Allein da den Gerichten, wo dergleichen Sachen unterſucht wurden, jeder freye Mann beywohnen durfte; da die Angeſehenſten und Weiſeſten immer dahin arbeiteten, den Frieden zu erhalten; ſo iſt wahrſcheinlich, daß der Fall einer Weigerung von Seiten der Beleidigten ſelten oder nie gekommen ſey. In der That macht Tacitus die Anmerkung, ſie wären verſöhnlich und ihre Feindſchaften nie von langer Dauer geweſen.

Man erlaube mir noch zwey Anmerkungen über dieſe Gewohnheit der alten Deutſchen. Erſtlich in einer Verordnung des fränkiſchen Königs Childebert vom Jahr 595 wird das Geſetz, nach welchem die Verwandten des Beleidigers für denſelben haften müſſen, abgeſchaft und ausdrücklich geſagt, daß es aus den Zeiten des Heidenthums ſey, folglich aus den Zeiten, eh die Franken Gallien erobert hatten. Ich ſchließe alſo aus dieſem Umſtande, daß alle die übrige Geſetze, welche mit jenem ſo genau zuſammen hängen, ebenfalls von ſo hohem Alter ſind, daß wir folglich in ihnen zuverläßige Nachrichten von der Gerichtsverfaſſung der alten Deutſchen finden.

Meine zweyte Anmerkung betrifft eine Beſchuldigung, die der Herr von Voltaire auf dieſe Gewohnheit der deutſchen Völker gegründet hat. Und der Verfaſſer der Geſchichte der Deutſchen hat dieſe Beſchuldigung wiederholt. Jener nennt die alten Deutſchen nie anders, als Barbaren, und um zu beweiſen, daß ſie dieſen Namen verdienten, beruft er ſich auf die Gewohnheit, nach welcher Mordthaten und andere Verbrechen bloß durch
Geld-

Geldstrafen gebüßt wurden.   Er würde sich diesen ungerechten Tadel nicht erlaubt haben, wenn er sich einer sehr
richtigen Anmerkung erinnert hätte, die er selbst bey einer andern Gelegenheit gemacht hat.   Die Nothwendigkeit und die Zuträglichkeit sind die beyden einzigen wahren Gesetzgeberinnen bey allen Völkern; von ihnen bekommen die Gesetze ihr Leben; ohne sie sind sie todt.
Zugegeben also, daß die in den deutschen Gesetzen bestimmten Vergütungen eine gelinde Strafe waren: so folgt
daraus bloß dieses, daß es keiner härtern bedurfte, dergleichen Verbrechen bey ihnen zu verhüten.   Allein waren es denn wirklich gelinde Strafen? In Vergleichung
unserer Zeiten war es eine Kleinigkeit, was der Beleidiger bezahlen mußte —— Das war sie aber damals nicht.
Das ganze Vermögen des Mörders reichte oft nicht hin;
und wenn, in dem Fall, auch seine Verwandte nicht im
Stande waren, das Fehlende an der Summe voll zu
machen, so mußte er Knecht bey den Verwandten des
Ermordeten werden.   Beyläufig merke ich an, daß, eh
diese Völker durch die Kriege mit den Römern Geld kennen lernten, die Vergütung in einer gewissen Anzahl
Vieh oder andern natürlichen Dingen bestand.   Nach
ihren Kriegen mit den Römern, oder vielleicht erst nach
ihren Eroberungen, wurde die Vergütung in Gelde
berechnet.

Unterdessen gebe ich zu, daß in der Folge, als die
Franken Gallien erobert hatten, und ein mächtiges reiches Volk geworden waren, diese Gesetze, die die Ordnung
unter einem armen, ländlichem Volke hatten erhalten
können, nicht hinreichten, auf einen Haufen trotziger,
übermüthiger Krieger eben die gute Wirkung zu haben.
So wie die Umstände der Franken sich geändert hatten,
so hätten sie auch ihre Gesetze ändern sollen. Dieses thaten

ten sie nicht gleich und daher mußte, fast nothwendig,
eine Art von Verwilderung bey ihnen erfolgen.   Denn
zu gelinde Gesetze, die eben ihrer Gelindigkeit wegen verachtet werden, sind eben so unzweckmäßig als zu harte,
die ein Richter von Gefühl, oder der den Ruf der Mensch-
lichkeit nicht gern verlieren will, lieber unvollzogen läßt.
Beyde, die zu strengen und die zu gelinden Gesetze veranlassen mehr Verbrechen, als völliger Mangel daran:
Nach und nach fühlten die Franken die Nothwendigkeit,
die ihrigen zu ändern und unter andern strengere gegen den
Mord zu verordnen.   Unter Childebert dem II im Jahr
595 wurde auf der allgemeinen Volksversammlung verordnet, daß ein muthwilliger Mörder nicht länger mit
der Zahlung des Wehrgeldes abkommen, sondern wieder
sterben sollte.   Denn, fügt die Verordnung hinzu, es
ist gerecht, daß wer ungerechter weise zu tödten weis, ge-
rechter weise sterben lerne [16]).

Das bißher Angeführte scheint mir hinlänglich zu beweisen; daß die Verfassung der alten Deutschen, in denjenigen Stücken, welche der eigentliche Zweck aller politischen Gesellschaft sind, viel regelmäßiger und ausgebil-
deter war, als einige Neuere sie vorgestellt haben: Vielleicht irre ich nicht, wenn ich annehme, daß sie den Grad
von Vollkommenheit erreicht hatte, der bey einem Volke
möglich war, das ohne Geld, unbekannt mit den Wissenschaften und Künsten anderer Nationen, in allen
Schritten, die es zur Verbesserung seiner Einrichtungen
that, durch kein anderes Licht, als durch seine eigene Erfahrung, geleitet wurde.

Ein

─────────────

[16]) Decretio Childeberti an. 595. ap Baluz. T. 1. p.
18. — Quia iustum est, vt qui iniuste nouit occidere,
discat iuste morire.   Antithesen und grammaticalische
Fehler, characterisiren den elenden Geschmack jener Zeiten.

Ein ländliches Volk, bey welchem Geld und Ueppigkeit unbekannte Dinge sind, wird allemal, wenn es nicht
durch andre Ursachen verdorben oder verwildert ist, einen
ehrbaren, billigen, treuen und redlichen Character haben. Die alten Deutschen hatten ihn nach dem einstim-
migen Zeugnisse der römischen Verfasser. Durch die
Bekanntschaft, durch die Kriege mit den Römern litt er
endlich wesentliche Veränderungen. Durch die Nothwendigkeit, die Jahrhunderte fortdauerte, sich gegen die
Unternehmungen eines so herrschsüchtigen Volkes zu vertheidigen, verwandelte sich endlich der Muth der Deutschen in eine Art von kriegerischer Wildheit. Dieß war
eine natürliche Folge von der Grausamkeit und Treulosig-
keit, womit die Römer sich dafür zu rächen suchten, daß
sie diesen Völkern ihre Unabhängigkeit nicht rauben
konnten.

Ueber vierhundert Jahr währte so wohl die Nachbarschaft als der Kampf zwischen Römern und Deutschen,
zwischen den rohen Söhnen der Natur und demjenigen
Volke, bey dem alle Arten der Cultur, bey dem Kriegskunst und Politik, Sitten und Künste, Wissenschaften
und gesellschaftliche Einrichtungen einen sehr hohen Grad
von Verfeinerung erreicht hatten. Natürlicher weise
mußte diese Lage in einem so langen Zeitraume von ent-
scheidendem Einfluß auf den Character der Deutschen
seyn. In einigen Hinsichten war es ein guter Einfluß.
Es konnte doch nicht fehlen, die Deutschen mußten aufmerksam auf diejenigen Einrichtungen, Anstalten und
Künste der Römer werden, die diesen ein angenehmes,
und gegen die mannigfaltigen Uebel, die der rohe Natur-
stand mit sich bringt, gesichertes Leben verschafften. Sollten sie die bequemern, die wärmern, die festern Häuser
der Römer, die zur Erleichterung der ländlichen so wohl

als häuslichen Arbeiten erfundenen Werkzeuge, die den
sinnlichen Genuß erhöhenden und befördernden Erfindun-
gen haben sehen können, ohne Lust zu bekommen, in allen
diesen Stücken nachahmende Versuche zu machen? Fangen
doch Huronen und Irokesen an, die Europäer in diesen
Dingen nachzuahmen, sie, bey denen Wildheit zur Natur geworden, welches sie bey den alten Deutschen gewiß nicht geworden war [17]). In der Mitte des vierten Jahrhunderts gab es schon in den Gegenden am Mayn
eine Menge nach römischer Art, bequemer eingerichteter
und besser gebauter Häuser [18]). Wie vielmehr ist zu
vermuthen, daß dergleichen schon in den Rheingegenden
angetroffen wurden? In der That bezeugen die alten
bairischen Gesetze, wie sehr sich der äußerliche Zustand
der Deutschen seit dem Tacitus verbessert hatte. Statt
der Hütten von Lehm, worin zu den Zeiten dieses Au-
tors Herren und Knechte beysammen lebten, hatten jetzt
die Herren ihre Säle und Stuben: Das Getraide wurde
nicht mehr in unterirrdischen Hölen, sondern in Scheuern
verwahrt. Die Anführer der Deutschen, ihre Herzoge
und Grafen nahmen ihre Wohnungen in den Bergfestun-
gen, die sie den Römern abgewannen. Man fing auch
an Gebäude von Steinen aufzuführen.

Die schnellsten Fortschritte thaten die Deutschen,
insbesondere die Franken, in allem, was die Bewaffnung des Krieges betrift. Eine Schaar Franken war in
Ansehung ihrer Rüstung und der Fertigkeiten des einzelnen Kriegers von einem Trupp Römer nicht mehr zu unterscheiden. Dénn die Römer hatten den Harnisch ab-
gelegt

---

[17]) Die Deutschen waren der Kriegszucht fähig; keine
Wilden sind dieses.

[18]) Ammian. Marcell. XVI. 1.

gelegt ¹⁹). Alle übrige Waffen, Schild, Helm,
Schwert und Lanze hatten die Franken so gut wie die Römer. Aber die Franken hatten den Muth, den die sich
fühlenden physischen Kräfte gaben, und den der Succeß
erhöht. Der Römer war von der Verzagtheit befallen,
die eine Folge von verfallner Disciplin, hochgestiegnem
Luxe, zunehmender Unzufriedenheit und anhaltendem Unglück ist. Aber eine für beyde Völker, für Römer und
Deutsche, sehr nachtheilige Folge, die aus ihrer Bekanntschaft mit einander entsprang, war die gegenseitige
Erbitterung, und für die Deutschen war es in der That
ein noch schlimmerer Umstand, daß zugleich mit dem
Hasse gegen die Römer eine heftige Begierde nach Reichthum und Herrschaft sich aller Gemüther bemächtigte.
Diese Leidenschaften hatten zuletzt an den Unternehmungen der Franken vielleicht mehr Antheil, als das ge-
rechtere Verlangen, ihre Freyheit zu behaupten.

Der Kampf zwischen beyden Nationen wurde einige-
mal durch Vergleiche, wohl gar durch freundschaftliche
Verbindungen unterbrochen. Es gab Perioden, wo die
Franken Bundsgenossen der Römer waren, wo sie für
Geld die Kriege der Römer gegen andere deutsche Völ-
ker fochten, wo Franken, so wie Deutsche von andern
Völkerschaften häufig in römische Dienste traten ²⁰) und

B 2

sich

---

¹⁹) Es war der äusserste Verfall der Disciplin, daß man
der ausgearteten Infanterie, der der Harnisch zu beschwerlich geworden war, ihn abzulegen erlaubte. Ueber die
Folgen dieser wichtigen Veränderung S. Gibbon Vol. III.
p. 67. der Edition in 4to.

²⁰) In der notitia dignitatum ap. Graev. in Thes. An-
tiqu. Rom. T. VII. werden der fränkischen Truppen erwähnt, die in römischen Diensten standen. Salii Bructeri
Ampsuarii p. 1811. sq.

ſich die Gunſt und das Vertrauen der Kaiſer dergeſtalt
erwarben, daß ſie zu den vorzüglichſten Stellen bey Hofe
und bey der Armee befördert wurden ²¹). Wenn dann
aber das gute Vernehmen wieder aufhörte, ſo ging der
Streit mit neuer Lebhaftigkeit, mit größerer Erbitterung, oft mit einer Art von Wut wieder an.   Con-
ſtantin der I. ließ, noch bey ſeines Vaters Leben, einige
gefangene Heerführer der Franken im Amphitheater mit
wilden Thieren kämpfen.   Die Franken, wenn ſie oft
tief in Gallien ſtreiften, rächten ſich durch Raub und
Brand.

Das Glück war nicht immer auf Seiten der Franken.   Schon hatten ſie ſiebzig Städte in Gallien erobert,
als Probus ſie in ihre Moräſte zurück trieb.   So nannten die Römer jene niedrigen Gegenden am Unterrhein,
die damals noch durch keine Dämme geſchützt, häufig
überſchwemmt und dadurch Sümpfe wurden.   Conſtan-
tin der I. ſchlug ſie und nahm deswegen den Titel *Fran-
cikus* an.   Denkmünzen wurden geſchlagen, auf denen
man die fränkiſche Nation, wie ein weinendes Frauenzimmer, mit dem beygefügten Namen *Francia* erblickte.
Dem damaligen verdorbenen Geſchmack gemäß hielten
die beſoldeten Lehrer der Beredſamkeit feyerliche Reden
zum Lobe des Siegers.   Reden voll der Uebertreibungen
und des Schwulſtes, der in Lobreden ſo ſchwer zu vermeiden iſt, zumal wenn ſie öffentlich ſollen gehalten
werden ²²).

Auch

---

²¹) Ammian. Marc. XV. ſ.
²²) Einer dieſer Lobredner war ſo ſchaamlos, daß er die
    oben erwehnte, von Conſtantin an den gefangnen frankiſchen
    Fürſten begangne Grauſamkeit lobte.   Der von ſens
    ſeiner Zuhörer konnte nicht fehlen, dagegen den Einwurf
    zu

Auch Kaiser Julian trieb die Franken, die schon einige Stücke von Gallien erobert hatten, über den Rhein zurück.

Aber im ganzen waren doch die Unternehmungen der Franken von einem glücklichen Erfolge begleitet, und der endliche Ausgang des Kampfes war die Eroberung von Gallien.

Ueber die eigentliche Art, wie die Franken dieses schöne Land eroberten, giebt es zwey verschiedene Meynungen unter den Geschichtsforschern. Chlodowich und seine Franken, sagt die eine Parthey, führten einen offnen Nationalkrieg wider die Römer, und sie erwarben sich den Besitz von Gallien durch das Glück ihrer Waffen, durch das Recht der Eroberung also. Dieses war die beliebtere Meynung in Frankreich, so lange man sich dort von dem Vorurtheile beherrschen ließ, von dem die Nationen sich so schwer und so ungern losmachen, von dem Vorurtheile, daß ihre Vorfahren immer gleich brav, immer gleich groß und edel gehandelt hätten.

B 3   Eine

zu machen, daß jene Grausamkeit, wenn sie auch gerecht gewesen wäre, gleichwohl der Klugheit zuwiderliefe, indem dadurch die Franken zu unversöhnlichem Hasse gegen die Römer müßten angefeuert werden. Der Schmeichler wagt es, diesen Einwurf durch die Behauptung widerlegen zu wollen, daß Constantin, was er angefangen, auch ausführen könne. — Adfecisti poena temeritatis reges ipsos Franciae, qui per absentiam patris tui pacem violaverant: non dubitasti ultimis punire cruciatibus: nihil veritus gentis illius odia perpetua et inexpiabiles iras. Cur enim ullam reputet justae severitatis offensam Imperator, qui *quod fecit, tueri potest?* Eumen. Paneg. VI. 10. Wider diesen Grund ließ sich damals freylich nichts weiter vorbringen. Aber wie nichtig er war, lehrten die folgenden Zeiten, die Eumenius, zu seiner Beschämung zu erleben, verdient hätte.

Eine andere Parthey sagt, der letzte Krieg, durch den Chlodowich sich Gallien erwarb, war ein Privatunternehmen von ihm, und zufällige Umstände machten ihm die Ausführung seines Unternehmens leicht. Die Gallier selbst, erdrückt von der Last der Auflagen, in deren Vermehrung und Erhöhung die kaiserlichen Finanzminister eine Erfindsamkeit bewiesen, worin sie kaum von den größten Männern in diesem Fache, in neuern Zeiten übertroffen wurden, fiengen an zu wünschen, daß den Barbaren ihre Unternehmungen nur gelingen möchten. Sie hielten die Herrschaft der Barbaren für erträglicher, als die der Römer. Denn die Barbaren kannten nur eine Art dem Unterthan das Geld abzunehmen, Gewalt, und diese brauchten sie nicht immer; in den Finanzkünsten aber, unaufhörlich das Geld von dem Unterthan zu erpressen, waren sie ganz unwissend. Und die Hoffnung der Gallier, daß sie den Barbaren, wenn sie diese zu Herren bekämen, weit weniger als den Römern würden zu bezahlen haben, wurde wirklich erfüllt. Zu diesem Wunsche, zu dieser Hoffnung kam der Umstand, daß die Römer schon zu geschwächt waren, Gallien gegen die unaufhörlichen Angriffe und Streifereyen der Barbaren, denen diese Provinz am meisten ausgesetzt war, hinlänglich zu beschützen. Unterwerfung unter die Franken konnte ihnen daher das sicherste Mittel scheinen, durch die Waffen dieser Franken selbst gegen die Einbrüche der übrigen Barbaren geschützt zu werden. Sie scheinen sich noch eine dritte Hoffnung gemacht zu haben, diese, die Franken würden sich durch die Ueberredungsgabe der gallischen Bischöfe in Christen, und durch die christliche Religion in weniger gewaltthätige, in besser gesittete Menschen verwandeln lassen. Auch diese Hoffnung wurde, aber nur zum Theil; bey weitem nicht nach der Erwartung der Gallier erfüllt. Die Franken ließen sich taufen; aber die christlichen Franken wurden

wurden wilder, gewaltthätiger, lasterhafter, als sie vor ihrer so genannten Bekehrung gewesen waren.

Daß zu diesen Gesinnungen und geheimen Wünschen der Gallier auch noch ein geheimes Verständniß, wenigstens einzelner angesehner Personen mit Chlodowich gekommen sey, ist zwar keine unwahrscheinliche, aber unerweisliche Vermuthung.

Eigentlich waren die Gallier nicht mehr Unterthanen des römischen Staats, sondern eines gewesenen römischen Statthalters. Es gab keinen römischen Staat mehr; er war zehn Jahr vorher, ehe Chlodowich Gallien eroberte, vernichtet. Die Schlacht bey Soissons, wodurch die Eroberung entschieden wurde, geschah im Jahr 486. Zehn Jahr vorher, 476, hatte der letzte Kaiser, Romulus Augustulus, abdanken müssen. Italien, Rom, das Herz des römischen Reiches war eine Beute der Heruler geworden. Andere Barbaren hatten die übrigen Provinzen des Abendlandes an sich gerissen. Im südwestlichem Theile von Gallien saßen die Westgothen, im südöstlichen die Burgunder; im nordwestlichen die vor den Angelsachsen aus Britannien herüber geflohnen Britten. In dem, was übrig war, hatte sich Syagrius der Regierung angemaßt. Er war, eh das Kaiserthum zu Grunde ging, zum Statthalter von Gallien ernannt worden. Nach der Zertrümmerung des Kaiserthums hatte er selbst keinen Herrn mehr über sich; aber er fuhr fort die ihm anvertraute Provinz als unabhängiger Fürst zu regieren. Er hatte sich bey den Burgundern und selbst bey den Franken beliebt gemacht. Weder jene noch selbst diese waren ihm bey seinem Vorhaben, aus den Ueberbleibseln Galliens einen eigenen Staat zu errichten, hinderlich. Aber Chlodowich, Fürst der salischen Fran-

ken,

ken, fing aus Privatfeindschaft einen Krieg gegen ihn an.
Die Salier, eine fränkische Völkerschaft, waren bis in
das heutige Artois vorgedrungen, und da herum ansäßig
geworden. Es gab eine Menge anderer fränkischer Völkerschaften am Rhein, an der Maas, am Mosel, an der
Schelde, deren jede ihre eigene Fürsten oder Könige hatte.

Chlodowichs Vater, Childerich, war jugendlicher
Vergehungen wegen von den salischen Franken abgesetzt
und vertrieben. Aegidius, Vater des Syagrius, hatte dazu
geholfen und war von den Saliern zum König erwählt.
Zwar vier Jahr nachher wurde Childerich wieder einge-
setzt mit Einwilligung des Aegidius, der ohne Zweifel
die Anhänglichkeit der Franken an ihre gewissermaaßen
erbliche Fürsten zu mächtig fand, um vergeblich gegen sie
anzustreben. Aber Chlodowich, der als ein feuriger
Jüngling von sechszehn Jahren, nach seines Vaters
Tode das Glück hatte, von den versammelten salischen
Franken auf dem Schilde herumgetragen, und durch
allgemeinen Zuruf zum König der Nation anerkannt zu
werden, Chlodowich nur zu Jagd und Krieg erzogen,
konnte sich keine rühmlichere That denken, als die seinem
Vater wiederfahrne Beleidigung an dem Sohn des
Aegidius, am Syagrius zu rächen. Ein kühner junger
Fürst, der eine Streiferey in ein so reiches Land vorhatte,
wie Gallien damals war, konnte auf Tausende von Frey-
willigen rechnen, die sich als treue Kriegsgefährten seiner
Führung unterwarfen, und denen er, je nachdem sie
höhere oder geringere Befehlshaberstellen bekleideten, einen
größern oder geringern Antheil an der Beute schuldig
wurde. Chlodowich fing seinen Krieg gegen den Syagrius mit Streifereyen an, aber sein schneller und richtiger Blick entdeckte bald, daß die Zeit gekommen war,
die Eroberung Galliens zu versuchen, daß er darüber
nicht

nicht mit den Galliern, nicht mit Rom, sondern mit einem bloßen Beamten des gewesenen Roms zu kämpfen hätte. In der That eine einzige Schlacht bey Soissons im Jahr 486 entschied den ganzen Krieg. Syagrius verlor sie; wo sollte er neue Kräfte zum Widerstande sammeln? Italien und alle Provinzen waren verloren. Die Gallier unterwarfen sich Chlodowichen nicht als siegendem Feinde, sondern als ihrem Befreyer von der durch die Menge und Härte der Auflagen allzuunerträglich gewordnen Herrschaft der Römer.

Diese Vorstellung von der Art, wie die Franken Gallien eroberten, ist zwar für den Stolz ihrer Abkömmlinge nicht so schmeichelhaft; aber wahrheitliebende Geschichtsforscher selbst unter den Franzosen, geben ihr den Vorzug vor jener alten, die Jahrhunderte lang ununtersucht geglaubt wurde.

Die Gerechtigkeit erfordert hinzuzufügen, daß es ein französischer sehr schätzbarer Schriftsteller [23]) war, der diese wichtige Begebenheit durch gründliche und fleißige Untersuchungen und durch treue Darstellung zuerst in ihr wahres Licht setzte.

Gallien, das seit fünfhundert Jahren eine Provinz der Römer gewesen war, wurde durch die Pyrenäen, durch die Alpen, durch den Rhein, und durch das Weltmeer begrenzt; es gehörten also, außer dem heutigen Frankreich noch die Schweiz, diejenigen deutschen Länder, welche die beyden rheinischen Kreise ausmachen, und die östreichischen Niederlande dazu. Die Regierung der

B 5

gan-

---

[23]) Du Bos Histoire critique de l' etablissement de la monarchie françoise dans les Gaules.

ganzen Provinz wurde, ſeit Konſtantin dem Erſten,
durch einen kaiſerlichen Statthalter, der den Titel Prä-
fectus Prätorio führte, verwaltet. Unter ihm ſtanden
ſiebzehn Unterſtatthalter; denn in ſo viel Diöceſen war
die Provinz abgetheilt. Jede dieſer Diöceſen hatte ihre
Metropolis oder Hauptſtadt. Das Land war durchge-
hends gut angebaut, voll großer und blühender Städte.
Die Handlung war lebhaft, beſonders in den Städten
am mittelländiſchen Meere. Es gab viel Fabriken; in
Gallien waren die vornehmſten leinen, wollnen ²⁴) und
Waffenfabriken der Römer ²⁵). Die Wiſſenſchaften
und Künſte wurden geliebt. Es waren berühmte Aca-
demien zu Lyons, Marſeille, Narbonne und in andern
Städten. Sehr viele von den Verfaſſern, beſonders
den Dichtern und Rednern des dritten, vierten und fünften Jahrhunderts, waren Gallier.

Die chriſtliche Kirche war ſchon gepflanzt, und hatte,
was ihre äußerliche Einrichtung betrift, diejenige Form
bekom-

²⁴) Die feinſten Tücher wurden zu Atrebetum oder Arres
gemacht. Als der leichtſinnige Gallienus hörte, daß die
Barbaren in Gallien eingebrochen wären, ſagte er: „Ey
„nun; können wir denn nicht ohne Tücher von Arres leben"?
S. vita Gallicai in der Hiſtoria Aug. Sollten dieſe
Wollen-Fabriken der Römer ſich nicht erhalten, und zur
Entſtehung der im Mittelalter ſo berühmten Niederlän-
diſchen Anlaß gegeben haben?

²⁵) In der Notitia dignitatum in Graëvii Theſauro An-
tiq. Rom. T. VII p. 1864 ſq. werden die Fabriken in
Gallien angeführt. Zu Straßburg wurden alle Arten von
Waffen verfertigt; zu Macon Pfeile und Wurfſpieße; zu
Autun Panzer; zu Rheims Klingen u. ſ. w. Zu Vienne
war eine große Leinenfabrik auf Rechnung des Staats,
worüber ein Intendant oder Procurator die Aufſicht hatte.
ib. p. 1871.

bekommen, welche noch heut zu Tage in der französischen Kirche fortdauert. Die Bischöfe in jeder Diöcese waren dem Metropolitan, oder dem Bischofe der Metropolis untergeordnet. Diese Bischöfe hielten oft Versammlungen, welche in der Kirchengeschichte berühmt sind.

Dieses schöne Land hatte, seit hundert Jahren, viel durch die Völker gelitten, die aus ihren nördlichen und östlichen Sitzen in die Provinzen der Römer drangen. Die Hunnen, die Gothen, die Wandaler, waren durch Gallien gezogen. Aber diese Völker eilten weiter nach Italien, nach Spanien, nach Afrika. Die Franken, nachdem sie das Land erobert hatten, behaupteten sich im Besitz desselben, und unterwarfen sich auch die Westgothen und Burgunder, wovon diese auf beyden Seiten des Jura, jene zwischen den Pyrenäen und der Rhone, eigene Reiche gestiftet hatten.

Die Nachrichten von den Königen der Franken bis zu der Eroberung von Gallien sind mangelhaft und ungewiß. Nach der Eroberung wurden die kleinen Könige der verschiedenen fränkischen Völkerschaften vom herrschsüchtigen Chlodowich treuloser- und grausamerweise vertilgt und er selbst wurde der einzige König aller Franken. Chlodowich ist so viel wie Ludwig. Im damaligen Latein schrieb man den Namen Chlodovaeus. Die Franzosen schreiben ihn noch wohl nach alter Art Clovis, statt Louis. Seine Nachkommen behielten die königliche Würde über zweyhundert Jahre. Man nennt sie die Merovinge:, weil man aus einigen Stellen alter Schreiber vermuthet, daß Meroveus oder Merwig der erste König aus diesem Hause gewesen sey.

C₃

Es ist bekannt, daß Chlodowich einige Jahre nach der Eroberung den christlichen Glauben annahm. Der heilige Remigius, Bischof zu Rheims, taufte ihn. Seine Franken folgten seinem Exempel.

Ich will jetzt von der Verfassung, welche die Franken diesem ihrem neuen Reiche gaben, bloß dasjenige anführen, was zu meiner Absicht nöthig ist.

Man hat gefragt, ob die Könige der Franken durch die Wahl der Nation, oder durch Erbrecht zu ihrer Würde gelangten. Wir finden bey den alten Schriftstellern hinlängliche Beweise, daß die Franken in diesem Stücke eben so, wie die andern deutschen Völker, verfuhren. Sie wählten ihre Könige, aber sie blieben mit ihrer Wahl bey der nämlichen Familie, so lange jemand in ihr mit den erforderlichen Eigenschaften vorhanden war. Diese persönlichen Eigenschaften waren der Punkt, worauf sie mehr sahen, als auf den Grad der Verwandtschaft. Erbliche Folge war also bey ihnen anfänglich nicht eigentliches Recht einer gewissen Familie, sondern Regel, die das Volk bey der Wahl sich selbst vorgeschrieben hatte. Auch andere nordische Völker folgten dieser Regel. Sie allein erklärt die anscheinende Unordnung, in welcher manchmal Prinzen aus dem nämlichen Hause nach einander zur Regierung kommen. So gelangte bisweilen der Bruder des verstorbenen Königs zum Throne, wenn gleich dieser einen Sohn hinterlassen hatte. Nach dem Tode aber jenes Oheims wurde nun wieder dessen Söhnen der vorhin übergangene Vetter vorgezogen. Es kam jedesmal auf die Eigenschaften des zu wählenden und auf die Umstände des Reiches an. Erforderten diese ein selbst handelndes, thätiges Oberhaupt; so wurde die Ordnung der Verwandtschaft ohne Bedenken

ken

ken unterbrochen. Hingegen wich man von ihr nicht ab, wenn die Umstände so beschaffen waren, daß der Staat von einer minderjährigen oder schwachen Regierung nichts zu fürchten hatte.

Wir finden beym Tacitus ein merkwürdiges Exempel, wie sehr die Deutschen gewohnt waren, ihre Könige aus einerley Hause zu nehmen; wie sehr sie aber auch verlangten, daß ihre Erwartungen durch das Betragen des Gewählten erfüllt würden. Von dem königlichen Stamm der Cherusker war nur noch der einzige Italus übrig, der in Rom eine völlig römische Erziehung bekommen hatte. Gleichwohl verlangten ihn die Cherusker zum Könige. Aber Italus beleidigte sie durch seine zu große Anhänglichkeit an die römische Sitten. Er wurde vertrieben [26]).

Die Art, wie dem neuen Könige seine Würde übertragen wurde, war diese. Er stellte sich der Volksversammlung mit seinen Ansprüchen als Sohn oder Bruder, oder Vetter des abgegangenen Königs dar. Gefiel er, so huben ihn einige der Vornehmsten auf einem Schilde empor, und trugen ihn herum. Er gelobte die alten Gewohnheiten zu beobachten und jedem seine hergebrachten Rechte zu erhalten. Das Volk durch seinen Zuruf ernannte ihn zum König. Tacitus [27]) erwähnt dieser Ceremonie, und sie war schon zu seiner Zeit nicht mehr neu, sondern gewöhnlich. Er erzählt nämlich, daß die Caninefater, eine Völkerschaft in dem heutigen Holland anseßig, die dem ersten großen vom Civilis bewirkten Bunde gegen die Römer beytrat, auf diese bey ihnen herge-

[26]) Tacit. in Annal. II. 16;
[27]) Histor. IV. 15.

hergebrachte Art einen gewiſſen Brinno ²⁸) zum König ernannten.

Ein beſonderes Vorrecht der Merovingiſchen Familie war, daß die dazu gehörigen Männer allein langes hinten in Locken herunterfallendes oder vielmehr geflochtenes Haar tragen durften. Die übrigen Franken hatten es hinten abgeſchoren, vorn über die Stirne gekämmt und an den Seiten zwey Locken. In der nachmaligen Geſchichte der Merovingiſchen wie auch der Carolingiſchen Könige leſen wir, daß einem abgeſetzten Monarchen oder einem Prinzen das Haar abgeſchoren wurde. Nach dieſer Ceremonie, wodurch man ihn, wie es ſcheint, für unfähig zu regieren, oder zu Geſchäften überhaupt erklärte, wies man dem ſolchergeſtalt Entehrten ſeinen künftigen Aufenthalt ſo wohl als ſeine künftige Beſchäftigung in einem Kloſter an, daß er nicht wieder verlaſſen durfte.

Die Gewalt der fränkiſchen Könige war eingeſchränkt; ihre Einkünfte gering. Alle öffentliche Angelegenheiten mußten auf den Reichstagen oder Verſammlungen der Franken, die anfangs im März, nachher im May gehalten wurden, abgehandelt und entſchieden werden. Das Volk brachte den Königen auf dieſen Reichstagen freywillige Gaben, die theils im Gelde, theils in natürlichen Producten beſtanden. Außer dieſen Geſchenken waren nur noch drey Quellen, woraus die Könige Einkünfte ſchöpften. Die ſchon von den Römern angeordneten Zölle waren eine zu ſichtbare und zu ergiebige Quelle, als daß die Franken ſie nicht hätten bemerken, beybehalten

und

---

²⁸) Vielleicht war dieſes der in der nachmahligen deutſchen Geſchichte ſo oft vorkommende Name Brun, oder mit römiſcher Endigung, Bruno.

und begierig benutzen sollen. Die Gallier waren so
glücklich, die Franken in Ansehung anderer von den Römern gemachten Auflagen völlig unwissend zu finden, und
sie waren fein genug, ihnen keinen Unterricht darüber zu
geben [29]).   Sodann bekamen die fränkischen Könige
ein Drittheil von allen Strafgeldern, und sie hatten eine
große Menge eigner Güter, die Chlodowich bey der Eroberung des Landes für sich und seine Nachkommen behalten hatte.   Nicht bloß in Ansehung der Abgaben, sondern überhaupt in Ansehung der ganzen Art, wie die
Römer ihre Provinz regiert hatten, waren die Franken
ganz unwissend.   Sie bekümmerten sich auch nicht da-
rum.   Vielleicht war es Stolz.   Da sie die letzten Römer im Felde so verächtlich gefunden hatten, so erstreckten
sie vielleicht diese Verachtung auf alle übrige Einrichtungen dieses ihnen verhaßten Volkes.   Daher errichteten
sie keine besoldete Armeen, ob sie gleich gesehen hatten,
daß die Römer bloß durch dieses Mittel über die entferntesten Völker herrschten.   Daher vertrauten sie die Regierung der Provinzen Einem Herzoge oder Grafen, der
zugleich oberster Richter, Anführer der zum Kriege ge-
stellten Mannschaft und Einnehmer der öffentlichen Einkünfte war, ob gleich die Römer die Verwaltung dieser
verschiedenen Geschäfte schon getrennt hatten.   Endlich
ist es ohne Zweifel dieser Anhänglichkeit der Franken
an ihre vaterländischen Gewohnheiten zuzuschreiben, daß
sie auch jetzt noch fortfuhren, öffentlichen Bedienten statt
einer Besoldung, gewisse Güter auf so lange Zeit, als sie
ihre Aemter verwalteten, zu geben.   Diese Gewohnheit
hatte unter einem Volke, das kein Geld kannte, entstehen können.   Daß die Franken sie in einem Lande bey-
behiel-

---

[29]) Mably Observations sur l' histoire de France.

behielten, wo das Geld nicht selten war, scheint die Gleichgültigkeit zu beweisen, womit sie alles, was von den Römern herkam, verwarfen, ohne zu untersuchen, ob es nicht den Vorzug vor ihren eigenen Gebräuchen verdiente.

Es gab eine Menge angesehener Bedienungen am fränkischen Hofe. Man könnte vermuthen, in diesem Stücke hätten die Franken den Römern nachgeahmt. Allein aus einer Stelle beym Tacitus ist wahrscheinlich, daß schon früh an den Höfen der deutschen Fürsten, wenn man den Ausdruck Höfe von ihnen brauchen darf, allerley Bedienungen von verschiedenem Range waren [30]). Auch giebt es kein so rohes Volk, wo nicht der Reiche seine Reichthümer, der Mächtige seine Macht durch die Menge seiner Bedienten zu verkündigen suchte. Es ist das erste Mittel, worauf der Stolz noch uncultivirter Menschen verfällt, sich ein gewisses Ansehen von Größe und Erhabenheit zu verschaffen. Sodann zeugen viele Namen der französischen Hofämter von ihrem deutschen Ursprunge; Schenken, Falkenieren, Marschälle, und Jägermeister waren ursprünglich weder zu Rom noch zu Konstantinopel üblich.

Aber die Franken waren auch nicht frey von der Sucht roher Völker, alle Arten von Pracht, die sie bey cultivirten wahrnahmen, nachzuahmen. Und in dieser Nachahmung waren sie vielleicht anfangs nicht viel weniger ungeschickt und geschmacklos, als die heutigen americanischen Wilden, wenn sie sich auf europäisch putzen. Gallien hatte eine Menge großer und schöner Städte. Aber die Könige blieben beständig auf dem Lande. Sie zogen von einem Gute zu dem andern. Unterweges ließ n

si:

---

[30]) Tacit. de German. 13.

sie sich in den Klöstern oder auf den Gütern der Landbesitzer bewirthen. Diese lieferten ihnen auch die nöthigen
Wagen und Pferde zur Fortsetzung ihrer Reise. Beym
Abschiede bekamen sie noch ein Ehrengeschenk. Die
Jagd, Fischerey, Reiten, Schwimmen und andere Leibesübungen waren die einzige Beschäftigung der Könige
auf ihren Gütern.

Die Bischöfe erschienen gleich unter en ersten Königen auf den Reichstagen, anfangs vielleicht blos in
Angelegenheiten der Kirche; in der Folge aber als eine
Art von Reichsstand. Die eigentliche Zeit, da dieß zuerst geschah, ist unbekannt. Sie nahmen gleich den
Rang über die Weltlichen. Diese Bischöfe waren in
den ersten hundert Jahren Gallier. Ihre Namen, For-
tunatus, Leontius, Gregorius u. s. w. beweisen es.
Nicht eher als unter Dagobert dem I. finden wir Bischöfe mit fränkischen Namen, Adelbert, Hurold, Heri-
bold u. dergl. Zwar findet man Spuren, daß auch
wohl einmal ein Gallier einen fränkischen, und ein Franke
einen gallischen oder römischen Namen führte. Allein es
geschah nicht häufig; man wird vielleicht nicht über zwey
oder drey Exempel finden können. Indeß haben wir
einen stärkern und entscheidenden Beweiß, daß in den
ersten hundert Jahren keine Franken geistliche Stellen
bekleiden konnten. Sie waren dazu viel zu kriegerisch,
viel zu wild, und daher eben so abgeneigt als unfähig
sich die zu geistlichen Aemtern nöthigen Kenntnisse zu erwerben. Allein allmälich verwilderten auch die Gallier.
Mit jeder Generation nahm Barbarey und Unwissenheit
zu [31]); und die Franken, denen die Gelegenheit sich
durch)

---

[31]) Bey dem ersten Einbruch der Franken wurden Litteratur und Wissenschaften von den Galliern noch mit vielem

durch ihr Schwert zu bereichern, nicht mehr ſo oft vor-
kam, als in den erſten Jahren nach der Eroberung, bekamen nun auch Luſt zu den Gütern der Kirche. Doch
ohne Zweifel geſchah es auch oft aus redlichem Herzen,
daß Franken entweder ſich ſelbſt, oder ihre Söhne zu
Dienern der Religion beſtimmten. Jene galliſchen
Biſchöfe

Eifer und nicht ohne guten Erfolg cultivirt, wie außer andern Denkmälern die Schriften des Sidonius Apollinaris
beweiſen. Wie tief hingegen Litteratur und Wiſſenſchaften unter ihnen nach der Eroberung verfielen, darüber legt
Gregorius von Tour ein Zeugniß ab, und ſeine Schriften
dienen zum Beweis. Er war von galliſcher Abkunft, kün-
digte als Knabe ein vortrefliches Genie an; und ſein Lehrer nescio quid excelſum in puero conſpicatus, gab ihm
eine ſorgfältige Erziehung. S. die Nachrichten von ſeinen
Lebensumſtänden ap. Du Chesne T. I. p. 253. Gregorius ſelbſt nun beſchreibt in ſeiner Vorrede den Zuſtand der
Litteratur folgendermaaßen: Decedente atque imo potius
pereunte ab urbibus Gallicanis liberalium cultura litte-
rarum — nec reperiri poſſet quisquam peritus Dialectica
in arte Grammaticus, qui haec aut ſtilo proſaico aut
metrico depingeret verſu, ingemiſcebant ſaepius pleri-
que dicentes: vae diebus noſtris, quia periit ſtudium
literarum a nobis, nec reperitur in populis, qui geſta
praeſentia promulgare poſſit. ib p 257 Zur Probe,
wie glücklich er durch jene ſorgfältige Erziehung gebildet
war, mögen folgende beyde Stellen dienen; die erſte aus
dem Anfange ſeiner Geſchichtbücher: Sed prius veniam
a legentibus precor, ſi aut in litteris aut in ſyllabis
grammaticam artem exceſſero, de qua adplene non
ſum imbutus. Illud tantum ſtudens, ut quod in ec-
claeſia credi praedicatur, ſine aliquo fuco aut cordis
haeſitatione retineam, qui ſcio, peccatis obnoxium
per credulitatem puram obtinere poſſe veniam apud
noſtrum pium Dominum. Die andere aus ſeinem
Glaubensbekenntniß: credo Chriſtum hunc verbum eſſe
patris - hunc verbum carnem factum credo. ib. p. 257.

Bischöfe bekamen früh bey Hofe so wohl als auf den Reichstagen, einen merklichen Einfluß. Eine gewisse Feinheit des Verstandes, die sie durch eine künstliche Erziehung vor den Franken, den rohen Söhnen der Natur voraus hatten, trug vielleicht nicht weniger dazu bey, als die Achtung, welche die Franken ihnen, als Vätern der Kirche, erwiesen. Beweise dieses Einflusses sind die verschiedenen Vorrechte, die ihnen bewilligt wurden. Das Recht der Kirchen, Freystäte für Verbrecher zu seyn, wurde immer weiter ausgedehnt. Es wurde festgesetzt, daß niemand auf Güter, die der Kirche vermacht oder geschenkt wurden, aus irgend einem Grunde gültige Ansprüche sollte machen können. Das höchste Gericht, an das man in Abwesenheit des Königs appelliren konnte, bestand aus Bischöfen ³²).

Die Franken und die Gallier waren lange zwey verschiedene Völker. Die Franken waren die herrschenden. Aber man kann nicht sagen, daß die Gallier ihnen auf die Weise unterthan gewesen wären, wie die Griechen den Türken. Weder die Religion noch die Verfassung schloß die Gallier von öffentlichen Bedienungen aus. Bloß der Stolz der Franken und die Verschiedenheit der Sprachen machte den Unterschied zwischen beyden Völkern. Er nahm unmerklich ab. Die Zeit, da er ganz verschwand, läßt sich nicht bestimmen. Karl der Große verstand noch deutsch, sagen einige französische Schriftsteller, als ob er es nicht gewöhnlich gesprochen hätte. Deutsch war seine Muttersprache, Deutsch war damals noch die Sprache der ganzen Nation der Franken. Selbst am Hofe hörte man erst im Anfange des eilften

C 2   Jahr-

---

³²) S. die Capitular. und Concilia.

Jahrhunderts unter König Robert auf, Deutſch zu
ſprechen ³³).

Die Geſchichte der Nachfolger Chlodowichs iſt das
traurigſte und ekelhafteſte Gemälde der ſchrecklichen Verwilderung, in die rohe Menſchen gerathen können, wenn
ſie zum Beſitz ungewöhnlicher Macht und Reichthümer
gelangen. Ein philoſophiſcher Geſchichtſchreiber ³⁴) hat
ſich die Mühe gegeben die Anzahl der durch Gewalt, in
Schlachten, durch Meuchelmord, durch Gift, in einem
Zeitraum von ungefehr hundert und funfzig Jahren, von
Chlodowich bis zu Dagobert den I. umgekommenen Könige und Prinzen zu berechnen. Ihrer ſind über vierzig.
Aber auch nach Dagobert dem I. waren Meuchelmorde
und Vergiftungen nicht ſelten. Der nämliche Schriftſteller bemerkt, daß von den Königen, die keines gewalt-
ſamen Todes ſtarben, die wenigſten, nämlich nur drey
von achtzehn, über fünf und vierzig Jahr, alt wurden.
Frühzeitige Erſchöpfung verkürzte ihre Tage. Greuel
aller Art ſind faſt der einzige Inhalt alles deſſen, was
man über die Geſchichte dieſer Merovinger ſchreiben kann.
Die ſchönen Perioden der griechiſchen und römiſchen Geſchichte erheben den Geiſt, erfüllen das Herz mit ſanfter
Freude über die Würde, über die Größe, der die mora-
liſche Natur der Menſchheit fähig iſt. Die Geſchichte
der Merovinger ſchlägt nieder, betrübt, erregt Ekel; ſie
zeigt mir nichts, als die Menſchheit in ihrer ärgſten Ver-
dorbenheit. Glücklicherweiſe haben wir von dieſem Theile der fränkiſchen Geſchichte zu unſerer Abſicht, bloß die
Revolu-

³³) Du Clos Memoire ſur l' origine et ſur les revolu-
tions de la langue françoiſe in den memoires de l' acad.
des Inſcr T. XVII.
³⁴) Gaillard vol. I. p. 219 ſq.

Revolution zu merken, durch welche die königliche Würde von den Merovingern an Pipinen, Karls des Großen
Vater, kam. Innerliche Fehler der fränkischen Verfassung, eine Reihe schwacher Könige, und der fast erbliche
Ehrgeiz einer einzigen Familie bewirkten nach und nach
diese große Veränderung.

Die Franken hatten die Gewohnheit, ihr Reich nach
dem Tode ihres jedesmaligen Königs, unter dessen Söhne, so oft er mehrere hinterlassen hatte, zu theilen.
Diese Gewohnheit war den Franken eigen; wir finden
sie bey keinem der übrigen deutschen Völker, die neue
Reiche in den römischen Provinzen gestiftet hatten. Die
Wandaler, die Gothen, die Longobarden ꝛc. theilten nie.

Diese Theilungen geschahen nicht immer auf die nämliche Weise. Die gewöhnlichste Art indessen, wenn es
zwey Prinzen gab, war diese. Der eine bekam unter
dem Namen Austrasien, diejenigen Länder, die sich von
der Loire ostwärts über den Rhein bis in Deutschland
erstreckten. Dem andern wurden, unter dem Namen
Neustrien die Länder gegeben, die auf der westlichen
Seite der Loire gegen den Ocean und die Pyrenäen zu
gelegen sind.

Von diesen Theilungen hatten die Majores Domus ³⁵) den größten Vortheil. Diese Majores Domus waren Hofbediente, die ursprünglich ungefehr einerley Verrichtungen mit einem heutigen Oberhofmeister
hatten. Allein unter einigen schwachen Regierungen
zogen sie nach und nach alle Gewalt an sich, und zuletzt
waren sie es, die im Namen der Könige regierten.
Wenn das Reich getheilt wurde; so gab es an jedem

C 3 Hofe

---

³⁵) Den eigentlichen deutschen Titel weiß man nicht.

Hofe einen eignen Major Domus.   Wenn nun aber der
Fall ſich ereignete, daß z. E. der König von Auſtraſien
ohne Erben ſtarb, und alſo Auſtraſien mit Neuſtrien
unter Einem Könige wieder ſollte vereinigt werden; ſo
hatte der Major Domus in Auſtraſien nicht Luſt ſeine
Bedienung niederzulegen.   Das Volk war an ihn gewöhnt, und der König von Neuſtrien fand rathſam, ihm
dieſe Stelle zu laſſen.   Der Major Domus in Auſtraſien
regierte alsdann nicht anders, wie ein abhängiger Herzog.
Auch wurden die Majores Domus nicht mehr von den
Königen, ſondern von der Nation ernannt.

Die Majores Domus in Auſtraſien waren wirklich
diejenigen, die ſich dieſe Umſtände mit der größten Geſchicklichkeit zu Nuße machten.   Seit Dagobert dem I.
waren ſie alle aus Einer Familie, die wir etwas genauer kennen müſſen, weil ſie es iſt, die in der Folge
den Thron beſtieg und von der Karl, deſſen Geſchichte
wir beſchreiben, abſtammte.

Die Familie ſtammte, von mütterlicher Seite,
von den Merovingern ab.   Eine Tochter von Chlotarius
dem III. wurde mit einem vornehmen Franken, Ansbert,
vermählt.   Aus dieſer Ehe wurde Arnulf gebohren,
der erſte aus dieſem Hauſe, der die Stelle eines Major
Domus verwaltete.   In ſeinem Alter wurde er Biſchof
zu Meß.   Endlich begab er ſich in eine Einſiedeley, wo
er ſeine leßten Jahre, nach dem Begriff der damaligen
Zeiten, mit gottesdienſtlichen Handlungen und chriſtlichen Liebeswerken zubrachte [36])

Sein

Sein Sohn, Ansegis, bekleidete die Stelle nicht lange. Er wurde in seinem besten Alter von einem Menschen, den er glücklich gemacht hatte, ermordet. Der Mensch war ein Findling; Ansegis hatte ihn erziehen lassen und zu ansehnlichen Kriegsstellen befördert.

Ansegisens Sohn, Pipin von Heerstal, mit dem Zunamen der Aeltere, oder auch der Dicke, verwaltete die Stelle länger und mit ungleich mehr Gewalt. Im Jahre 680 starb Dagobert der II. König von Austrasien ohne Erben. Theodorich, König von Neustrien, wollte nun, nach der bisherigen Gewohnheit, beyde Reiche vereinigen. Die Austrasier machten Einwendungen. Theodorich wollte sie durch die Waffen zwingen; die Austrasier, unter Pipins Anführung widersetzten sich. Im Jahr 687 erhielt Pipin einen entscheidenden Sieg über die Neustrier, nahm Paris ein, bemächtigte sich der Person des Königs, und ließ sich, wider dessen Willen, zum Major Domus von Neustrien erklären. Theodorich starb im Jahr 692. Sein ältester Prinz Chlodowich der III. wurde König von Neustrien. Austrasien blieb ohne König: Pipin regierte es, als Major Domus und als Herzog; denn diesen Titel hatte er in dem Kriege wider Theodorich angenommen. Chlodowich der III. starb im vierzehnten Jahre seines Alters. Sein eilfjähriger Bruder, Childebert der III. folgte ihm in der Regierung und starb im Jahre 711. Dagobert der III. Childeberts Sohn, zwölf Jahr alt, wurde König. Alle diese Prinzen waren bloß Könige von Neustrien: Pipin war ihr Major Domus. Im Jahr 714 ernannte er, weil er alt und kränklich wurde, seinen Enkel, ein Kind, zu seinem Nachfolger in dieser Stelle. Niemand widersetzte sich. Aber er starb gleich darauf, und nun übernahm seine Wittwe, Plektrude, die Vormundschaft über

ihren

ihren Enkel, und also mittelbar zugleich über den König. Diese Vormundschaft einer Frau verursachte einen
bürgerlichen Krieg zwischen den Neustriern, die ihren
König bewegten, sich selbst einen Major Domus zu
ernennen, und den Austrasiern, die auf Plektrudens
Seite waren.

Ein Dritter zog allen Vortheil von diesem Kriege.
Pipin hatte noch einen Sohn, Karl. Ob dessen Mutter,
Alpáide, Pipins Maitresse oder Gemahlin war, und
ob, im letztern Fall, Pipin sich von Plektruden hatte
scheiden lassen, oder nicht, darüber sind die Nachrichten
nicht recht deutlich. Sie erwehnen wenigstens keiner
Ehescheidung, und die Polygamie war unter den Franken
noch nicht abgeschaft. Plektrude hatte nach Pipins Tode
diesen Karl, den sie fürchtete, zu Kölln in einer Art von
Verwahrung halten lassen. Er entkam und wußte einen
Theil der Austrasier dergestalt zu gewinnen, daß sie ihn
zum Major Domus und Herzog erklärten. Anfangs
war er unglücklich. Aber zuletzt schlug er bald Plektrudens Anhänger, bald die Neustrier. Jene mußte ihm
ihre Enkel und ihres Gemahls Schätze überliefern; die
Neustrier mußten ihn für ihren Major Domus erkennen. Er verwaltete darauf diese Stelle mit unwider-
sprochnem Ansehn, in beyden Reichen, bis zu seinem
Tode. Die Kriege, die er wider die benachbarten Völker mit vieler Tapferkeit führte, machten ihn berühmt.
Den Beynamen Martellus, Hammer, soll er wegen
seiner vielen schnellen und völligen Siege, oder auch,
wie andre wollen, bloß wegen einer sehr blutigen und
gewonnenen Schlacht wider die Saracenen, bekommen
haben. Im Jahr 738 zeigte sich die ganze Größe der
Gewalt dieses Major Domus. Durch den Tod Theo-
derichs des IV. wurde der Thron wieder ledig. Es ist
unge=

ungewiß, ob dieser König Söhne hinterließ, aber es ist gewiß, daß noch andre männliche Nachkommen von Chlodowich dem I. lebten. Gleichwohl ließen die Franken geschehen, daß der Thron unbesetzt blieb, und daß Karl die Regierung unter dem bisherigen Titel fortsetzte. Im Jahre 740 berief er einen Reichstag, nicht einen König zu wählen, sondern um seine Gewalt seinen Söhnen zu hinterlassen. Karloman, der älteste, bekam Austrasien; Pipin der jüngste, Neustrien, jeder unter dem Titel eines Major Domus und Herzogs. Ein dritter Sohn, Griso, bekam einige Güter. Karl starb im Jahre 741.

Ungefehr drey Jahre nach seinem Tode war das Verlangen der Nation, den Thron wieder mit einem merovingischen Prinzen besetzt zu sehen, zu lebhaft, als daß die beyden Brüder hätten wagen wollen, sich länger dagegen zu setzen. Die Nation versammelte sich also zur Wahl im Jahr 743, und sie erwählte Childerich den III von dem es ungewiß ist, ob er ein Sohn, oder ein Bruder, oder ein Vetter des zuletzt erwehnten Theodorichs war. Der Major Domus von Austrasien Karloman, ein stiller, religiöser Mann, legte seine Würde nach sechs Jahren nieder, that eine Walfahrt nach Rom, und gieng darauf in das damals sehr berühmte Kloster zu Mont Cassin.

Obgleich Karloman Söhne hatte; so wurde doch Pipin sein Nachfolger als Major Domus in Austrasien. Sein Betragen war ganz darauf eingerichtet, sich nun auch in dieser Hälfte des fränkischen Reichs eine allgemeine Zuneigung zu erwerben, so wie er sie in der andern Hälfte bereits erlangt hatte. „Er schien mit nichts „anders beschäftigt“ sagt ein französischer Verfasser,

C 5

„als

„als das Glück der Völker zu befördern.   Allenthalben
„stiftete er Tribunäle, um den Unterdrückten Gerechtigkeit
„zu verschaffen.   Die Kirchen fanden an ihm einen Be-
„schützer; das Verdienst einen Belohner; die Unschuld
„einen Vertheidiger; das Verbrechen und die Empörung
„einen strengen Rächer. — Auf dieser Stufe der Größe,
„des Ruhms und der Macht", so fährt der angeführte
Verfasser unmittelbar fort, „war Pipin im Ernste be-
„dacht, sich zum König erklären zu lassen. — Das ein-
„zige Hinderniß, das ihm im Wege stand, war der Eid
„der Treue, den die Franken Childerichen geschworen
„hatten. Pipin wußte auch dawider Mittel zu
„finden ³⁷)".

Die Stadt Rom hatte seit einiger Zeit Gelegenheit
gefunden, sich von der griechischen Abhängigkeit, worin
sie bisher gestanden hatte, loszumachen. Der Pabst, damals noch bloß Bischof, ohne alle weltliche Macht, regierte gleichwohl die Römer durch seinen Einfluß. So
wie es ihm und den Römern gelungen war, sich der griechischen Herrschaft zu entziehen; so bekamen sie auf der
andern Seite gefährliche Nachbarn an den Longobarden,
die, nachdem sie die Obermacht in Italien erhalten hatten, sich auch Rom unterwerfen wollten. Dieses neue
Joch suchten die Päbste, durch Hülfe der Franken, abzuwenden. Zacharias, Pabst zu der Zeit als Pipin auf
die Ausführung seiner Absichten bedacht war, hielt es
für nöthig, sich des Beystandes der Franken durch jede
Gefälligkeit zu versichern. Da er sah, daß Pipin schon
wirklich alle Macht besaß; so trug er kein Bedenken,
ihm, zur Ersteigung des Throns, die Hand zu bieten.
                                                    Seit

³⁷) Velly.

Seit Dagobert dem I. waren die meisten fränkischen
Könige minderjährig zur Regierung gekommen. Die
üblen Folgen, die daraus entstanden, beschreibt Eginhard
mit folgenden Worten: „Schon lange hatte die ganze
„Familie (der Merovinger) alle Thätigkeit, alles Leben
„der Seele verlohren, und von dem alten Glanz war
„ihnen nichts, als der Königstitel übrig. Die wirkliche
„Macht und Gewalt des Reichs war in den Händen der
„ersten Hofbedienten, welche Maiores Domus genannt
„wurden“.

Diese Unthätigkeit der jungen Könige wußte Pipin
und sein Anhang den Franken als eine unleidliche Sache
vorzustellen. Schon hatte Pipin die Gemüther zu der
Revolution vorbereitet. Eine Schwierigkeit war nur
noch im Wege. Die Franken waren, wie alle deutschen
Völker, der einmal zur Regierung erhobnen Familie
redlich zugethan. Ihre treue Anhänglichkeit an ihren
jungen Monarchen konnte durch bloße Bewegungsgründe
von der Heilsamkeit einer Veränderung nicht erschüttert
werden. Diese Wirkung hervorzubringen wurde ein Instrument von stärkerm Nachdruck erfordert. Pipin
wußte es zu finden. Er sandte zwey Vertraute, den
Bischof Burchard von Wirzburg und den Hofgeistlichen
Folard an Pabst Zacharias, um ihn zu fragen, ob es
recht und billig sey, daß einer König genannt werde, der
das Amt eines Königs nicht verwalte; ob nicht vielmehr
derjenige, der die Geschäfte eines Königs besorge, auch
den Titel verdiene? Der mit Pipinen ohne Zweifel schon
einverstandne Pabst antwortete, wie es der Fragende
wünschte, und mehr brauchte es nicht, als seine Entscheidung, um die Franken zu bereden, daß sie nun den
Abkömmling ihrer alten Könige nicht allein mit gutem
Gewißen verlaßen könnten, sondern auch müßten. Die
Auto-

Autorität und der Befehl des Pabstes — diese Ausdrücke braucht Eginhard [38]) bewog sie auf dem Reichstage zu Soissons 750 Childerichen der königlichen Würde zu entsetzen. Statt ihm die üblichen Geschenke zu bringen, schoren sie ihm das Haar ab; die gewöhnliche Ceremonie, wodurch man damals jemanden seiner weltlichen Rechte verlustig erklärte und zum Kloster verurtheilte. Childerich soll drey oder vier Jahr nachher gestorben seyn.

War Pipin nicht offenbar ein Usurpateur? Und der Pabst begünstigte seine Usurpation? machte sie möglich, da sie es, ohne seine Entscheidung nicht gewesen wäre? Einige französische Schriftsteller wünschten diese Frage, deren

---

[38]) Eginh. vita Caroli c. 1 und III. Annal. Eginhardi ad an. 749 und 750. Aber muß nicht vielleicht der Ausdruck Befehl (jussu) in diesen Stellen in etwas gelinderer Bedeutung genommen werden? Einige behaupten dieß und meinen, der Pabst habe auf Pipins Verlangen, als Casuist bloß sein theologisches Gutachten gegeben, um die Gewissen der Franken zu beruhigen. Allein Eginhard scheint mir der römischen Sprache zu mächtig gewesen zu seyn, um einen seinen Sinn so falsch darstellenden Ausdruck zu brauchen, als jussu in dem angenommenen Fall gewesen wäre. Und warum hätte Zacharias sich weniger Anmaßung erlauben sollen, als Stephan III Dieser befahl den Franken sogar, die Krone in Pipins Familie erblich zu machen. Denn der Fluch, womit er sie bedrohte, wenn sie Könige aus einer andern Familie machen würden, war sicherlich so gut, als ein Befehl. Endlich sehe ich nicht, daß es für die Ehre des Pabstes und der Franken, etwas sehr verschiednes wäre, ob jener die Revolution befahl oder sie durch sein Gutachten rieth; ob die Franken diese Revolution aus Achtung gegen des Pabstes Befehl oder gegen sein Gutachten unternahmen.

deren Bejahung weder Pipinen, noch den Franken, noch
dem Pabſt Ehre macht, verneinen zu können. Sie ſuchten daher Zweifel gegen die angeführten Umſtände zuſammen. In einigen alten Chroniken wird ihrer nicht erwehnt, nicht im Leben des Pabſtes Zacharias von Anaſtaſius; nicht im Leben des heiligen Bonifacius von ſeinem Schüler Wilibad; nicht in den Briefen des Pabſtes
an Pipin und Bonifacius. Allein das Stillſchweigen
aller dieſer kann das ausdrückliche Zeugniß Eginhards
nicht entkräften. Aber ſagt man, warum kommt ſogar
nichts davon in den Briefen des Pabſtes vor? Sollte
eine ſo wichtige Frage nur mündlich gethan, und die
Antwort nur mündlich gegeben ſeyn? Allerdings iſt dieſes zu vermuthen. Eine ſolche Frage ſchriftlich zu thun,
fand Pipin ohne Zweifel bedenklich, und der Pabſt fand
bedenklich eine ſolche Antwort ſchriftlich zu geben. Die
Vorſicht erforderte, bey einer Unterhandlung von ſo
zarter Beſchaffenheit, ſich einander lieber mündlich durch
Vertraute, als durch Briefe zu erklären.

Pipin wurde König. Die Cermonie, wodurch die
Franken bisher einen neuen König in ſeiner Würde zu beſtätigen pflegten, wurde bey dieſer Gelegenheit verändert.
Pipin wurde durch den heiligen Bonifacius, Erzbiſchof
von Maynz und Legaten des Pabſtes, zum König der
Franken geſalbet. Durch dieſe Nachahmung einer jüdi-
ſchen Sitte gewöhnte man ſich allmälig die Könige als
Geſalbte des Herrn [39]) und als von Gott eingeſetzt zu
betrachten. „Dieſe bisher ungebräuchliche Ceremonie,
ſagt Velly, wurde ſo vortheilhaft gefunden, daß alle
„nach-

---

[39]) Im Predigerſtil ſcheint der Ausdruck noch in Deutſchland hin und wieder ſelbſt von ungeſalbten Fürſten gebraucht zu werden. S. Schlözers Briefwechſel XIV p. 94.

„nachherigen Könige Pipins Exempel darin folgten“.
Mit der Salbung wurde die Krönung verbunden. Auch
Pipins Gemahlin Bertha wurde gekrönt, ohne Zweifel,
um dadurch ihren Söhnen ein Erbrecht an die Krone zu
verschaffen. Der Pabst, Zacharias, starb bald nach
dieser Begebenheit. Sein Nachfolger Stephanus III.
kam in den Fall, der fränkischen Hülfe wirklich sehr zu
bedürfen: Astolf, König der Longobarden, drohte Rom
zu belagern, wenn sich die Stadt ihm nicht unterwürfe.
Der Pabst ließ Pipinen durch Gesandte bitten, daß er
sich der Römer annehmen möchte. Allein Pipin wurde,
es ist ungewiß, durch was für Hindernisse, abgehalten.
Diese Verzögerung bewegte den Pabst, selbst nach Franken zu gehen und Pipin in Person um Beystand zu bitten.

Pipin machte sich die Gegenwart des Pabstes zu
nutze, den Franken alle Bedenklichkeiten, die sie wegen
ihrer an Childerich begangnen Untreue etwa noch haben
mochten, zu benehmen. Stephanus salbte und krönte
ihn zum zweytenmahl, und zugleich mit ihm seine Söhne
Karl und Karloman. Er salbte sie zu Königen der
Franken und zu Patriciern von Rom. Er sprach dabey den Fluch aus gegen alle diejenigen Franken, die
künftig einen König aus einem andern Hause, als aus
Pipins Nachkommenschaft, erwählen würden [40].

Etwa

---

[40] Clausula de Pipini in Francorum regem consecra-
tione, S. Recueil T. v. p. 9. Dieser fünfte Band des
Recueil oder der von Dom. Bacquet zuerst besorgten,
großen, schönen und leider von uns Deutschen noch nicht
nachgeahmten Sammlung der Scriptorum Rerum Galli-
carum et Francicarum enthält alle, Karl den Großen
betreffende Nachrichten und Urkunden. Wenn ich daher
in der Folge, der Kürze wegen, bloß Recueil citire, ohne
den Band zu nennen, so verstehe ich darunter den fünften.

Etwa nach zweyhundert Jahren müssen die Franken diesen Fluch entweder vergessen, oder sich nicht mehr vor ihm gefürchtet haben. Sie erhoben eine andere Familie auf den Thron, obgleich noch männliche Nachkommen von Pipin übrig waren.

Nach diesem Vorgange fing endlich der König mit den Longobarden an, dessen ich an einem andern Ort etwas weitläufiger gedenken werde.

Pipin starb im Jahr 768, nachdem er 54 Jahre gelebt, und 17, als König, regiert hatte.

Zweytes Kapitel.

—

Inhalt.

Karls Geburt, Jugend und Erziehung — Der fränkische Staat wird nach Pipins Tode zwischen seinen beyden Söhnen, Karl und Karloman, getheilt — Ob Karl und sein Bruder bey ihrem Regierungsantritt von neuem gesalbt worden — Schlechtes Vernehmen zwischen beyden Brüdern — Veranlassungen des aquitanischen Krieges — Die Herzoge von Aquitanien waren Abkömmlinge der Merovinger — Karl muß den Krieg ohne Beystand von seinem Bruder führen — Er erobert Aquitanien — Nach seines Bruders Tode wird er König aller Franken — Von den damals zu dem fränkischen Reiche gehörigen Ländern und Völkern — Von den übrigen in jenen Zeiten bekannten Nationen — Anfang des Sachsenkrieges — Aelteste Nachrichten von den Sachsen — Veranlassung des Krieges — Karl will diesen Krieg, als eine Gelegenheit, benutzen, das Christenthum unter ihnen einzuführen — Der Krieg wird von der Nation der Franken beschlossen — Bey dieser Geiegenheit wird von den Nationalversammlungen oder Reichstagen der Franken gehandelt — Natürliche Geschichte der Entstehung der Staatsverfassungen — Des Adels — Und der Reichstage oder Volksversammlungen — Selbst in kriegerischen Monarchien — Erster Feldzug gegen die Sachsen im Jahr 772 — Veranlassung der Longobardischen Händel — Niederlassung der Longobarden in Italien — Ihre Absichten auf Rom veranlassen die Freundschaftsverbindungen der Päbste mit Pipinen und mit Karln — Feindliche Gesinnung des letzten Königs der Longobarden, Desiderius, gegen Karln — Feldzug des letztern in Italien im Jahr 773 — Seine erste Reise nach Rom 774 — Wo er ais Patricius empfangen wird — Bedeutung dieses Titels — Zwischen Pabst Adrian und Karln errichtete und beschworne Freundschaft — Ueber

die

die Sammlung von Kirchengesetzen, die der Pabst Karln schenkte — Die Eroberung des longobardischen Reichs wird vollendet — Der Sachsenkrieg geht wieder an im Jahre 774 — Wahrscheinliche Ursachen, daß die Sachsen immer unterlagen — Empörung und Hinrichtung des Herzogs von Friaul — Vergleich mit den Sachsen zu Paderborn im Jahre 777.

Karl [1]) war der älteste Sohn von Pipin und Bertha. Er war im Jahre 742 gebohren, am zehnten April, wenn einem alten Kalender zu glauben ist, von welchem Mabillon ein Kenner in dergleichen Sachen urtheilte, daß er im neunten Jahrhunderte geschrieben sey [2]). Karls Geburtsort ist unbekannt. Die Gelehrten haben darüber verschiedene Muthmaßungen. Eginhard, der in Karls Hause lebte, versichert, er habe über alles, was die ersten Jahre des Monarchen betrift, keine zuverläßige Nachrichten finden können. Er hielt es daher für thöricht, sich bey diesen Umständen aufzuhalten. Die Thorheit wäre wohl nicht geringer, wenn man sich schmeicheln wollte, in einer historischen Untersuchung, die ein Zeitgenoß von Einsicht und Verstand für vergeblich hielt, tausend Jahre später glücklich zu seyn.

Wir müssen uns also, was Karls Erziehung betrift, mit der bloßen Vermuthung begnügen lassen, daß sie von der gewöhnlichen Erziehung vornehmer Franken nicht

---

[1]) Aus Carolus Magnus haben die Franzosen den Namen Charlemagne gemacht, mit dem sie gewöhnlich unsern Monarchen benennen. Dasselbige thun die Engländer und Italiener.

[2]) Mabillon in Supplem. ad Opus de Re Diplom. c. IX. § 1. p. 38.

Hegewisch Gesch.　　　　D

nicht verschieden war.   Der Gebrauch der Waffen,
Reiten und Jagen waren die einzigen Stücke, worin ihre
jungen Leute geübt wurden.   An Unterricht in Wissenschaften oder Künsten wurde nicht gedacht.   Die leb-
hafte Neigung, die Karl in seinen reifern Jahren für sie
faßte, war mehr eine Folge seines natürlichen Genies,
als seiner Erziehung.   Er sprach, nach Eginhards
Zeugniß, das Latein gut und fließend; er verstand das
Griechische.   Jenes hatte er vermuthlich früh durch den
Umgang gelernt, wie die Franken überhaupt diese Sprache
lernten, nachdem sie Gallien erobert hatten.

Außer dem Unterricht und der Aufsicht, welche das
ausmachen, was man gewöhnlich Erziehung nennt, giebt
es eine andere, welche zur Bildung des Charakters mehr
wirkt, als jene beyde.   Sie besteht in den Eindrücken,
die durch gewisse Begebenheiten früh auf den Geist und
das Herz eines unerfahrnen Jünglings gemacht werden.
Karl hatte acht Jahre, als sein Vater, Pipin, zum
erstenmal zum König der Franken gesalbt wurde; er
hatte zwölf, als der Pabst Stephanus, Pipinen zum
zweytenmal, und zugleich dessen Söhne, unsern Karl
und seinen Bruder Karloman zu Königen der Fränken
und zu Patriciern, oder Schutzherren des päbstlichen
Stuhls und der Stadt Rom salbte. Diese beyden feyerlichen
Auftritte, dieser Aufenthalt des Pabstes an Pipins Hofe;
die Unterredungen, die der Pabst wahrscheinlich mit
dem jungen Karl gehalten, und dazu genutzt haben wird,
ihm Gesinnungen der Hochachtung, der Ehrerbietung und
Erkenntlichkeit gegen den römischen Stuhl einzuflößen;
die große Meinung, die man an Pipins Hofe von den
Vorrechten und der Würde des Pabstes entweder wirklich hatte, oder zu haben vorgab; der Gedanke, auf den
Karl bey allen diesen Vorfällen nothwendig kommen
mußte,

mußte, daß sein künftiges Recht zum Throne, so wie
damals das Recht seines Vaters, lediglich auf die
Rechtmäßigkeit des päbstlichen Ausspruchs über Childerich gegründet sey; alle diese Umstände gaben vermuthlich den Ideen und Neigungen des jungen Prinzen diejenige Richtung, welche in der Folge seinen Charakter bestimmte. Er bekam Geschmak an feyerlichen
Aufzügen; seine Ruhmgier entzündete sich; er faßte
jenen hohen Begriff von der Kirche und dem Stuhle des
heiligen Petrus; der Titel eines Beschützers von beyden,
schien ihm das äußerste Lob zu seyn, das sich ein Monarch erwerben könnte, und der Wunsch, dieß bald zu
verdienen, wurzelte tief in seiner Seele. Ferner, mit
einem so scharfen Verstande, als Karl von Natur besaß,
mußte er früh einsehn, daß sein Vater zu seiner Größe,
bloß durch die Ueberlegenheit seiner persönlichen Eigenschaften gekommen war. Er fühlte also früh die Nothwendigkeit, sich alle die persönlichen Vorzüge zu erwerben, ohne welche selbst gebohrne Prinzen nie eine Herrschaft in dem wahren Sinne des Worts erlangen; alle
die Vorzüge, deren Mangel die Merovinger zu blößen
Scheinkönigen, und in der That zu Sclaven ihrer Minister machte.

Karl war sieben und zwanzig Jahre alt, als Pipin
starb. Eine Chronik von einem Zeitgenossen Eginhards
berichtet, Pipin habe in dem letzten Jahre seines Lebens,
mit Einwilligung der Nation eine Verordnung gemacht,
vermöge welcher der älteste seiner Söhne Austrasien, und
der jüngste Neustrien bekommen sollte [3]). Eginhard sagt
das Gegentheil: dem ältesten sey Neustrien, dem jüng-
sten Austrasien bestimmt worden. Thatsachen, die zum

D 2   Theil

[3]) Continuat. Fredeg. Recueil p. 9.

Theil bey Eginhard, zum Theil in andern glaubwürdi-
gen Nachrichten vorkommen, beweiſen, daß die Theilung
weder auf die eine noch auf die andere Art geſchah. Wie
ſie aber geſchah, dieſes zu beſtimmen hat ſeine Schwierigkeiten 4). Indeſſen da die Theilung wegen des frühen
Todes des jüngern Bruders, Karlomans, bald wieder
aufhörte, und das ganze Reich unter Karln wieder vereinigt wurde; ſo iſt an einer genauen Beſtimmung dieſer
Theilung nicht viel gelegen.

Die Theilung wurde auf einem außerordentlichen
Reichstage, den die Franken gleich nach Pipins Tode
hielten, vollzogen, und beyde Prinzen wurden in der
königlichen Würde beſtätigt 5).

Ueber die Ceremonie bey dieſer Beſtätigung lauten
die Nachrichten verſchieden. Einige Chroniken gedenken
der Salbung 6); andre nicht 7). Man könnte es wahrſcheinlich finden, daß keine geſchehen ſey, weil ſie ſchon
vorher durch den Pabſt Stephanus beyden Brüdern ertheilt war. Allein Handlungen dieſer Art, wodurch
man ſeinem Beſitz Rechtmäßigkeit zu verſchaffen glaubte,
wiederholte man gern in jenen Zeiten, als ob jede Wie-
der-

---

4) Man ſehr über dieſe Schwierigkeiten Eginhardi Vita Caroli M. ed. Schminckii in der Note p 28. ingleichen ein
von Mr. de la Bruëre ſeiner hiſtoire de Charlomagne
beygefügtes memoire.

5) Franci ambo ſibi reges *conſtituunt.* Eginh. in vita
Caroli. M. Recueil p. 90. *conſenſu* omnium Francorum
reges *creati* Annal. Eginhardi ib. p. 100

6) Contin. Fredegarii, Recueil p. 9. Conſecratione
Sacerdotum ſublimati ſunt in regno Annal. Francor.
ſub .a. 768 Recueil p. 13. uncti fuerunt in reges.

7) Die meiſten übrigen Anna - es.

derholung solcher Handlungen eine Verstärkung seiner
Rechte gewesen wäre. Die beyden Brüder vertrugen
sich nicht gut mit einander. Von dem eigentlichen Anlaß ihrer Uneinigkeit haben wir zwar keine Nachricht.
Sie entstand aber ohne Zweifel aus der Mißgunst, die
sich bey Theilungen einer Erbschaft auch nicht sehr gie-
riger Gemüther leicht bemächtigt. Eginhard rechnet es
Karln zu einer großen Tugend an, daß er die neidische
und zänkische Gemüthsart seines Bruders mit der äußersten Geduld ertragen habe. Karl sey oft von ihm beleidigt; er habe aber jedesmal eine Gelassenheit bewiesen,
die von jedermann bewundert worden. Einige Wirkungen dieser Uneinigkeit zeigten sich in dem aquitanischen
Kriege, dem ersten, den Karl bald nach dem Antritt
seiner Regierung glaubte führen zu müssen.

Dieser aquitanische Krieg hatte folgende Veranlassung. Das römische Aquitanien erstreckte sich von
der Loire bis zu den Pyrenäen. Aquitanien unter den
Franken scheint nicht immer einerley Grenzen gehabt zu
haben. Gewiß gehörte dazu der ganze Landstrich zwischen
der Garonne und den Pyrenäen, nebst dem Gebiet von
Toulouse, und Toulouse war die Hauptstadt. Als die
Westgothen im südlichen Gallien ein Reich errichteten,
war Aquitanien ein Stück davon. Nachdem aber Chlodowich das westgothische Reich erobert hatte; so gab er
auch hier einigen seiner Franken die Güter der Ueberwundenen zu Lehnen, damit sie als eine kriegerische Colonie oder Besazung das Land in der Unterwürfigkeit erhalten sollten. Doch verhielt sich die Anzahl der Franken, die sich solchergestalt hier niederließen zu den übrigen
Einwohnern weit geringer, als in den andern gallischen
Provinzen, ohne Zweifel weil die vielen Kriege und Eroberungen Chlodowichen nicht viel Franken übrig gelassen

D 3   hatten,

hatten, die nicht ſchon in andern Provinzen mit Lehen
wären verſorgt und als Beſatzung nöthig geweſen. Aus
alten authentiſchen Urkunden, aus zuverläßigen Nachrichten hat der Fleiß eines ſcharfſehenden Geſchichtfor-
ſchers dargethan, daß, bey den unter den Prinzen des
merovingiſchen Hauſes gewöhnlichen Theilungen, Aquitanien ſeine eigenen Könige aus einer jüngern Linie dieſes
Hauſes bekam, daß aber dieſe Könige von den mächtigen
Königen der ältern Linie genöthigt wurden, ſich ſtatt des
königlichen, mit dem herzoglichen Titel zu begnügen, ſich
zu einer gewiſſen Abhängigkeit zu verſtehen, und einen
jährlichen Tribut zu bezahlen. Aber dieſe Herzoge, die
alſo keine bloße Statthalter waren, konnten ihre Abſtammung und ihre ehmalige Unabhängigkeit nicht vergeſſen, und es gab einige unter ihnen, die Muth genug
hatten, und die Umſtände für günſtig genug hielten, den
königlichen Titel wieder anzunehmen, und ſich als unabhängige Fürſten zu betragen [3]). Indeſſen waren ſie doch
zu ſchwach ihre Abſichten auszuführen. Herzog Hunold
mußte ſich im Jahr 744 bequemen, Pipinen, der damals nur noch Major Domus war, den Eid der Treue
zu leiſten. Er ging darauf in ein Kloſter und übergab
ſeinem Sohn, Waifar, die Regierung. Unter dieſem
ging der Krieg von neuem an. Waifar ſchlug Pipinen
ver.

---

[3]) Die Abſtammung der aquitaniſchen Herzoge von den Merovingern und ihre urſprüngliche Unabhängigkeit waren
lange unbekannt, bis der gelehrte Benedictiner Dom Vaiſ-
ſette dieſe Entdeckungen machte. Ausführlichere Nachrichten ſ. beym Gaillard vol. II. p. 60. ſq. und p. 202 ſq.
Dieſen Nachrichten zufolge ſollen die Barone von Mon-
tesquion (nicht die von Montesquieu, von denen der berühmte Verfaſſer des Eſprit des Loix war) von jenen
alten aquitaniſchen Herzogen abſtammen.

verschiedene Forderungen ab, insbesondre die Auslieferung einiger mißvergnügten Franken, die nach Aquitanien geflüchtet waren. Pipin brach daher im Jahr 760 mit einem Heere in Aquitanien ein. Aber der Krieg zog sich in die Länge. Wir finden bey den alten Verfassern zwey Ursachen dieser langen Dauer des Krieges. Aquitanien war voll fester Plätze. Ein wichtigerer Umstand war die Besorgniß, worin Pipin verschiedene Jahre war, einen neuen Feind an dem mächtigen Herzoge von Bayern zu bekommen [9]. Dieser hatte großen Verdacht gegen sich erweckt, daß er nach Unabhängigkeit trachtete, und vielleicht mit den Aquitaniern gemeinschaftliche Sache machen würde. Diese Furcht nöthigte Pipinen, sich einige Jahre gegen die Aquitanier bloß vertheidigungsweise zu halten. Sobald er von der Seite der Bayern nichts mehr zu befürchten glaubte; setzte er den Krieg in Aquitanien mit Nachdruck fort. Das Jahr 768 schien entscheidend. Die Franken hatten die meisten Oerter erobert. Des Herzogs Mutter, Schwester, und andre von seiner Familie wurden gefangen. Der Herzog selbst, der von allen verlassen, durch die Wälder nach Vasconia, dem heutigen Gascogne, zu entkommen suchte, wurde entweder von seinen eigenen Leuten erschlagen [10] oder, nach einer andern Nachricht, gefangen und auf Pipins Befehl getödtet [11]. Pipin überlebte ihn nur einige Monate. Auf die Nachricht von diesem doppelten Tode, Waifars und Pipins, verließ der alte Hunold das Kloster, um seinen Sohn zu rächen, und die Franken

D 4

aus

[9] Eginhardi Annal. a. 764. Recueil p. 199.

[10] Contin. Fredeg. Recueil p. 8.

[11] Annal. Laur. a. 768. Eginh. Annal. a. 768 Recueil p. 200.

aus Aquitanien zu vertreiben. Die Aquitanier nahmen
ihn, als ihren Herzog auf. Die Umstände schienen seinem
Vorhaben günstig. Das fränkische Reich sollte eben
unter Pipins Söhne getheilt werden, und das Mis-
trauen, das zwischen diesen war, schien ein wichtiger
Umstand, der sie von auswärtigen Unternehmungen abhalten mußte. Indeß bekam Karl Aquitanien mit zu
seinem Antheil.

Vermöge einer Gewohnheit der Franken, nach welcher sie, wenn gleich das Reich getheilt war, dennoch
jeden Krieg, in den einer dieser Könige mit auswärtigen Feinden gerieth, als einen Krieg der ganzen Nation
betrachteten, verlangte Karl Hülfe zu dem aquitanischen
Kriege von seinem Bruder Karloman. Dieser versprach
sie. Allein, wie Karl mit seinen Völkern schon nach
Aquitanien aufgebrochen war, folgte ihm Karloman aus
Neid, sagen einige alte Schriftsteller, nicht nach, sondern
ging mit seinen Völkern nach seinen Staaten zurück.
Karl indessen ließ sich durch das Ausbleiben seines Bruders nicht abhalten, den Zug mit der Geschwindigkeit,
die so oft entscheidend ist, fortzusetzen. Seine schnelle
Ankunft in Aquitanien hatte die Wirkung, daß alles sich
ergab. Hunold entfloh, es gelang ihm, nach Vasconien
zu kommen.

Nach der Sitte der Merovinger pflegte auch Aquitanien, wenn der daselbst regierende Herzog mehr Söhne
hinterließ, unter sie getheilt zu werden. Die jüngern
Söhne bekamen Vasconien, oder das heutige Gascogne.
Der damalige Herzog in Vasconien war Lupus, ein
Brudersohn von Hunold. An diesen schickte Karl, und
verlangte unter verschiedenen Drohungen die Auslieferung
des alten Hunolds. Der Vasconier gehorchte. Hunold
hatte

hatte nun das Schicksal, das in diesen Zeiten überwundenen Fürsten gewöhnlich zu Theil wurde. Er mußte
ins Kloster. In der Folge fand er Gelegenheit, aus dem
Kloster zu entkommen. Er floh zu dem Könige der
Longobarden Desiderius, dessen Hof eine Zuflucht aller
terer war, die sich über Karln glaubten beklagen zu
müssen ¹²).

Durch diesen Ausgang des aquitanischen Krieges
im Jahr 770 wurde Karls Reich mit einer wichtigen
Provinz vermehrt. Er setzte keinen neuen Herzog oder
Statthalter über sie, denn er hielt dergleichen Statthalter
großer Provinzen für bedenklich, weil man in jenen Zeiten keine Mittel hatte, sich ihrer Abhängigkeit zu versichern, ein ehrsüchtiger Herzog hingegen in der Provinz
viel Gelegenheit hatte, die Unterthanen dergestalt an
sich zu gewöhnen, daß sie ihn gern unterstützten, wenn er
sich gegen seinen Oberherrn auflehnte; sondern zertheilte
das Land in verschiedene Grafschaften, deren jede durch
einen eigenen Grafen regiert wurde.

Um seine Grenzen von dieser Seite noch mehr zu
sichern, ließ er an den Fluß Dordogne ein Schloß
bauen, das die damaligen Verfasser Castellum Franci-
cum, die spätern Franciacum oder Franciac nennen,
Es ist das heutige Fronsak. Wenn der Name ursprünglich so viel, als die Burg der Franken, bedeutete, wie
Gaillard meint, so mußte er von den Franken anders
ausgesprochen oder aus einer andern als der fränkischen
Sprache abgeleitet werden ¹³).

D 5   Scho-

¹²) Sigeb. Gembl. a. 771. Recueil p. 376. Vita Stephani Papae ib. p. 434.

¹³) Wer sich mit Etymologisiren gern beschäftigt, dem wird
folgende Vermuthung vielleicht einen Augenblick unterhalten,

Schon im folgenden Jahre verlor Karl ſeinen Bruder, oder vielmehr er wurde von einem zwar, wie es ſcheint, nicht gefährlichen, aber doch ſeinen Abſichten ſehr hinderlichen Gegner befreyt. Karloman ſtarb im Jahre 771 im December. Er hinterließ zwey Söhne, die beyde Kinder waren. Seine Unterthanen erwählten gleich nach ſeinem Tode Karln zu ihrem König. Wir müſſen weder ihnen noch Karln ein Verbrechen daraus machen, daß ſie Karlomans Kinder, übergingen. Es war, wie im erſten Kapitel bemerkt iſt, die Regel bey den deutſchen und nordiſchen Völkern, daß ſie ſtatt der Söhne des verſtorbnen Königs, wenn ſie ſehr jung waren, lieber ſeinen Bruder, oder jeden andern ihnen würdiger ſcheinenden Prinzen aus der Familie zum Könige nahmen. Es fiel ihnen nicht ein, daß ſie jenen Kindern dadurch ein Unrecht erwieſen. Denn wenn ſie die Söhne ihrer Könige auf den väterlichen Thron erhoben; ſo thaten ſie dieß nicht, weil ſie den Thron für ein Erbgut hielten, ſondern weil ſie wußten, daß es der öffentlichen Ruhe am zuträglichſten ſey, mit ihrer Wahl ſo viel möglich bey Einer Familie und in dieſer Familie bey der geraden Linie zu bleiben.

Karlomans hinterlaßne Witwe, Gerberge, hielt jetzt den Aufenthalt ihrer kleinen Söhne in Karls Staa-

ten

---

ten, wenigſtens ihm Anlaß zu lächeln geben. Ac iſt eine Endung, die ſehr häufig in den Namen der Städte und Schlöſſer in Guienne und insbeſondere in Gaſcogne vorkömmt, wie Burg im Deutſchen, und polis im Griechiſchen; z. E. Armagnac, Cognac, Feſenzac. Ac bedeutete alſo vermuthlich in der dortigen Landesſprache eine Burg oder Stadt. Fronſac oder wie es vermuthlich anfangs ausgeſprochen wurde, Franſch-ac wäre alſo nach Gaillards Vermuthung, ſo viel als die Frankenburg.

ten nicht für sicher. In der That, das gelindeste, was damals dergleichen vom Thron verstoßne Prinzen zu erwarten hatten, war Einsperrung in ein Kloster. Nicht selten wurden sie geblendet. Durch Besorgniße also solcher Schicksale geängstigt, floh Gerberge mit ihren Kindern zu Desiderius, dem König der Longobarden, an dessen Hofe Karls geheime und öffentliche Feinde Zuflucht fanden.

Das ganze Reich der Franken, welches nun unter Karln wieder vereinigt war, bestand aus einem Theile des heutigen Deutschlandes und dem heutigen Frankreich. Seine Grenzen waren gegen Norden die Nordsee, das Land der Friesen, und das Land der Sachsen, das ist, die heutigen vereinigten Niederlande, Westphalen und Niedersachsen. Gegen Osten waren die Thüringer, die von der Fulda bis über die Saale wohnten, und die Bajoarier oder Bayern, deren Land außer dem heutigen Bayern das heutige Salzburg und das meiste von Oestreich mit unter sich begriff. Gegen Süden waren das mittelländische Meer, und seit der Bezwingung Aquitaniens, die Pyrenäen; gegen Westen das atlantische Meer und Britannien oder das heutige Bretagne, das aber schon einigemal eine gewisse Oberherrschaft der fränkischen Monarchen anerkannt hatte. Von diesen Völkern waren die Thüringer schon von den Franken bezwungen, und wurden durch Grafen regiert. Eben dieses war das Schicksal der Friesen. Die Sachsen hatten sich gegen Pipin zu einem Tribut verstanden. Bayern hatte einen Herzog, der aber die Oberherrschaft der fränkischen Könige oft hatte erkennen müssen.

In so weit Verschiedenheit der Sprache und Verschiedenheit der Abstammung ein hinlänglicher Grund
sind,

ſind, die Einwohner eines Reichs in verſchiedene Nationen zu theilen, war dieſes alte Frankreich von zwey
Hauptnationen bewohnt.　In der weſtlichen Hälfte, die
von der öſtlichen ungefehr durch die nämliche Grenzlinie
geſchieden wurde, die das jetzige Frankreich theils von
den ihm gehörigen deutſchen Provinzen, theils von
Deutſchland ſcheidet, waren die Gallier das zahlreichſte,
aber die Franken das herrſchende Volk.　In der
öſtlichen Hälfte wohnten lauter deutſche Völker.　Von
der Nordſee an bis ohngefehr zu Elſaß und Lothringen
hin auf beyden Seiten des Rheins, in den heutigen öſter-
reichiſchen Niederlanden und in den Ländern des heutigen
Unter- und Oberrheiniſchen Kreyſes war der eigentliche
Sitz der Franken, den ſie in ihren Kriegen wider die Römer, bey deren erſtem Anfange ſie noch vom Unterrhein
bis zur Weſer hin wohnten, erobert hatten.　Der heutige Elſaß und Schwaben waren der Sitz der Allemannier, die auch Schwaben genannt wurden.　Und die
Burgunder wohnten in dem heutigen Bourgogne, Fran-
che Comte und in der Schweiß.　In jenen beyden waren
aber die Burgunder eigentlich auch nicht die einzigen Einwohner, ſondern nur die herrſchenden.　Die zahlreichen
Gallier waren unterwürfig.　Was auch für kleine Ver-
ſchiedenheiten in den Sitten und Gewohnheiten der Burgunder, Allemannier und Franken ſeyn mochte, ſo waren
ſie doch in Hinſicht auf die Staatsverfaſſung Eine
Nation, wie heut zu Tage in dieſer Hinſicht Schotten
und Engländer, oder Preußen und Brandenburger einerley Nationen ſind.

Obgleich einige von den fränkiſchen Königen zu Paris in dem vom Kaiſer Julian erbauten Pallaſt reſidirt
hatten; ſo war doch Paris nicht die Hauptſtadt.　Es
gab keine.　Die Könige lebten meiſtens, wie ſchon erwehnt

wehnt worden, auf dem Lande, bald auf dem einen,
bald auf dem andern Schloße. Auch die Reichstage
wurden an keinem bestimmten Orte gehalten. Die
Verfassung der Franken war noch völlig so, wie sie im
ersten Kapitel beschrieben ist.

Von den übrigen damals bekannten Nationen unterschieden sich vorzüglich die Araber und die Griechen.
Das Kaiserthum der Griechen hatte, auf allen Seiten
viel von seinen vormaligen Besitzungen verlohren. Es
begriff nur noch das heutige Romanien, Griechenland,
einen Theil von Kleinasien und etwas von Italien. Der
Sitz war Konstantinopel. Beyde, der Hof und die Nation, waren äußerst verdorben. Zu weit getriebene
Verfeinerung, Bigotterie, Weichlichkeit und Gewinn-
sucht hatten jede männliche Tugend verdrungen.
Schwerlich wird man einen einzigen Zug von Größe
des Geistes oder Herzens in ihrer Geschichte finden.
Der Hof kannte keine wichtigere Staatsgeschäfte, als
theologische Streitigkeiten. Das, was man in einem
gewissen unedlen Sinn Politik nennt, war der einzige
Weg zu Ehrenstellen, die oft Verschnittenen zu Theil
wurden. Die Landmacht der Griechen war zahlreich
genug, aber in wesentlichen Dingen unbedeutend. Besser waren ihre Flotten. Durch diese Flotten, durch
sein Geld und durch seine Politik erhielt sich dieser Staat
bey dem Ansehn, das er seinen Stiftern, den vormaligen römischen Kaisern zu danken hatte.

Das glänzendste, das größte der damaligen Völker
waren die Araber. Sie hatten Syrien, Egypten, die
Küste von Africa und den größten Theil von Spanien
erobert. Die Gothen, welche bis zum Einbruch dieses
mahomedanischen Volkes Spanien beherrscht hatten,
waren

waren in die nordischen Gebürge geflohen. Die Araber waren eben so kriegerisch als die Franken. Aber um diese Zeit bewiesen sie auch schon in den Wissenschaften und in der Handlung eben den glücklichen Eifer, mit welchem sie ihre Siege erfochten hatten. In beyden Stücken waren die Franken tief unter ihnen.

In Italien besäßen die griechischen Kaiser noch etwas von dem Königreiche Neapel, und einige Pläze am adriatischen Meere. Rom, unter dem Einfluße der Päbste, hatte sich der griechischen Herrschaft zu entziehen gewußt. Alles übrige in Italien war den Longobarden unterworfen. Die Italiener waren zwar nicht so verdorben, wie die Griechen, aber eben so wenig kriegerisch. Selbst die Longobarden hatten den Muth und die Streitbarkeit ihrer Vorfahren verlohren.

In England waren die Angelsachsen mit den Britten schon ein Volk geworden. Das ganze Land war in verschiedene kleine Reiche getheilt.

Im eigentlichen Deutschland waren nur noch zwey Völker, die sich gegen die Uebermacht der Franken zu behaupten suchten, die Sachsen und die Bayern.

Die slavischen Völker, die von der Ostsee an auf beyden Seiten der Oder wohnten, breiteten sich immer weiter aus. Die Hunnen oder Avaren bewohnten das heutige Ungarn. Alle diese Völker, die Italiener und Griechen ausgenommen, hatten wenige oder gar keine Verbindung mit einander. Sie machten sich daher eines von des andern Macht, Verfassung, Sitten und Religion sehr mangelhafte und falsche Begriffe. Nationen, die einander sehr nahe lagen, die nur durch eine Meerenge, durch einen Fluß oder durch ein Gebürge getrennet wurden,

den, kannten einander weniger, als wir jetzt die entferntesten Völker kennen.

Gleich in dem auf Karlomans Tod folgenden Sommer 772 that Karl seinen ersten Feldzug wider die
Sachsen, und fing dadurch einen Krieg an, der verschie-
denmal durch Friedensvergleiche beygelegt, aber immer
erneuert, drey und dreyßig Jahr mit immer zunehmender Hartnäckigkeit und Grausamkeit von beyden Seiten
geführt wurde.

Zu Tacitus Zeiten waren die Sachsen den Römern,
wenigstens unter diesem Namen, noch nicht bekannt.
Die Traditionen von ihrer ältesten Geschichte sind, wie
alle mündlichen Ueberlieferungen mangelhaft und ungewiß.
Wahrscheinlich wohnten sie erst auf der nördlichen Seite
der Elbe. Als aber der Geist der Auswanderung und
Eroberung die deutschen Völker ergriffen hatte, scheinen
auch die Sachsen seinen Anstoß, wenigstens auf eine
Zeitlang empfunden zu haben. Es ist bekannt, daß
ein Theil von ihnen, die Angelsachsen, über die Nordsee
nach Britannien gingen, und sich die südliche Hälfte
dieser Insel unterwarfen. Die Zurückgebliebenen breiteten sich über die Weser bis an den Rhein aus, so wie
die Völker, die bisher in diesen Gegenden gewohnt hatten,
weiter in die römischen Provinzen drangen. Die Sachsen selbst hatten eine Sage unter sich, daß sie übers
Meer gekommen wären [14]. Es ist nicht unwahrscheinlich,
daß sie ursprünglich ein mit den Dänen und Schweden
am nächsten verwandter Volkszweig waren. Daß sie
wenigstens ein ursprünglich von den Franken verschiede-
nes

[14] Wittich. monach. ap. Meibom. T. I. Das Loblied
auf den heil. Anno ap. Schilter.

nes, und erſt nach den Zeiten des Tacitus in Deutſchland eingewandertes Volk waren, ſcheinen mir zwey Umſtände zu beweiſen.   Die Sachſen hatten jenen weichen
Dialect, der dem Däniſchen am nächſten kommt [15]),
und den wir, ich weis nicht warum, den-plätten nennen,
da er eigentlich der ſanftere heißen ſollte.   Der Dialect
hingegen der Franken war rauh, voll breiter Diphthon-
gen, mit Conſonanten und insbeſondre mit Guttural
Buchſtaben überladen [16]).   Sodann aßen die Sachſen,
wie

[15]) Es iſt aber doch eine ſo wichtige Verſchiedenheit zwiſchen
der däniſchen und plattdeutſchen Sprache, daß, wenn ſie
einander einſt ähnlicher waren, entweder mit jener oder
mit dieſer eine große Veränderung vorgegangen ſeyn muß.
Dahin gehört erſtlich die große Menge eigner Wörter der
däniſchen Sprache, die mit dem Plattdeutſchen nicht die
geringſte Aehnlichkeit haben z. E. ein Pferd heißt im Däniſchen Heſte, im Plattdeutſchen Pehrd.   Zweytens der
Gebrauch im Däniſchen den unbeſtimmten Artikel durch
Anhängung deſſelben hinten an das Wort in den beſtimmten Artikel zu verwandeln z. E. en Konge, ein König;
Kongen, der König; et Kinre, ein Meſſer; Kinret,
das Meſſer.   Wo hingegen die plattdeutſche Sprache für
den Begriff des beſtimmten und des unbeſtimmten zwey
verſchiedene Artikel hat; en König, de Köwig.   Drittens hat die däniſche Sprache die ſo kurze Form des Paſ-
ſivi, die durch den einzigen Buchſtaben s am Ende des
Verbi gebildet wird: jeg Caller, ich nenne oder rufe;
jeg Calles, ich werde genannt oder gerufen.   Entweder
iſt die däniſche Sprache, die vielleicht vormals auch in dieſen Stücken mehr Aehnlichkeit mit der Deutſchen hatte,
durch die Einwanderung, etwa des Odin, oder die nieder-
ſächſiſche, falls ſie vormals in obigen Stücken, wie in der
Ausſprache, der Däniſchen näher kam, durch das Verkehr
der alten Sachſen mit den eigentlichen Deutſchen Völkern,
mit den Franken, verändert worden.

[16]) Wittekind ſprachen die Sachſen; Wittechind die
Franken.   Die Sachſen Lüder; die Franken Chlothar.

wie die Dänen, Schweden und Normänner viel Pferde=
fleisch. Dieß that keins der deutschen Völker, deren
Sitten Tacitus beschrieben hat. Und eben dieser Unter=
schied macht es mir fast gewiß, daß die Sachsen zu
Tacitus Zeiten, noch weiter hin in Norden oder Osten
wohnten unter den Völkern, die die Römer nur aus den
unvollständigen und unsichern Erzählungen etwa ihrer in
jene Gegenden reisenden Kaufleute, oder aus den Nach=
richten der am Rhein wohnenden Deutschen kannten.
Denn Tacitus würde, wenn er von den Sachsen und
ihrer Lebensart umständlichere Nachrichten gehabt hätte,
ohne Zweifel als eine Merkwürdigkeit angeführt haben,
daß es deutsche Völker gäbe, die Pferdefleisch äßen, zumal
da der Genuß desselben bey den Römern für etwas scheus=
liches gehalten wurde, wozu Menschen nur durch die
dringendste Noth könnten gezwungen werden ¹⁷).

Die nach Tacito lebenden römischen Schriftsteller
erwehnen der Sachsen zuerst in der zweyten Hälfte des
vierten Jahrhunderts ¹⁸). Hieronymus erwehnt ihrer
in dem Briefe, wo er über den Verfall des Reiches,
über die Plünderung und Verheerung Galliens durch die
deutschen Barbaren jammert. Indem er alle diese barba=
rischen Völker herzählet, nennt er auch die Sachsen ¹⁹).

In

---

¹⁷) Wir finden beym Tacitus selbst eine Stelle, wo er seinen
römischen Abscheu gegen Pferdefleisch sehr stark ausdrückt.
Er beschreibt hist. IV. 69. die Hungersnoth, die die
vom Classicus eingeschlossenen Legionen erlitten; er sagt:
absumtis *jumentis equisque* ceterisque animalibus,
quae *profana foedaque* in usum *necessitas* vertit.

¹⁸) Prosper ap. Scaliger. in Eusebio p. 51.

¹⁹) Hieron. Epist. 91. (Pariser Edition von 1706. fol.)
T. IV. p 748.

Hegewisch Gesch.   C

In dem ſtatiſtiſchen Aufſatze, der unter dem Titel, Notitia dignitatum bekannt, und der um des Kaiſers Ho-
norius Zeiten geſchrieben iſt, kommt ein Comes ..toris
Saxonici per Britannias [20]) vor, und eben daſelbſt
wird ein Theil der Küſte des damaligen Galliens littus
Saxonicum genannt. Sachſen ſtanden damals auch in
römiſchen Dienſten [21]). Die Nation der Sachſen war
berühmt

[20]) Ap. Graev. in Theſ. T. VII. p. 1788. it. p. 1939. Man
kann über die Veranlaſſung der Benennung Littus Saxonicum nur Vermuthungen haben, deren ſich drey denken
laſſen. Entweder nannten die Römer dieſe Küſte ſo, weil
ſie dem Lande der Sachſen gegen über und ihren Streifereyen ausgeſetzt lag, oder weil daſelbſt Sachſen in römi-
ſchem Solde ihre Standquartiere hatten, oder weil Sachſen,
(ſie fiengen ſchon in dieſen Zeiten an auszuwandern) ſich
auf dieſer Küſte niederließen. Die zweyte dieſer Vermuthungen wird vielleicht anfänglich manchen meiner Leſer
unwahrſcheinlich; ſie wird ihnen aber hoffentlich ſehr
wahrſcheinlich vorkommen, ſo bald ſie hören, daß um dieſe
Zeit mehr ſächſiſche Corps in römiſchen Dienſten ſtanden.
Vielleicht entſteht bey ihnen gar, wenn ſie dieſen Umſtand
erwegen, eine ganz neue Vermuthung über die Veranlaſſung, die die erſte Sachſen nach Britannien brachte. Vielleicht kamen ſie nicht als Seeräuber, oder als von den
Britten zu Hülfe gerufne Schutzvölker, ſondern als römiſche Soldtruppen hin. Es iſt hier nicht der Ort, dieſe
Vermuthung weiter zu verfolgen. — Ich muß nicht vergeſſen hier einer die Benennung des Litoris Saxonici und
die erſte Niederlaſſung der Sachſen betreffenden Anmerkung
zu erwehnen, die der bloſſe Geſchichtforſcher da, wo ſie
ſteht, wohl nicht leicht ſuchen wird, und von der ich doch
gewiß bin, daß er mir Danck wiſſen wird, ſie ihm angezeigt zu haben. Es iſt die erſte Anmerkung zum erſten
Aft der Minona des Herrn von Gerſtenberg.

[21]) Eine Ala Saxonum ſtand in Afrika, Notitia dignitatum ap. Graev. in Theſ. T. VII p. 1717. Wo dienten
nicht Deutſche ſchon in jenen Zeiten?

berühmt und furchtbar wegen ihrer Unternehmungen zur See, und Sidonius Apollinaris ²²), der 482 als Bischof von Auvergne starb, rühmt sie als die kühnsten Seefahrer und Seekriegsvölker.

Die Sachsen zu Karls Zeiten werden von den Geschichtschreibern in vier Hauptvölkerschaften eingetheilt, in die Westphalen, Angrarier, Ostphalen und Nord- oder Transalbingier. Eine fünfte scheinen die Einwohner des Landes Wihmodi, welches das heutige Herzogthum Bremen ist, ausgemacht zu haben.

Die Verfassung dieser Völker war, zu Karls Zeiten, wo nicht völlig dieselbige, doch eine sehr ähnliche, wie die Deutschen vor ihrer Bekanntschaft mit den Römern hatten. Die Adlichen und Freyen, zwey verschiedene Stände, waren allein Besitzer der Ländereyen, die sie durch unfreye, welche nicht immer Knechte waren, bearbeiten ließen ²³).

In den öffentlichen Versammlungen der verschiedenen Völkerschaften wurden sowohl die nöthigen Gesetze, als andere das Allgemeine betreffende Verabredungen beschlossen. Die Ausführung von beyden wurde gewählten Grafen, Herzogen oder Fürsten aufgetragen.

Die Sachsen hatten schon früh Kriege mit den Franken. Pipin hatte nie völlig sichern Frieden mit ihnen. Im Jahr 758 schloß er den letzten Vergleich; sie gelobten ihm einen jährlichen Tribut von dreyhundert Pferden.

E 2   Die

____

²²) Lib. VIII. ep. 6.

²³) Die Liti waren eine von den Frilingis verschiedne Classe; sie waren aber keine Servi oder mancipia.

Die Geſchichtſchreiber ſagen es zwar nicht ausdrücklich; aber es iſt wahrſcheinlich, daß die Sachſen nach
Pipins Tode, ſich weigerten, dieſen Tribut zu bezahlen.   Denn ſie thaten mehr; Streitigkeiten, die
unter den Grenzbewohnern beyder Völker oft entſtanden,
gaben den Sachſen Anlaß zu wiederholten Streifereyen
in das Land der Franken.   Dieſe Streifereyen waren,
nach Eginhards Zeugniß, von ſo vielen Grauſamkeiten
begleitet, daß die aufgebrachten Franken allgemein
wünſchten, nicht ſowohl ſich an ihnen durch einen offen-
baren Krieg zu rächen, als ſich dadurch Ruhe vor ihnen
zu verſchaffen [24].   Dieſer Wunſch ſtimmte mit Karls
andern Abſichten überein.

Er ſah wahrſcheinlich vorher, daß die Streitigkeiten
der Päbſte mit den Longobarden ihn mit der Zeit nach
Italien rufen würden.   Er wußte, daß Pipin ſeine Eroberungen in Italien, unter andern auch der Sachſen
wegen, hatte aufgeben müſſen.   Karl hielt daher für
nöthig, auf jenen Fall eines italieniſchen Krieges, ſich
vorher von dieſer Seite Sicherheit zu verſchaffen.

Aber die Art von Ruhm, die Karl vorzüglich zu
erlangen ſuchte, für einen Ausbreiter und Beſchützer der
Kirche bekannt zu werden, verleitete ihn, ſich auch ein
anderes Ziel bey dieſem Kriege vorzuſetzen.   Er hielt
ihn für das Mittel die Sachſen zum chriſtlichen Glauben
zu bringen.   Wir haben der Urſachen oben erwähnt,
die

---

[24] Von der Glaubwürdigkeit dieſes Zeugniſſes, daß die
Franken dieſen Krieg zu führen, durch die Wildheit und
Grauſamkeit der Sachſen genöthigt wurden, hängt die
Beurtheilung der Maaßregeln ab, die Karl in dieſem
Kriege befolgte.

die seiner Ruhmgier diese besondere Richtung gegeben hatten. Einige Neuere haben deswegen seinen Charakter sehr herabgesetzt. Sie behaupten, es sey unmöglich, daß ein Geist von seiner Größe nicht eingesehen habe, wie verkehrt und tyrannisch es sey, die Menschen durch Zwang überzeugen zu wollen. Sie beschuldigen ihn daher gerade zu, daß er die Religion bloß zum Vorwande dieses Krieges genommen habe. Allein daß Karl es aufrichtig mit der Religion meinte, erhellt aus seinem ganzen übrigen Betragen. Was seine Einsichten betrift, so weis ich zwar, was man von dem Genie, daß es sich durch seine angebohrne Stärke über alle Vorurtheile erheben müsse, zu rühmen pflegt. Allein diejenigen, die, mit der Natur des menschlichen Verstandes genauer bekannt, eine bescheidnere Meinung von seinen Kräften haben, werden Karln in diesem Stücke mehr Gerechtigkeit wiederfahren lassen. Zu seinen Zeiten gab es kein Buch, und vielleicht keinen einzigen Menschen, der, auch nur zufälligerweise, den Gedanken bey ihm hätte veranlassen können, daß es eher ein Verbrechen als ein verdienstliches Werk ist, die Menschen zu zwingen, etwas für Wahrheit anzunehmen, was sie nicht dafür erkennen.

Vielleicht irre ich nicht, wenn ich vermuthe, daß folgender Umstand nicht wenig beytrug Karln in seinem Vorurtheil zu bestärken, und ihn Ruhm in der Bekehrung dieser Völker suchen zu lassen. Die damalige Größe der Saracenen schien die Frucht ihres Eifers für ihren Glauben zu seyn. Es ist die Natur des Ehrgeizes, seine Zeitgenossen in denjenigen Eigenschaften, die am meisten an ihnen bewundert werden, übertreffen zu wollen. Dieses macht es nicht unwahrscheinlich, daß Karl, von dem ich gern zugebe, daß er den Ruhm liebte, seinen Namen dadurch unvergeßlich bey den Christen zu

E 3 machen

machen suchte, daß er für ihren Glauben eben so viel
that, als die Saracenen für den ihrigen zum Erstaunen
selbst der Christen verrichtet hatten. Hat nicht jedes
Jahrhundert seine eigene Ideen von Verdienst, von Größe,
wodurch die Ruhmsüchtigen in der Wahl der Mittel,
sich einen Namen zu machen, bestimmt werden?

Karls Plan war also aus den Sachsen neue Unterthanen seines Reichs und Christen zu machen. Aber
beyde Absichten wurden von den Sachsen als das größte
Unglück angesehen, das ihnen begegnen konnte, und sie
suchten es mit einer Standhaftigkeit, die von den fränkischen Geschichtschreibern Hartnäckigkeit genannt wird,
abzuwenden. Ein freyes und dabey unverdorbnes Volk
wird sich der Dienstbarkeit nicht eher, als bis es nach
langem Kampf erschöpft ist, ergeben. Und was die
Religion betrift, so ist es in der Natur des menschlichen
Herzens gegründet, daß wir uns allem Aufdringen neuer,
von den unsrigen verschiedner Meinungen über die Gottheit und über ihr Verhältniß zu dem Menschen, als der
ärgsten Tyranney, so lange unsere Kräfte noch etwas
vermögen, widersetzen. Die Anhänglichkeit der Sachsen
also an die Religion ihrer Väter war natürlich um so
viel stärker, jemehr sie überhaupt gegen allen Zwang
Abscheu hatten. Die damaligen Christen aber sahen die
Religion der Sachsen für Teufelsverehrung an, und bildeten sich ein, den Sachsen eine Wohlthat zu erweisen,
wenn sie sie aus den Stricken des Teufels befreyten.

Im Frühlinge des Jahrs 772 hielt Karl einen
Reichstag zu Worms, auf welchem der Krieg wider die
Sachsen, mit allgemeiner Einwilligung der Franken, beschlossen wurde. Mit allgemeiner Einwilligung wurde
der Krieg beschlossen. Ich wiederhole dieses, weil es
wichtig

wichtig iſt. Unleugbar waren die Könige der Franken in Abſicht auf Krieg und Frieden eingeſchränkt. Ohne Genehmigung der Nation, mit der ſie die dahin gehörigen Angelegenheiten in der gewöhnlichen, oder auch in einer außerordentlichen Verſammlung überlegen mußten, durften ſie keinen Krieg anfangen. Die Schriftſteller dieſer Zeiten erwehnen ſehr oft, ich könnte vielleicht ſagen, immer, der Einwilligung, die die Volksverſammlung zu einem Krieg ertheilte. Und daß dieſe Einwilligung nicht bloß eine Feyerlichkeit, ſondern etwas weſentliches war, erhellet aus einem unten anzuführenden merkwürdigen Exempel Pipins. Wir werden ſehen, daß ihm die Nation ihre Einwilligung zu einem Zuge nach Italien verſagte. Ohne Zweifel wird man nun fragen, wer denn die Nation war, deren Einwilligung erfordert wurde? ob jeder Franke in der Verſammlung erſchien und ſeine Stimme mit geben konnte? oder ob es gewiſſe Repräſentanten der Nation gab? und wer dann dieſe Repräſentanten waren? Hier ſcheint der bequemſte Ort zu ſeyn, über dieſen Punkt das Nöthige zu ſagen.

So wie die gegenwärtige Verfaſſung von Frankreich und von Deutſchland aus der Verfaſſung der Karolingiſchen Monarchie durch die Mitwürkung verſchiedner, zum Theil, zufälliger Begebenheiten, entſtanden iſt, ſo war die Verfaſſung der Karolingiſchen Monarchie aus den urſprünglichen Einrichtungen der deutſchen Völkerſchaften, zu der Römer Zeiten, entſprungen. Und wenn Montesquieu Recht hatte zu ſagen, daß der Keim der Staatsverfaſſungen, die wir heut zu Tage in den meiſten europäiſchen Staaten antreffen, in den deutſchen Wäldern zu ſuchen ſey, ſo können wir mit Grund hinzuſetzen, daß dieſer Keim zu Karls Zeiten ſchon zu einem anſehnlichen Stamm aufgeſchoſſen war, der aber erſt

E 4　　　　　　　　　nach)

nach dieſem Monarchen Zweige anſezte, die ſich auf ſo
mannigfaltige Weiſe in ſo verſchiedene Richtungen aus
einander breiten.

Es iſt nicht leicht ſich von der eigentlichen Beſchaffenheit der Verfaſſung zu Karls Zeiten einen deutlichen
und richtigen Begriff zu machen. Alle Nachrichten davon, die uns aus jenen Zeiten ſelbſt übrig geblieben, ſind
in einer Sprache geſchrieben, der die Verfaſſer dieſer
Nachrichten zu wenig mächtig waren, um von jeder
Sache den angemeßnen Ausdruck zu brauchen. Ihre
Worte, wenn ſie von der Verfaſſung reden, ſind ſchwankend, vieldeutig, und geben daher Anlaß, daß nicht
zwey Leſer völlig einerley Begriffe damit verknüpfen.
Wie unbeſtimmt ſind nicht die Ausdrücke: die Großen
(oprimates) die Vornehmern (magnates, meliores)
die angeſehenern (nobiliores) die ältern (ſeniores)
die jüngern (juniores) die Menge (multitudo) die
Ehrenſtellen (honores) die Verſammlung (conuentus).

Es ſcheint mir, daß man, um die fränkiſche Verfaſſung zu Karls Zeiten, richtig darzuſtellen, ſich vor
dem Fehler hüten muß, der Kunſt, oder der Wahl der
Menſchen bey ihrer Entſtehung alles oder auch nur vieles
zuzuſchreiben, vielmehr haben auch hier die Natur und
gelegentlichen Urſachen das meiſte gethan. Die Natur
hat die Völker durch gewiſſe Umſtände auf gewiſſe Anordnungen geleitet, die unter den nämlichen Umſtänden
die nämlichen ſeyn müſſen. Sie hat die Menſchen in
ſolche Lagen geſetzt, wo ihnen die Erfindung, wenn ich
ſo ſagen darf, gewiſſer moraliſcher Werkzeuge zur Erhaltung der allgemeinen Sicherheit und Handhabung der
Ordnung eben ſo leicht werden mußte, als die Erfindung
mechaniſcher Werkzeuge, ſich ihre Nahrung durch Jagd,
durch

durch Fischen, durch Anbau des Bodens zu verschaffen.
Schon die Verfassung der Deutschen zu Tacitus Zeiten
war nicht ein Werk ihrer Ueberlegung, sondern ihrer Bedürfnisse. Auch über diesen Punkt finde ich, hat bisher
ein großes Vorurtheil allgemein geherrscht. Man hat
von der ursprünglichen Verfassung der Deutschen als von
einem Werke, von einer Erfindung der Deutschen, als
von einer durch Ueberlegung und Wahl errichteten Verfassung geredet, da doch bey jedem Volke, das unter den
nämlichen Umständen die nämlichen Bedürfnisse empfand, wie unsere Vorfahren, die nämliche Verfassung
hat entstehen müssen. Vielleicht wird es manchem auch
neu scheinen, wenn ich hinzufüge, daß schon zu Tacitus
Zeiten zwey Keime zwey verschiedner Verfassungen unter
den deutschen Völkern vorhanden waren.

Aus Familien, die lange neben einander bestanden,
die sich an einander gewöhnt hatten, die anfiengen, in
einem Landstriche den Acker zu bauen und die Weiden
und Hölzungen unter sich zu theilen, entstanden zuerst kleine
Völkerschaften. Mit ihrer Entstehung war auch gleich
die Nothwendigkeit da, daß die Häupter der Familien,
daß die Hausväter sich zu gewissen Zeiten versammelten,
um gewisse Verabredungen zur Erhaltung des Friedens
unter ihnen zu nehmen. Eben so mußte die Erfahrung
sie bald von der Nothwendigkeit belehren, gewissen Personen eine gewisse Gewalt zur Ausführung jener Verabredungen zu vertrauen. So entstand ganz natürlich eine
gesetzgebende und eine vollziehende Gewalt, weil diese beyden Arten von Gewalt natürlicherweise das einzige Mittel waren, wodurch der Zweck, um dessentwillen diese
Familienväter zusammentraten, die Sicherung des
Friedens unter ihnen, erreicht werden konnte. Eben
so natürlich behielten die Familienväter sich die gesetzge-

E 5

bende

bende Gewalt selbst vor, es könnte ihnen nicht einfallen, daß die Regeln, von denen jeder von ihnen die Sicherheit seines Eigenthums erwarten sollte, anders als von ihnen selbst durch die Einwilligung eines jeden könnten bestimmt werden.

Dieses ist die älteste, einzige, natürlichste Entstehungsart wahrer, freyer bürgerlicher Verfassungen. Sie entstanden durch einen Vertrag. Natürlicherweise nahmen sie bey kleinen Völkerschaften ihren Anfang. Solcher Völkerschaften, die gern in Ruhe ihren Acker bestellten, und ihrer Heerden warteten, gab es in Deutschland gewiß. Auf sie paßt die Stelle beym Tacitus von Volksversammlungen zu bestimmten Zeiten und von jährlichen Wahlen obrigkeitlicher Personen.

Eine ganz andere Verfassung mußte unter Horden entstehen, wo der Zweck, weswegen Menschen sich zusammengesellten, Krieg und Unterdrückung anderer war. Daß solche Zusammengesellungen früh geschahen, war eine natürliche Folge theils von der unruhigen Thätigkeit physisch kräftiger Menschen, theils von ihrer Abneigung gegen ruhige einförmige Beschäftigung, theils von dem Muthe und von dem Gefühle der Stärke, der die Menschen von Natur zugeneigt sind, sich zur Befriedigung ihrer Bedürfniße nicht nur, sondern auch ihrer Leidenschaften und launigten Einfällen und Begierden [25] zu bedie-

---

[25] Launigte Einfälle und Begierden haben weit mehr Einfluß auf die Handlungen der Menschen, als man insgemein zu glauben scheint. Man beobachte zusammen spielende Kinder; man beobachte oder lese, was vernünftige Reisende von wilden, halbwilden und rohen Völkern berichtet haben: man lese die Geschichte der mittlern Zeiten, und

bedienen. Auch diese Zusammengesellungen konnten nicht anders als durch Verabredungen möglich werden. Denn der Stärkste kann viele minder starke nicht zwingen, ihm beständig in allen seinen Unternehmungen beyzustehen. Da aber der Zweck ihrer Zusammengesellungen nicht ohne große Gefahr erreicht werden konnte, so begriffen sie bald die Nothwendigkeit, dem Bande ihrer Vereinigung durch die stärksten Versprechungen und durch verabredete Strafen, wenn jemand diese Versprechungen nicht hielte, alle mögliche Festigkeit zu geben. Sie begriffen auch die Nothwendigkeit, daß ihr Anführer uneingeschränkte Gewalt alles zur Ausführung ihrer Unternehmungen Erforderliche anzuordnen, besitzen müßte. Nur da diese Zusammengesellungen nicht gleich auf beständig, sondern nur auf einzelne Unternehmungen errichtet wurden, so blieb jedem, der zu dergleichen Verbindungen Neigung hatte, das Recht, erst zu hören, zu was für Unternehmungen man ihn einlud, und dann nachdem es ihm gefiel, oder mißfiel, sein Versprechen zu geben oder nicht, seine Treue zu geloben, oder zu verweigern. Der Beweggrund, warum er dem Anführer Treue versprach, konnte kein anderer seyn, als daß dieser ihm Antheil an der künftigen Beute geben sollte. Also wurde auch diese Verfassung durch einen Vertrag errichtet. Von dieser gleich seit ihrer Entstehung vermöge ihres Wesens auf Alleingewalt leitenden kriegerischen Verfassung redet Tacitus ebenfalls an verschiednen Stellen.

Sobald kriegerische Horden entstanden, von denen die friedsamen Völker angegriffen wurden, mußten auch diese

unb man wird sich durch eine Menge von Beyspielen von der Würklichkeit und Würksamkeit dieser allgemeinen Triebfeder der menschlichen Handlungen überzeugt finden.

diese friedsamen Völker kriegerische, aber bloß auf Vertheidigung gerichtete Anstalten machen. Natürlicherweise mußte jeder Hausvater sich mit zur Vertheidigung stellen. Wo jeder etwas zu verlieren hatte, da mußte jeder das Seinige dazu thun, daß Keiner um das Seinige kam. Zwischen der kriegerischen Verfassung dieser friedsamen Völker also und der vom Krieg lebenden Horden war ein wesentlicher Unterschied.

Aus diesen beyden ursprünglichen Arten von Horden oder Völkerschaften, die alle anfangs nur klein seyn konnten, entstanden auf dreyerley Weise größere Völkerschaften, Völker oder Nationen.

Erstlich, mehrere kriegerische Horden vereinigten sich entweder freywillig, oder weil die schwächern von den mächtigern dazu gezwungen wurden.

Zweytens, friedsame Völkerschaften wurden von kriegerischen unterjocht.

Drittens, friedsame Völkerschaften vereinigten sich freywillig, um durch ihre vereinigten Kräfte den kriegerischen desto wirksamer widerstehen zu können.

Eh durch diese dreyerley Begebenheiten Reiche oder Staaten entstanden, mußten bey den friedsamen Völkerschaften schon zwey verschiedne Klassen von Menschen, Vornehmere und Geringere, Edle und Unedle entstanden seyn.

Wenn bey den friedsamen Völkerschaften auch anfänglich alle Hausväter einander gleich waren, d. i. gleich große Heerden und Ländereyen besaßen, und daher Keiner mehr Achtung genoß, als der andere, so mußten doch bald einige reicher, andere ärmer werden. Einige waren fleißiger, erfahrner, erbten, hatten mehr Glück mit ihren Heerden,

Heerden. mit ihren Ernten; andere waren träger, nicht so erfahren, erlitten Unglücksfälle; Krankheiten und Sterben raubten ihnen ihre Heerden; ihre Ernten fielen schlecht aus. In den Volksversammlungen hatten die Reichern nun schon mehr Ansehn, mehr Einfluß. Die Menschen sind von Natur zu sehr geneigt, sich äußerlicher Vorzüge wegen für besser zu halten, wie andre, und so bald sie sich für besser halten, sich von den übrigen abzusondern, und eine eigene Klasse zu formiren, worin sie keine andere, als von gleichen vermeinten Vorzügen, zulassen wollen, bald sucht diese Klasse, sich in allen Stücken, wo sie nur kann, Vorrechte und Vorzüge vor den übrigen zu verschaffen. In den Völksversammlungen, wo sie am meisten vermag, wird nur beschlossen, was sie will, und natürlicherweise will sie nichts, was ihr nachtheilig, oder auch nur lästig seyn kann; will sie alles, was ihr nur Vortheile verschafft. So bald Umstände eintreten, die die Einrichtung gewisser Aemter mit Einkünften veranlassen, so sorgt diese Klasse gleich dafür, daß diese Aemter nur mit Personen aus ihrem Schooße besetzt werden. Durch diese natürliche Reihe von Ursachen hat ganz nothwendig bey allen Völkern, sobald Eigenthum eingeführt war, eine Art von Adel, eine Art von Aristokraten entstehen müssen. Das erste Glied in dieser Kette von Ursachen, sieht man, ist der Reichthum, und dieser wird zu allen Zeiten, bey allen Völkern die nothwendige Würkung haben, daß, wenn auch irgendwo der Name Adel oder Aristokraten verbannt ist, die Sache gleichwohl existiren wird bis ans Ende der Tage, selbst die dreyzehn amerikanischen Staaten, selbst das wiedergebohrne Frankreich, wenn auch seine neu empfangenen Lebenskräfte durch keine Zufälle wieder vernichtet oder geschwächt werden, nicht ausgenommen.

Von

Von dieſer Entſtehungsart des Reichthumsadels iſt die des Kriegsadels verſchieden. Dieſer entſteht nicht eher, als bis friedſame Völkerſchaften von Kriegshorden unterjocht werden. Die ſiegenden Krieger ſehn die Ueberwundenen als ihre Unterthanen, als ihre Knechte an. Bey jenen erhebt ſich der ſtolze Gedanke, ſie wären von Natur edlere Menſchen, als ihre durch ihr Schwert ihnen unterwürfig gewordenen Unterthanen; ſie gewöhnen ſich dieſe als eine ſchlechtere Gattung von Menſchen zu betrachten: ſie fangen an, ſich einzubilden, ihr Adel läge in ihrem Blute. Sodann eignen ſich die Sieger ausſchließend den Gebrauch der Waffen zu. So groß auch ihre Verachtung gegen das überwundene Volk ſeyn mag; ſo halten ſie es doch, ihrer Sicherheit und der Fortdauer ihrer Herrſchaft wegen, für nöthig, dieſen keine Waffen zu geſtatten.

Sobald eine Kriegshorde Conſiſtenz bekommen hatte; ſo bald ihr Anführer oder König nicht mehr nöthig hatte, ſeine Kriegsgenoſſen, oder Geſellen zu ſuchen, ſo bald ſie häufig zu ihm kamen und Kriegsdienſte bey ihm ſuchten — und dieſes mußte der Fall bald ſeyn, da die Bemerkung des Tacitus nicht von den Deutſchen allein, ſondern von den Menſchen überhaupt gilt, daß ſie lieber ſich in Gefahren begeben, um ſich geſchwind Ueberfluß, als durch mühſam anhaltende Arbeiten nur ein kümmerliches Auskommen zu erwerben: — ſo bald alſo der König wegen der Menge derer die Dienſte bey ihm ſuchten, Herr und Meiſter war, die Bedingungen zu beſtimmen: ſo war nun natürlich die Bedingung, unter welcher er ſie annahm, dieſe: ihm allenthalben zu folgen, ihm zu dienen, wann und wo er es verlangte. Nur unter dieſer Bedingung gab er ihnen Antheil an der Beute, gab er ihnen Güter in den eroberten Ländern

gab

gab ihnen diese Güter nur auf so lange Zeit, als sie ihm
dienen konnten. Der Kriegsadel war also von Anfang
an, so lange die Könige ihnen die Güter nur unter dieser
Bedingung verliehen, nichts weniger als frey.

Aber wenn mehrere kleinere Horden, die schon ihre
Anführer hatten, sich mit einer größern vereinigten, wenn
jene Anführer der kleinern Horden den Anführer der größern, für ihren Oberanführer, für ihren König erkannten, so konnten sie, wenn sie dieses nicht aus Zwang,
sondern freywillig thaten, die Bedingungen, unter welchen sie von ihm abhängig seyn wollten, bestimmen. Der
Oberanführer, der König aller sich vereinigenden Horden
mußte den Anführern dieser gewisse Vorzüge zugestehn,
weil die Horden selbst nur von einem, an den sie gewöhnt waren, sich unmittelbar befehlen ließen. Wenn
der Oberkönig manchmal nöthig fand, den Anführer
einer einzelnen Horde, dem er nicht traute, abzusetzen,
so mußte er dazu die Einwilligung dieser Horde zu erlangen suchen, und er durfte ihnen keinen neuen geben,
der nicht nach ihrem Sinne war, und um dieses zu seyn,
mußte er selbst, der Regel nach, von der Horde seyn,
wenn nicht etwa der Fremde, den der König über sie zu
setzen dachte, sich schon vorher ihre Liebe und Zuneigung
erworben hatte. Der Anführer vertrat die Horde in
allen ihren Angelegenheiten bey dem Oberkönige. Er
war in der That ihr Repräsentant, obgleich der Begriff
eines Repräsentanten damals noch von keinem Menschen
deutlich gedacht wurde. Diese Anführer, sie mochten
Fürsten, Herzoge, oder Grafen genannt werden, wurden
natürlicherweise von dem Oberanführer, von dem Könige
über alle seine kriegerische Angelegenheiten zu rathe gezogen, und um ihre Treue zu erhalten, um ihren Dienst-
eifer zu beleben, mußte er allerley Vorzüge und Ehrenstellen

stellen erdenken, womit er diejenigen belohnte, die sich
durch ihren Eifer oder durch den glücklichen Erfolg ihrer
Dienste unterschieden. So mußte gleich in den durch
Krieger errichteten Staaten unter dem Kriegsadel oder
Kriegsstande eine angesehnere Klasse, eine Art von höhe-
rem Adel entstehen.

So groß auch der Stolz der Menschen ist, so ist
ihre Habsucht doch wirksamer. Die glücklichen Krieger
möchten eine unterjochte Völkerschaft noch so sehr verachten; wenn nicht etwa die Religion eine unzerstörbare
Scheidemauer zwischen beyden errichtet hatte, so bekamen
die Krieger doch mit der Zeit Lust, sich mit ihnen zu be-
freunden, um sich dadurch auf eine gütliche Weise die
Besitzungen der reichern, adlichen Familien der unterjochten Völkerschaft zu verschaffen. Denn da dieses, so
bald die Unterjochung vollendet war, nicht mehr durch
Gewalt geschehen konnte, da dem Könige selbst daran
gelegen war, dieses nicht zu gestatten, so konnte es nur
durch Verträge, insbesondre durch Heirathen geschehen.
Und der Kriegsadel der Eroberer und der Reichthums-
adel der unterjochten schmolzen allmälig zusammen.

Sobald ein König einer Kriegerhorde eine oder
mehr Völkerschaften unterdrückt hatte, so hatte er eine
ganz natürliche Veranlassung, seine sämmtlichen Krieger, — die nun seine Lehnmänner waren, das ist, denen
er für ihre geleisteten und noch zu leistenden Dienste gewisse Güter gegeben oder vielmehr geliehen hatte, jährlich einmal oder öfter zu versammeln; diese nämlich,
Revüe über sie zu halten. Er hatte eine eben so natürliche Veranlassung, die verschiedenen Anführer, die Fürsten, die Grafen, mit andern Worten, die Officiere entweder zu bestimmten Zeiten, oder außerordentlich zu versammeln.

sammeln. So lange nämlich die Schreibkunst noch
nicht erfunden oder noch bey einem Völke nicht in Gebrauch war, so lange also die Könige von ihren Officie-
ren noch keine schriftliche Berichte bekamen, sie selbst
ihnen noch keine schriftliche Befehle und Instructionen
zusenden konnten: so war kein andrer Weg, wie sie sich
von dem Zustande ihrer Heere unterrichten, wie sie ihre
Befehle, Absichten und Anordnungen bekannt machen
konnten, als Zusammenberufung der Officiere, die nur
mündliche Berichte geben, nur mündliche Befehle und
Instructionen empfangen konnten.

Die Absicht einer Kriegerhorde, wenn sie friedsame
Völkerschaften unterdrückte, war gewiß nicht, Gerechtigkeit zu handhaben, oder das allgemeine Beste zu befördern. Sondern, so wie sie, eh sie ganze Länder eroberten, Kriege führten, um von der Beute besser zu
leben, als sie von Arbeiten hätten leben können; so hätten sie bey Eroberung ganzer Länder keine andere Absicht,
als sich durch die ihren neuen Unterthanen aufgelegten
Dienste und Abgaben, das möglich höchste Wohlleben,
das sie konnten, zu verschaffen. Daher war das eigentliche Regieren, das Regieren im edlern Sinn des Worts,
das Erfinden und Anwenden der besten Mittel, um ihren
Unterthanen den möglich höchsten Grad von Glück zu
verschaffen, ihre Sache nicht. Vielmehr waren ihnen
Regierungsgeschäfte in diesem Sinn nur lästig, daher
ließen sie alle die Einrichtungen, insbesondre die gerichtliche Verfassung, die sie bey den überwundenen Völkern
fanden, ferner bestehen. So machten es die Franken in
Gallien, die Westgothen in Spanien, die Longobarden in
Italien, so machten es die Türken im ehmaligen griechischen Kaiserthum. Nur gaben die Sieger mit eifersüch-
tigem Auge fleißig Acht, daß alles abgeschaft wurde,

Hegewisch Gesch.　F　was

was den Ueberwundenen Anlaß geben konnte, gegen die
Sieger etwas zu unternehmen, z. E. die allgemeinen
Volksversammlungen. Aber Versammlungen einzelner
Provinzen oder Districte, die nicht gefährlich werden
konnten, und die zur Besorgung der Provinzial- oder
Districtsangelegenheiten nöthig waren, verboten sie nicht.
Ueber die verschiedene Provinzen und Districte setzte der
König Beamte, die daselbst die Oberaufsicht führen und
die Abgaben für den König in Empfang nehmen mußten.
Diese Beamte waren denn die nämlichen, die über die in
der Provinz oder in dem Districte mit Lehngütern ver-
sorgten Krieger als Fürsten, Herzoge oder Grafen gesetzt
waren. Hieraus ergiebt sich ein zweyter Grund, warum
die Könige zu gewissen Zeiten diese große Beamten ver-
sammlen mußten, nämlich um von ihnen mündlich den
Zustand der Provinzen zu erfahren, über die daselbst zu
machenden Einrichtungen rathzuschlagen, und ihnen
die darauf sich beziehende Befehle zu geben. Denn schriftlich konnte alles dieß damals nicht geschehen, weil die
erobernden Völker nicht schreiben konnten.

Von den eigentlichen Regierungsgeschäften waren die
oberrichterlichen die einzigen, die von den Siegern am
ersten übernommen wurden, aus zwey Ursachen. Die
streitenden Partheyen aus der überwundenen Völkerschaft,
die mit den Aussprüchen ihrer Nationalgerichte nicht zufrieden waren, wandten sich bald entweder an den König
selbst, oder an seine Fürsten und Grafen. Das schmeichelte ihrem Stolze. Sodann wurden ihre Einkünfte
dadurch vermehrt, und es konnte nicht anders seyn, diese
Könige, diese Fürsten, diese Grafen, bey denen Haabsucht
eine Haupttriebfeder aller ihrer Unternehmungen gewesen
war, mußten die richterliche Gewalt als eine neue Quelle
von Einkünften betrachten, und sie als solche aufs mög-
lichste zu benutzen suchen.

Dieses

Dieses ist die allgemeine in der menschlichen Natur
gegründete Entstehungsart der Staatsverfassungen aller
uncultivirten Völker, und wer die Geschichte solcher
Völker, es sey alter oder neuer Zeiten, in dieser Hinsicht
untersuchen will, wird finden, daß alle diese Staatsverfassungen im wesentlichen einander völlig ähnlich sind.
Man braucht sich daher nicht zu verwundern, daß man
die so genannte Lehnsverfassung schon bey den ältesten asiatischen Völkern angetroffen hat; man braucht noch weniger darüber zu streiten, welches Volk sie zuerst empfunden habe; der Schluß, weil man diese Art von
Verfassung schon bey alten Völkern der so genannten asiatischen Tartarey antrifft, so wären die Völker des europäischen Nordens, die auch diese Verfassung haben, aus
der asiatischen Tartarey ausgegangen, ist vollends unrich-
tig [26]). Das Wesentliche der Lehnsverfassung verdient
so wenig eine menschliche Erfindung genannt zu werden,
als das Wesentliche des häuslichen Lebens, die Unabhängigkeit des Mannes, die Abhängigkeit der Frau und
beyder Herrschaft über Kinder und Gesinde eine menschliche Erfindung ist.

Alles, was die Menschen selbst bey diesen Einrichtungen, worauf die Natur sie führte, eigentlich erfanden,
waren die Zeichen, die bildlichen Handlungen, wodurch
sie die Verhältnisse, worein sie mit einander traten, aus-
drückten. Der König übergab dem Fürsten oder Grafen,
dem er eine Befehlshaberstelle über eine Anzahl Krieger,
über eine Provinz, oder über einen District anvertraute,
ein Schwert, oder eine Lanze, oder eine Fahne, die dieser

F 2   mit

[26]) Richardson's Abhandlung über Sprachen, Litteratur
und Gebräuche morgenländischer Völker — übersezt von
Federau, das dritte Kapitel; erster und zweyter Abschnitt.

mit gewissen Zeichen der Ehrerbietung und Dankbarkeit, indem er nämlich etwa kniete oder dem Könige wohl gar den Fuß küßte, entgegen nahm. Diese symbolischen Handlungen konnten bey den verschiedenen Völkern sehr verschieden seyn, obgleich einerley dadurch ausgedruckt wurde; so wie es sehr verschiedene Ceremonien giebt, wodurch eheliche Verbindungen bey verschiedenen Völkern errichtet werden.

Es scheint mir, daß man diese allgemeine Entstehungsart der ursprünglichen Staatsverfassungen roher Völker vor Augen haben muß, um die Verfassung der Karolingischen Monarchie und überhaupt die der europäischen Nationen in den mittlern Zeiten, richtig zu beurtheilen.

Gleich unter den ersten Königen der Franken wurden mehrere Arten von Versammlungen gehalten; so auch unter Karln. Die französischen Geschichtforscher und Publicisten — in beyden Fächern hat Frankreich vortrefliche, scharfsinnige, mit wahrer Philosophie ausgerüstete Männer gehabt — haben sich von diesen verschiedenen Arten von Versammlungen sehr verschiedne Begriffe gemacht [27]. Alle scheinen sie mir den Fehler begangen zu haben, daß sie sich bey den Versammlungen eines rohen Volks, wobey alles durch das gegenwärtige Bedürfniß, oder durch ein schwankendes Herkommen bestimmt

[27] Z. E. Hotomanni Francogallia; Boulainvillier in s. Histoire des anciens Parlemens. Mably in den Observations sur l' histoire de France. Dom. Bouquet in der Vorrede zu dem Recueil. Baluzius in der Praefatione zu den capitularib. Dom. Ruinart in der Praef. ad Gregor. Turon:

ſtimmt wurde, eine eben ſo regelmäßige Organiſation, eine durch feſtgeſezte Regeln eben ſo beſtimmte Ordnung im Verfahren und eben ſo genau abgemeſſene Rechte des Königs auf der einen und der Verſammlung auf der andern Seite, in Anſehung in der von beyden Theilen zur Gültigkeit eines Geſezes erforderlichen Einwilligung dachten, als nur bey ſehr cultivirten Nationen denkbar ſind.

Zwey allgemeine Verſammlungen oder Reichstage wurden jährlich unter Karln gehalten. Hinkmar, Erzbiſchof von Rheims unter Karls Enkel, giebt uns ſehr umſtändliche Nachrichten davon, die er ſelbſt aus einer Schrift nahm, worin ein Zeitgenoße und Verwandter Karls, der Abt Adelhard von Corbie [28], die Staats- und Hofverfaſſung der Karolingiſchen Monarchie beſchrieben hatte [29]. Allein ſo umſtändlich dieſe Nachrichten ſind, ſo ſind ſie dennoch mit ſo ſchwankenden, unbeſtimmten Ausdrücken abgefaßt, daß ſowohl diejenigen franzöſiſchen Publiciſten, nach deren Behauptung die höchſte Gewalt von Anfang an zwiſchen dem Könige und der Nationalverſammlung getheilt war, als diejenigen, die urſprünglich eine uneingeſchränkte Monarchie annehmen, ſich auf Hinkmar berufen.

F 3

Drey

---

[28] In Picardie.

[29] Hincmari Remorum Archiepiſcopi ad Epiſcopos quosdam Franciae Epiſtola, quam pro recta nqui ac juuenis Regis inſtitutione ſcripſit, et ex Adalhardi Abbatis Corbienſis, Caroli M. propinqui, Libello accurate expoſuit, quis ordo et modus non in palatio ſolum regio, ſed toto etiam regno pacifice adminiſtrando debeat obſeruari. ap. Du Chesne T. II. p. 487. ſq.

Drey Behauptungen in Anſehung dieſer Verſammlungen ſcheinen mir außer allem Zweifel zu ſeyn. Erſtlich, auch der uneingeſchränkteſte König hätte in jenen Zeiten unter ſo uncultivirten Völkern ohne dergleichen Verſammlungen nicht regieren können. Da man ihm keine
ſchriftliche, ſondern nur mündliche Berichte von dem
Zuſtande der Provinzen geben konnte; da alle Geſchäfte, — die der Geiſtlichen ausgenommen, — mündlich mußten verhandelt; da die Entſchließungen und Anordnungen noch mündlich mußten genommen und bekannt
gemacht werden; da es noch keine Poſten und Couriere
gab, um allgemeine Befehle durch das ganze Land zu
ſenden; da es noch keine Archive gab, wo alle Urkunden
und Nachrichten den Zuſtand des Reichs und der Provinzen betreffend aufbewahrt wurden; da man ſich in
Anſehung aller dieſer Dinge auf das Gedächtniß der Alten,
der Erfahrnen verlaſſen mußte: ſo war ohne Verſammlung und Zuziehung der in den Geſchäften und Angelegenheiten des Reichs Erfahrenſten und Geübteſten überall
keine Verwaltung dieſer Geſchäfte, keine Beſorgung
dieſer Angelegenheiten möglich. Zweytens. Die Vornehmen, die Grafen, die Fürſten, (ſeniores, principes)
die zu der Verſammlung berufen wurden, waren zwar
Beamte des Monarchen, die er aber nicht nach ſeinem
Gutdünken ernennen oder abſetzen konnte. Sie waren
zugleich Repräſentanten der unter ihnen ſtehenden Krieger oder Lehnleute. Drittens. Da bey dieſen Verſammlungen keine Protocolle gehalten, nichts ſchriftlich
abgefaßt, ſondern alles mündlich abgethan wurde, ſo
erhellet, wie ungewiß und ſchwankend die Ordnung im
Verfahren, und wie unbeſtimmt die Regeln beym Pro-
poniren, Debattiren und Decidiren ſeyn mußten. In
der That gab es kaum eine ſolche Ordnung oder ſolche
Regeln. Daraus folgt, daß es auf die perſönlichen Ei-
gen-

genschaften des Monarchen und der zur Versammlung
Berufnen ankam, ob der Wille des ersten oder der letzten
den Ausschlag geben sollte. Karln scheint nie von der Volksversammlung widersprochen worden zu seyn; seinen schwachen Nachfolgern wurde sehr oft widersprochen. Jener
wußte immer seinen Willen durchzusetzen, diese mußten
die meiste Zeit nachgeben, und der Wille der Versammlung wurde entscheidend. Es scheint aber auch, daß
die Versammlungen ihren Willen dem Willen der Nachfolger Karls desto öfter und desto nachdrücklicher entge-
gensetzten, je nachgebender sie gegen Karls Willen gewesen waren ³⁰). Und man kann von der alten fränkischen

F 4   Ver-

---

³⁰) Nachrichten von dem Geschlecht: derer von Schließen.
S. 15. Daß diese Vorstellung von der fränkischen Verfassung richtig ist, erhellet auch noch aus einigen Briefen
der Päbste im Codice Carolino ꝛc. geschrieben zu Pipins
Zeiten. Als die Päbste damals, aus Furcht vor den
Longobarden, so oft und sehnlich Pipinen um Beystand
baten, richteten sie ihre Briefe nicht immer an ihn allein,
sondern einigemal auch mit an das Volk der Franken.
Auch an dieses sich zu wenden, hielten sie ohne Zweifel für
rathsam, seit dem sie erfahren hatten, daß alle Kriegszüge
in der Volksversammlung beschlossen werden mußten, und
daß die Franken keine Lust zu einem Zuge nach Italien
hatten. So hat ein Brief von Pabst Stephanus II.
vom Jahr 755 folgende Ueberschrift: Dominis excel-
lentissimis Pipino, Carolo et Carolomanno tribus re-
gibus et nostris Romanorum patriciis, seu omnibus
Episcopis, Abbatibus, Presbyteris et Monachis, seu
*gloriosis Ducibus, Comitibus, seu cuncto exercitui regni
et Prouinciae Francorum,* Stephanus Papa etc Recueil
p. 490. So ein andrer von eben dem Pabste — ib. p.
495. In dem Briefe selbst werden Bitten und Schmei-
cheleyen nicht weniger an die Nation, als an den König
und seine Prinzen gerichtet z. E. peculiares inter omnes
gentes vos omnes Francorum populos habemus — de-
clara-

Verfaſſung keine angemeſſenere Vorſtellung geben, als der treſliche Schriftſteller, der ſich ſo ausdrückte: „der fränkiſche Staat ſey, wie der türkiſche, ein mangelhaftes Gemiſch von Volkswillen und oberhäuptlicher Gewalt geweſen [31).“

In

claratum quippe eſt, quod ſuper omnes gentes, quae ſub coelo ſunt, veſtra Francorum gens prona mihi Apoſtolo Dei Petro extitit etc.

[31) Theorie des natürlichen Staatsrechts iſt eine Frucht der cultivirten Vernunft. Bey rohen Völkern haben Zeit und Lokalumſtände, gegenwärtige Bedürfniſſe, Leidenſchaften, und perſönliche Eigenſchaften auf das würkliche Staatsrecht entſcheidenden Einfluß. Man kann behaupten, daß bey ſolchen Völkern, wenn auch die Form dieſelbige zu bleiben ſcheint, der Geiſt mit jeder Generation ein andrer iſt. So ſehr der Geiſt der fränkiſchen Verfaſſung unter Kaiſer Karln monarchiſch und faſt despotiſch war, ſo ariſtokratiſch war er unter ſeinen Enkeln. Die Form blieb immer die gemiſchte. In den Capitularien Karls des Kahlen haben die franzöſiſchen Publiciſten längſt die Definition eines Geſetzes gefunden, die das franzöſiſche Staatsrecht ſchon in den vorigen Zeiten anerkannte, die der Hof in neuern Zeiten in Vergeſſenheit zu bringen ſuchte, und die die Nationalverſammlung jetzt wieder zur Grundlage der neuen Verfaſſung gemacht hat. Ein Geſetz, heißt es in beſagtem Capitulare, wird durch die Einwilligung des Volkes und durch die Beſtätigung des Königs gemacht. Lex fit conſenſu populi et conſtitutione regis. S. Edictum Piſtenſe a. 863. cap. III. (S. Baluzii Commentar. darüber in Praefat. ad Capitul.) it. Capit. apud Cariſiacum a. 873. In einem andern Capitulare erkennt dieſer König ſogar, daß ihm ſeine Königswürde aufgetragen ſey, daß er ſie von ſeinen Getreuen empfangen. Quia vero debitum eſſe cognoſcimus, ut a quibus honorem (die königliche Würde, das königliche Amt — honor hieß damals ein Amt —) ſuſcipimus, eos juxta dictum Dominicum honoremus, volumus ut omnes fideles noſtri certiſſimum teneant,

nomi-

In der Volksverſammlung alſo zu Worms im Jahr
772 wurde der Krieg wider die Sachſen beſchloßen.
Das Heer, gleich nach dieſem Schluße aufgeboten und
zuſammengezogen, rückte unter Karls Anführung in
Sachſen ein. Eresburg, vermuthlich das heutige Stadt-
berg im Paderbornſchen, eine Hauptfeſtung der Sachſen, wurde erobert. Karl ließ an dieſem Orte eine Art

F 5 Tempel

neminem cujuslibet ordinis aut dignitatis deinceps
noſtro inconvenienti libidine — — promerito honore
debere priuari, niſi juſtitiae judicio etc Capitula in
Conuentu in villa Colonia aᵒ 843. III. Freylich war es
nicht das Volk, es waren die Großen, die Biſchöfe, die
Mächtigen von Adel, von denen Karl hier ſein Königs-
amt zu haben bekennt, und mit denen er in dieſem Capitulare einen neuen Vertrag einging. Jene Großen benutzten
die günſtigen Umſtände, die ſich ihnen nicht unter Karl
dem Großen, aber unter ſeinem Enkel, Karl dem Kahlen
darboten, dieſen letzten zum ausdrücklichen Geſtändniß zu
bringen, daß die Rechte eines Fürſten aus keiner andern
Quelle als aus einem Vertrage mit denen, die ihn zum
Fürſten annehmen, ſtießen könne. Es iſt intereſſant und
gewiß nicht ohne Nutzen, nachzuſehen, wie man über dergleichen Dinge in den ſogenannten barbariſchen Jahrhunderten gedacht hat. Ich habe bey einer andern Gelegenheit
eine hieher gehörige Stelle aus dem Mönch Bruno aus
dem eilften Jahrhunderte angeführt. In dieſem einzigen
Stücke vielleicht waren jene ſonſt ſo finſtern Zeiten aufgeklärter, als die ſo geprieſnen Zeiten der wiederhergeſtellten
Wiſſenſchaften. Denn da erſt wurde, durch falſche Ge-
lehrſamkeit, die Idee von einer durch Gott ſelbſt geſchehnen
Anordnung der Obrigkeit allgemein ausgebreitet, und allen
Köpfen ſo tief eingeprägt, daß die ſo natürliche, und allen
Theilen, dem herrſchenden nicht minder als dem be-
herrſchten gleich vortheilhafte Idee von einem geſellſchaft-
lichen Vertrage, die jenen bloß vom Licht ihres natürlichen
Verſtandes geleiteten Barbaren ſo geläufig war, lange Zeit
nur bey den wenigſten Eingang finden konnte.

Tempel und eine von rohen Händen verfertigte Bildſäule
zerſtören, von welcher letztern er und ſeine Geiſtlichen
glaubten, daß ſie ein Abgott der Sachſen wäre. Ob
ſie wirklich das Bild irgend einer Gottheit, oder wie
einige Geſchichtsforſcher vermuthet haben, Herrmans, des
berühmten Befreyers der Deutſchen, geweſen ſey, läßt
ſich nicht mit Gewißheit beſtimmen. Irmenſäule nennen
ſie die alten fränkiſchen Geſchichtſchreiber.

Karl drang bis an die Weſer vor. Hier kam es zu
einem Vergleich. Die Sachſen gaben zwölf Geißeln,
und Karl gieng nach Franken zurück.

So erzählen die Chroniken die Begebenheiten und
den Ausgang des dießjährigen Feldzuges, ohne zu erwehnen, aus was für Bedingungen dieſer Vergleich beſtanden habe. Es iſt wahrſcheinlich, daß es bloß Eine von
den ſächſiſchen Völkerſchaften, vermuthlich bloß die Angrarier waren, die ſich dießmal Karln unterwarfen. Dieſe
Völkerſchaften machten überhaupt, während des ganzen
Krieges, ſelten gemeinſchaftliche Sache. Es iſt alſo
glaublich, daß dieſes jetzt, da Karl ſo unerwartet mit
ſeinem Heer in Angrarien eindrang, noch weniger geſchehen ſey. Ich vermuthe ferner, daß Karl ſich dießmal
mit allgemeinen Verſicherungen der Unterwürfigkeit begnügen ließ, ohne Tribut oder den Uebergang zum Chriſtenthum von ihnen zu verlangen. Die Chroniken würden dieſe Bedingungen, wenn Karl ſie gemacht hätte,
nicht mit Stillſchweigen übergangen haben. Dazu
kömmt, daß damals in Italien gefährliche Entwürfe
wider Karln entdeckt wurden, die ſeine ganze Aufmerkſamkeit dahin ziehn und ihn bewegen mußten, ſich des
Friedens von den Sachſen je eher je lieber, zu verſichern.

Deſi-

Desiderius, König der Longobarden hatte diese feind-
lichen Absichten. Eh ich ausführlich erzähle, wie Karl
sie vereitelte und das ganze Reich der Longobarden in
Einem Feldzuge eroberte, muß ich einige Nachrichten
von diesem alten Volke und seinem in Italien gestiftetem
Reiche geben.

Die Longobarden waren ursprünglich ein deutsches
Volk. Die Aehnlichkeit ihrer Sitten mit den Sitten
der Deutschen, und die deutschen Wörter, die in ihren
Gesetzen vorkommen, beweisen es. Sie hatten ihren
Namen von den langen Bärten, die ihre verheyratheten
Männer trugen, eine Gewohnheit, wodurch sie sich insbesondre von den Franken unterschieden. Zu Tacitus
Zeiten wohnten sie in den nördlichen Gegenden von
Deutschland. Sie waren damals ein kleines aber ta-
pferes Volk. Seit dem Tacitus finden wir ihren Namen
nicht eher wieder, als im sechsten Jahrhundert. Sie
hatten, binnen diesem Zeitraum, gleich andern deutschen
Völkern, ihre väterlichen Wohnungen verlassen. Sie
hatten sich in Pannonien gesetzt, wo sie den Griechen
sehr nützliche Bundesgenossen wurden. Aber im Jahr
568 kehrten sie ihre Waffen wider die Griechen. Ihr
eigener Geschichtschreiber [32] erzählt die Sache folgender
Weise. Der griechische General Narses hatte mit Hülfe
der Longobarden die letzte entscheidende Schlacht wider
die Gothen gewonnen, und dadurch Italien dem griechischen Kaiser wieder erobert. Dieses wichtigen Dienstes
ungeachtet mußte er eine schimpfliche Begegnung von der
Kaiserin erfahren. Aus Verdruß darüber lud er die Longobarden ein, statt länger auf einen so leichtsinnigen Hof

[32] Paulus Diaconus.

zu rechnen, sich für ihre bisherige Dienste selbst bezahlt
zu machen, und sich des schönen Landes zu bemächtigen,
das durch ihr Schwert gewonnen war. Diese Einladung
mag geschehen seyn oder nicht, die Longobarden rückten
im gedachten Jahr 568, unter ihrem Könige Alboin
durch Friaul in Italien ein. Binnen drey Jahren hatten sie sich den obern Theil und ein großes Stück von
dem mittlern unterworfen. Alboin erklärte sich zum
König von Italien, und nahm seinen Sitz zu Pavia.
Aber er wurde im Jahr 571 ermordet. Die darauf
entstehende Uneinigkeit der Häupter, die Gegenanstalten
der Exarchen, und die Bemühungen der Päbste verhinderten
die weitere Ausbreitung der longobardischen Herrschaft.
Sie wurde auch nie viel weiter ausgedehnt, obgleich die
königliche Regierung wieder eingeführt wurde, und verschiedene ihrer Könige tapfer und unternehmend waren.
Ihre Bemühungen, sich des übrigen Italiens zu bemächtigen, wurden mehrentheils durch die Päbste vereitelt.
So gieng es Liutbranden, der von der Ausführung seiner
Absichten durch den Pabst Gregorius den II. auf eine
ganz außerordentliche Art abgehalten wurde.

Die Päbste so wohl, als die Stadt Rom, erkannten
damals noch die Oberherrschaft der griechischen Kaiser.
Die wichtigste Angelegenheit, welche den Hof zu Konstantinopel beschäftigte, war der Streit über die Verehrung der Bilder. Kaiser Leo aus Isaurien erklärte sich
wider diese Verehrung mit der größten Heftigkeit. Er
schickte die strengsten Befehle durch das ganze Reich,
die Bilder aus allen Kirchen zu werfen. Dieses brachte
insbesondre die Italiener, die sich bisher der schwachen
Herrschaft der Griechen nicht zu entziehen gesucht hatten,
dergestalt auf, daß sie es wagten, lieber unter die Gewalt
der Longobarden zu kommen, als einen nach ihrer Denkungsart

kungsart so abscheulichen Befehl vollziehen zu lassen.
Das Volk widersetzte sich allenthalben durch einen öffentlichen Aufstand.

Liutprand, König der Longobarden wollte sich diese
Gährung zu nutze machen. Gregorius sah des Longobarden Absichten vorher, und suchte sie zu verhindern.
Er that dem Kaiser eine Vorstellung nach der andern, um
ihn zu bewegen, jenen Befehl zu widerrufen. Aber
dieser beharrte mit einer Art von Wut auf seinem Vorsaz.
Er gab sogar Befehle, ihm den Pabst lebendig oder todt
zu liefern. Bey dieser Hartnäckigkeit glaubte endlich
der Pabst, daß es seine Pflicht sey, sich öffentlich zu
widersezen. Ohne sich von der Unterwürfigkeit unter
dem Kaiser loszusagen, ermahnte er nicht nur die Römer
und die übrigen italienischen den Griechen noch gehörigen
Städte, sondern selbst die Longobarden, die Ausführung
des kaiserlichen Befehls mit Gewalt zu verhüten. Die
Stadt Rom gieng weiter; sie hörte auf, obgleich der
Pabst es mißbilligte, den Griechen den bisherigen Tribut
zu bezahlen; es wurde ein eigener Magistrat ernannt,
der bis zur Erwählung eines rechtmäßigen Kaisers regieren sollte.

Die meisten übrigen Städte in dem mittlern Italien,
die nicht mächtig genug waren, sich für unabhängig
zu erklären, unterwarfen sich dem Könige der Longobarden.

Unterdessen schickte Leo einen andern Exarchen, Eu-
tychius, nach Italien. Diesem schlauen Mann gelang
es, die Sache der Griechen besser, als zu erwarten war,
wieder herzustellen. Durch seine Politik wußte er das
Mißtrauen, das der Pabst und Liutprand gegen einander hatten, dergestalt zu vermehren, daß der lezte anfieng,

den Pabst als seinen heimlichen, aber desto wirksamern
Gegner zu betrachten. Die Folge war, daß Liutprand
sich mit dem Exarchen vereinigte; beyde giengen mit
ihren Heeren nach Rom, und lagerten sich vor der Stadt
an der Tiber.

Gregorius rettete die Römer. Die Stadt war
zwar fest, und Gregorius hatte ihre Festungswerke verbessern lassen. Aber er hielt es nicht für sicher, eine
Belagerung abzuwarten. Er wählte ein anderes Mittel. An der Spitze der Geistlichkeit und vornehmer
Römer gieng er nach dem longobardischen Lager, und verlangte vor den König gelassen zu werden.

Liutprand, durch diesen unerwarteten Besuch überrascht, empfieng ihn mit ehrerbietigem Erstaunen. Gregorius, ein beredter Mann, hielt ihm darauf, mit Würde
und Nachdruck, die Versprechungen vor, die er ehmals
gegeben hätte, sich der Kirche anzunehmen; er malte
ihm alles das Unheil, das aus seiner gegenwärtigen ungerechten Unternehmung, wenn er sie fortsetzte, entstehen
würde; er ermahnte, bat und beschwor ihn, sie aufzu-
geben und seine ehmalige beßre Denkungsart wieder anzunehmen. Liutprand wird so gerührt, daß er, der Gegenwart des Exarchen ungeachtet, sich dem Pabst zu
Füßen wirft, seinen Fehler gesteht, mit dem Pabst zur
heiligen Peterskirche wandelt, nach verrichteter Andacht
sein Schwert und seinen Dolch, seinen Harnisch und
seinen Mantel, seinen silbernen Scepter und seine goldene
Krone auf das Grab des Apostels niederlegt und gelobt,
nie zuzugeben, daß der Kirche oder ihrem Oberhaupte
eine Beleidigung widerfahre. So viel vermag Beredsamkeit, wenn sie sich mit einer gewissen persönlichen
Würde vereinigt; aber nie sind ihre Würkungen so unwi-
derstek-

verstehlich, so erstaunenswürdig, als bey gefühlvollen, aber unaufgeklärten Menschen.

Der Exarch erinnerte den Longobarden vergeblich an die Verabredung, die sie mit einander genommen hatten. Er mußte zufrieden seyn, daß Liutprand eine Versöhnung zwischen ihm und dem Pabste bewirkte. Liutprand kehrte nach seinem Reiche zurück. Der Exarch suchte die Provinzen, die er wieder gewonnen hatte, in der Treue gegen den Kaiser zu erhalten. Rom fuhr fort, unter dem Einfluß des Pabstes sich als unabhängig zu betragen.

Aber Gregorius und seine Nachfolger sahen alles das Gefährliche dieser Lage. Es war zu befürchten, daß die Griechen mit der Zeit mehr Thätigkeit beweisen würden, die Herrschaft über die Stadt Rom wieder zu erlangen. Von der andern Seite war dem Ehrgeiz der Longobarden nicht zu trauen. Liutprands Nachfolger konnten eben so begierig seyn, wie er gewesen war, sich ganz Italien zu unterwerfen, ohne sich wie er durch bloße Vorstellungen aus der Religion genommen, abhalten zu lassen. In diesen bedenklichen Umständen hatte entweder Gregorius II. oder wie andere wollen, sein Nachfolger Gregorius III. zuerst den Gedanken, sich des Beystandes der Franken wider die Longobarden zu bedienen. Er schickte Gesandte an den Major Domus, Karl Martel, um einen Vertrag mit ihm zu schließen. Wir haben keine genaue Nachricht von dem Erfolge dieser Unterhandlung.

Die Päbste und Longobarden blieben einige Jahre ungefähr in der nämlichen Lage. Die Longobarden machten neue Versuche ihre Herrschaft zu erweitern, und die Päbste widersetzten sich. Wir haben gesehn, daß der Pabst Zacharias, um der fränkischen Hülfe gewiß zu seyn,

seyn, die Absetzung Childerichs, und die Erhebung Pipins auf den Thron befördert hatte. Endlich kam der Fall, den die Päbste lange befürchtet hatten. Astolf, der zwanzigste König der Longobarden, bemächtigte sich des Exarchats, und die Griechen behielten bloß die äußersten neapolitanischen Provinzen, und einige am adriatischen Meer gelegne Städte. Astolf, Besitzer des mittlern Italiens, machte nun auch an die Stadt Rom Ansprüche. Er lagerte sich im Jahr 753 vor ihren Mauern, und verlangte, daß die Römer sich ihm unterwerfen und einen jährlichen Tribut versprechen sollten. Der damalige Pabst Stephanus III. hatte schon, als er Astolfs erste glückliche Unternehmungen gegen das Exarchat sah, nach Konstantinopel geschickt, und um Absendung hinlänglicher Hülfe bitten lassen. Allein seine wiederholten und dringenden Vorstellungen hatten keine andere Würkung, als daß der Hof Gesandte an Astolfen schickte, um ihn durch Unterhandlung von seinem Vorhaben abzubringen. Astolf hörte die beredten Griechen an, setzte seine Eroberungen fort, und rückte vor Rom. Solchergestalt auf das äußerste gebracht, sah Stephanus keinen andern Weg, als sich selbst zu Pipinen zu begeben und ihn zu bewegen, die Beschützung des heiligen Stuhls wider die Longobarden zu übernehmen [33]). In dieser

---

[33]) Bey diesem ganzen, die Auftritte zwischen den Päbsten, den griechischen Kaisern und den Longobarden betreffenden Abschnitte, kann ich jetzt auf keinen ausführlichern, lehrreichern und die Quellen sorgfältiger anzeigenden Autor verweisen, als auf Gibbon. Die bey seinem Werke jedem Kapitel vorangeschickte genaue Anzeige des Inhalts, und das am Ende des Ganzen beygefügte vollständige Register machen es unnöthig, die Stellen, wo er von obigen Begebenheiten handelt, zu citiren.

dieſer Abſicht ertheilte er ihm und ſeinen Söhnen im Namen des römiſchen Volks das Patriciat von Rom.

Wir haben oben geſehn, wie dieſer Beſuch des Pabſtes dazu diente, die königliche Würde in einem gewiſſen Sinn erblich auf Pipins Familie zu bringen. Aus Erkenntlichkeit war Pipin nicht ungeneigt, das Verlangen des Pabſtes zu erfüllen, und den Krieg mit den Longobarden anzufangen. Er hielt zu dem Ende einen Reichstag, auf welchem die Franken ein merkwürdiges Exempel gaben, wie viel auf ihre Einwilligung bey wichtigen Entſchließungen ankam. Es ſey, daß ſie einen Krieg in Italien mit zu großen Schwierigkeiten verbunden glaubten; (in der That hatten ſie unter den vorigen Königen einige mißlungne Verſuche gemacht); oder daß ſie ihn aus andern Gründen nicht rathſam hielten: ſie waren ſo wenig geneigt dazu, daß viele erklärten, ſie würden, wenn der Zug dennoch geſchehen ſollte, nicht mitgehn, ſondern zu Hauſe bleiben [34]).

Dieſe ihre Abneigung und des Pabſtes eigenes vielleicht auf Menſchenliebe, ohne Zweifel aber auch auf Politik gegründetes Verlangen, die Longobarden nicht ſo wohl durch die würkliche Macht der Franken, als durch die Furcht vor denſelben, zum Frieden zu bringen, verurſachten, daß Pipin zuerſt einen Vergleich von Aſtolſen durch Unterhandlung zu erhalten ſuchte. Weil aber dieſer ſich zu nichts verſtehen wollte; ſo wurde endlich der Krieg, mit Einwilligung der Franken, beſchloſſen.

Bey dieſer Gelegenheit ſoll Pipin dem Pabſte jene berühmte Schenkung gemacht haben, kraft welcher das
Exarchat

---

[34]) Eginh. vita Caroli M. c. VI.

Hegewiſch Geſch. G

Erarchat und die Pentapolis, ſobald ſie von den Longobarden erobert wären, dem heiligen Stuhl gehören ſollten.
Es iſt bekannt, daß unter dem Erarchat und der Pentapolis die meiſten Länder, die den heutigen Kirchenſtaat
ausmachen, begriffen waren. Ob man gleich von päbſt-
licher Seite die Schenkungsurkunde nie ans Licht gebracht,
ſo iſt doch an der Wahrheit der Schenkung nicht zu
zweifeln. Sie beruht nicht bloß auf dem Zeugniſſe
des Anaſtaſius, der ungefehr hundert Jahre nach dieſen
Zeiten Bibliothekarius in Rom war, ſondern ſie wird
noch mehr dadurch beſtätigt, daß ihrer in den Briefen
der Päbſte an Karln den Großen und ſeine Vorfahren,
in Briefen, die nicht in den Archiwen der Päbſte, ſondern
der Nachfolger Karls aufbewahrt werden, an deren Un-
verfälſchheit alſo kein Zweifel ſtatt findet ³⁵), als einer
geſche-

---

³⁵) Eine, wie man Grund hat zu glauben, auf Befehl
Karls gemachte, und alſo wie ein Original zu betrachtende
Abſchrift von neun und neunzig Briefen der Päbſte an
Karl Martell, an Pipinen und an Karl den Großen, —
Briefe, die über die damaligen Staatshändel und über die
genaue, aus einem gemeinſchaftlichen Intereſſe entſpringende
Verbindung zwiſchen den Päbſten und dieſen Fürſten viel
Licht verbreiten, — wird unter dem Titel Codex Caroli-
nus in der kaiſerlichen Bibliothek zu Wien aufbewahrt.
Der Jeſuit Gretſer gab ſie zuerſt heraus zu Ingolſtadt
1613. Dann wurde ſie in des Phi. Labbe Concil. T.
VI abgedruckt. Eine verbeſſerte Auflage unter dem Titel
Codex Epiſtolaris Carolinus hatte Lambecius beſorgt.
Allein entweder ſein Tod oder eine andre nicht bekannt ge-
wordne Urſache verhinderte, daß dieſe Auflage ins Publicum kam. Nur einzelne Exemplare kamen hin und wieder in die Hände der Liebhaber. Nach einem ſolchen Exem-
plar hat ſie Muratori in ſeinen Scriptor. Rer. Ital. T. III.
P. II abdrucken laſſen. Die an unſern Monarchen ſtehn
chronologiſch geordnet, im Recueil. T. V.

geschehenen Sache erwehnt wird. Voltaire glaubte
zwar, daß es dieser Schenkung an der innern Wahrscheinlichkeit fehlte. Pipin, sagt er, werde Italien nicht
für den Pabst, sondern für sich selbst haben erobern wollen.
Ohne Zweifel ist es der Eroberer Art, ihr Schwert zu
eignem, nicht zu fremdem Vortheil zu brauchen. Allein
um das Exarchat mit Frankreich zu verknüpfen, hätte
Pipin erst das dazwischen liegende longobardische Reich
erobern müssen; dazu waren die Umstände noch nicht
reif genug, und Pipin wird daher gewiß für rathsamer
gehalten haben, den Pabst und die Römer genauer an
sich zu ziehen, als sie durch den geringsten Verdacht,
daß es ihm bloß um seinen eigenen Vortheil zu thun sey,
abzuschrecken, und sie zu bewegen, an eine Aussöhnung
mit den Longobarden zu denken.

Pipin that zwey Feldzüge nach Italien, den einen
im Jahr 755 den andern 756. Astolf, der beydemal
alles, bis auf die Hauptstadt Pavia verlohren hatte,
bequemte sich endlich dem Pabste das Exarchat und die
Pentapolis zu übergeben. Pipin gieng über die Alpen
zurück. Er kam nicht nach Rom. Dieser Umstand
und die Eilfertigkeit, womit er den ersten den besten Vergleich mit Astolfen eingieng, erwecken die Vermuthung,
daß die innern Angelegenheiten seines Reichs, und die
Feindseligkeiten der Sachsen, gegen die er bald darauf zu
Felde zog, seine baldige Zurückkunft nöthig machten.

Astolf starb in eben dem Jahr 756. Nach seinem
Tode bewarb sich Desiderius, den Astolf zum Comes sta-
buli (Stallmeister) an seinem Hofe und zugleich zum
Herzoge, d. i. zum Statthalter von Tuscien oder Toscana
gemacht hatte, um die longobardische Krone. Dieses
verdroß einige Große, insbesondre Rachis, den Bruder

des

des verstorbenen Astolfs, der vor Astolfen König gewesen und in ein Kloster gegangen war. Er war schon im Begriff das Kloster zu verlassen, und sich an die Spitze der Parthey wider Desiderius zu begeben. Es schien zu einem bürgerlichen Kriege unter den Longobarden kommen zu wollen. Allein Desiderius gieng einen sichern Weg. Er ließ sich mit dem Pabste in Unterhandlung ein; er gelobte, die Städte, welche Astolf noch zurückbehalten hatte, zu übergeben; er versprach außerdem noch ansehnliche Geschenke; er versprach, sich in allem nach dem Willen des Pabstes zu richten, wenn dieser ihm zur Erlangung der königlichen Würde helfen wollte. Stephanus ließ sich erst die gewisse Erfüllung aller dieser Anerbietungen durch einen schrecklichen Eid, wie Anastasius sich ausdrückt, von dem Longobarden versichern [36]. Darauf erst wandte sich Stephanus mit seinen Ermahnungen an Rachis mit so gutem Erfolg, daß dieser im Kloster blieb, und Desiderius von allen Longobarden zum Könige angenommen wurde.

Die Longobarden und die Päbste hätten diese unter ihnen entstandene Freundschaft, so wenig aufrichtig sie anfangs war, unterhalten und befestigen sollen, um den Franken, deren Obermacht sie nun schon kannten, keine Gelegenheit zu geben, wieder nach Italien zu kommen. Allein es zeigte sich bald bey verschiedenen Anlässen, daß ihre Feindschaft gegen einander zu tief eingewurzelt und zu lebhaft war, um für ihre gemeinschaftliche Erhaltung durch gegenseitiges Nachgeben zu sorgen. Desiderius, der vorhersah, daß die Päbste nicht unterlassen würden, bey irgend einer Gelegenheit die Franken wieder nach
Italien

---

[36] Terribili juramento. Anastas. in vita Steph. III. Recueil p. 439.

Italien zu rufen, suchte die Gefahr durch ein neues
Mittel zu verhüten. Er bewarb sich um die Freundschaft der beyden Könige der Franken — (Karloman
lebte noch) — und ließ eine Heirath zwischen einem von
ihnen und einer seiner Töchter vorschlagen. Karl, dessen Herz nicht für diese Heirath war, oder der sich durch
ein so genaues Band in seinen Absichten, die er vielleicht
schon auf Italien hatte, nicht wollte hindern lassen, bezeigte keine Neigung dazu. Aber seine Mutter, die viel
über ihn vermochte, ließ sichs sehr angelegen seyn, ihn
zu bereden ³⁷), und Karl gab nach; er heirathete die
Prinzeßin der Longobarden, Hermengarde, die auch De-
siderate, auch Berthe genannt wird.

Diese genaue Verbindung der Franken und Longobarden war den Absichten des Pabstes ganz zuwider.
Er hatte sich ihr aufs lebhafteste widersetzt. Er hatte
Karln und seinem damals noch lebenden Bruder einen
Brief geschrieben, worin er so heftige Ausdrücke von den
Longobarden brauchte, als ob sie die abgesagtesten Feinde
Gottes und der Religion gewesen wären. Er hatte sogar mit dem Fluche gedroht, wenn sie, die beyden Könige,
seiner Ermahnung zuwider, Vermählungen eingiengen,
die ihnen zu ewiger Schande gereichen, und von Gott
und seinen Aposteln gemißbilligt würden ³⁸). Stephanus hatte den Verdruß zu sehen, daß alle seine Bemühungen vergeblich waren. Aber er hatte die Freude, daß
die Ehe unglücklich ausfiel. Karl fand darin so wenig

G 3   Beſrie-

---

³⁷) Eginh. Vita Caroli c. XVIII,
³⁸) Epiſtola Stephani III. ad Carolum et Carolomannum
    reges, ne affinitatem ineant cum regibus Longobar-
    dorum; apud Sirmond. in Concil. Gall. T. II. und
    Recueil p. 541.

Befriedigung, daß er die Untüchtigkeit der Longobardin, Kinder zu gebähren, zum Grunde oder Vorwande nahm, ſich im Jahr 771 durch eine Verſammlung von Geiſtlichen von ihr ſcheiden zu laſſen [39]).

Dieſes unglückliche Schickſal ſeiner Tochter, und der Verdruß, den er hatte, ſeine Bemühungen um die Freundſchaft der Franken ſo übel belohnt zu ſehen, mußten natürlicherweiſe das Herz des Deſiderius mit Verdacht und Haß gegen Karln erfüllen. Zu ſeinem Unglück zeigte ſich ihm eine wahrſcheinliche, aber entfernte Gelegenheit, ſich an Karln zu rächen. Mit Karlomans Wittwe, die, wie wir geſehen, mit ihren beyden Söhnen, aus Furcht vor Karln, zum Deſiderius ihre Zuflucht nahm, waren einige mißvergnügte Franken nach Pavia gekommen. Dieſe machten dem Deſiderius Hofnung, Karlomans Söhnen mit der Zeit einen Anhang unter den Franken zu verſchaffen. Dieſer Plan, Karln innerliche Feinde zu erwecken, hätte vielleicht gelingen können; es fehlte unter Karls Regierung nicht an Mißvergnügten, wie es zwey Verſchwörungen, deren ich in der Folge gedenken werde, beweiſen; aber Deſiderius verrieth ſich zu früh, Karl kam ihm zuvor.

Adrian der I. der im Jahr 772 zum Pabſte erwählt war, bezeigte anfangs einiges Verlangen, mit den Longobarden in freundſchaftlichem Vernehmen zu leben. Deſiderius ließ ſich dadurch verleiten, eh er ſich der Geſinnungen dieſes klugen Pabſtes hinlänglich verſichert hatte, ihm den Vorſchlag zu thun, Karlomans beyde Söhne zu Königen der Franken zu ſalben. Deſi

derius

---

[39]) Monach. Sangall. Recueil p. 131.

derius glaubte, durch diese Handlung des Pabstes würden die Mißvergnügten in Frankreich aufgemuntert werden, sich dieser beyden Prinzen öffentlich wider Karln anzunehmen. Adrian hielt für sicherer, dieses dem Desiderius abzuschlagen, als Karln durch einen so beleidigenden Schritt gegen den römischen Stuhl aufzubringen. Desiderius wiederholte sein Begehren mit Lebhaftigkeit, er fieng an zu drohen. Endlich fiel er, da Adrian durch keine Vorstellung zu bewegen war, in das Erarchat ein, und bemächtigte sich der meisten Städte. Adrian bemühte sich vergeblich ihn zum Frieden zu bewegen. Desiderius rückte näher gegen Rom, und Adrian sah nichts anders übrig, als an Karln zu schicken, und ihm alle Absichten des Longobarden zu entdecken 40).

Karl versammelte im Sommer des Jahrs 773 das Heer der Franken bey Gebenna oder dem heutigen Genf. Auf seine Vorstellung schickten sie sich an, nicht, wie sie bisher gewohnt waren, gegen den Winter nach Hause zu gehn, sondern bis nach entschiedener Sache in Italien zu bleiben; denn er sah ein, daß Ein Sommer nicht hinreichte, sich fest in diesem Lande zu setzen. Er theilte darauf das Heer in zwey Theile; mit dem einen gieng er selbst über den Mont Cenis: das andere führte Bernhard, sein Oheim von väterlicher Seite (denn er war ein Sohn Karl Martells, aber entweder von einer Maitresse, oder aus unstandesmäßiger Ehe) über den Jorisberg 41). Die Longobarden hatten zwar die engen Pässe in den Alpen besetzt, aber eine Schaar der Franken gieng einen Weg, an den die Longobarden nicht gedacht hatten.

G 4   Da

---

40) Anaſt. in vita Adriani. Recueil p. 459.
41) Mont Iou.

Da die Longobarden den Feind im Rücken ſahn, verließen
ſie die Päſſe, und das ganze Heer der Franken rückte in
Italien ein [42]). Nach einigen Verfaſſern kam es, nachdem die Franken über die Alpen gegangen waren zu
einem Treffen, in welchem die Longobarden geſchlagen
wurden. Nach andern hatten ſie Karln in einem Lager
bey Mortaria erwartet, ſolches aber, auf ſeine Annäherung ſchleunig mit Zurücklaſſung der Gezelte und des
Geräthes verlaßen. Deſiderius rettete ſich mit einem
Theile ſeiner Völker nach Pavia; ſein Sohn Adelgis
mit dem andern nach Verona. Dieſe letzte Stadt
mußte ſich bald ergeben. Adelgis war ſo glücklich vorher zu entkommen, und gieng mit einem Schiffe nach
Konſtantinopel. Aber Karlomans Wittwe und ihre
beyden Söhne, die auch in Verona waren, geriethen in
des Siegers Gewalt. Das fernere Schickſal dieſer unglücklichen Prinzen iſt nicht bekannt, läßt ſich aber leicht
errathen. Die Belagerung von Pavia war mehr
Schwierigkeiten ausgeſetzt. Karl ſelbſt urtheilte, daß
es am beſten ſey, dieſen Ort durch Aushungerung zu
zwingen. Nachdem er zu dem Ende die nöthigen Vor-
kehrungen gemacht, und ſeinem Oheim Bernhard die
Führung des Heers übergeben hatte; ſo that er ſelbſt im
Frühjahr 774 eine Reiſe nach Rom, um das Oſterfeſt in
dieſer Stadt zu feyern [43]).

Allein ſo aufrichtig und eifrig Karl in ſeinen Religi-
onsübungen war, ſo wurde er doch zu dieſer Reiſe noch
durch

---

[42]) Annales Loiſeliani ad ann. 773. Recueil p. 38.

[43]) Eginh. annal. a. 773. Recueil p. 201. Chron. breve
ib. p. 381. Paul. Diacon. ib. p. 189. Anaſt. in vit.
Adriani ib. p 460 ſq.

durch andere Wünsche getrieben, deren Befriedigung
seinen beyden herrschenden Neigungen, seiner Wißbegierde
und seiner Ehrsucht gleich wichtig war.   Ihn verlangte,
Rom zu sehn die Hauptstadt der Welt, für die selbst die
Barbaren, die das römische Reich zertrümmert hatten,
immer eine Art von Ehrfurcht behielten. — Es schmeichelte ihm von dem Pabste und dem römischen Volke,
als ihr Befreyer, als ihr Beschützer empfangen zu werden. — Er wollte selbst einmal sehn, was es mit seinem Patriciat in Rom für eine Bewandniß hätte, und
in wie weit er die ihm daher zukommende Rechte könne
gelten machen.   Wir haben eben gesehn, daß Pabst
Stephan der III. während seines Aufenthalts in Frankreich Pipinen und seine beyden Söhne, Karln und
Karloman, zu Patriciern von Rom ernannt hatte.

Der Patriciertitel hatte bekanntermaaßen in den Zeiten der Republik den vornehmen Adel bedeutet.   Als
aber Kaiser Kanstantin der I. die Rangordnung erfand,
von der die Römer in ihren besten Zeiten keine Idee
hatten, wurden mit dem Patriciernamen die Großen
vom ersten Range bezeichnet, denen der Kaiser die Ehre
erwies, sie gleich als seine Verwandte, als seine Vettern,
zu betrachten.   Seit Justinian dem I. wurden die Gene-
ralgouverneure großer und entfernter Provinzen, die eben
wegen der Größe und Abgelegenheit dieser Provinzen
eine größere Gewalt und größeres Ansehn, als gewöhnliche Statthalter haben mußten, bald Exarchen, bald
Patricier betitelt.   Der Patricier oder Exarch von Italien war also so viel als Vicekönig von Italien.   Als
nun aber die Römer unter Anleitung der Päbste sich in
den Zeiten des Bildersturms der Oberherrschaft der griechischen Kaiser zu entziehen suchten, trugen sie zuerst dem
Major Domus der Franken, Karl Martell, diesen Titel

G 5   an.

an. Er achtete nicht darauf. Alsdann gab Stephan,
der III. wie wir gesehn, im Namen des römischen Volks
Pipinen und seinen Söhnen diesen Titel. Pipin nahm
ihn an, und gab dadurch zu erkennen, daß er die Römer
nicht mehr für Unterthanen des griechischen Kaisers, sondern für ein freyes Volk erkannte. Aber um die mit
diesem Titel verknüpften Rechte scheint er sich nicht weiter bekümmert zu haben. Auch Karl führte vom Anfange seiner Regierung an diesen Titel, scheint aber
eben so wenig an irgend einige Rechte, die er darauf
gründen könnte, gedacht zu haben, bis er das longobardische Reich erobert hatte. In der That so lange dieses
Reich selbstständig blieb, konnten die Könige der Franken auch die bedeutesten Titel, die ihnen der Pabst und
die Römer beylegten, nicht gelten machen. Sobald
Karl durch die Eroberung des longobardischen Reichs
Herr in Italien geworden war, konnte er jedes Recht,
das sich aus dem ihm gegebenen Titel herleiten ließ, zur
Ausübung bringen.

Als der Pabst und das römische Volk dem Karl
Martell zuerst das Patriciat antrugen, übersandten sie
ihm, als das Patriciat ankündigende Insignien, die
Schlüssel zum Grabe des Apostel Petrus und eine ge-
weihte Fahne. In Zeiten der Unwissenheit und Barbarey bediente man sich häufig, weil man die Sprache
nicht genug in seiner Gewalt hatte, anspielender Zeichen, wo cultivirte Völker, die ihre Gedanken bestimmt auszudrücken wissen, sich lieber der Worte bedienen. Was sollten jene Schlüssel? was jene Fahnen
bedeuten? Der Pabst und die Römer, sagt die eine Parthey, erklärten dadurch den Patricier Karl Martell,
den Patricier Pipin, den Patricier Karl zu Herren der
Stadt; die daselbst alle die Rechte haben und ausüben
                                        sollten,

sollten, die die griechischen Patricier oder Exarchen im
Namen der griechischen Kaiser daselbst gehabt und ausgeübt hatten. Die andere Parthey behauptet, Karl, so
wie sein Vater und Grosvater, wären dadurch bloß zu
Beschützern, zu Vertretern des apostolischen Stuhls,
zu advocatis ecclesiae ernannt worden. Ohne Zweifel
dachten der Pabst und die Römer nicht, daß sie etwas
mehr als einen bloßen Titel ertheilten, indem sie sich nicht
vorstellten, daß die so gefürchteten, so streitbaren Longobarden je ganz den Franken unterliegen würden. Ohne
Zweifel war es wider die Erwartung der Päbste und der
Römer, daß die so leichte, so schnelle Eroberung des
longobardischen Reichs Kärln in Stand setzte, das Patriciat in der ersten Bedeutung gelten zu machen.

Karl langte am Osterabend zu Rom an; sein Einzug war wie ein Triumph: er wurde von dem Pabste
und den Römern mit allen den Feierlichkeiten empfangen,
die sie sonst bey dem Einzuge eines Patriciers oder griechischen Statthalters gemacht hatten. Die Richter
oder obrigkeitliche Personen giengen ihm mit den Stadt-
fahnen entgegen; die Priester mit ihren Kreuzen. Der
Zug gieng nach der heiligen Peterskirche, wo der Pabst
ihn beym Eingange erwartete. Beyde waren majestä-
tisch gebildet, beyde hatten edle und gefallende Manieren,
ein Umstand, der nicht allein über Feierlichkeiten dieser
Art eine gewisse Würde verbreitet, sondern auch Eindrücke
von Bewunderung und Ehrfurcht bey dem Volke hinter-
läßt, wodurch es geneigt wird, alles, was solche Männer vornehmen, als vorzüglich weise und große Handlungen zu betrachten. Beyde waren Männer von schnellem
Verstande und richtigem Gefühle, die gleich in den ersten
Augenblicken einander verstanden und sich einer in des
andern Denk- und Empfindungsart zu versetzen wußten.

Sie

Sie umarmten einander zärtlich, giengen alsdann unter
beständigem lautem Gesange der Geistlichen und des Volks
in die Kirche, wo Karl am Grabe des heiligen Petrus
kniend seine Andacht verrichtete, diesem Apostel für seine
über die Longobarden erhaltenen Vortheile dankte, und
dann seine Beichte that.   Hierauf schwuren beyde, Karl
und der Pabst, über den Leichnam des heiligen Petrus
einander eine aufrichtige Freundschaft, welchen Eid die
vornehmsten Franken und Römer mit beschwören mußten.
Die beyden Hauptpersonen empfanden weder die Unan-
ständigkeit noch die Unnützlichkeit, Verpflichtungen, wozu
bloß ihr einander gegebenes Wort hinreichend hätte seyn
sollen, noch durch solche Mittel zu verstärken.   Dieß
geschah am Sonnabend vor Ostern.   Die folgenden Fest-
tage und die meiste übrige Zeit wurden mit gottesdienstlichen Feierlichkeiten zugebracht.

Ob bey dem Zuge nach der Peterskirche der Pabst dem
Könige zur rechten oder zur linken gegangen, ob der König
die Stuffen beym Eingange in die Kirche, nach damaliger
frommer Sitte, andächtig geküßt, darüber sind die Geschichtschreiber uneinig.   Alles dieß waren wichtige Umstände, als man noch, ich möchte sagen, aus jedem
Schritte Karls Rechte herleitete, die noch nach tausend
Jahren gelten sollten.   So abergläubig sind keine Publicisten mehr, und wir brauchen es also nicht sehr zu bedauern, wenn uns die alten Nachrichten über dergleichen
Dinge keine Gewißheit geben.   Natürlicherweise brauchte
der Pabst die ersten Tage, da der über sein Glück; über
seine so schnell gemachte Größe frohe Monarch, der groß-
müthigsten Gesinnungen fähig seyn mußte, ihn um Bestätigung der Schenkungen, die Pipin dem apostolischen
Stuhle mit dem Exarchat gemacht hatte, zu ersuchen,
und Karl bestätigte sie.   Aber wie? bloß mündlich? oder
schrift-

schriftlich? ließ er es bey der bloßen Bestätigung bewenden? oder war er freygebig genug, ein neues Geschenk mit neuen Ländern beyzufügen? Schenkte endlich Karl diese Länder weg, ohne allen Vorbehalt? oder mit Vorbehalt der Oberherrschaft? Ueber diese Fragen sind die Meinungen der Geschichtforscher verschieden. Es ist zu bemerken, daß der päbstliche Hof die Schenkungsacte, wenn eine gemacht wurde, nie hat vorzeigen wollen, oder können. Daraus haben einige geschlossen, es habe nie eine existirt. Die Bestätigung sey bloß mündlich geschehen. Dagegen behaupten andere, der päbstliche Hof habe sie aus guten Gründen verborgen, um in die Abschriften, die er habe machen lassen, mehr Länder hineinsetzen zu können, als im Originale genannt worden, so wie die Erzbischöfe von Hamburg in die Abschriften ihres Stiftungsbriefes vom Kaiser Ludwig dem Frommen, Länder, als unter ihrem Sprengel gehörig setzen ließen, die zu Ludwig des Frommen Zeit noch nicht entdeckt waren. Eine solche absichtlich interpolirte Abschrift habe der bekannte Biograph der Päbste, Anastasius vor Augen gehabt, nach dessen Versicherung Karl die Freygebigkeit so weit sollte getrieben haben, dem heiligen Stuhle auch Corsica, Spoleto, Benevent, Venedig und Istrien zu schenken.

Ob Karl vorsichtig genug war, sich die Oberherrschaft über die weggeschenkten Länder vorzubehalten, oder nicht, mag dahin gestellt seyn. So viel ist gewis, er gab manchmal während seiner ganzen Regierung deutlich genug zu erkennen, daß er sich dieser Oberherrschaft nicht begeben wollte.

Alle Umstände, durch die Karls Denkungsart gebildet war, hatten ihm vom Anfang an eine große Achtung

gegen

gegen die chriſtliche Religion und gegen die äußerlichen
Anſtalten, wodurch ſie unter den Völkern ausgebreitet
und erhalten werden konnte, eingeflößt. Es war alſo
natürlich, daß er ſich in der Stadt, von wo aus das
Chriſtenthum ſich zuerſt in Europa verbreitet hatte, die
er daher als die Quelle deſſelben betrachten konnte, es
war natürlich, ſag ich, daß er ſich in dieſer Stadt nach
den urſprünglichen Kircheneinrichtungen, wodurch eine
ſo wohlthätige Religion ſo allgemein geworden war, er-
kundigte, um ſo viel mehr, da er, wie aus ſeinen Capitularien erhellt, auf den Verdacht gekommen war, daß
dieſe Einrichtungen nicht, ihrer urſprünglichen gemäß,
erhalten, ſondern durch allerley Mißbräuche verdorben
wären. Adrian glaubte alſo, daß er dem Monarchen,
der ſo vortheilhaft von der urſprünglichen Kirchenverfaſ-
ſung dachte, kein angenehmers Geſchenk, als mit einer
Sammlung von Kirchengeſetzen aus den erſten Jahrhunderten machen könnte. Adrian begleitete dieſe Sammlung mit einer an den Monarchen, als den Befreyer
Roms, gerichteten Zuſchrift von fünf und vierzig elenden
Verſen [44]).

Daß Adrian bey der Wahl dieſer Sammlung
ſchlaue Rükſicht auf die Vortheile des päbſtlichen Stuhls
genommen, daß er ſolche Stücke vorzüglich eingerückt,
die die Rechte und die Autorität des päbſtlichen Stuhles
begünſtigen, beſtätigen, erweitern konnten, ließe ſich von
einem ſo klugen Manne, ohne ihm Unrecht zu thun, vermuthen. Aber vielleicht enthielt dieſe Sammlung wenigſtens

[44]) Das Gedicht war ein Akroſtichon. Die Anfangsbuch-
ſtaben der ſechs und vierzig Zeilen gaben folgende Worte:
Domino Excell. Filio Carolo Magno Regi Hadrianus
Papa.

nigstens einige von den durch Betrug fabricirten, so genannten Decretalbriefen, die unter dem Namen des
Pseudo Isidorus so bekannt sind.

Diese falschen Decretalbriefe sind ein nach einem
weitaussehenden Plan entworfnes und mit beständiger
Rücksicht auf diesen Plan ausgeführtes Werk der Fin-
sterniß. Daß ein Privatmann auf seiner Studierstube
diesen Plan ausgedacht, und alle die dahin gehörigen
falschen Actenstücke ersonnen habe, läßt sich kaum begreifen. Was für ein Motiv könnte den Mann zu einer
langen und mühsamen Arbeit bewogen haben, von der er
weder Nutzen noch Ehre, von der er nicht die geringste
Würkung erwarten konnte? Denn die Würkung, die
diese Decretalbriefe haben konnten und mit der Zeit würklich hatten, konnte erst nach einigen Generationen erfolgen. Und wie konnte ein Privatmann, wenn der dieses
Betruges Urheber war, Abschriften genug von einer solchen Sammlung machen lassen, um sie unter den Geistlichen in Umlauf zu bringen? Man erinnere sich nur,
wie selten damals Abschreiber waren, die nur in Klöstern gefunden wurden, und wie kostbar die Schreibma-
terialien.

Man hat gesagt, ein von seinem Obern beleidigter
Geistlicher habe sich durch diesen Betrug an dem ganzen
Stande der obern Geistlichkeit, die er dadurch unter die
Herrschaft des Pabstes zu bringen gesucht, rächen wollen.
Eine sonderbare Rache wäre dieses gewesen, wenn er sich
aus Rachgier auf seine Studierstube hingesetzt, und einen
Plan ersonnen, und zu dessen Ausführung Jahre lang mit
Erdichtung von Urkunden zugebracht hätte, deren Wür-
kung erst in spätern Zeiten erfolgen, und also gewiß das
individuelle Mitglied der obern Geistlichkeit nicht traf,
von dem er, der Betrüger, wie man vermuthen will,
beleidigt war, nicht treffen konnte.

Ist

Iſt es nicht wahrſcheinlicher, daß dieſe falſchen Decretalbriefe nicht von Einem, ſondern von verſchiedenen,
aber in Einer Werkſtäte, aber unter Aufſicht deſſen, der
ſein Intereſſe dadurch befördern wollte, arbeitenden Ur-
kundenfabrikanten nach und nach verfertiget, und erſt einzeln
in die Welt geſandt ſind, ehe man mit einer ganzen
Sammlung davon zum Vorſchein gekommen.[45])?

Wenn man alles dieſes erwägt und zugleich in Betrachtung zieht, daß es bewieſen iſt, daß der römiſche
Hof auch bey andern Gelegenheiten falſche Urkunden zu
ſeiner Vergrößerung genützt hat, ſo kann man wenigſtens den Geſchichtforſcher, welcher es wahrſcheinlich
findet, daß die Karl dem Großen vom Pabſt Adrian
geſchenkte Sammlung, die falſchen Decretalbriefe enthalten habe, keines zu großen Hanges zum Argwohn beſchuldigen[46]).

Indeſſen dieſe aus allgemeinen Betrachtungen her-
genommenen Gründe verlieren ihre Kraft, wenn es erwieſen iſt, daß einige aus dem Zeitalter Karls übrig
gebliebene Handſchriften diejenige Sammlung enthalten,
die Adrian dem Monarchen ſchenkte.   In dieſem Fall
beſtand ſie aus ächten Stücken; es war nichts anders,
als eine Abſchrift der Sammlung, die nach ihrem erſten
Urheber Dionyſius die Dionyſiſche genannt wird[47]).

Von

---

45) Wie natürlich der Argwohn iſt, daß die falſchen Decretalbriefe nicht das Werk eines Privatmanns ſind, darüber ſ. J. Febron. de ſtatu eccleſiae. Bullioni 1763. p. 521.

46) Gibbon iſt der Meinung, daß es die pſeudoiſidoriſche
Sammlung geweſen, die Adrian Karln geſchenkt habe. S.
Hiſtory of the Decline and Fallof the Roman Empire
Ch. XLIX. (vol, IX. p. 40. der Baſeler Ausgabe.)

47) Geſchichte des Kanoniſchen Rechts bis auf die Zeiten
des falſchen Iſidorns (von Hr. Hofr. Spittler) III.
Periode S. 44. u. f.

Von Rom kehrte Karl zu seinem Heere vor Pavia zurück. Der Hunger nöthigte endlich die Longobarden sich zu ergeben. Desiderius überließ sich mit seiner Gemahlin und Tochter der Gnade des Ueberwinders. Karl schickte sie nach Franken, wo Desiderius, wie einige berichten, Mönch in einem Kloster zu Lüttich wurde. Solchergestalt hatte sich Karl binnen einem Jahre durch einen einzigen Feldzug das Reich der Longobarden unterworfen. Die Longobarden selbst hatten vormals, so tapfer sie waren, verschiedene Jahre zugebracht, die Länder, welche ihr Reich ausmachten, von den unkriegerischen Griechen zu erobern. Die Geschwindigkeit, womit Karl diese Eroberung vollendete, war vielleicht eine Würkung zufälliger Ursachen, oder nach Deninas Urtheile, des Schicksals: allein der Umstand, daß die Longobarden sich mehr auf ihre Festungen als auf ihr Schwert verließen, daß sie sobald den Muth verlohren, Karln im Felde zu begegnen, macht glaublich, daß es ihnen eben so gegangen war, wie vormals den Gothen und Wandalern, die durch den Besitz der schönen Länder, die ihr Schwert ihnen verschaft hatte, in Sicherheit und Weichlichkeit versunken und dadurch ein Raub ihrer Feinde geworden waren.

Ob Karl sich zum Könige der Longobarden habe krönen lassen; und ob dieses durch den Erzbischof von Mayland mit der so genannten eisernen Krone, die ihren Namen von einem inwendig angebrachten eisernen Ring gehabt haben soll, geschehen sey, ist eine sehr ungewisse Sache [48]). Hingegen ist gewiß, daß das Reich der Longobarden ein für sich bestehendes Reich blieb. Es wurde

[48]) Sigonius. Paulus Iouius. Aeneas Sylvius.

Hegewisch Gesch. H

wurde mit dem Reiche der Franken wieder vereinigt ⁴⁹),
noch ihm unterworfen. Die Franken und Longobarden
blieben zwey verschiedene Nationen, die nur Einen gemeinschaftlichen König hatten. Die Longobarden behielten ihre Verfassung und Gesetze. Karl nahm den
Titel eines Königs der Longobarden an.

Durch diese Eroberung wurde nicht bloß Karls äußerliche Macht ⁵⁰); sondern auch seine Ideen wurden dadurch

⁴⁹) Es giebt deutsche Schriftsteller, die dieses Wort nicht
immer in seinem wahren, bestimmten Sinne brauchen.
Sie setzen: vereinigen, wo sie: verknüpfen setzen
sollten. Zwey Nationen können durch ein gemeinschaft-
liches Oberhaupt mit einander verknüpft werden, ohne
Vereinigung. Durch die Gelangung Jacobs 1. auf den
englischen Thron wurde England und Schottland nur
unter einem gemeinschaftlichen Könige mit einander verbunden; aber jedes blieb ein für sich bestehendes Königreich, behielt sein eigenes Parlement, seine eigene Verfassung. Erst unter der Königin Anna wurden beyde
Reiche vereiniget; aus zwey Königreichen, England
und Schottland wurde Ein Königreich: Großbritan-
nien. Es ist nöthig, wie in allen Wissenschaften, also
auch im Staatsrecht, für jeden bestimmten Begriff einen
eigenen bestimmten Ausdruck festzusetzen. Das longobardische Königreich blieb immer ein vom fränkischen Reiche
verschiedener Staat. Karl hielt besondere longobardische
Reichstage; gab besondere Gesetze für die Longobarden,
führte daher auch einen besondern Titel von diesem Reiche.
Die Sachsen hingegen wurden im eigentlichen Sinn mit
den Franken vereinigt, wurden ein Volk mit ihnen, daher
auch Karl keinen besondern Titel von Sachsen annahm.

⁵⁰) Auf diese Eroberung bezieht sich wahrscheinlich ein Brief
Pabst Hdrians des 1. vom Jahre 774. Es ist von den
Briefen dieses Pabstes nach der chronologischen Ordnung
der erste, und ist eine Glückwünschung über die Siege des
Monar-

durch erweitert. In Italien hatte sich immer noch viel
von der alten römischen Cultur erhalten. Hier gab es
doch einige, wie wohl wenige, wie wohl nur in geringem
Grade durch Handlung und Industrie blühende Städte.
Hier gab es doch einige Künste und Wissenschaften.
Zwar in allen diesen Rücksichten war Italien einem halb-
verblichnen Gemälde, oder einer von Zeit und Wetter
angegriffenen Statue zu vergleichen. Indeß hatte es
doch dadurch große Vorzüge vor Frankreich und Deutschland. Und Karls Geist war dazu gemacht, den Werth
dieser Vorzüge einzusehn und darauf zu denken, sie auch
seinen andern Staaten zu verschaffen.

Außer dem Königreiche der Longobarden, welches
den obern Theil von Italien, Venedig ausgenommen,

und

Monarchen. Es wird der Mühe werth seyn, folgende
Stelle daraus hier anzuführen. „Gewiß, glaube mir,
„großer, allerchristlichster König, guter, vortrefflicher
„Sohn, sey des größten Vertrauens voll, denn, so lange
„du treu und eifrig in der Liebe gegen den Fürsten der
„Apostel bleiben wirst nach deinem Versprechen, wird dir
„von dem allmächtigen Gott unaufhörlich Heil und uner-
„meßlicher Sieg verliehen werden. Auch rufe ich Gott
„zum Zeugen an, — daß von dem Tage an, da du von
„Rom nach jenen Gegenden abreisetest, nicht allein alle
„unsre Priester und alle Mönche in allen Klöstern, son-
„dern auch das ganze Volk täglich, ja alle Stunden, für
„dich bittet u. s. w." Es scheinet, daß der Pabst nicht
vergeblich bey Karln den Gedanken zu unterhalten suchte,
daß dieser sein großes Waffenglück theils als eine Beloh-
nung für seine dem apostolischen Stuhle geleisteten Dienste,
theils als eine Würkung der Fürbitte des Pabstes zu
betrachten habe. Aus Karls ganzem Betragen wird wahrscheinlich, daß er würklich selbst so etwas glaubte. Recueil p. 544.

und das heutige Toscana begriff, gab es drey Herzog-
thümer, deren Besitzer Longobarden waren und in gewisser Abhängigkeit unter den Königen gestanden hatten.
Die Könige hatten zwar das Recht, nach dem Tode
eines jeden Herzogs, mit Uebergehung seiner Kinder,
jeden andern zu seinem Nachfolger zu ernennen: allein
sie bestätigten insgemein die Söhne in der Würde der
Väter. Von diesen drey Herzogen mußte der von Friaul,
Namens Rodgaud, Karln zuerst den Eid der Treue
leisten. Das Heer der Franken war ihm zu nahe, als
daß er es hätte wagen dürfen, sich zu weigern. Daß
die Herzoge von Spoleto und Benevent diesesmal noch
nicht aufgefordert wurden, Karls Oberherrschaft anzuerkennen, daran war vermuthlich der Umstand schuld, daß
die Sachsen einen gefährlichen Einfall in das Fränkische
gethan hatten. Karl wurde dadurch genöthigt, nachdem
er die erforderlichen Einrichtungen in Italien gemacht
hatte, seine Reise nach jenem Theile seiner Staaten zu
beschleunigen.

Die Sachsen hatten auf die Nachricht, daß Karl
in Italien in einen wichtigen Krieg verwickelt war, diese
Gelegenheit für günstig gehalten, sich an den Franken,
in seiner Abwesenheit, zu rächen. Sie hatten im Frühjahr 774 Eresburg, wo Karl eine Besatzung gelassen
hatte, erobert und zerstört. Sie waren darauf bis
Frizlar vorgedrungen; bis dahin hatten sie alles mit
Feuer und Schwert verheeret Vor Frizlar aber, wo
sie eine Kapelle des heiligen Bonifacius in Brand stecken
wollten, wurden sie abgetrieben. Karl kam darauf im
Herbste aus Italien zurück. Er schickte ein dreyfaches
Heer gegen sie, das sie völlig zurücktrieb und bis in ihr
eigenes Land verfolgte. Karl hielt es jetzt für nothwendig, dieses unruhige und gegen die Franken aufgebrachte
Volk

Volk entweder mit Gewalt zum Christenthum zu bringen, oder — zu vertilgen ⁵¹). Ein Entschluß, bey
deſſen Beurtheilung wir nicht vergeſſen müſſen, daß cultivirte Völker zwar nie, rohe Völker aber wohl in ſolche
Lage gegen einander kommen können, wo die Selbſter-
haltung des einen ohne Vertilgung des andern nicht ge-
ſichert werden kann. Die aus ſolchen Lagen nothwendig entſpringende Härte roher Völker gegen einander nach
den gelinden Vorſchriften des heutigen europäiſchen Völ-
kerrechts beurtheilen, wäre eben ſo ungerecht und wider-
ſinnig, als es ärgerlich und vernunftwidrig iſt, cultivirte Völker zu rechtfertigen, oder auch nur zu entſchuldigen, wenn ſie ſich Verwüſtungen, Zerſtörungen,
Grauſamkeiten erlauben, wozu in ihren Lagen gegen einander nie Grund der Nothwendigkeit gefunden werden
kann ⁵²).

H 3

Nach-

---

⁵¹) Eginh. Annal. a. 775. Recueil p. 302.

⁵²) Noch immer fahren unſere Völkerrechtslehrer fort, bey
der Lehre von den im Kriege zu beobachtenden Pflichten
ſolche Sätze zum Grunde zu legen, die offenbar nur auf
Kriege roher Völker anwendbar ſind. Die Kriege roher
und die Kriege cultivirter Völker ſind von ganz verſchiedner
Natur. Sie haben ganz verſchiedene Veranlaſſungen,
ganz verſchiedene Zwecke; ſie bringen ganz verſchiedene
Verhältniſſe zwiſchen den Kriegführenden Staaten überhaupt, und zwiſchen den einzelnen Bürgern der Staaten
hervor: die Mittel, deren ſie ſich bedienen, einander zu
zwingen, ſind ganz verſchieden. Aus allen dieſen Gründen muß nothwendig ein verſchiednes Kriegsrecht beyder
Arten von Völkern entſpringen. Ich habe dieſen wichtigen Unterſchied in meiner kleinen Abhandlung vom Kriegsrecht in meinen kleinen Schriften (Flensburg 1786)
zu zeigen geſucht. Ein anſcheinendes Paradoxon diente
mir zum Faden, meine Gedanken über dieſen Gegenſtand
mit einander zu verknüpfen. In keiner der Recenſionen,
die

Nachdem Karl den Winter über diesen seinen Entschluß erwogen und von der Nothwendigkeit desselben glaubte überzeugt zu seyn, so brach er im Frühjahr 775 mit der ganzen fränkischen Kriegsmacht auf. Sigeburg, das die Sachsen befestigt hatten, wurde erobert. Eresburg, das sie zerstört hatten, wurde wieder hergestellt. Karl gieng darauf über die Weser, nachdem er vorher einen Haufen Sachsen, die ihm den Uebergang verwehren wollten, bey Brunsberg geschlagen hatte. Er kam bis an die Oder. Hier erbot sich Hesso, vermuthlich der Fürst oder Anführer der Ostphalen, zum Vergleich. Karl ließ sich von ihm Unterwürfigkeit geloben, und zur Versicherung derselben Geißeln geben. Er kehrte über die Weser zurück, und nahm seinen Weg durch Engern und Westphalen. Die Einwohner beyder Länder unterwarfen sich, und gaben Geißeln.

Bey dem Mangel umständlicher Nachrichten von diesem Kriege können wir nicht urtheilen, woher es gekommen, daß die Sachsen, denen man die Tapferkeit nicht absprechen kann, und deren Haß gegen die Franken so lebhaft war, sich so bald ergaben. Wir finden aber Spuren, daß sie nicht so gut gewaffnet waren, als die Franken, und daß es ihnen an Einigkeit und guten Anführern fehlte; drey Umstände, wovon einer hinreicht, das tapferste Volk einem minder tapfern, aber in einem jener Hinsichten ihm überlegnen Feinde zu unterwerfen. Den Mangel an Einigkeit unter den Sachsen schließen wir aus

die mir über diese kleine Abhandlung zu Gesicht gekommen, haben die Verfasser sich herabgelassen, mich zu belehren, wo eigentlich der Fehler in meinen Schlüssen stecke, durch die ich im Ernst glaube, meine dortigen Behauptungen erwiesen zu haben, — wenn es anders ein erweisliches natürliches Völkerrecht giebt.

aus den Beschuldigungen, welche diejenigen von ihnen,
die auf Karls Seite traten, bey jeder Gelegenheit wider
Wittekinden, als den abgesagtesten Feind der Franken,
vorbrachten. Sie scheinen dieses mehr in der Absicht
gethan zu haben, Karln gegen Wittekinden aufzubringen,
als sich selbst oder ihr Volk zu entschuldigen. Sodann
scheint es, daß die verschiedenen Völkerschaften ihre Kräfte
nie ganz vereinigten, dem gemeinschaftlichen Feinde zu
widerstehen. Was ihre Anführer betrift, so können wir
von Wittekinden, der sich einen so großen Ruhm bey
den Geschichtschreibern erworben hat, auf die übrigen
schließen. Ich werde aber in der Folge bequemere Gelegenheit haben, einige Anmerkungen über sein kriegeri-
sches Verdienst zu machen.

Was die Bewaffnung der Sachsen anbetrift, so
mußten Panzer und Harnische unter ihnen selten seyn.
In ihrem Lande waren keine Eisenwerke noch Waffenfabriken. Die Franken hingegen hatten längst ein zahlrei-
ches mit Harnischen versehnes Fußvolk. Sie hatten die
guten Waffenfabriken der Römer in Gallien, seitdem
sie dieses Land erobert, zu ihrem Gebrauch. In Karls
Gesetzen finden wir einigemal Verbote, den Feinden Harnische, die in der damaligen fränkischen Sprache Brun-
nien genannt wurden, zuzuführen. Eine kleine Anzahl
Fußvolkes aber mit völliger eiserner Rüstung, muß über
eine weit stärkere Anzahl, die mit keinen solchen Schutz-
waffen bedeckt ist, ein sehr entscheidendes Uebergewicht
haben. Der Gebrauch der Harnische scheint erst spät
in Norden eingeführt zu seyn. In den alten nordischen
Nachrichten lesen wir viel von Königen oder Anführern
im neunten Jahrhunderte, die auf ihren Zügen von un-
verwundbaren Kriegern [53]) begleitet wurden. Panzer

H 4   oder

53) Sie werden Bärsärker genannt.

oder Harniſche, die ſie unter ihren Kitteln oder Pelzen trugen, verſchaften ihnen ohne Zweifel dieſe Unverwund- barkeit.

Wenn wir uns über dieſe geſchwinde Unterwerfung der Sachſen verwundern; ſo muß uns die Willigkeit, womit Karl ihre erſten allgemeinen Verſicherungen an- nimmt, nicht weniger befremden. Sie ſtimmt mit dem Vorſaße nicht überein, den er bey dem Anfange des Feld- zuges hatte. Die Urſache war eine ausgebrochne Empö- rung des Herzogs von Friaul, die ihn nöthigte ſeinen Plan abermals nur halb vollendet zu laſſen. Dieſer kühne Longobarde hatte mit verſchiedenen Städten einen Bund gemacht, und ein anſehnliches Heer verſammelt. Karl urtheilte, daß er ihm keine Zeit laſſen müſſe, ſich einen größern Anhang zu machen. Sobald er daher die Sa- chen zu einem Vergleiche geneigt fand, gieng er ihn ein, und eilte ohne Zeitverluſt, des hereinbrechenden Winters ungeachtet, mit einer kleinen, aber ausgeſuchten Mann- ſchaft nach Italien, überfiel Rodgauden, zerſtreute ſeine Völker, und bekam ihn ſelbſt gefangen. Er ließ ihn als einen Meineidigen enthaupten [14]). Die verdächti- gen

***

[14]) Guillard (Vol. II. p 130. ſq.) hält es für eine einſeitige Behauptung der fränkiſchen Geſchichtſchreiber, daß Rod- gaud ein Empörer geweſen ſey. Er habe ſich Karln nur nicht unterwerfen wollen, ſondern daran gearbeitet, Adel- giſen mit Hülfe der Griechen in ſein väterliches Reich wieder einzuſetzen. Wenn dieſe Vorausſetzung ihre Rich- tigkeit hätte, ſo wäre es freylich von Karln höchſt unge- recht und grauſam geweſen, den Herzog Rodgaud, der alsdenn wegen ſeiner Treue gegen die Familie ſeines ge- weſenen Königs vielmehr Achtung und Beyfall verdient hätte, enthaupten zu laſſen. Allein die Vorausſetzung iſt wenigſtens unerwieſen; wenn man auch die Nachricht, daß

gen Städte unterwarfen sich. Karl ließ darauf das
Herzogthum, gleich seinen übrigen Ländern, durch Grafen regieren. Die Verfasser erwehnen zwar in der Folge
eines Herzogs Heinrichs von Friaul. Allein es scheint,
daß dieser bloß den höchsten Befehl über die Kriegsvölker
dieses Landes gehabt habe. Er war einer von den Gene-
ralen, auf die Karl das meiste Vertrauen setzte.

Der Herzog von Spoletto, welchen der unglückliche
Ausgang von Rodgauds Unternehmungen abschreckte,
sich einem ähnlichen Schiksale auszusetzen, unterwarf
sich jetzt, ohne jemahls wieder einen Versuch nach Unabhängigkeit zu machen ⁵⁵).

Karl hatte, als er nach Italien gieng, Anstalten
getroffen, die er für hinlänglich hielt, den ersten Anfall
der Sachsen, wenn sie in seiner Abwesenheit aufs neue
etwas unternehmen würden, aufzuhalten. Was er befürchtet hatte, geschah. Die Sachsen überfielen Eresburg und eroberten es. Aber vor Sigeburg mußten sie
abziehen, nachdem sie von der fränkischen Besatzung in
einem Ausfalle waren geschlagen worden. Unterdessen
kam Karl mit einer solchen Geschwindigkeit aus Italien
zurück, und nahm solche Maaßregeln, daß die Sachsen,
die in der Gegend des heutigen Lipspring standen, sich

H 5 aufs

---

daß Rodgaud Karls Vasall geworden war, nicht für glaubwürdig annehmen wollte. Ist aber diese Nachricht gegründet, und ich sehe nicht, warum man sie verwerfen
könnte, so hatte Rodgaud nach dem fränkischen Lehnrechte
das Leben verwürkt.

⁵⁵) Eginh. Annal. a. 779. Recueil p. 204. Er focht nachher mit den Franken gegen die Griechen. ib. a. 705. Recueil p. 264.

aufs neue zum Frieden erboten. Karl begnügte sich, wegen des herannahenden Winters, bloß Geißeln von ihnen
zu fordern, daß sie es mit ihrer Unterwerfung aufrichtig
meinten. Auf den Antrag, ob sie Christen werden wollten, war ein großer Theil bereit und wurde getauft:
Karl ließ darauf Eresburg wiederherstellen, und noch eine
andere Festung an der Lippe bauen. Beyde Oerter versah er mit einer starken Besaßung, und gieng nach Franken zurück, wo er den Winter in Heerstal zubrachte.

Aber im Frühjahr 777 gieng Karl mit einem großen Heer nach Sachsen. Er berief eine allgemeine
Reichsversammlung nach Paderborn, wozu er auch die
Sachsen einlud, um die Bedingungen des Friedens mit
ihnen festzusetzen. Sie erschienen, sowohl der Adel, als
das Volk. Nur Wittekind, ein Anführer oder Herzog
in Westphalen, wollte nicht kommen, sondern gieng nach
Dännemark [56]). Zwischen den Dänen und Sachsen
war

---

[56]) Alle große Veränderungen in der moralischen, wie in
der physikalischen Welt werden durch eine Reihe oft kaum
merklicher, kleinscheinender Ursachen vorbereitet. Wittekinds Flucht nach Dännemark war das erste Glied in einer
Kette von Ursachen, wodurch große Begebenheiten, große
Revolutionen in Europa erfolgten. Wittekind machte die
Dänen zuerst aufmerksam auf die allenthalben um sich
greifenden Franken, warnte sie vor dem Ehrgeiz Karls,
warnte sie vor der Religion, die Karl den Sachsen aufdringen wollte, und die Wittekind bloß als ein Mittel
ansah, wodurch Karl seine Herrschaft über die Sachsen
zu befestigen suchte. So gewarnt mußten die Dänen
natürlicherweise sehr unruhig über das Glück der Franken
werden, als diese über die Elbe giengen, als sie bis an die
Eider kamen, und so nahe Nachbarn der Dänen wurden.
Sehr verdächtig mußten ihnen nun die Anstalten werden,
die Karl in Hamburg zur Ausbreitung des Christenthums
über die nordischen Völker machte. So wurden die Dänen

war die Nachbarschaft in jenen rohen Zeiten wohl nicht
immer sehr freundschaftlich. Aber jetzt war es natürlich,
daß die Sachsen sich um den Beystand der Dänen [57]
gegen die alle Völker bedrohenden Franken bewarben.
Außerdem war Wittekind, einer Tradition zufolge, die
sich in Norden erhalten hat, mit Geva, einer Schwester
eines dänischen Königs im heutigen Schleswig vermählt.
Diesen König nennen die fränkischen Annalisten Siegfried;
sein dänischer Name war Sivard [58].

　　　　　　　　　　　　　　　　　　　　Die

nen allmälig zu jenen großen Unternehmungen wider die
Franken, wider alle christlichen Nationen gereizt, durch
die das neunte und zehnte Jahrhundert sich auszeichnen;
Unternehmungen, deren Absicht, Natur und Wichtigkeit
man zu sehr verkennt, wenn man sie als bloße Seeräuberyen
betrachtet. Vielleicht würden meine Leser es der Mühe
nicht unwerth finden, meine Abhandlung über diese vermeinte Seeräubereyen im gemeinnützigen deutschen
Magazine (Ersten Jahrganges erstes Vierteljahr) nach-
zusehen.

[57]) Ein nicht unmerkwürdiger Umstand ist, daß die Sachsen
bey allen ihren Kriegen gegen die Franken nie Hülfe bey
ihren Landesleuten in Britannien, die doch immer noch
Sachsen waren und hießen, gesucht zu haben scheinen,
wenigstens findet man keine Spur davon. Eben so wenig
scheinen jene englische Sachsen sich von selbst ihrer zurückgebliebnen Landesleute angenommen zu haben, sondern bey
ihrer Unterwerfung unter die Franken ganz gleichgültig
gewesen zu seyn. Hatten vielleicht jene allmälig in Engländer sich verwandelnde Sachsen von der Zeit, da sie sich
im Besitz ihrer glücklichen Insel sahen, gleich den stolzen
Gedanken, daß sie sich um die ganze übrige Welt nicht zu
bekümmern brauchten? daß sie aller Continental - connexi-
onen entbehren könnten? oder erlaubte ihnen vielleicht ihr
Christenthum, das sie in Britannien annahmen, nicht,
ihre in Deutschland und im Heidenthum zurückgebliebnen
Landesleute anzuerkennen.

[58]) v. Suhm Historie af Danmark. T. I. p. 533. sq.

Die Bedingungen, welche zwiſchen Karln und den Sachſen verabredet wurden, waren folgende. Die Sachſen behielten ihre eigene Verfaſſung, ihre Geſetze und ihre Landtage oder öffentliche Verſammlungen; ſie erkannten aber Karln für ihren Oberherrn, ſie bewilligten einen Tribut, und ſie gelobten, die Anſtalten, die Karl zur Predigung der chriſtlichen Religion unter ihnen machen würde, auf keinerley Weiſe zu verhindern. Diejenigen, welche dieſen Beleidigungen zuwider handeln, und irgend eine Art der Feindſeligkeit gegen die Franken oder gegen die chriſtliche Religion begehen würden, ſollten ihres Eigenthums und ihrer perſönlichen Freyheit verluſtig, aus ihrem Vaterlande nach andern Provinzen verſetzt werden [52]).

Durch dieſen Vergleich ſchien Karl ſeine Abſicht mit den Sachſen vollkommen zu erreichen. Sie ſelbſt erkannten ſich, auf den Fall einer neuen Empörung eine Strafe zu, von der es nicht wahrſcheinlich war, daß ſie ſich der Vollziehung derſelben ausſetzen würden. Das Chriſtenthum konnte nun durch Mittel, die dem Geiſte deſſelben anſtändig ſind, durch Lehren und Predigten ausgebreitet werden.

Karl ſchien berechtigt, die Sachſen nunmehr als ſeine Unterthanen und als Chriſten zu betrachten. Er ſchmeichelte ſich zu dem Ziel, das ihm ſo rühmlich und erhaben ſchien, gelangt zu ſeyn, ein Volk, das in den ſchwärzeſten Aberglauben verſunken war, in einen Aberglauben, der Menſchenopfer verlangte, näher zu einer wohlthätigen Religion gebracht zu haben.

Wem

---

[52]) Eginh. ad hunc ann.

Wem fällt es in unserm erleuchteten Jahrhunderte schwer, zu zeigen, wie falsch und ungegründet Karls Triumph war? Allein ihn dieses Irrthums wegen aus der Zahl großer Männer ausstreichen, und einen Alexander darunter rechnen, der, in einer sehr aufgeklärten Zeit, selbst Schüler eines der größten Philosophen, gleichwohl beständig Schaaren von Wahrsagern mit sich führte, ist eine Ungerechtigkeit, die man nur von einem Geiste voller Vorurtheile erwarten kann.

Drittes Kapitel.

Inhalt.

Veranlassung eines Feldzuges in Spanien — Karl erobert
die spanische Mark — warum er seine Eroberungen in
Spanien nicht weiter ausdehnte — Sein Verlust in den
Pyrenäen — Er ahndet diesen Verlust an dessen Urheber,
dem Herzog Lupus von Gascogne — Weise Verordnung
gegen das jus asyli der Kirchen — Karls zweyte Reise
nach Rom — Er läßt seinen zweyten Sohn zum König
von Italien, und den dritten zum König von Aquita=
nien salben —

Seine Bekanntschaft mit Alcuinen — Glückliche
Folgen dieser Bekanntschaft — Karls Geschmak an Wis=
senschaften — Akademie an seinem Hofe — Von eini=
gen Mitgliedern derselben — Karls Achtung, Freyge=
bigkeit und Nachsicht gegen diese Gelehrten — Eifersucht
zwischen Alcuin und Theodulf — Alcuins Gedanken über
den Zehnten — Karl stiftet Schulen — Sein Circular=
schreiben deswegen — Seine Billigkeit gegen die Lehrer
in diesen Schulen — Seine Bemühungen zur Aufklärung
und Bildung des Volks — Er befördert die schönen
Künste — Die Musik — Die Baukunst — Von seinen
Gebäuden zu Aachen —

Einbruch der Sachsen in Franken während des spani=
schen Feldzuges — Von Wittekind — Die Sachsen un=
terwerfen sich — Harte Verordnung Karls, das Christen=
thum einzuführen — Er stiftet neue Bisthümer — Ueber
deren nachmalige Verwandlung — Abermaliger Aufstand
der Sachsen — Niederlage der Franken — Grausamkeit,
womit Karl sie rächt — Folgen — Wittekind wird ge=
wonnen — Neue Unterwerfung der Sachsen — Auf=
stand der Britannier — Verschwörungen — Feldzug
wider den Herzog von Benevent.

Die

Die Gewißheit, welche Karl zu haben glaubte, daß die Sachsen nun keinen Aufstand machen würden, verleitete ihn zu einer Unternehmung, wozu ihm der Anlaß auf dem erwähnten Reichstage zu Paderborn gegeben wurde. Es kamen auf demselbigen einige arabische Fürsten aus Spanien an, die ihn um Schutz wider den Chalifen, oder, wie ihn die damaligen Europäer titulirten, wider den König von Cordova ersuchten.

Das Reich der Araber, oder der sogenannten Saracenen, welches zu dem höchsten Gipfel der Macht und des Glanzes gestiegen war, fieng in diesem Zeitpunkt an, einige innerliche Erschütterungen zu leiden. Die Emiren oder Statthalter, besonders der entfernten Provinzen, suchten sich von der Abhängigkeit loszumachen, worin sie bisher unter dem Chalifen von Bagdad, dem Oberhaupte des ganzen Reichs, gestanden hatten. Die Statthalter von Spanien waren von den ersten, denen dieses Vorhaben gelang. Aber wie sie dem Kalifen begegnet hatten, so wurde ihnen wieder von ihren Unterstatthaltern in den einzelnen Provinzen begegnet. Auch diese strebten, jeder in seiner Provinz nach Unabhängigkeit. So machten es Ibn Alrabi, Emir oder Statthalter von Saragossa; Abithauer, Emir von Hueska und einige andere. Abderramen, damaliger Chalife des saracenischen Spaniens, war ihnen zu mächtig. Dieß brachte sie auf den Entschluß, sich an Karln zu wenden. Ibn Alrabi begab sich selbst zu ihm, da er eben zu Paderborn den großen Reichstag hielt. Es war das erstemal, daß Fürsten eines Volks, dessen Ueberlegenheit Asien und Europa gefühlt hatten, an einem christlichen Hofe erschienen, um Schutz zu suchen. Aber wie konnte Karl sich mit Ungläubigen in ein Bündniß einlassen? in einem Zeitalter, wo Krieg gegen sie für Reli-
gions-

gionspflicht, Friede mit ihnen für Verrätherey an Gott
und an der Kirche gehalten wurde. Karl ſoll anfänglich gezweifelt haben, ob er als ein Chriſt ſich dieſer
Mahomedaner annehmen dürfte. Allein er bedachte
endlich, daß er durch dieſe Verbindung den Chriſten,
die unter dieſen Ungläubigen lebten, nützlich werden und
ihnen einen erträglichern Zuſtand verſchaffen könnte.
Karl folgte alſo jener Einladung; er gieng im Frühjahr
778 mit zwey großen Heeren über die Pyrenäen. Das
eine nahm ſeinen Weg über Narbonne durch das Gebiet
von Rouſſillon; das andere durch Gascogne und Navarra.
Dieſes letzte führte er ſelbſt. Er belagerte Pampelona,
das ſich mit Capitulation ergab. Von da rückte er vor
Saragoſſa, wo die erſte Armee, die unterwegens Barcelona eingenommen hatte, zu ihm ſtieß. Saragoſſa
capitulirte, und Ibn Alrabi wurde daſelbſt, ſo wie die
übrigen arabiſchen Emire in ihre kleinen Fürſtenthümer
wieder eingeſetzt. Karl begnügte ſich für den Beyſtand,
den er ihm geleiſtet, bloß die Lehnstreu von ihnen zu fordern, die ſie ihm auch, ſo lange er lebte, unverbrüchlich
gehalten. Sodann machte er zur Bedingung, daß den
Chriſten unter ihrer Herrſchaft die Steuer, die ſonſt in
allen mahomedaniſchen Staaten von ihren nicht mahomedaniſchen Unterthanen bezahlt werden muß, erlaſſen
wurde. Uebrigens behielt er den Strich von den Pyrenäen bis zum Ebro für ſich, und vereinigte ihn mit ſeinem
Reich. Dieſer Strich begriff die heutige Grafſchaft
Rouſſillon, Catalonien, Aragonien und Navarra, wo
alſo damals noch keine chriſtliche Königreiche entſtanden
waren. Dieſe neue Provinz wurde die ſpaniſche Mark,
oder Grenzprovinz (Marcha Hiſpanica) genannt, und
der Graf oder Statthalter, den Karl darüber ſetzte,
hatte ſeinen Sitz zu Barcelona. Die ſogenannten Saracenen, der Chaliſe von Cordova und die von ihm ab-
hängen-

hängenden und ihm treuen Emire versuchten freylich die
Franken wieder über die Pyrenäen zurückzutreiben.
Und einmal gelang es ihnen, im Jahre 793 Barcelona durch einen plötzlichen Ueberfall einzunehmen, und
über die Pyrenäen bis Narbonne zu dringen. Allein,
weil um eben die Zeit die Spanier aus Galicien und
Asturien stark vorgedrungen waren, so mußten sie alle
ihre Macht nach jener Seite hinziehen, und sich glücklich
schätzen, daß die Franken, die Barcelona wieder besetzten,
nie über den Ebro giengen.

Da Karln diese Expedition so sehr gelang, und da er
vorzüglich in der Vertheidigung des Christenthums Ehre
suchte, so könnte man denken, er hätte jetzt weiter in
Spanien eindringen und die Herrschaft der sogenannten
Saracenen in diesem Lande ganz vernichten sollen. Allein
es sey, daß er fürchtete, wenn er sich tiefer in Spanien
wagte, möchte ihm die Communication mit Frankreich
leicht abgeschnitten werden, als welches eine kleine feindliche Schaar, die sich nur der Pässe in den Pyrenäen
zu bemächtigen brauchte, bewerkstelligen konnte; es sey,
daß er es überhaupt nicht rathsam fand, mit seinen Eroberungen über gewisse Grenzen hinauszugehen; es sey
endlich, und dieses war wohl ein Hauptbeweggrund,
daß er besorgte, wenn er sich auf dieser Seite mit den
Saracenen zu sehr beschäftigte, möchten die unruhigsten
und gefährlichsten seiner Nachbarn, die Sachsen, zu
leichtes Spiel gegen ihn bekommen, er war zufrieden,
auf dieser Seite sein Reich bis an den Ebro erweitert
zu haben [1]).

Auf

---

[1]) Wenn man voraussetzt, daß Karl sich bey seinem Regierungsantritt einen zusammenhängenden Plan von Eroberun-

Hegewisch Gesch.   J   gen,

Auf dem Rückzuge über die Pyrenäen litt Karl den größten Verluſt, den er in allen ſeinen Kriegen erlitten hat. Das Heer konnte in den engen Wegen durch die wal-

gen, die er machen wollte, ausgedacht, und daß er alle ſeine Kriege zur Befolgung und Ausführung dieſes Plans unternommen habe, ſo iſt es allerdings eine die Vollkommenheit dieſes Plans bezweifelnde Frage, warum Karl überhaupt nicht lieber gegen die Saracenen, als gegen die Sachſen focht? warum er ſich nicht lieber Ruhm und Vortheil dadurch zu verſchaffen ſuchte, daß er Spanien von der Herrſchaft der Saracenen befreyte? warum er ſein Reich nicht lieber im glücklichen Süden, als im rauhen Norden zu erweitern ſuchte? Spanien wäre wahrſcheinlich eine leichtere, und gewiß eine ſchönere Acquiſition geweſen, als das Land der Sachſen. Gaillard macht dergleichen Anmerkungen über Karls vermeinte Plane. Allein 1) iſt es vielleicht überhaupt falſch, wenn man den ſo genannten Eroberern weitläuftige Plane zuſchreibt, die ſie erſt entwerfen und dann erſt ihnen gemäß, Kriege unternommen hätten. Vielleicht der erſte Krieg, den ſie beſchließen, hängt von ihrer Wahl ab, und wird alſo einem gewiſſen Plan zufolge unternommen, wie Alexanders Krieg gegen die Perſer, Karl Guſtavs gegen Polen, und Friedrichs II. erſter ſchleſiſcher Krieg. Oft aber müſſen ſie ſy auch zu ihren erſten Kriegen mehr durch die Umſtände, als durch Wahl beſtimmen laſſen, wie Guſtav Adolf zu ſeinen erſten Kriegen gegen Polen und Rußland — Die fränkiſchen Geſchichtſchreiber verſichern uns wenigſtens — und ich ſehe nicht, warum dieſe ihre Verſicherung nicht glaubwürdig ſeyn ſollte — daß Karl den Krieg wider die Sachſen führen mußte. Die nachbarliche, die Nationalfeindſchaft zwiſchen Sachſen und Franken war von langen Zeiten her zu tief eingewurzelt und brach zu oft und zu leicht aus, als daß Karl einen Krieg mit den Sachſen leicht hätte vermeiden können.

2) War es doch wohl ohne Zweifel ein Beweis von gründlicher Klugheit, daß Karl, ſo reißend er auch ſelbſt

den

waldigten Gebürge nicht anders als in langen unausge-
breiteten Gliedern gehen. Unterdessen war es glücklich
durch bis auf den Nachtrab. Dieser war, nebst dem
Gepäcke, mitten in den engen, von steilen Bergen einge-
schloßnen Pässen, als auf den Höhen feindliche Völker
hervorkamen, die, selbst leicht bewafnet und sicher vor
allem Angrif, auf die unten in schwerer Rüstung einher-
ziehenden Franken dergestalt Pfeile und Spieße herab-
schossen und Steine und Felsenstücke warfen, daß nur
wenige entkamen. Das Gepäcke wurde von diesen feind-
lichen Völkern erbeutet. Karl verlohr hier viele seiner
besten Kriegsobersten. Eginhard nennt vorzüglich drey;
Ethart, Anshelm und Rutland. Es ist bekannt, daß
dieser unglückliche Feldzug wider die Saracenen zu den
Romanen von Karls Kriegen mit diesem Volke Anlaß
gegeben hat, daß dieser Vorfall die Schlacht in den ron-
cevalischen Gebürgen genannt wird, und daß Rutland,
oder Roland, unter welchem Namen er bekannter ist, der
Achilles dieser Romane zu seyn pflegt [2]). Der Urheber
dieses Ueberfalls war Lupus, Herzog von Vasconien,
oder, wie es jetzt heißt, Gascogne. Aus dem, was
J 2   oben

ben Süden von Europa finden mochte — (aus allem,
was wir von ihm wissen, können wir sicher annehmen,
daß ihm Italien sehr gefiel) — so verführerisch auch der
Ruhm, die Saracenen aus Europa zu vertreiben, für ihn
seyn mußte, daß er, sage ich, gleichwohl sein Haupthe-
streben seyn ließ, sein Frankenland, den Sitz der Nation,
auf die er allein sich verlassen, mit der allein es große
Thaten ausführen könnte, gegen die Seite hin, wo er die
ersten Gefahren zu fürchten hatte, und diese Gefahren
dann am meisten hätte befürchten müssen, wenn er sich mit
seinen Kriegsvölkern zu weit nach Süden hingewagt hätte,
sich er zu stellen.

[2]) Eginh, Vita Caroli M. c. IX.

oben von den aquitaniſchen Händeln erzählt worden, wird
meinen Leſern erinnerlich ſeyn, daß es allerdings ganz natürlich war, wenn dieſer Lupus, ein Abkömmling der
Merovinger, ehmals ein unabhängiger, durch Karls
Uebermacht zur Abhängigkeit genöthigter Fürſt, deſſen
Familie durch die Karolingiſche ſo tief geſtürzt war, in
ſeinem Herzen nie andere, als feindſelige Geſinnungen
gegen Karln gehegt hatte. Daß aber dieſer Lupus mit
ſeinen Gaſcognern ſich nicht regte, als Karl in Spanien
einmarſchirte, daß er, wie der Monarch zurück kam,
nicht die Hauptarmee angrif, ſondern nur über den
Nachtrab herfiel, dieſes Betragen verräth freylich eine
kleine boshafte Seele, und es war den Franken nicht zu
verdenken, daß ſie ihn einen treuloſen Verräther ſchalten.
Ich weis auch nicht, ob Karl wegen der Strenge, womit er einen ihm ſo empfindlichen und ſo treuloſerweiſe
verurſachten Verluſt ahndete, zu tadeln ſey. Er be-
kriegte den Herzog; dieſer fiel in ſeine Hände, und Karl
ließ ihn henken [3]): bey allen Völkern, die eine Lehns-
verfaſſung hatten, wurde der verrätheriſche Lehnmann mit
einem ſchimpflichen Tode beſtraft [4]).

Die

---

[3]) S. die aus Caroli Calvi Praecepto pro Obbonio, Ab-
bate Alaonenſi angeführte Stelle im Recueil T. VI p. 94.

[4]) Aber vielleicht hätte Karl, der ſich durch beſſere Einſichten über ſein Zeitalter ſo ſehr erhob, das Unvernünfrige
des Lehnweſens erkennen und dieſes ganz abſchaffen ſollen.
Dieſes behauptet Gaillard (vol II. p 202) Wer dieſes
von Karln im Ernſt verlangt hätte, der hätte von ihm im
Grunde verlangt, abzudanken. Das Lehnweſen war in
dem damaligen Zuſtande der europäiſchen Völker eben ſo
natürlich und nothwendig gegründet, als in ihrem jetzigen
Zuſtande die heutigen Finanzeinrichtungen und ſtehenden
Armeen gegründet ſind. Das Lehnweſen iſt an ſich ſelbſt
nicht unvernünftig; es muß nothwendig unter allen Völkern

Die Eroberung der römischen Provinzen durch die
Barbaren war ohne Zweifel für die Einwohner dieser
Provinzen, in so weit sie sich selbst als römische Unter-
J 3   thanen

kern entstehen, die Staatseinrichtungen zu machen anfangen, und dabey in der Schreibkunst unerfahren und arm
am Gelde sind. Aber das Lehnwesen selbst und die aus
ihm entspringenden Folgen beyzubehalten, wenn weder
jenes noch diese sich mit dem durch Cultur verbesserten
Zustande der Völker vertragen, dieses dürfte eher gegründeten Tadel verdienen, wie wohl auch, bey einem solchen
verbesserten Zustande, ihre Abschaffung, so wie die Abschaffung oder Abänderung uralter Einrichtungen überhaupt
eine gewisse Vorsicht und Behutsamkeit erfordert.

Doch Gaillard behauptet ferner, Karl hätte bedenken
müssen, daß Lupus ein Abkömmling der Merovinger war,
und die vielen und großen Kränkungen unmöglich vergessen konnte, die den Merovingern von Karls Vorfahren
und von Karln selbst waren zugefügt worden, daß ihn
folglich innige, lange verborgen gehaltene Empfindlichkeiten
zu diesem Schritt verleitet hatten. In Rücksicht auf diese
Umstände hätte Karl großmüthig seyn und verzeihen sollen.
Hier zu entscheiden ist vielleicht mehr Sache des Gefühls
als des Verstandes. Man bedenke, Lupus war kein offen-
barer, sondern ein feiger, hinterlistiger Feind. Dem zu
verzeihen, würde, ohne Zweifel, manchem Großmuth,
manchem aber auch Schwäche geschienen haben. Jene, die
nach ihrer Art zu empfinden bedauern, daß Karl in diesem
Falle nicht großmüthig war, werden vielleicht ihren anfänglichen Unwillen über seine Strenge in etwas wieder
fahren lassen, wenn sie hören, daß Karl dem Sohn dieses
Lupus, Adelrich, einen Theil von Gascogne zur Versor-
gung gab. Er ist der Stammvater der nachmals in
Frankreich so berühmt gewordenen Familie von Armagnac.
Recueil ib. Goillard. ib.

Im Frühlinge des folgenden Jahres 779 hielt Karl
einen Reichstag zu Herstall, auf welchem eine Verordnung
gemacht wurde, die ein Beweis ist, daß er sich der innern
Regie-

thanen betrachteten, eine der traurigsten Begebenheiten, die sie treffen konnten. Sie mußte es insbesondre für die Geistlichen seyn, als von welchen man annehmen kann, daß sie vorzüglich wie treue, patriotische Unterthanen dachten und empfanden. Unterdessen haben wir gesehen, daß die Herrschaft der Barbaren für ihre neuen Unterthanen eine große Erleichterung von unerträglichen Lasten, die in den letzten Jahrhunderten des Reichs auf sie gehäuft wurden, mit sich brachte. Wir können also, bey der allgemeinen Schwäche des menschlichen Herzens, sicher annehmen, daß die gewesenen römischen Unterthanen, bey aller ihrer Treue gegen ihre alten Beherrscher, gleichwohl, wenn sie von ihren Gesinnungen aufrichtige Rechenschaft hätten ablegen sollen, sich, sobald die den Krieg begleitenden Grausamkeiten und Lasten aufhörten, nicht unglücklich unter der neuen Herrschaft der so genannten Barbaren werden gefühlt haben, weil sie viel weniger, als während der römischen Herrschaft, bezahlten. Was aber insbesondre die Geistlichen anbetrift, so entstanden für sie, aus der neuen Herrschaft dieser rohen, mit der verfeinerten Politik der Römer so wenig bekannten Völker, so mancherley zwar zeitliche, aber wesentliche Vortheile, daß sie eine mehr als menschliche uneigennützige Denkungsart hätten besitzen müssen, um sich in dem neuen Zustande der Dinge und bey den Aussichten, die er ihnen eröffnete, unglücklich zu finden. Bey einer

längern

Regierungsgeschäfte mit eben so vieler Sorgfalt und Weisheit annahm, als er Muth und Klugheit in seinen Kriegen zeigte; ungleichen daß er, bey seinem großen Eifer für die Kirche und für die Vermehrung ihres äusserlichen Glanzes, gleichwohl aufmerksam war, alle schädliche Folgen, die ihre Vorrechte für den Staat veranlassen konnten, zu verhüten.

längern Fortdauer des abendländischen Kaiserthums hätten
sie nicht hoffen dürfen, einen eigenen Reichsstand, und
zwar den ersten an Rang und Einfluß auszumachen.
Schwerlich hätten sie so beträchtliche Schenkungen und
Vermächtnisse zu erwarten gehabt. Man würde ihnen
schwerlich gestattet haben, sich der Obrigkeit, der alle
Bürger eines Staats ohne Unterschied verantwortlich
seyn sollen, zu entziehen, und keine andere, als eine von
ihnen selbst errichtete, vom Staat unabhängige Gerichtsbarkeit anzuerkennen. Die Unwissenheit, die Einfalt
der Barbaren machte es den Geistlichen möglich, sich so
wichtige, mit einer gesunden Staatsverfassung so sehr
streitige Vorrechte zu erwerben. Gleich nachdem die
Franken in dem von ihnen eroberten Gallien sich zum
Christenthum gewandt hatten, war es entschieden, daß
die Geistlichen ein eigener, daß sie der erste Reichsstand
seyn sollten. Denn die Franken ließen sie aus Achtung
gegen die Männer Gottes, oben an sitzen. Ueber den
Zustand des Landes, über die alten Einrichtungen konnte
den Königen niemand so gute Nachricht geben, als die
Geistlichen. Die Geistlichen wurden die Hauptrathge-
ber der Könige. Viel leichter war es, reichen Franken
glauben zu machen, daß sie das Heil ihrer Seele durch
Vermächtnisse an Kirchen und Klöster beschaffen könnten,
als Römer oder Griechen dazu hätten beredet werden
können. Die Geistlichen hielten nun so oft Versammlungen, als es ihnen beliebte, ob gleich zu Zeiten Könige
kamen, die dergleichen Versammlungen ohne königliche
Erlaubniß bedenklich hielten und daher verboten. Aber
dann wußten die Geistlichen die Könige von der Nothwendigkeit solcher Versammlungen leicht zu überzeugen.
Unter solchen Umständen wurden natürlicherweise die
Freyheiten und Vorrechte der Geistlichen immer vermehrt und ausgedehnt. Schon unter dem Könige

J 4

Chlotha-

Chlotharius II. hatten ſie das dem gemeinen Weſen ſo ſchädliche, aber zur Vermehrung des Anſehens und auch zur Bereicherung des geiſtlichen Standes ſo wúrk- ſame Vorrecht, nach welchem Kirchen und Klöſter für die dahin geflohnen Verbrecher unverletzbare Freyſtäte ſeyn ſollten, erworben.

Auf dem Reichstage alſo zu Heerſtall wußte Karl die Einwilligung der Geiſtlichen zu einer Verordnung zu erhalten, wodurch jenes ſchädliche Vorrecht wenigſtens eingeſchränkt wurde. Vermöge derſelben ſollten Mörder und andere, die nach den Geſetzen den Tod verdient, wenn ſie in Kirchen flöhen, nicht aufgenommen, oder doch nicht mit Nahrung verſorgt werden [*]. Man erkennt in dieſer Verordnung die kluge Mäßigung eines weiſen Geſetzgebers, der die Mißbräuche lieber allmälig untergräbt, als ſie durch Einen Strich auf einmal ver- tilgen will; jenes würkt langſam, aber ſicher; dieſes mislingt zu oft. Ein für das Gute zu lebhaft eifernder Monarch hätte vielleicht geboten, die Verbrecher mit Gewalt aus den Freyſtäten wegzuholen, welches Gebot denn wahrſcheinlich nur die Würkung würde gehabt ha- ben, das Volk zur Beſchützung der in die Kirchen Ge- flohnen in Aufruhr zu bringen, das Anſehen des Geſetz- gebers aufs Spiel zu ſetzen; ihn entweder zum Gebrauch der Gewalt zur Handhabung des neuen Geſetzes zu nöthi- gen, oder es aufzuheben, oder es in Vergeſſenheit ge- rathen zu laſſen, und ſo hätte das Freyſtäterecht nur neue Feſtigkeit bekommen.

Die Geiſtlichen indeſſen ſahen jene Verfügung den- noch als einen Eingrif in ihre Privilegien an. Und da
ſie

[*] Capit. a. 779. VIII.

sie über deren Aufrechthaltung eifersüchtig wachten, so
war, wie ein päbstlicher Schriftsteller bemerkt [6]), das
ganze Ansehen des großen Monarchen nöthig, daß sie
sich diese Einschränkung gefallen ließen, ohne ihm ihre
Unzufriedenheit darüber empfinden zu lassen. Es ist
schwer zu entscheiden, ob gedachter Schriftsteller durch
diese Anmerkung die Verfügung des Monarchen und das
damalige Nachgeben der Geistlichen in Ansehung dieser
Verfügung habe loben oder tadeln wollen. Er hat sie
mit aller der feinen Zweydeutigkeit abgefaßt, die den
Jesuiten eigen seyn soll. In den Augen aber der gesunden Vernunft kann kein Zweifel seyn, daß jene Verfügung nicht eben so gerecht als weise war, und daß,
wenn Karl die Geistlichen nur durch sein Ansehn, nicht
durch Gründe zum Nachgeben bringen konnte, niemals
das Ansehen eines Monarchen mit so viel Fug und in
so edler Absicht angewandt wurde. Es hätte den Geistlichen Ehre gemacht, wenn sie sich eines so schädlichen
Vorrechts freywillig und ganz begeben hätten.

Im Herbste des Jahres 780 gieng Karl abermals
nach Italien, er nahm seine Gemahlin Hildegard und
J 5 seine

[6]) Pere Daniel Histoire de France Charlemagne unter
dem Jahre 779 T. II. p. 45. (Pariser Edition von 1750.
4.). Es ist der Mühe werth, die Worte des Pere Daniel
hieher zu setzen, er sagt: On voit dans notre histoire,
que c'etoient (nemlich les franchises des eglises) des
droits si sacrés, que nos rois les moins religieux les
observoient toujours avec scrupule; mais l'abus qu'on
en faisoit etoit venu jusqu' à un tel point, que Charlemagne crut, qu'il falloit la modérer. Les évêques
en étoient extrémement jaloux et il falloit l'autorité
d'un roi, aussi absolu que Charlemagne, pour pouvoir
y donner quelque atteinte.

ſeine drey mit ihr erzeugten Söhne, Karl, Karloman
und Ludwig mit.   Karl brachte den Winter in Pavia
zu.   In dieſer Stadt hielt er im Monat März einen
Reichstag.   Da Karl durch ſein Kriegsglück König
der Longobarden geworden war, und alſo nach den gewöhnlichen, wiewohl irrigen Begriffen, unumſchränkt
regieren konnte, ſo entſteht die Frage, warum er auch
in dieſem longobardiſchen Reiche Reichstage hielt?
War es bloß Großmuth von ihm, daß er einem von
ihm beſiegten Volke, ſtatt es despotiſch zu beherrſchen,
eine ſogenannte freye Verfaſſung gab?   Dieſes iſt ein
möglicher Fall.   Aber gewiß iſt, daß ſich in jenen Zeiten überall keine Verfaſſung ohne Reichstage, ohne
Volksverſammlungen, denken ließ.

Gegen Oſtern gieng er nach Rom.   Er wurde mit
eben den Feyerlichkeiten, wie das erſtemal, empfangen.
Am erſten Oſtertage verrichtete, auf ſein Verlangen,
der Pabſt eine Ceremonie, welche eine ſeiner Hauptab-
ſichten ſeiner dießmaligen Reiſe ſcheint geweſen zu ſeyn.
Der zweyte ſeiner als königlicher Kinder anerkannten
Söhne 7) wurde durch den Pabſt zum König von Italien

---

7) Er war noch nicht getauft.   Karl hatte verſprochen, daß
   Adrian ihn taufen ſollte.   Dazu war alſo eine Reiſe nach
   Rom nöthig, die ſich von Jahr zu Jahr verzögerte.   Es war
   aber üblich, und iſt auch in der Folge in Frankreich üblich
   geblieben, Kindern, deren Taufe aufgeſchoben wird, den
   Kopf im Namen der drey Perſonen der Gottheit mit
   Waſſer zu benetzen, welches jedoch keine Taufe ſeyn ſoll.
   Dieſe Handlung, die ein Unwiſſender leicht als eine vor-
   läufige Taufe anſehen könnte, wird im franzöſiſchen
   ondoyer genannt.   S. dieſes Wort im Diction. Encycl.
   So war dieſer zweyte Sohn unſers Monarchen bloß on-
   doyirt und dabey Karloman genannt worden.   Jetzt
   erſt

lien gesalbet; der dritte Ludwig zum König von Aqui=
tanien [8]). Die damaligen Geschichtschreiber erzählen
die Sache mit trocknen Worten, ohne den geringsten
Umstand beyzufügen, der uns über Karls Gründe zu
dieser Handlung, bey so zartem Alter seiner Söhne —
der eine war fünf, der andere drey Jahr — einiges Licht=
geben könnte. Unterdessen lassen sich folgende Anmer=
kungen darüber machen.

Wir sehen fürs erste, daß Karl schon beschlossen
hatte, seine Staaten unter seine Söhne zu theilen.

Hiernächst ist offenbar, daß Karl das Reich der Lon=
gobarden und Aquitanien, als zwey eroberte Länder be=
trachtete, in welchen er sich willführlich einen Nachfolger
ernennen könne, ohne dazu der Einwilligung der Nation
zu bedürfen. Wir finden keine Spur, daß er diese Ein=
willigung gesucht habe. Auch wäre es wohl natürlicher
gewesen, im Fall er sie für nöthig gehalten, den zweyten
seiner Söhne auf dem eben erwehnten Reichstage zu Pa=
via durch einen longobardischen Bischof salben zu lassen.

Ein Grund, warum Karl diesen seinen Söhnen die
königliche Würde so jung ertheilen ließ, war vielleicht
folgender. Er scheint eingesehen zu haben, daß jeder
Fürst unter seinem Volke leben, die Denkungsart und
Sitten seines Volks genau kennen, und bey allen seinen
Einrichtungen und Handlungen immer vor Augen haben
soll. Dieses war höchst wahrscheinlich einer von den
Grün=

---

erst taufte ihn Pabst Adrian, und veränderte seinen Namen
Karloman, den vermuthlich Karl nicht leiden konnte,
weil er ihn an seinen Bruder erinnerte, in den beliebtern
Namen Pipin.
*) Annal. Eginh. ad a. 781.

Gründen, die ihn abhielten, selbst, nachdem er die schön=
sten Länder erobert hatte, seinen Sitz in eines derselben
zu verlegen. Er blieb unter seinen Franken. Aus die=
sem Grunde ließ er auch jetzt den zweyten seiner Söhne
in Italien, und schickte den andern nach Aquitanien, da=
mit beyde sich an die Völker, die sie einst regieren sollten;
gewöhnten. Er gab ihnen Männer mit, deren Geschick=
lichkeit und Redlichkeit ihm Bürge waren, daß sie für
die Erziehung der Prinzen, so gut es in den damaligen
Zeiten möglich war, sorgen würden 9).

Auf dieser Reise machte Karl eine merkwürdige Be=
kanntschaft, die für Karln selbst, für seine Zeitgenossen,
insbesondre für diejenigen, die an seinem Hofe lebten,
und endlich für die nachmaligen Jahrhunderte die wohl=
thätigsten Folgen hatte. Die Geschichte muß ihrer, als
einer der Hauptursachen, erwähnen, die den gänzlichen
Verfall der Wissenschaften verhinderten, und ihrem schon
erlöschenden Lichte neue Nahrung verschafften.

Ohne jene natürliche und durch die Eindrücke der er=
sten Jahre entwickelte Geistesanlagen, die wir Wißbegierde
und Geschmack nennen, würde Karl solche Bekanntschaf=
ten nie gemacht haben, wenn ihm auch tausendmal Anlaß
dazu gegeben wäre. Aber er suchte sie unermüdet sein
ganzes Leben durch, und er blieb den gemachten Bekannt=
schaften treu und ergeben, wenn gleich die Männer, mit
denen er sie um ihrer Talente und Kenntniße wegen errich=
tete, zum Theil mit der Zeit manche Schwachheit,
manche seiner Denkungsart anstößige Gesinnung 10)
verriethen.

Schon

---

9) Vita Lud. Pii Recueil T. VI. p. 89.
10) Die gleich zu erwähnende Eifersucht zwischen Alcuin
und Theodulf, und die nicht zu bezweifelnde Liebesgeschichte
Angil=

Schon hatte Karl aus eignem Triebe in einem Alter,
wo man glauben sollte, daß ihm seine kriegerische und
politische Thätigkeit keine Zeit noch Lust zu den stillen Beschäftigungen des Studierzimmers gelassen hätte, in einem
Alter von mehr wie dreyßig Jahren sich in der lateinischen Grammatik von einem gewissen Priester, Namens
Peter, der von Pisa gebürtig war, und den er vermuthlich in Italien kennen lernte, unterrichten lassen; schon
hatten sich seine Vorstellungen von Künsten und von allem,
was ein cultivirtes Volk auszeichnet, durch den Anblick
der römischen Denkmäler in Italien, insbesondre in Rom
erweitert, als er Alcuinen kennen lernte, der, wie der
Erfolg lehrte, dazu gemacht war, die Wißbegierde eines
Monarchen zu leiten, und seinen Geschmak an Wissenschaften und Künsten mehr auszubilden, und ihm ein
für das Ganze nützliche Richtung zu geben.

Alcuin, ein Schüler Bedas, war vom Erzbischofe
Eambald von York nach Rom gesandt, um für ihn das
Pallium zu holen. Karl sprach ihn unterweges zu Pavia im Jahr 781. Die Eindrücke, die das Gespräch
des Mannes auf den Monarchen machte, waren so stark,
daß dieser Ueberredung und Bitten anwandte, jenen zu
bewegen, daß er, nachdem er sein Geschäft verrichtet,
aus England an Karls Hof kommen sollte. Alcuin, ein
kluger Mann, versprach es, sobald er von seinem Könige
und Erzbischofe Erlaubniß dazu hätte, unter der Bedingung, daß es ihm immer frey stehen sollte, nach England zurückzukehren. Von dieser Freyheit machte er auch,
mit

Angilberts waren ohne Zweifel Folgen von der moralischen
Schwäche dieser Männer. Auch Eginhards Liebesgeschichte würde hieher gehören, wenn ihr Wahrheit ausgemacht wäre.

mit Karls Einwilligung im Jahr 793 Gebrauch, kam aber bald nach Frankreich zurück, wo er nun blieb bis zu ſeinem Tode im Jahr 804.

Alcuin ſcheint auf allen damals angebauten Feldern der Wiſſenſchaften — (freylich waren es nur wenige, und ſie waren nur ſehr dürftig angebaut) — bekannt geweſen zu ſeyn. Was ihn aber Karln noch intereſſanter machte, war, wie aus allen Nachrichten erhellt, dieſes, er beſaß die glückliche Gabe, ſeine vielfachen Kenntniſſe bey jeder Veranlaſſung auf eine die Zuhörer anziehende und befriedigende Art mittheilen zu können; eine Gabe, die eben ſo ſelten, und vielleicht ſeltener iſt, als das gründliche Genie. Einzelne Antworten, die Alcuin dem Monarchen bey gewiſſen Veranlaſſungen auf der Stelle gab, zeugen von ſeiner Gegenwart des Geiſtes, und ſeine Schriften, insbeſondre ſeine Briefe, ſind Denkmäler der feinen Kunſt, die er beſaß, ohne Schmeichler zu ſeyn, das Herz des Monarchen zu gewinnen, und zugleich Denkmäler des edlen Eifers, womit er die Freundſchaft des Monarchen dazu nutzte, bey jeder Gelegenheit Gutes zu ſtiften oder zu befördern.

Die Menge ſeiner Werke [11] beweiſen ſeine Leichtig-keit im Schreiben. Man würde ſie freylich jetzt vergeb-lich zur Hand nehmen, wenn man etwas gründlich ge-dachtes oder ſchön geſagtes in ihnen erwarten wollte. Aber die Züge ſind doch nicht ſelten, die vermuthen laſſen, daß er in einem glücklichern Zeitalter ein ſehr angenehmer und lehrreicher Schriftſteller würde geworden ſeyn.

Alcuin

[11] Sie ſind in vier Foliobänden von dem gefürſteten Abt Fröberius zu St. Emeran neu herausgegeben. Regens-burg 1777.

Alcuin unterrichtete den Monarchen in der Rhetorik,
die freylich damals nicht so beschaffen war, daß die natürliche Beredsamkeit, die Karl besaß, viel dadurch gewinnen konnte. Er unterrichtete ihn in der Dialektik,
die Karl sehr liebte, ob sie ihm gleich bey seinem von
Natur scharfen Verstande ganz entbehrlich war. Endlich gab er ihm Anweisung zur Astronomie, auf die sich
Karl mit vielem Eifer legte, so daß er und diejenigen,
bey denen sein Exempel die nehmliche Liebhaberey veranlaßte, den Himmel oft beobachteten. Eginhard scheint
der vorzüglichste darunter gewesen zu seyn, er hat in der
Chronik, die ihm mit der größten Wahrscheinlichkeit beygelegt wird, astronomische Beobachtungen eingerückt,
die von Kennern für merkwürdig gehalten werden.

„Es liegt nur an dir," schrieb Alcuin einst an Karln,
„dein Frankreich zu einem christlichen Athen zu machen."
Einige haben behauptet und bedauert, daß Alcuin zu
ängstlich darauf bedacht gewesen sey, dieß sein vermein-
tes neues Athen christlich zu machen. Sie berufen sich
darauf, daß Alcuin seinen Schülern die Lesung der alten
großen Dichter verboten habe aus Furcht, sie möchten
von der Seite der Sitten mehr verlieren, als von der
Seite des Geschmacks gewinnen, ingleichen darauf, daß
er einst seinem Freunde, dem Erzbischof Rieulf von Mainz
einen Vorwurf darüber machte, daß dieser den Virgil
zu sehr liebte, ein Vorwurf, den man zu allen Zeiten
gewiß wenig Erzbischöfen hat machen können. Es kann
seyn, daß Alcuin im Alter über diesen Punct etwas
strenger dachte, daß er einmal bey einer gewissen Gelegenheit seinen Schülern das vielleicht von ihnen zu eifrig
getriebene Lesen der alten Dichter untersagte. Ein allgemeines Verbot kann er unmöglich gegeben haben, denn
seine Schüler würden sich gegen sein Verbot auf sein eigenes

nes Exempel berufen haben. Seine Schriften, seine
Briefe insbesondre, ſind voller Anspielungen auf die alten
Dichter, die er also fleißig und mit Vergnügen muß gelesen haben. Seinem jungen Freunde Angilbert, der in
dem gelehrten Zirkel an Karls Hofe Homer hieß, schrieb
er nach Rom, er möchte ihm Reliquien mitbringen, und
fügte scherzend hinzu: Si nihil attuleris, ibis, Home-
re, foras. Wahrscheinlich konnte doch der Mann, der
sich bey Reliquien eines Verses aus Ovids Kunst zu lieben
erinnerte, kein Feind von poetischer Lecture seyn. Sein
Exempel hätte folglich seinen Lehren in diesem Stücke
alle Kraft benehmen müssen. In der That aber konnte
Alcuin seine Freunde und Schüler, wenn er glaubte,
daß sie ihm Anlaß dazu gäben, vor einer ihren Berufs-
geschäften nachtheiligen, zu weit getriebenen Lecture der
Dichter warnen, ohne ein strenger Moralist, und ohne
ein Feind der schönen Wissenschaften zu seyn.

Die vielen Liebhaber der Wissenschaften, die durch
Karls Beyspiel und Aufmunterung an seinem Hofe entstanden, errichteten eine Art von gelehrter Gesellschaft,
die sie selbst die Academie nannten, eine Benennung, die
Anlaß zu dem Irrhume gegeben hat, daß Karl die Academie oder Universität zu Paris gestiftet habe. Von
jener Academie oder gelehrten Gesellschaft scheint Alcuin
der Urheber und eine Zeitlang Vorsteher gewesen zu seyn.
Von ihrer Einrichtung ist nichts weiter bekannt, als
daß die Mitglieder besondre Namen bekamen, so wie
die Mitglieder der gelehrten Gesellschaften in Italien z. E.
die der Arcadier, noch heut zu Tage solche Namen führen; und die der fruchtbringenden Gesellschaft in Deutschland vor anderthalb hundert Jahren dergleichen unter einander austheilten. Ob jene academische Namen an Karls
Hofe sich auf die Talente, auf den Geschmack, oder auf
die

die Schriften derer bezogen, denen sie gegeben wurden, darüber haben wir keine Nachricht.

Einer dieser Academisten, den Karl vorzüglich schätzte, und den er auch zu Staatsgeschäften brauchte, war Theodulf, ein gebohrner Spanier oder Westgothe [12]). In der Akademie hieß er Pindar, vielleicht weil er diesen griechischen Dichter las, vielleicht weil er Oden schrieb. Seine Gedichte haben unter denen aus jenen Zeiten am wenigsten Fehler und am meisten poetische Züge. Er ist der Urheber einer Hymne, die noch in Frankreich bey den Processionen am Palmsonntage gesungen wird, und die mit dem Verse anfängt:

Gloria, laus et honor tibi sit, Rex Christe, redemtor.

Unter seinen auf die Religion sich beziehenden Werken befindet sich eine Art von Instruction für seine Geistlichen. Darin eifert er schon gegen das Begraben in den Kirchen. Nach dem Tode Karls, der sein Wohlthäter gewesen war, scheint er seinem Hange zu Welthändeln zu freyen Lauf gelassen zu haben. Er fiel darüber in Verdacht und Ungnade bey Ludwig dem Frommen. Seine auf sein damaliges Schicksal sich beziehende Elegie enthält eine merkwürdige Stelle, die mit zur Erläuterung dient, warum die Bischöfe so willig das vom Pabst angemaaßte Oberrichteramt anerkannten, und daher den Credit der falschen Decretalbriefe, worauf dieses Oberrichteramt gegründet wurde, befördern halfen [13]).

Der

---

[12]) Daß er kein Italiener, sondern ein spanischer Westgothe war, bezeigt er selbst in einem seiner Gedichte, wo er die Westgothen seine consanguineos nennt. Recueil p. 416.

[13]) Bischöfe, die an ihrem wahren Richter, an ihrem Landesherrn einen ungnädigen Richter zu befürchten Ursache

Der berühmte Eginhard, Karls Secretair oder Kanzler, und Auffeher über ſeine Bauten [14]), hieß als Mitglied der Akademie, Kalliopius, vielleicht wegen ſeiner ſchönen Stimme [15]), die kein geringes Verdienſt an einem Hofe ſeyn mußte, wo der Monarch, wie wir bald ſehen werden, ſich ſo viel Mühe gab, eine gute Singart einzuführen, vielleicht aber auch, weil er ſich der Muſe der Geſchichte [16]) gewidmet hatte.

Erzbiſchof Riculf von Mainz führte den Namen Damötas, vielleicht weil er an Hirtengedichten vorzüglich Vergnügen fand. Abt Adelard von Corbie, ein Verwandter des Monarchen, wurde mit dem Namen Au=

hatten, ſuchten ſich ſeiner Gewalt dadurch zu entziehen, daß ſie den Pabſt für ihren alleinigen competenten Richter erklärten. Das thut Theodulf in folgenden Verſen:

Ello, forem falſus:
- - - - : - - - cujus cenſura valeret
Dedere judicii congrua jura mihi?
Solius illud opus Romani Praeſulis extat,
Cujus ego accepi pallia ſancta manu.

[14]) Praefectus erat a Carolo exſtruendis aedificiis. Bauten ſind die erſt noch aufgeführt werdenden, noch nicht vollendeten Gebäude, oder die Anſtalten und Arbeiten, wodurch Gebäude zu Stande kommen. Ein Auffeher über Bauten hat dieſe Anſtalten und Arbeiten anzuordnen und führt die Aufſicht darüber. Sein Amt hat ein Ende, wenn die Gebäude fertig ſind. Dann tritt der Auffeher über die Gebäude an eine Stelle. — Bauten iſt zwar ein Provinzialwort, aber es verdient in die Schriftſprache aufgenommen zu werden, wozu man ſchon zu Berlin das Exempel giebt.

[15]) Der Name iſt griechiſch, und bedeutet einen, der eine ſchöne Stimme hat.

[16]) Sie heißt bekanntermaßen Kalliope.

Augustin beehrt, weil er vielleicht diesen Kirchenvater gern las, oder weil man an ihm ähnliche Eigenschaften zu bemerken glaubte ¹⁷). Den Namen David hatte

K 2 sich)

---

17) Ein Gelehrter, den Karl sehr hochschätzte, der seine Achtung vorzüglich verdiente, der aber kein Mitglied der Akademie scheint gewesen zu seyn, war der berühmte Geschichtschreiber der Longobarden, Paul, Warnefrieds Sohn, der unter dem Namen Paulus Diaconus bekannt ist. Am Hofe der longobardischen Monarchen erzogen, Freund und Kanzler des letztern derselben, Desiderius, konnte dieser Mann sich wohl nicht entschließen, sein Leben am Hofe des Ueberwinders der Longobarden, durch den Desiderius vom Thron ins Kloster mußte, zuzubringen; ob ihn gleich Karl dazu zu bewegen suchte. Eine Weile hielt er sich auch daselbst auf, eilte aber bald nach seinem Kloster zurück. Auf seine Bitte wurde sein Bruder, der als Kriegsgefangener nach Frankreich gekommen war, von Karln in Freyheit gesetzt. Zwey in Karls Namen geschriebene Gedichte an ihn, im Ton der Freundschaft und Liebe; befinden sich in Alcuins Werken. Einige Nachrichten wollen, daß Paul sich in die geheimen Anschläge der Herzoge von Friaul und Bénevent zu Gunsten des Desiderius oder seines Sohns Adelgis eingelassen habe, welches verrathen sey. Karl habe ihn selbst darüber befragt, und Paul habe mit gesetztem Muth geantwortet: „Zufällige Begebenheiten heben meine Pflichten nicht auf; Desiderius bleibt „immer mein König, und ich bleibe ihm immer die Treue „schuldig“. In der ersten Aufwallung des Unwillens über diese Erklärung habe Karl befohlen ihm beyde Hände abzu- hauen. Allein er habe sich den Augenblick darauf besonnen; als Freund der Wissenschaften, als großmüthiger Freund gelehrten Verdienstes habe er so zu sagen, sich selbst, den beleidigten, den zürnenden Eroberer, augenblicklich zu edlern Gesinnungen umgestimmt. „Doch nein“ habe er, sich besänftigend, hinzugefügt, „wo wollten wir einen so guten „Geschichtschreiber wieder herbekommen, wenn wir ihm die „Hand abhauen, die so schöne Werke geschrieben hat“?

Durch)

ſich Karl vielleicht ſelbſt gewählt, weil er ſich jenen König nach dem Herzen Gottes zum Muſter nahm, oder
auch Alcuin hatte ihm mit dieſem Namen ein Compliment gemacht. Karl wußte die Pſalmen auswendig und
ſang ſie gern. Allein hatte ihm diejenigen ausgezeich-
net, die er bey den verſchiedenen Veranlaſſungen ſingen
könnte.

Eine Bibliothek im Pallaſte des Monarchen, vermuthlich zu Aachen, ſtand unter der Aufſicht eines eigenen Bibliothekars. Eginhard erwehnt eines gewiſſen
Gerward, als Hofbibliothekars [18]) der aber auch zugleich, wie es ſcheint, nach Eginhard, die Oberaufſicht
über das Bauweſen hatte.

In einem Zeitalter, wo Philoſophie und Geſchmack
bis zu einem ſehr hohen Grade verfeinert ſind, kann
man über dieſe Akademiker, über ihre Namen, über ihre
ſchwachen Verſuche im Schreiben, über ihre Barbaris-
men und grammaticaliſchen Fehler, auch über Karls
Pſalmſingen ſpotten. Allein ſie leiſteten, was ſie in
ihrem Jahrhunderte leiſten konnten. In ihren Augen
gelangen ihnen ihre Beſtrebungen, und was ſonſt macht
den Menſchen glücklich, als das von ihm ſelbſt empfun-
dene Gelingen ſeiner Anſtrengungen [19])? Was Karls
Pſalm-

Durch dieſen Paul Diaconus ließ Karl Stellen aus den
Kirchenvätern ſammeln, die die Geiſtlichen an Sonn- und
Feſttagen der Gemeine vorleſen mußten. Nachrichten von
dieſem Paul Diaconus findet man ausführlich in Jage-
manns Geſchichte der freyen Künſte und Wiſſenſchaften in
Italien. III B. 1. Th.

[18]) Egiph. de Translatione Martyr. Marcellini etc. ap. du
Chesne T. II. p 651.

[19]) Man iſt ſogar befugt zu fragen, ob es in allen folgenden
Jahrhunderten, bis zur Wiederherſtellung der Wiſſenſcha-
ſten

Psalmsingen anbetrift, wer wird leugnen, daß er nicht, indem er sich durch seinen Glauben zum Throne der Gottheit hinaufschwang, unendlich glücklicher gewesen sey, als wenn er in Zeiten der Verfeinerung sich im Abgrunde der Zweifel verlohren hätte?

Sogar einen Homer gab es in dieser Akademie. Dieß war Angilbert, ein junger Mann aus einer angesehnen Familie. Talente, Verstand, Klugheit und Treue erwarben ihm die zärtliche Freundschaft des Monarchen, der ihn auf allen seinen Reisen bey sich hatte, der ihm die wichtigsten Geschäfte anvertraute, wovon unten einige vorkommen werden. Karl gab ihm eine Stelle unter den Hofgeistlichen, und wollte ihn zum Erzbischof machen. Allein die Liebe vereitelte die Absicht des Monarchen. Angilbert liebte Bertha, eine von Karls Töchtern, und er selbst jung und liebenswürdig wurde von ihr wieder geliebt. Er heirathete sie um das Jahr 787. So sagt sein Biograph [20]. Bolland hingegen findet, als Geschichtschreiber der Heiligen, ich weiß nicht welches Interesse dabey, mit allem möglichen Scharfsinn zu beweisen, zu einer so verbotenen Sache, wie die Ehe habe es der fromme Monarch nicht kommen lassen, ob er, Bolland, gleich zugeben muß, daß dieses verliebte Paar, wenn es nicht verheirathet war, sich wenigstens

K 3   die

---

sten, einen Hof irgendwo gegeben habe, wo Monarch und Höflinge sich so zu eigner Befriedigung mit den Wissenschaften beschäftigt hätten? Und seit der Wiederherstellung lassen sich die Höfe, wo dieses nicht zum bloßen Spiel oder aus Mode, sondern aus wahrem Geschmacke geschah, höchstens drey oder vier nahmhaft machen, und darunter gehört nur Einer in unserm gegenwärtigen Jahrhunderte.

[20]) Recueil p. 475.

die Freyheiten eines verʼotnen Umgangs öfter er-
lauʼte [21]). Denn es iſt hiſtoriſch gewiß, daß Angilbert von Bertha zwey Söhne hatte, wovon der eine,
Nithard, als Geſchichtſchreiber bekannt iſt [22]). Uebrigens

[21]) Acta S. S. ad d. XVIII. Febr. p. 89. 90.

[22]) Nithard ſelbſt bezeugt es in einem Werke, das er Karl
dem Kahlen dedicirte, und auf deſſen Verlangen geſchrieben
hatte (de diſſenſion, filiorum Lud. Pii lib. IV. c. 5.) —
    Ich will dieſe Gelegenheit benutzen, aus einer Art von
hiſtoriſcher Pflicht, wofür es manche halten möchten, etwas
über einen Punkt zu ſagen, worüber viel geſchrieben iſt.
Die hieher gehörige Stelle beym Eginhard (vita Caroli
M c. XIX) iſt folgende: „An ſeinen Söhnen und Töch-
„tern hieng ſein (Karls) Herz dergeſtalt, daß er ihrer
„Geſellſchaft weder bey Tiſche noch auf Reiſen entbehren
„konnte. — Da die Töchter auſſerordentlich ſchön waren,
„und da er ſie ſo ſehr liebte, ſo iſt zu verwundern, daß
„er nie eine von ihnen wollte heirathen laſſen, es mochten
„ſich Franken oder Auswärtige um ſie bewerben. Er be-
„hielt ſie alle bis zu ſeinem Tode bey ſich. Er verſicherte,
„daß er ohne ihren Umgang nicht ſeyn könnte. Dadurch
„zog er ſich aber auch, — er der ſonſt ſo glücklich war, —
„unglückliche, ſchmerzhafte Vorfälle zu. Doch er ſtellte
„ſich dabey ſo, daß es ſchien, er hätte nie etwas davon er-
„fahren oder auch nur geargwohnet.“ Nach dieſer Stelle
alſo wäre der Biograph Angilberts nicht glaubwürdig.
Er iſt es aber doch, dünkt mich. Eginhard ſagt nur, Karl
habe ſeine Töchter nie wollen heirathen laſſen, habe nie
einwilligen wollen. Aber ſie konnten wider ſeinen Willen,
ohne ſein Wiſſen, heimlich verheirathet ſeyn. Karl
konnte es ſogar wiſſen, er ſtellte ſich aber, als ob er es nicht
wüßte, als ob er es nicht einmal argwohnte. Aus ſeiner Weigerung entſtanden, ſagt Eginhard, bittere Folgen. Eine dieſer
Folgen wiſſen wir gewiß. Seine Tochter, Bertha, wurde
zweymal Mutter. Nun müſſen wir wählen, ob wir uns lieber eine, zwar zärtliche, verliebte und ſchwache, aber doch
ihre Ehre und die Tugend liebende Bertha, oder lieber
eine

gens trennten sich beyde Eheleute oder Verliebte um das
Jahr 790, er wurde Mönch, sie Nonne.   Von Angil-
                  K 4   bert

eine Bertha von freyer Denkungsart und von freyen Sitten denken wollen. Was nöthiget uns aber das letztere
anzunehmen? Ich sehe nicht den geringsten Grund dazu.
Ich glaube also dem Verfasser von Angilberts Leben; ich
glaube, daß Nithard in einem Werke, das er für König
Karl den Kahlen schrieb, das aber auch im damaligen Pub-
lico gelesen werden sollte, sich nicht einen Sohn von einer
Tochter Karls des Großen hätte nennen dürfen, wenn er
dadurch der Ehre seiner Mutter und Karls des Großen
einen Flecken angehängt hätte, und das hätte er gethan,
wenn seine Mutter mit seinem Vater nie wäre verheirathet
gewesen. Schwerer scheint der Widerspruch zu heben,
wenn der Verfasser von Angilberts Leben sagt, Karl habe
in Angilberts Heirath mit Bertha gewilligt. Dieser Widerspruch kann zwar nur durch eine Vermuthung, die aber
im höchsten Grade wahrscheinlich ist, erklärt werden.
Höchstwahrscheinlich mußte auf Karls Befehl die Ehe seiner
Tochter und seine dazu gegebne Einwilligung geheim gehalten
werden, und selbst nach seinem Tode zu des frommen Ludwigs Zeiten, der über diesen Punkt sehr strenge war, durfte
man noch nicht laut davon sprechen. Eginhard aber schrieb
unter Ludwig. Allmählig hörte die Sache auf ein Ge-
heimniß zu seyn,   und war keines mehr unter Karl dem
Kahlen, so wie Ludwigs XIV Ehe mit der Maintenon
aus dem Dunkel, das sie lange bedeckte, allmählig, völlig
aber erst etwa funfzig Jahr nach seinem Tode ans Licht
kam.

Auch Karls Tochter, Rotrud, hatte einen Sohn,
obgleich ihre Vermählung mit dem jungen griechischen
Kaiser, worüber eine Weile Unterhandlungen gepflogen
wurden, nicht zu Stande kam.   Der Sohn hieß Ludwig;
er starb, als Abt zu St. Denis (Annal. Berlin a. 867.)
Der Vater wird nirgends genannt.

Karls Hunegunda, seine Töchter zu verheirathen, scheint
nicht anders erklärt werden zu können, als dadurch, daß
                                          man

bert ist nur ein kleines Gedicht übrig, das seinen Namen trägt, ein Glückwunsch an Karls zweyten Sohn Pipin, mit dem er in genauer Verbindung stand. Das Gedicht ist nicht ohne Spuren zärtlichen Gefühls. Aber warum Angilbert den Namen Homer bekam, sieht man in diesem Gedichte nicht.

Karl war sehr freygebig gegen diese Gelehrten. So strenge er sonst über die Befolgung der alten Kirchengesetze hielt, und so sehr er wissen mußte, daß in diesen Gesetzen die Anhäufung mehrerer Pfründen auf Eine Person verdammt wird, so setzte doch Karl diese so heilsamen Verordnungen zu Gunsten seiner gelehrten Lieblinge ganz aus den Augen. Theodulf besaß durch ihn das Bisthum Orleans, die Abtey Fleury und verschiedene andere Abteyen; Hilduin, ein Mitglied der Akademie, besaß die drey reichen Abteyen St. Denis, St. Germain des Pres und St. Medard zu Soissons. Vier der reichsten Abteyen in Frankreich, Ferrieres, St. Loup zu Troyes, St. Josse sur Mer und St. Martin zu Tours [23]) gehörten Alcuinen. Die Anzahl der sämmtlichen Leibeigenen auf diesen vier Abteyen (denn noch war die Leibeigenschaft in Frankreich nicht abgeschaft)

man annimmt, bey jedem Antrage, der ihm gemacht wurde, habe er Bedenklichkeiten gefunden, die ihm zu wichtig geschienen, als daß er sich zu einer Einwilligung habe entschließen können. Ein wenig Welt- und Menschenkenntniß lehrt uns, daß Väter, die ihre Töchter zu zärtlich lieben und dabey sehr ehrgeizig sind, und die auch bey der Verheirathung ihrer Kinder auf politische Zwecke Rücksicht nehmen, sehr ängstlich und unschlüßig in Ansehung der Wahl ihrer Schwiegersöhne zu seyn pflegen.

[23]) Ich nenne diese Abteyen mit ihren neuern französischen Namen. Die zu Ferrieres wurde in jenen Zeiten auch Bethlehem genannt.

schaft) belief sich auf zwanzig tausend. So hoch giebt
sie der spanische Bischof Elipard an in einem Briefe,
worin er Alcuinen, mit dem er über theologische Mate-
rien stritt, seiner Reichthümer und Besitzungen wegen
Vorwürfe machte. Uebrigens erfordert die Wahrheit zu
bemerken, daß Alcuin nach so großen Besitzungen nicht
strebte, daß er sie annahm, weil Karl es wollte, daß er
sich oft beklagte, sie wären ihm zur Last, weil sie ihn
vom Studieren abhielten, und daß er den Monarchen
zu wiederholten malen um die Erlaubniß bat, einige
seiner Abteyen an seine Schüler abzugeben, daß aber der
Monarch in sein Begehren nicht willigen wollte, aber
um ihm einige Erleichterung zu verschaffen, einige von
Alcuins Schülern zur Verwaltung der mit diesen Abteyen verknüpften Geschäfte bestellte [24]).

Zwischen diesen Gelehrten zogen sich auch wohl kleine
Wolken von Misverständnissen, vielleicht wohl gar von
Misgunst und Neide auf. Alcuin und Theodulf scheinen
in diesem Fall gewesen zu seyn. Ein paar sich darauf
beziehende Briefe Alcuins an Karln und die Antwort
von diesem an jenen, verdienen gekannt zu seyn, weil
insbesondre der Charakter des Monarchen dadurch viel
Licht bekömmt.

Ein Geistlicher in der Diöcese von Orleans war vom
Erzbischof Theodulf in einem ordentlichen Gerichte zur
Gefängnißstrafe verurtheilt, war aber aus dem Ver-
haft entflohen und nach Troies gekommen, wo die
Mönche, oder wie sie nachher betitelt wurden, die Dom-
herren ihn in Schutz nahmen. Theodulf wirkte einen

K 5   Be-

---

[24]) Vita Alcuini Recueil p. 446.

Befehl vom Kaiſer, daß der Beklagte ſollte weggeholt
werden. Die Mönche hinderten es mit Gewalt. Alcuin ſchrieb deswegen an Candidus und Nathanael,
zwey ſeiner geweſenen Schüler, die ſich damals am Hofe
aufhielten. Jene beyden Namen Candidus und Nathanael, ſind nur die akademiſchen Beynamen dieſer ſeiner
Schüler. Sie ſollen eigentlich Wizo und Fridegis geheißen haben. Nach einigen Eingangscomplimenten
und Erinnerungen, die er ſich als ihr geweſener Lehrer,
als ihr Vater, der zitternd dem Tode entgegen gehe,
ihnen, die neulich erſt das väterliche Neſt verlaſſen und
ſich in die Hofluft gewagt, zu geben befugt hält, fügt
er hinzu: „Theodulf habe mit den Brüdern zu St.
„Martin einen Streit. Ein Beklagter ſey, nach vie-
„lerley erlittenen Strafen, plötzlich aus dem Gefäng-
„niſſe zur Kirche des heil. Martini, des vorzüglichen
„Bekenners Chriſti, geflohen — bekenne ſein Verge-
„hen — appellire an den Kaiſer, fordere, daß man
„ihm die Reiſe zu deſſen heiligſter Gegenwart geſtatte.‟
„Wir haben ihn, fährt er fort, den Bedienten des Bi-
„ſchofs ausgeliefert, die ihn aber, wie es heißt, wegen
„befürchteter Nachſtellung vor der Kirchthüre ſtehen ge-
„laſſen und davon gegangen. Darauf ſind mehr Leute
„des Biſchofs gekommen, ihn mit Gewalt wegzuführen,
„die Heiligkeit des Gotteshauſes zu profaniren, und die
„Ehre des Bekenners Chriſti, Martini, zu beſchimpfen.
„Sie ſind in den Chor, wo der Altar ſteht, eingebro-
„chen — hier aber von den Brüdern zurückgetrieben.
„Wenn ſie es anders ſagen, ſo ſagen ſie die Unwahrheit.
„Denn keiner von ihnen hat ſich gegen den Altar gebückt.
„In der Stadt hat ſich das Gerücht verbreitet, von
„Orleans wären Feinde gekommen, die Gebeine des heil.
„Martini zu profaniren und die Armen ſind zuſammen
„gelaufen, bereit ihren Beſchützer zu beſchützen. Unſere
„Brü-

„Brüder aber haben die Leute des Bischofs aus den
„Händen des Volks gerettet und das Volk aus der
„Kirche getrieben. Aber nun weis ich, daß besagter
„Bischof viel Beschuldigungen gegen unsere Brüder vor-
„bringt und vieles übertreibt und sagt, was nicht gesche-
„hen ist. Daher bitte ich euch, liebste Söhne, werft
„euch zu den Füßen meines Herrn Davids, des billig-
„sten und erlauchtesten Kaisers, und verlangt, wenn der
„Bischof kommt, mit ihm zu disputiren, ob das recht
„sey, daß der Beklagte aus der Kirche mit Gewalt zu
„eben der Strafe geholt werde, der er entflohen — ob
„es billig, daß wer an den Kaiser appellirt, nicht vor
„dem Kaiser gelassen werde — ob es recht, daß einer,
„der seine Vergehung bereut, alles des seinigen bis auf
„seine Schuhriemen beraubt werde, und ob jenes Wort
„des Herrn: die Barmherzigkeit rühmet sich wider
„das Gericht ²⁵), beobachtet werde. Wenn ihr alles
„das, meinem Herrn, dem christlichen Kaiser vorstellt, so
„weis ich, daß er, der durch keine Vortheile vom Wege
„der Wahrheit abweicht — daß er die Schlüsse und
„ Satzungen der heil. Väter verletzen werde ²⁶).“

Hierauf antwortete Karl an Alcuin und seine Mönche oder Domherren, oder wie man in Frankreich bis
auf unsere Zeiten sprach, an die Congregation von St.
Martin: „Tages vorher, ehe uns euer Brief gebracht
„wurde, bekamen wir einen von Theoduif, worin Klagen
„enthalten waren über die seinen Leuten, oder vielmehr
„dem

²⁵) Epistel Jacobi 11, 13. Die lateinische Uebersetzung
lautet: Superexaltat misericordia judicium.
²⁶) Epist. Alcuini. Recueil p. 619. Der Brief ist nach
Mobillons Vermuthung vom Jahr 802, nach Beluze vom
Jahr 803.

„dem Bischof selbst wiederfahrne Beleidigung und von der
„Verachtung unsers Befehls, welchen Befehl wir über
„die Auslieferung eines gewissen aus dem Verhaft ent-
„flohnen und in der Stiftskirche des h. Martin sich ver-
„bergenden Geistlichen unter unsers Namens Unterschrift
„hatten ertheilen lassen. Worin wir nicht glauben etwas
„ungerechtes, wie es euch geschienen, befohlen zu haben.
„Als wir uns aber beyde Briefe, euren und den von Theo-
„dulf wieder vorlesen lassen, ist uns der eurige viel hef-
„tiger und im Zorn geschrieben vorgekommen, als der
„vom Theodulf, und mit keiner Würze christlicher Liebe
„versetzt, sondern vielmehr als eine Schutzschrift für den
„Schuldigen, und als eine Klagschrift gegen den Bischof,
„indem er unter einem gewissen Schleyer von Ausdrücken
„enthält, daß der Schuldige könne, ja müsse zu einer
„Klage gelassen werden, da es doch durch göttliche und
„menschliche Gesetze festgesetzt ist, daß kein Verbrecher
„einen andern anklagen darf, obgleich ihr ihn unter un-
„sers Namens Vorwand in Schutz genommen und bey
„euch behalten habt, daß Er, der schon vor den Augen
„seines Volks angeklagt und gerichtet war, unter dem
„Namen einer Appellation an den Kaiser Gelegenheit zum
„Anklagen bekäme. Ihr beruft euch dabey auf das Ex-
„empel des Apost. Paulus, der als er bey dem Fürsten
„von Judäa von seiner Nation angeklagt, aber noch nicht
„gerichtet war, von diesem Fürsten an den Kaiser, um
„gerichtet zu werden, gesandt wurde. Aber auf den ge-
„genwärtigen Vorfall paßt dieses nicht. Denn der Apost.
„Paulus war von den Juden nur angeklagt, nicht gerich-
„tet, er appellirte an den Kaiser, und ihm mußte gestat-
„tet werden, sich vor ihn zu begeben. Dieser infame
„Geistliche aber ist nicht nur verklagt, sondern gerichtet,
„in Verhaft gesetzt und daraus entkommen, und hat sich
„in die Hauptkirche, in die er nur nach gethaner Buße
„hätte

„hätte kommen sollen, gesetzwidrig begeben, und hört
„noch nicht auf, wie man sagt, schlecht zu leben, und
„der hat, wie ihr sagt, nach dem Exempel des Apostels
„Pauli an den Kaiser appellirt, er soll aber nie, wie Pau-
„lus vor den Kaiser kommen. Denn wir befehlen, daß
„er dem, bey dem er verklagt und von dem er gerichtet
„und in Verhaft gesandt worden, und aus dessen Ver-
„haft er entflohen, wieder ausgeliefert werde, und der
„soll ihn vor unsre Gegenwart bringen, er mag die Wahr-
„heit sagen, oder nicht: denn es ist unschicklich, daß
„um eines solchen Menschen willen unser erster Befehl
„abgeändert werde. Aber wir wundern uns auch
„sehr, daß es euch allein eingefallen ist, unserm Befehle
„und Bescheid und unserer Autorität entgegen zu stre-
„ben, da es doch aus dem alten Herkommen und den
„Verfügungen der Gesetze offenbar ist, daß der Könige
„Bescheide gültig seyn müssen, und daß es niemanden er-
„laubt ist, ihre Befehle und Verfügungen zu verachten.
„Und wir können uns nicht genug wundern, daß ihr lie-
„ber auf die Bitten eines Bösewichts, als auf unsern
„Befehl habt achten wollen. Es ist nun klar am Tage,
„daß mit diesem Menschen die Neigung zu Unruhen und
„die Verletzung der Liebe gleichsam von diesem Orte aus-
„gegangen sey. Denn ihr selbst, die ihr euch die Con-
„gregation dieses Klosters, und wollte Gott mit Wahr-
„heit — Knechte Gottes nennt, ihr selbst wißt, wie oft
„schon euer Leben von vielen in üblen Ruf gebracht ist,
„und nicht ohne Veranlassung. Denn bald nennt ihr
„euch Mönche, bald Canonices, bald Keines von bey-
„den. Um euch zu helfen, um euren bösen Ruf zu ver-
„nichten, haben wir euch einen Führer und Meister er-
„wählt, und aus entfernten Landen berufen, der euch
„mit Worten und Zureden den rechten Weg lehre, und
„da er ein Religiose ist, euch durch das Exempel seines
„Um-

„Umgangs unterrichten könnte. Aber leider alles ist
„ganz anders ausgefallen, und der Teufel hat an euch
„seine Diener gefunden, Uneinigkeiten unter denen aus-
„zusäen, wo es am wenigsten anständig war, unter den
„Weisen und Lehrern der Kirche [27]) und diejenigen,
„die euch, wenn ihr fehlt, bessern und züchtigen sollten,
„sind von euch zur Sünde des Neides und Jachzorns
„genöthigt worden. Aber diese werden, durch Gottes
„Gnade, euren bösen Anschlägen gewiß nicht Beyfall
„geben. Ihr aber, die ihr unsern Befehl verachtet,
„ihr mögt Mönche oder Canonici heißen, wisset, daß
„ihr euch zu unserm Gerichte (placito), das gegenwärti-
„ger unser Miſſus euch ansagt, stellen sollt. Und wenn
„gleich ein hieher gesandter Brief euch wegen eurer Wi-
„derseßlichkeit entschuldigen wird, so kommt dennoch, und
„waschet das begangne Verbrechen durch eine angemeß-
„ne Genügthuung ab [28]).“

Man hat die Wendung gelobt, womit Karl seine
Verweise an die Domherren gerichtet und Alcuins geschont.
In der That waren die Domherren sehr verwildert, und
Alcuin hatte seine Noth mit ihnen, sie zu einem anstän-
digen Betragen anzuhalten [29]). Uebrigens erhellt aus
diesem Briefe, wie fest und mit welcher Würde Karl
über seine Autorität hielt, wie selbstständig er in Urtheilen

---

[27]) Alcuin und Theodulf.

[28]) Epiſt. Caroli Recueil p. 618.

[29]) Vitam ſubjectorum (Sancti Martini apud Turones)
quantum valuit, corrigere ſtuduit: ac quos indomitos
accepit, rationabiles honeſtisque moribus vt eſſent
ſat egit. Vita Alcuini Recueil p. 446.

len und Entscheiden, wie wenig abhängig von dem Urtheile und Rathe seiner Günstlinge war.

Theodulf mengte sich mehr in weltliche Geschäfte. Allein gieng aus seiner Sphäre eines Geistlichen und Gelehrten nicht heraus. Aber in dieser war er einer der thätigsten Menschen. Er beherzigte das wahre Wohl der Menschen mehr, wie irgend einer im Mittelalter. Er war von dem wahren Geiste des Christenthums durchdrungen. Mit klugen Wendungen, aber mit starken Gründen rieth er Karln in einem Briefe, der noch vorhanden ist, die zum Christenthum gebrachten Völker, die Sachsen und Hunnen mit dem Zehnten zu verschonen. Man stoße sich nur nicht daran, daß er die Sprache eines damaligen Christen führt, und man wird den Inhalt eines weisen und warmen Menschenfreundes und eines mit der Kunst die Gemüther der Großen zu gewinnen, im reichen Maaß begabten Mannes würdig finden. Nachdem er dem Monarchen zu seinem Siege Glück gewünscht, so fährt er fort: „Aber nun sieh dich mit dei„ner Weisheit und mit deiner Gewissenhaftigkeit nach „frommen Predigern für das neue Volk um; nach Pre„digern äußerst anständig von Sitten, gelehrt in der „Wissenschaft ihres Glaubens, in den Vorschriften des „Evangelii erfahren, die dem Exempel der heiligen Apo„stel folgen. Diese reichten ihren Zuhörern Milch dar, „das ist, sanfte, milde Gebote. Aus diesen Betrach„tungen wirst du nach deiner Liebe zur Religion urtheilen, „ob es rathsam sey, so rohen Völkern beym Anfange des „Glaubens das Joch des Zehnten aufzulegen, so daß er „von allen Häusern ganz gefodert werde; oder ob nicht „bedacht werden müsse, daß die Apostel, die doch von „Gott selbst unterrichtet, und von Christo zur Predigt „des Evangelii gesandt waren, nie den Zehnten gefodert,

„nie

„nie ihn eingetrieben haben [30]).“ Unglücklicherweise folgte Karl diesem Rathe nicht.

Als Karl am Ende des Jahrs 799 seine letzte Reise nach Rom machte, vermuthlich mit dem geheimen Plan, das abendländische Kaiserthum zu erneuern, schrieb er Alcuinen, dieser möchte doch die räucherichen Mauern von Tours den goldenen Pallästen zu Rom nicht vorziehen. Alcuin antwortete, der Rauch sey seinen Augen nicht so gefährlich als das Eisen. Alcuin nemlich, der von Karls Absichten bey dieser Reise nicht anders als nach dem, was er aus dem Gerüchte davon wußte, urtheilen konnte, glaubte, Karl gienge nach Rom, um den Aufstand zu dämpfen, durch den Pabst Leo vertrieben war. Er machte sich ohne Zweifel die Vorstellung, daß dieses ohne Gebrauch der Waffen nicht würde geschehen können. Diesen Anblick der Waffen fürchtete er also mehr, wie den Rauch in seiner ruhigen Abtey.

Durch die bisher genannten Männer verbreitete sich ein sehr eifriger und thätiger Trieb nach Wissenschaften und Litteratur unter den Franken. Die Schriftsteller des neunten Jahrhunderts in Deutschland und Frankreich, Hincmar, Agobard, Rabanus, Amalarius, Paschasius, Otfried, Nidhard und die übrigen sind als Zöglinge der Akademie an Karls Hofe zu betrachten.

Wir müßten Karln wegen dieses Umgangs mit den Gelehrten hochschätzen, wenn er auch nur sein eigenes Vergnügen dabey gesucht hätte. Aber er hatte edlere Absichten. Er wünschte den Charakter seiner Unterthanen durch die Cultur der Wissenschaften zu veredeln.

Au

---

[30]) Epist. Alcuini Recueil p. 612.

An jedem Orte, wo eine Kirche war, ließ er eine Schule
anlegen, in welcher die jungen Leute im Lesen, Schreiben, Rechnen, Singen, sogar in der Grammatik unterrichtet wurden. Es ist wahr, die Hauptabsicht des Monarchen bey der Errichtung dieser Schulen war, eine
besser unterrichtete, und durch Kenntnisse und Fähigkei-
ten ihrer Bestimmung würdigere Geistlichkeit zu bekommen. Allein außer daß, wenn nur erst diese wichtige
Klasse der Volkslehrer, denn das sollten Geistliche seyn,
durch die Schulen gehörig gebildet war, alsdenn dadurch mittelbar die Verbreitung nützlicher Kenntnisse und
moralischer Begriffe befördert wurde, so waren die Layen
nichts weniger als von dem Unterrichte in diesen Schulen ausgeschlossen.

Eine Art von Tradition schreibt Alcuinen das Verdienst zu, Karln die Anlegung so nützlicher Anstalten empfohlen zu haben. Karl scheint damit angefangen zu
haben, daß er den Bischöfen und Aebten bloß seinen
ernstlichen Wunsch bey jeder Hauptkirche, bey jedem
Kloster eine Schule zu sehen, wo tüchtige Geistliche
könnten gebildet werden, zu erkennen gab. Dieses that
er im Jahr 787 durch eine Art von Circularschreiben an
die Bischöfe und Aebte, das noch vorhanden ist, und
worin man Alcuinen als Concipienten zu erkennen gläubt.
Dieß Schreiben steht unter Karls Verordnungen, ob
der Monarch gleich darin mehr wünscht, als befiehlt.
Karl sagt darin „er habe mit seinen Getreuen bedacht,
„daß die Bisthümer und Klöster nicht bloß denen, die
„sich einem gottesdienstlichen Leben widmeten, sondern
„auch denen, die sich gern in den Wissenschaften
„üben wollten, schicklich zum Aufenthalt dienen könnten.
„Es sey so dann anständig, daß diejenigen, die Gott
„durch ihren Wandel zu gefallen suchten, Sorge trügen,

Hegewisch Gesch. „ihm

„ihm auch durch eine richtige Sprache zu gefallen. Gut
„handeln ſey zwar beſſer, als wiſſen; aber je reicher
„jemand an Kenntniſſen ſey, deſto fähiger ſey er, gut zu
„handeln.“   Er ſagt an einer andern Stelle dieſes
Schreibens „er habe oft Briefe aus den Klöſtern be-
„kommen, worin er zwar immer einen gutgemeinten
„Sinn, aber eine unpolirte Sprache gefunden habe.“
„Es waren“ fügt er hinzu „Gedanken frommer und ge-
„treuer Leute, die aber, weil ſie nicht dazu angeleitet
„waren, die Sprache nicht in ihrer Gewalt hatten, um
„ſich ohne Fehler auszudrücken.   Dieſes veranlaßte bey
„uns die Beſorgniß, daß Leute, die ſich ſo wenig auf
„das Schreiben gelegt haben, wahrſcheinlich auch zum
„Verſtehen der heiligen Schrift nicht geſchickt ſind. Da-
„her ermahnen wir euch, das Studium der Litteratur
„nicht allein nicht nachläßig, ſondern vielmehr mit Wett-
„eifer zu treiben.“   Er ſchließt mit dem Wunſche, daß
in jedem Bisthum und bey jedem Kloſter geſchickte Männer zu Lehrern möchten angeſetzt werden [31].   Dieſen
Wunſch drückt er ſo angelegentlich aus, daß ſchwerlich
ein Biſchof oder Abt wird geweſen ſeyn, der nicht geeilt hätte, den Wunſch des Monarchen zu erfüllen.

Vielleicht wurde dieß Schreiben von ihnen als ein
würklicher Befehl verſtanden.   Vielleicht gab Karl in
der Folge würkliche Befehle in dieſer Hinſicht.   Wenigſtens drücken ſich die Schriftſteller, die von der Sache
reden, immer ſo aus, daß Karl die Errichtung der
Schulen befohlen habe.   In dieſen Schulen wurden
außer den erſten Religionsbegriffen die Kirchenmuſik,
Schreiben, etwas Grammatik und Arithmetik gelehrt

---

31) Conſtitutio de ſcholis ap. Baluz. T. I. p. 202.

lehrt ³²). Im Jahr 787 nahm Karl selbst aus Rom
Lehrer der Grammatik und Rechenkunst mit sich, die seinen Franken Unterricht in diesen Wissenschaften geben
sollten ³³).

Vormals pflegte man diese Anstalten aus einem
Grunde zu sehr zu loben, aus welchem man sie in neuern
Zeiten zu sehr herabgesetzt hat. Der Unterricht, behauptete man damals, behauptet man jetzt, sey zu sehr auf
die Religion beschränkt worden. Aber dieses ist eine
unwahre Voraussetzung. Aus dem oben angeführten
Circularschreiben des Monarchen erhellet, daß er keinesweges dem Unterrichte so enge Grenzen setzen wollte: er
verlangte vielmehr, daß alles, was Litteratur heißt, mit
Eifer sollte cultivirt werden. Dieß geschah auch. Wir
haben Nachrichten von dem Zustande dieser nach Karls
Wunsch errichteten Schulen in Deutschland aus dem
neunten, zehnten und eilften Jahrhunderte. Die
Schriften der Alten wurden fleißig gelesen. Und in den
Klöstern lebten Männer, die mehr wahre Gelehrsamkeit
besaßen, die besser schrieben, als man von den Schriftstellern in den spätern Jahrhunderten bis zu den Zeiten
der Reformation rühmen kann.

Karl war, soll ich sagen so weise, oder so billig zu
glauben, daß Männer, durch die er ihm so angelegene
Würkungen, die Aufklärung seiner Unterthanen und die

L 2   Ver-

---

³²) Conring in den Antiquit. Academ. (Supplem. XXIII.
86. IV.) führt aus dem Libro 1. Capitul. Ansigisi c. 71.
folgende Verordnung an: Ut scholae legentium puero-
rum fiant; Psalmos, notas, cantus, computum, grammaticam per *singula* monasteria vel Episcopia discant.

³³) Monach. Engol. a. 787.

Veredlung ihrer Sitten, hervorbringen wollte, in eine
Lage müßten gesetzt werden, wo auch ihre äußerliche Vorzüge dem Volke Achtung gegen sie einflößen könnten.
Er machte daher das Amt eines Lehrers bey diesen Schulen zu einem sehr angesehnen und seinen Mann reichlich
nährenden Amte. Es ist bekannt, daß aus diesen von
Karl gestifteten Lehrstellen allmälig diejenigen Dom-
herrenstellen entstanden, mit denen zwar noch die äußerlichen Vorzüge, die beträchtlichen Einkünfte und auch
noch der Titel eines Schullehrers (Scholasticus), aber
nicht mehr die Geschäfte, um derentwillen der Stifter
ihnen jene Vorzüge und Einkünfte beylegte, verknüpft
sind. Wenn man den Inhabern dieser Stellen zumuthen wollte, entweder selbst die Absichten der ersten
Stifter dieser Anstalten zu erfüllen, oder andern, die zu
deren Erfüllung fähiger und williger wären, Platz zu
machen, so würden sie gegen solche verwegene Angriffe
durch die beyden mächtigen, ehrwürdigen Gottheiten
dieser Erde, den langen Besitz und das Herkommen
ohne Zweifel hinlänglich geschützt werden.

Es hat Monarchen gegeben, die aus einer Neigung
für die Wissenschaften viel gethan, die die berühmtesten
Männer ihrer Zeit an ihren Hof gezogen, sie mit Belohnungen, mit Geschenken, mit allen Arten von Beweisen ihrer Achtung gegen sie überhäuft haben. Man
hat sie als Beförderer der Wissenschaften gepriesen, ob
sie gleich, etwas ungroßmüthig, bloß die Befriedigung
ihres eigenen Geschmacks zur Absicht hatten. Wäre irgend
einer zur Cultur fortschreitenden Nation unsers Jahrhunderts ein Monarch verliehen, der die Aufklärung und
Veredlung seiner Nation eben so lebhaft gewünscht, und
in der Wahl der Mittel angewandt hätte, die den Kräften
unsers Jahrhunderts eben so angemessen wären, als die

von

von Karl gewählten, den Kräften des seinigen angemessen waren ³⁴), so würde eine solche Nation vor dem
Ablaufe eines halben Jahrhunderts den ersten Rang unter den cultivirten Völkern behaupten ³⁵).

§ 3   Zwey

³⁴) Ich verstehe unter den Kräften hier so wohl die innern,
wohin die schon gesammelten und berichtigten Kenntnisse
und Erfahrungen und die Anzahl tüchtiger Subjecte gehören, als die äußerlichen, die in den Mitteln bestehen,
an den bequemsten Orten die zweckmäßigsten Institute anzulegen. Ohne Zweifel haben sich diese Mittel seit Karln
eben so vermehrt, als die Mittel stehende Armeen zu unterhalten. Aber möchte doch nur auch von jenen eben so
sehr Gebrauch gemacht werden, als von diesen!

³⁵) Man hat Karln wegen seiner Bemühungen, die Cultur
der Wissenschaften und Künste unter seinem Volke einzuführen, mit Peter dem I. verglichen. Beyde, sagt man,
fühlten oder bemerkten durch die eigne Stärke ihres Genies,
wie sehr die ihrer Herrschaft unterworfenen Nationen von
dem Vergnügen aufgeklärter und gesitteter Völker entfernt
waren. Beyde machten, um ihnen diese Vorzüge zu verschaffen, die trefflichsten Anstalten. Durch jene erste Behauptung, nach welcher beyde Monarchen die Vorzüge cultivirter Nationen durch ihr Genie eher errathen und vermuthet, als erkannt haben sollen, will man gewiß nicht
alle äußerliche Veranlassungen, z. E. Unterredungen mit
aufgeklärten Personen ausschließen. Zu Karls Ehre muß
man dann bemerken, daß Peter der I. fast am ganzen
übrigen Europa ein Muster vor Augen hatte, an dem er
durch eine mit seinem Rußland angestellte Vergleichung
sehen konnte, was diesem fehlte, und was jenes voraus hatte.
Zu Karls Zeiten war in Europa eine Nation so barbarisch
wie die andere. Ideen von einer größern Nationalvoll-
kommenheit kannte Karl theils nur durch Lesen, theils nur
durch Gespräche mit Männern, deren Begriffe sich durch
Lesen erweitert hatten, theils durch den Anblick der römischen Denkmäler bekommen.

Was

Zwey Beweise von Karls Verlangen, auch das
Volk durch Unterricht zu verbessern, auch durch Cultur
der Sprache des Volks zur Veredlung seines Charakters
zu würken, muß ich hier noch erwehnen. Er veranlaßte,
daß Predigten in der Volkssprache mußten gehalten werden. Er ließ die alten deutschen Lieder sammeln und
aufschreiben. Er versuchte, die deutsche Sprache mit
Worten, die ihr noch fehlten, zu bereichern; er erfand
deutsche Namen für die Monate. Einige davon werden noch wohl gebraucht, aber nicht alle, ob sie es gleich
alle verdienten. Den May nannte Karl den Wonne-
mond, den August den Erntemond, den November
den Windmond, den December den heiligen Mond.
Auch die zwölf Hauptwinde bezeichnete er mit eignen
Namen, die man ihnen in der fränkischen Sprache noch
nicht gegeben hatte [36]. Er entwarf sogar eine deutsche
Gram-

Was die Anstalten betrift, die beyde Monarchen zur
Verbreitung der Wissenschaften unter ihren Unterthanen
machten, so kann man sowohl denen Peters des Ersten,
als Karls des Großen das Lob der Zweckmäßigkeit und
der Gemeinnützigkeit nicht versagen. Auch ließ weder
dieser noch jener sich von dem Geiste der Kargheit verleiten, diese Anstalten, durch die so große Zwecke erreicht
werden sollten, nach kleinlichen Planen anzulegen. Letztere
sind immer ein Behuf der Eitelkeit, die gern scheinen
möchte, etwas gethan zu haben, wenn der Geiz ihr immer
aufpassend zur Seite steht, und sie nichts bedeutendes
thun läßt.

[36] Die Winde genauer einzutheilen ist Bedürfniß der See-
leute. Die Sachsen, Dänen und Normänner, die viel
auf der See waren, hatten ohne Zweifel schon Namen für
die verschiedenen Winde. Den Franken fehlte es daran,
weil sie keine Schiffahrt hatten. Als Karl unter andern
Anstalten gegen die Dänen, auch Schiffe bauen ließ, die
Küsten zu bewachen, so erkannte er wahrscheinlich die
Noth-

Grammatik. Aber man erlaube mir dieses seines doppelten Verdienstes hier bloß zu erwehnen. Ich möchte
nicht gern wiederholen, was ich bey einer andern Gelegenheit darüber gesagt habe. Der Leser, den die Sache
intereßirt, wird es hoffentlich entschuldigen, daß ich ihn
auf meine deutsche Culturgeschichte (das vierte und zehnte
Kapitel) verweise ³⁷).

§ 4   Auch

Nothwendigkeit, die Winde durch besondere Namen zu
unterscheiden. Vielleicht bildete er diese Namen nach denen,
die schon bey den Sachsen und Dänen gebräuchlich waren.

³⁷) Nachdem wir so viel rühmliches von Karls Neigung zu
den Wissenschaften und von seinem Eifer für sie gehört
haben, so wird es manchem eine ganz unerwartete und
seltsame Frage scheinen, ob Karl auch selbst habe schreiben
können? Nicht vom Buch- oder Briefschreiben, vom Darstellen seiner Gedanken durch geschriebene Worte, ist die
Rede, sondern vom Bilden der Schriftzüge vermittelst
Feder und Tinte, oder eines Griffels. Viel ist pro et
contra darüber gestritten, ob Karl in diesem letzten Sinn
habe schreiben können. Noch Gaillard in seiner zu Paris
1782 gedruckten Geschichte hat eine eigne Abhandlung darüber (vol. III. p. 248-261.) Die Stelle beym Eginhard, die zu diesem Streit Anlaß gegeben, lautet (c. 25.)
so: Tentabat et scribere, tabulasque et codicillos ad
hoc in lecticulo sub cervicalibus circum ferre solebat,
ut cum vacuum tempus esset, manum effigiandis litteris assuesceret; sed parum prospere successit labor prae-
posterus ac sero inchoatus. Worte können nicht deut-
licher seyn, als diese sind. Karl übte sich, wenn er Muse
hatte, im Schreiben, aber es wurde ihm schwer. Wenn
einem eine gewisse Verrichtung schwer wird, folgt daraus,
daß er gar nicht damit fertig werden könne? Ich kenne
Gelehrte, denen es sauer wird, wenn sie etwas leserlich
schreiben sollen. Karl war in seiner Jugend nicht im
Schreiben unterrichtet: Schreiben, wie andere Fertigkeiten, z. E. Zeichnen und Musik erfordern frühe Uebungen. Karl war aber standhaft in diesen seinen spät ange-

fange-

Auch die ſchönen Künſte liebte Karl und beförderte
ſie. Seit dem Untergange der alten Theatra hatte ſich
die Muſik nur durch den glücklichen Umſtand erhalten,
daß man ſeit Pabſt Gregorius dem I. eine Hauptſache daraus beym chriſtlichen Gottesdienſt machte. Dieſer Pabſt
ließ ſich ſehr angelegen ſeyn, dem Kirchengeſange eine
vollkommnere Einrichtung zu geben. Er hat bekanntermaßen ſowohl die Terte als die Compoſitionen geſammelt,
die noch in der römiſchen Kirche gebraucht werden. Durch
die Singſchulen, die er anordnete, wurde in Rom und
Italien eine ſchöne Art zu ſingen eingeführt. Die nordiſchen Völker, deren Sprache ſchon meiſtens ſehr rauh iſt,
hatten eine noch rauhere Art zu ſingen. Nichts war dem
zärtlichen Ohre der Römer und Italiener unangenehmer,
als die brüllende, die donnernde Stimme der Franken
und andrer Deutſchen, das dieſe Singen nannten.
Karl empfand den Unterſchied zwiſchen dem rührenden
Geſange der erſten und dem Geſchrey der letzten. Er
gab ſich viel Mühe ſeine Franken zu bewegen, ſich an
jene beſſere Art zu gewöhnen. Aber das Gehör muß
weit mehr geübt werden, als das Auge, ehe es das
Schöne von dem Häßlichen unterſcheiden lernt. Die
Fran-

---

fangenen Uebungen; ſie mußten ihm alſo doch einiger-
maßen, wiewohl mit vieler Mühe gelingen. Endlich wenn
ſie ihm auch gar nicht gelungen wären, wenn man auch
Karls Ehre in den Augen jenes Gelehrten, der ſich nicht
genug wundern konnte, tam doctum principem ſcribere
neſciuiſſe, nicht zu retten wüßte, ſo kann man doch ohne
ſelbſt ſchreiben zu können, viel Geſchriebnes geleſen und
dadurch ſeinen Verſtand mit vielen Kenntniſſen und Ideen
bereichert haben. Leſen aber konnte Karl ſehr gut. Eginhard ſagt: (c. 16.) Legendi atque pſallendi diſciplinam
diligentiſſime emendauit, erat enim vtriusque admo-
dum eruditus.

Franken wollten die Vorzüge des römischen Gesanges nicht einsehen. Ohne Karls Standhaftigkeit würden sie bey ihrer rohen Manier geblieben seyn. Er stiftete zwey Singschulen zu Soissons und Metz. Die hier gebildeten Singemeister wurden in den Provinzen angesetzt. Auch wurde Unterricht im Orgelspielen gegeben [38]. In der Geschichte der Musik sind diese Singschulen Karls des Großen merkwürdig, weil durch sie die eigentliche Kunst der Musik in Europa allgemein verbreitet wurde.

Die schönen Werke der Baukunst, die Karl allenthalben in Italien erblickte, konnten nicht fehlen, seine Nacheiferung auch in diesem Stücke zu erwecken. Er fühlte bey ihrem Anblick, daß es keine dauerhaftere, keine rührendere Denkmäler von der Größe längst vertilgter Völker geben kann. Er fieng nach seiner Zurückkunft an, verschiedene große und prächtige Palläste bauen zu laßen, von welchen der zu Aachen der vorzüglichste war. An eben diesem Orte ließ er der Mutter Gottes zu Ehren, eine Kirche aufführen, die von Eginhard als ein Gebäude von bewundernswürdiger Schönheit beschrieben wird. Jener Pallast und diese Kirche sind die ersten beyden auf deutschem Boden von einem deutschen Fürsten aufgeführten Gebäude, bey denen Marmorsäulen, Bildhauerarbeiten, silberne und goldene, oder wenigstens

L 5   ver-

---

[38] Monach. Engolism. ad a. 787. Recueil p. 185. Der Herausgeber führt daselbst in der Note a) seine Stelle aus dem Durandus an, nach welcher Karl sogar Drehungen und Leibesstrafen angewandt haben soll, den Widerwillen der fränkischen Geistlichen gegen den römischen Gesang zu bezwingen. So weit trieb hoffentlich Karl den Eifer in Sachen des Geschmaks nicht, um darüber zu despotischen Mitteln zu greifen.

vergoldete Verzierungen angebracht waren. Aus den
Beschreibungen der Zeitgenoßen sieht man, welche Eindrücke diese beyden Werke durch ihre Größe und durch
die Mannigfaltigkeit ihrer Pracht auf rohe Völker, deren
Sinn für Werke der Kunst zu erwachen anfieng, machen
mußten. Ein Vitruv, oder selbst der geringste der Bau-
meister aus dem Zeitalter des Augustus würde vermuthlich, wenn er beyde Gebäude gesehen hätte, gelächelt oder
geseufzet haben, wie europäische Kunstkenner lächeln oder
sich betrüben, wenn sie in türkischen Staaten die Trüm-
mer ehemaliger griechischer Tempel geschmacklosen Mo-
scheen oder Harems zu Verzierungen dienen sehen. Zu
jenen Gebäuden zu Aachen wurden Quadersteine aus den
Mauern von Verdün, Musivarbeiten und Marmorsäulen aus den Ruinen des alten kaiserlichen Pallastes zu
Ravenna geholt. Die Thore und Gitterwerke waren
von Bronze; die Geräthe und Leuchter sollen von Silber
oder Golde; oben auf einer Kuppel der Hauptkirche soll
eine Kuppel von massivem Golde [39] gewesen seyn. Der
Pallast wird uns von ungeheuerm Umfange vorgestellt.
Hier sollen nicht allein für alle zum Hofe gehörige Personen, sondern auch für alle Große, für alle Vasallen,
für alle Bischöffe, für alle angesehne Personen geistlichen
und weltlichen Standes, die beständig aus den Provinzen
nach Hofe kamen, hinlängliche Zimmer gewesen seyn.
Sodann waren in diesem Pallaste die verschiedenen großen Säle, wo die großen Reichsversammlungen, die
besondern Versammlungen der Bischöffe und der Vasallen,
und die Gerichtssitzungen, worin der Monarch selbst Recht
sprach, gehalten wurden. Ein Cabinet des Monarchen
habe

---

[39] Gaillard argwöhnt und mich dünkt mit Recht, daß
vieles, was man damals für massives Gold ansah, nur
Vergoldung war. (vol. II. p. 309.)

habe eine solche Lage gehabt, daß er alle in diese verschiedenen Säle und Zimmer Ein- und Ausgehende habe
bemerken können. Der vielen Säulengänge und Gallerien,
wie auch der Gebäude für die Leibwache und für die geringen Hofbedienten nicht zu gedenken. Schon fiengen
die Bewunderer und Schmeichler an, Aachen das zweyte
Rom zu nennen, oder doch zu prophezeyen, daß ein zwey-
tes Rom aus ihm entstehen würde ⁴⁰).

Aachen

---

⁴⁰) Verſus de Carolo Magno et Leonis Papae ad eun-
dem aduentu. Recueil p. 389. ſeq.

- - - - - - - - - - ubi Roma ſecunda
Flore nouo ingenti (oder ingenii) magna conſurgit
      ad alta
Mole, tholis muro praecelſis ſidera tangens
Stat pius arce procul Carolùs, loca ſingula ſignans,
Altaque diſponens venturae moenia Romae.

Diese Verſus, es ſind ihrer fünf hundert und einige
dreyßig, scheinen ein Fragment aus einem epiſchen Gedichte
zu seyn. Canifius, der es zuerſt aus einer Handschrift zu
St. Gallen, herausgab, hielt Alcuinen für den Verfaſſer.
Basnage machte dagegen die Einwendung, der Verfaſſer
müße bey der Ankunft des Pabſtes zu Paderborn zugegen
geweſen seyn, weil er ſie als ein Augenzeuge beschriebe;
Alcuin aber sey nicht dabey zugegen geweſen; er wollte
um die Zeit Alters wegen seine Zelle zu Tours nicht verlaſſen, er habe also das Gedicht nicht schreiben können.
Dieser Grund iſt nichts weniger als entſcheidend. Baſ-
nage scheint den Dichter wie einen Geschichtſchreiber be-
urtheilt zu haben. Jener, wenn er nicht ein bloßer Vers-
macher iſt, spricht immer mit der Lebhaftigkeit eines Augenzeugen; wer wird daraus schließen, daß er würklich Augenzeuge alles deſſen, was er erzählt, geweſen sey? — Alcuin
kann das Gedicht geschrieben haben, seine Abweſenheit
von Paderborn und seines Alters ungeachtet. Er hatte
in seinem Alter noch immer einen muntern feurigen Geiſt.
Indeſſen aus dem Umſtande, daß die Handschrift, das

Ge-

Aachen war wegen der warmen Bäder, Karls lieb-
ſter Aufenthalt, zumal in ſeinen letzten Jahren. Er
ließ dieſen Bädern alle die Bequemlichkeit und Schönheit geben, die man zu ſeiner Zeit erdenken konnte. Er
fand ein beſonderes Vergnügen daran, in großer Geſellſchaft

Gedicht Alcuinen beylegt, folgt nicht, daß er würklich der
Verfaſſer ſey. Man hat es ihm vielleicht in den folgenden
Jahrhunderten erſt beygelegt, da nur ſein Name allein
noch recht bekannt, die Namen aber der übrigen Dichter
an Karls Hofe vergeſſen waren. Wenn Angilbert den
Beynamen Homer um ſeiner Talente willen zur epiſchen
Dichtkunſt führte, ſo ſind dieſe Verſe wahrſcheinlich von
ihm. Doch ſie mögen ſeyn, von wem ſie wollen, ſo beweiſen ſie, daß die Akademie an Karls Hofe die ſchönen
Wiſſenſchaften nicht bloß zum Behuf der Religion cultivirte, daß durch die Leſung der Alten doch einige Funken
von Genie entzündet wurden. Wir finden in dieſen Verſen einen Nachahmer Virgils, auf deſſen Phantaſie wenigſtens die ſchönen Gemälde in der Aeneide keine ſchwache
Eindrücke gemacht hatten. Er beſchreibt das Gemälde bey
den Bayten zu Aachen, wie Virgil das zu Karthago; eine
Jagdpartey Karls, wobey ſeine Gemahlin, Söhne und
Töchter zugegen ſind, wie Virgil die Jagd der Dido und
die Wettkämpfe der Trojaner. Die Söhne, und noch
mehr die Töchter werden charakteriſirt, und man ſieht in
ihren Charakteriſirungen das Verlangen des Dichters mit
ſeinen Gemälden Beyfall auch bey dem Frauenzimmer zu
erhalten. Man wird mit Vergnügen viel Züge von Genie
und allenthalben eine gewiſſe Lebhaftigkeit der Darſtellung
bemerken. Freylich ſind die Verſe nicht ſehr harmoniſch,
und die Sprache iſt ſchwerfällig und hart.

Außer den Chroniken, die der Erbauung der Hauptkirche und des Pallaſtes nur chronologiſch erwehnen,
findet man umſtändliche Nachrichten von dieſen Gebäuden
beym Hincmar de ordine Palatii c. 27. ap. Du Chesne
T. II. p. 487. beym Monach. Sangall I. 32. Recueil p.
119. Eginh. Vita Caroli M. c. 17.

ſchaft zu baden. Bey Mainz ließ er eine Brücke über
den Rhein bauen, die, ungeachtet ſie von Holz war, für
ein ſchönes und dauerhaftes Werk gehalten wurde. Man
baute zehn Jahr daran, wenn einem ſpätern Chronikenſchreiber zu glauben wäre [41]). Sie brannte ein Jahr
vor ſeinem Tode ab; er gieng darauf mit dem Gedanken
um, ſie von Stein wieder herzuſtellen. Sein Tod verhinderte es [42])

Die Reiſe Karls nach Italien, von der bisher die
Rede geweſen, und ſeine Beſchäftigungen mit den innern
Angelegenheiten ſeiner Staaten könnten die Vermuthung
erwecken, daß er dieſe Zeit über Ruhe von auswärtigen
Feinden genoſſen habe. Allein die Sachſen hatten in den
Jahren, die ſeit 777 verfloßen waren, nichts weniger
als die verſprochne Unterwürfigkeit bewieſen.

Karl war eben auf dem Rückwege von ſeinem ſpaniſchen Feldzuge: ſein Schmerz über den Verluſt, den er
in den Pyrenäen erlitten hatte, war noch neu, als er die
Nachricht bekam, daß die Sachſen einen grauſamen Einfall

---

[41]) Eben dieſer hat den beſondern Umſtand, Erzbiſchof Ri-
chulf von Mainz habe die Brücke mit Fleiß abbrennen
laſſen, weil — des Nachts Räuberey darauf getrieben
worden. *Mariani S. 011 Chronic.* 814. Recueil p. 376.
Dieſer Chronikenſchreiber erzählt, im Jahr 802 ſey das
morgenländiſche Weltmeer in einer Strecke von hundert
Meilen funfzig Ellen tief zu Eis gefroren. Die Dumm-
heit, dieſes zu glauben und in einer Chronik mit anzuführen, war wohl nicht größer, als für wahr zu halten, daß
eine große und koſtbare Brücke auf Befehl eines Erzbiſchofs
deswegen verbrannt ſey, weil des Nachts Räuberey darauf
getrieben worden.

[42]) Eginh. Vita Caroli M c. 17.

fall in das Fränkische gethan hätten. Wittekind war der Stifter dieses Unternehmens. Er hatte, wie oben erwehnt worden, auf dem Reichstage zu Paderborn nicht erscheinen wollen; er war nach Dännemark gegangen, bey den dortigen Völkern Hülfe zu suchen. Er kam im Jahr 778 zurück. Es sey, daß er die Sachsen durch die Hofnung dieses dänischen Beystandes auf seine Seite brachte, oder daß er ihnen Karls spanischen Feldzug als eine vortheilhafte Gelegenheit vorstellte, oder was er sonst für Gründe brauchte, sie ließen sich von ihm bereden. Sie fielen in Franken ein, kamen bis an den Rhein, suchten vergeblich hinüberzugehen, brannten, mordeten und verfuhren so, daß es sichtbar war, wie ein damaliger Verfasser sich ausdrückt [43], daß sie nicht Beute zu machen, sondern ihre Rachgier zu befriedigen, gekommen wären. Karl schickte, sobald er diese Nachricht erfuhr, Befehle in die östlichen Provinzen seines Reichs, daß alle die zu Kriegsdiensten verpflichtet waren, gegen die Sachsen aufbrechen sollten [44]. Auf die Annäherung dieser

[43] Annal. Eginh. ad a. 778.

[44] Einige Nachrichten stellen die Sache so vor, als ob Karl mit demselbigen Heere, mit dem er in Spanien gewesen, die Sachsen zurückgetrieben hätte. In dem Fall hätte sein Heer im Frühjahr den Feldzug mit einem Marsche über die Pyrenäen eröffnet, im Sommer am Ebro gefochten, hätte sich im Herbst schon wieder am Rhein befunden, und den Feldzug mit Siegen an der Weser geendigt. Dieses wäre dann in der That eine erstaunende Schnelligkeit, die wahrscheinlich auch einem heutigen Feldherrn Ehre machen würde. Schnelligkeit in seinen Operationen war allerdings der Character Karls, als Feldherr betrachtet. Es ist aber doch glaublicher, daß es zwey verschiedene Heere waren, die in Einem Jahr jenseits der Pyrenäen und an der Weser agirten.

dieſer Truppen zogen ſich die Sachſen zurück. Sie wurden bey der Eder im Heßiſchen eingeholt und geſchlagen.
Dieß geſchah gegen das Ende des Jahrs 778. Karl
ſelbſt blieb den Winter zu Heerſtal. Im folgenden Frühjahr gieng er mit einem Heere bis an die Lippe, ſchlug
die Weſtphalen bey Bocholt, nahm ihre Unterwerfung
an, ſetzte ſeinen Zug bis an die Weſer fort und nahm
ſein Lager bey einem Orte, Medufulli. Hier ſtellten ſich
Geſandten der Oſtphalen und Angrarier ein. Karl ließ
ſich zur Verſicherung ihrer Aufrichtigkeit, Geiſeln von
ihnen geben, und verlangte, daß die ſämtlichen Völker
der Sachſen ſich im folgenden Frühjahr, 780 zu Hooch-
heim verſammeln ſollten, um ſich mit ihm über den neuen
Frieden zu vergleichen.

Keiner der Verfaſſer erwehnt bey dieſer Gelegenheit
etwas von Wittekind. Es iſt wahrſcheinlich, daß er
wieder nach Dännemark gegangen war. Denn wir werden bald ſehen, daß er im Jahre 782 von daher zurückkam. Er hatte ohne Zweifel Eigenſchaften, die ihm
großen Einfluß bey ſeinem Volke verſchaften. Daher
gelung es ihm, ſie oft zu bereden, ihre Unternehmungen,
ob ſie gleich jedesmal unglücklich abliefen, mit immer
neuem Muthe zu wiederholen. Allein die Geſchichte er-
wehnet auch nicht eines einzigen Zuges, der ihm den
Namen des größten Feldherrn ſeiner Zeiten, den ihm
einige Neuern gegeben haben, verdienen könnte ⁴⁵).
Wir finden nichts, das zum Beweiſe ſeiner Tapferkeit
oder der Klugheit ſeiner Anſtalten dienen könnte ⁴⁶).

So

---

⁴⁵) Velly Hiſtoire de France in dem Abſchnitt von Charlemagne unter dem Jahr 777. T. I. p. 218 der Edition
   in 4. von 1770.

⁴⁶) Gaillard macht folgendes Gemälde von Wittekind (vol. II.
   p. 227.) „die Sachſen, nie zur Unterwürfigkeit geneigt,
   „waren

So oft die Sache ſeiner Landsleute eine ſchlechte Ausſicht bekam, floh er nach Dännemark. – Die Haupt-
urſache

„waren es am weuigſten, ſeitdem ſie jene lebendige Irmen-
„ſäule, jenen neuen Arminius, jenen Wittekind an der Spitze
„hatten, der durch ſeine Talente, durch ſeine Tapferkeit,
„durch ſeine Tugenden ſo würdig war, ein Rival von Karl
„dem Großen zu ſern, und für den man ſich noch mehr
„wie für Karln intereßiren muß, weil er für die Freyheit
„focht. Dieſer eben ſo beredte als brave Mann hörte nicht
„auf, die Sachſen zur Vertheidigung ihres Landes auf-
„zumuntern, ſeine Reden, von Freyheitsfeuer beſeelt,
„mußten Herzen, die für die Freyheit geboren waren,
„leicht entflammen, leicht dahin reißen. Gegen die Fran-
„ken hatte er, weil ſie allenthalben erobern, allenthalben herr-
„ſchen wollten, einen eben ſo lebhaften Haß, als Hanni-
„bal einſt gegen die Römer gelobt hatte“. Ein ſchönes,
glänzendes Gemälde, aber iſt es ähnlich? Ich will Wittekinden weder Talente, noch Tapferkeit, noch Tugenden ab-
ſprechen; aber daß er ſie würklich beſaß, dieſes ſind ich
durch kein einziges Zeugniß der alten Geſchichtſchreiber erwieſen. Und die Thatſachen, die ſie von ihm anführen,
enthalten wenigſtens nichts, was eine große Idee von ihm
veranlaſſen könnte. Doch Eine gute Eigenſchaft ergiebt
ſich aus ſeinem Betragen, wie gleichzeitige Geſchichtſchreiber es beſchreiben: Standhaftigkeit in ſeinen Geſinnungen,
und dieſe Eigenſchaft iſt oft, aber nicht nothwendig, nicht
immer von Muth, Tapferkeit und andern Tugenden des
Geiſtes und Herzens begleitet. Wenn ſeine Landsleute
ſich, ſo oft das Glück auf Karls Seiten tritt, faſt zu
leicht, zu muthlos unterwerfen; ſo flieht Wittekind lieber
über die Elbe zu den Dänen. Er kann ſich nicht dazu
verſtehen, eine Unterwürfigkeit zu bezeugen, die ſein Herz
verabſcheut, und die er nie zu leiſten geſonnen iſt. Hingegen ſobald er von der Nothwendigkeit, die fränkiſche
Oberherrſchaft anzuerkennen, und von der Wahrheit der
chriſtlichen Religion überzeugt iſt, ſo thut er die Schritte,
wozu ihn vorher nichts auf der Welt bewegen könnte. Er
unterwirft ſich Karln; er läßt ſich taufen, und nun bleibt
er

urſache des Unglücks der Sachſen ſcheint geweſen zu
ſeyn, daß nie Einigkeit unter ihren verſchiedenen Völkerſchaften herrſchte.　So oft Karl gegen ſie anrückte,
finden wir, daß die drey Völker, Weſtphalen, Oſtphalen und Angrarier, ſtatt mit vereinigten Kräften nach
einem gemeinſchaftlichen Plane zu verfahren, jedes den
allgemeinen Feind innerhalb ſeiner eigenen Gränzen erwartet, und mit ihm ſchlägt, oder ſich mit ihm ver-
gleicht, ohne ſich um die beyden andern zu bekümmern.
Dieſer Umſtand beweiſt, daß Wittekind, bey ſeinem übrigen großen Einfluß, nicht Geſchicklichkeit genug beſaß,
ein zweckmäßiges Bündniß zur gemeinſchaftlichen Vertheidigung unter dieſen Völkern zu Stande zu bringen.

Nachdem Karl den Winter in Worms zugebracht
hatte, begab er ſich im Frühling 780 mit einem großen
Heer über die Weſer, und nahm ſein Lager bey Horheim.
Die Sachſen verſammelten ſich, ihrem Verſprechen gemäß, und unterwarfen ſich.　Viele wurden getauft [47].
Die Bedingungen waren vermuthlich keine andre, als
die in dem Kapitulare de partibus Saxoniae enthalten
ſind.

er ſowohl dem Monarchen, als ſeinem neuem Gotte eben
ſo treu, als vorher ſeiner väterländiſchen Freyheit und ſeinen väterländiſchen Göttern.　Dahingegen die Sachſen
überhaupt öfter, nachdem ſie Karls Unterthanen geworden
und getauft waren, ſich wieder empörten, das Heidenthum
wieder annahmen, und das Chriſtenthum verfolgten.
Allein die Geſchichte bietet uns Exempel dar, daß eine an
ſich lobens-, ja bewundernswürdige Standhaftigkeit nicht
immer mit Genie und Talenten, nicht einmal immer mit
andern großen Tugenden verknüpft iſt.　Hieher gehören
Dion und Brutus in der alten, Philip II. und Jacob II.
in der neuern Geſchichte.
[47] Annal. Eginh. a. 780.

Hegewiſch Geſch.　　　M

ſind. Bey dieſem Kapitulare iſt das Jahr, da es geſchrieben worden, nicht angezeigt, wie ſonſt bey den
meiſten übrigen. Es iſt aber wahrſcheinlich in dem Lager bey Horheim im Jahr 780 gegeben worden. Wenigſtens findet ſich in der Geſchichte des Sachſenkrieges
kein ſchicklicherer Zeitpunkt, den man für die Abfaſſung
dieſes Kapitulare anſetzen könnte. Die Artikel dieſes
Vergleichs betrafen theils die Verhütung neuer Empö-
rungen, theils die Ausbreitung der chriſtlichen Religion
unter den Sachſen. In Anſehung des erſten Punkts
mußten die Sachſen jetzt einwilligen, daß ihr Land von
nun an durch fränkiſche Grafen ſollte regiert werden,
und es wurde feſtgeſetzt, daß das Vermögen desjenigen,
der einen ſolchen Grafen tödten, oder andere, ihn zu
tödten, verleiten würde, dem königlichen Fiſcus anheim
fallen ſollte. Hiernächſt wurde den Sachſen verboten,
ihre bisherigen Verſammlungen oder Landtage zu halten,
außer wenn ſie durch einen königlichen Bevollmächtigten
dazu berufen würden. Durch dieſe beyden Artikel wurde
in der That die Freyheit der Nation völlig aufgehoben;
die Sachſen wurden Unterthanen der Franken.

Es iſt zu wünſchen, daß Karl wenigſtens bey den
Artikeln, welche die Pflanzung der Kirche betrafen, Mäßigung bewieſen hätte. Aber in der That können einige
derſelben nicht entſchuldigt werden. Die Vernunft und
der wahre Geiſt des Chriſtenthums verabſcheuen ſie.
Es wurde feſtgeſetzt, daß die chriſtlichen Kirchen, die
nun in Sachſen gebaut würden, eben ſo heilig und noch
heiliger, als ihre bisherigen Götzentempel ſollten gehalten werden. Derjenige, welcher einen chriſtlichen Geiſtlichen tödten würde, ſollte Todesſtrafe leiden. Eben die
Strafe ſollte diejenigen treffen, welche ihren vermeinten
Gottheiten Menſchenopfer bringen würden. In ſo weit
hatte

hatte die Billigkeit noch Antheil an diesen Verordnun=
gen; aber nun wurde hinzugefügt: den Tod sollen auch
diejenigen leiden, die den Körper eines Verstorbnen nach
heidnischen Gebräuchen verbrennen; diejenigen, die, um
nicht getauft zu werden, sich verbergen; diejenigen, die
zur Verachtung der christlichen Religion, in den Fasten
Fleisch genießen würden. Wer sein neugebornes Kind
nicht innerhalb einem Jahre zur Taufe brächte, sollte
eine beträchtliche Summe Geldes zur Strafe bezahlen.
Wer hingegen aller dieser Verbrechen schuldig, sich zum
Priester verfügen, sich von ihm taufen lassen, oder sich,
wenn er schon vorher getauft worden, der Kirchenbuße
unterwerfen würde, dem sollte die Strafe erlassen wer=
den. Es ist in unsern Zeiten glücklicherweise nicht mehr
nöthig zu zeigen, wie unzweckmäßig, wie unchristlich,
wie abscheulich diese Verordnung war. Auch bedarf es
keine Beredtsamkeit mehr den Unwillen des Lesers gegen
solche Maaßregeln zu erregen. Man braucht nur zu sagen,
worin sie bestanden, um diese Würkung hervorzubringen.

In dem folgenden Jahre 781 soll Karl die acht
Bisthümer Bremen, Verden, Minden, Halberstadt,
Hildesheim, Paderborn, Münster und Osnabrück ge=
stiftet haben. Gestiftet sind sie gewiß von Karln unge=
fehr in diesen Zeiten: nur die Jahre ihrer Stiftung lassen
sich nicht bestimmt angeben.

Die Stiftung der Bisthümer in Deutschland ist
überhaupt in zweyfacher Hinsicht eine der wichtigsten
Epochen in der Geschichte unsers Vaterlandes.

Aus diesen Bisthümern sind bekanntermaaßen Städ=
ten, aus Volkslehrern — denn das waren die Bischöffe
ursprünglich — sind Fürsten und sogenannte Landes=

herren

herren; aus den Gehülfen dieser Volkslehrer, aus dem
Sänger, dem Schulhalter, u. s. w. sind vornehme
große Herren, genannt Domherren, geworden, die nun
eine Art von Parlement ausmachen, das dem Fürsten
zur Seite sitzt, ja die zu Zeiten sich haben einfallen lassen,
noch etwas mehr als Parlemente seyn zu wollen, die sich
zu Zeiten eine Erb- und Grundherrschaft über die sogenannten geistlichen Länder haben zueignen wollen. Solch
Glück werden Volkslehrer nie wieder machen. Man
wird fragen, wodurch wurde dieses Glück der von Karln
angeordneten Volkslehrer möglich? Was war in der
ersten Anordnung der Bischöffe der Keim, woraus sich
allmälig Landesherrschaft und Reichsstandschaft entwickelte? Dieser Keim war die Wichtigkeit, die Karl
dem Lehramte beylegte. Er hielt die Lehrer, die das
Volk bilden, für eben so wichtig, als die Krieger, die
es gegen auswärtige Feinde vertheidigen und die Richter
oder Obrigkeiten, die es durch Handhabung der Gesetze
wider gegenseitige Beleidigungen schützen. Der Bischof hatte die Oberaufsicht über die Lehrer in seinem
Districte; der Graf über die Kriegsleute und Obrigkeiten in dem seinigen. Die Bischöffe und die Grafen
waren von Anfang an nach Karls Einrichtung Reichsfürsten (Principes) in dem damaligen Sinn des Worts,
das ist, sie waren die vornehmsten Beamten [48]). Wie
aber

---

[48]) S. Mösers osnabrückische Geschichte I Th. der ganze
vierte Abschnitt. Ich weis kein Werk, wo die so merkwürdige Metamorphose, die Verwandlung von Aemtern
in Fürstenthümer so anschaulich dargestellt würde. Es ist
ein meisterhaftes historisches Gemälde. Ich habe irgendwo
die Anmerkung gehört oder gelesen, die individuellen, das
Stift Osnabrück betreffenden Umstände wären darin zu
vorstechend ausgemalt. Dieses dünkt mich nicht. Freylich
würde das Werk allgemeiner intereßiren, wenn der Ver-
faffer

aber aus solchen Beamten unter schwachen Monarchen in Zeiten, wo die Verfassung noch nicht auf bestimmten Gesetzen, sondern auf schwankendem Herkommen beruhte, Reichsfürsten in dem heutigen Sinn des Worts, Landesherrn und Mitregenten werden konnten, dieses ist hinlänglich bekannt, und braucht hier nicht weiter ausgeführt zu werden.

Sodann ist die Stiftung dieser Bisthümer die Epoche, mit der die Geistescultur der Deutschen anfängt. Man könnte sagen, bis dahin waren sie bloß physische Menschen, wenigstens brauchten sie ihren natürlichen Verstand bloß in physischen Dingen, und hatten noch keine Ahndung davon, daß es eine ganze Welt von geistigen Dingen giebt. Noch hatte die Sprache der Deutschen keine Worte für diese Dinge, und es ist der Mühe werth in der Geschichte unsrer Sprache alle die Mühe zu sehen, die angewandt wurde, dergleichen Worte zu finden. In Hinsicht der Cultur wurde die Errichtung der Bisthümer für Deutschland was die Niederlassung der phönicischen und ägyptischen Colonisten für Griechenland gewesen war — erste Ausstreuung des Samens, dessen Entwicklung und Wachsthum in einem nicht sehr fruchtbaren Boden unter einem nicht sehr günstigen Himmel erst nach langen Jahrhunderten erfolgen konnte.

Es ist zu vermuthen, daß ein großer Theil der Sachsen, des langen vergeblichen Widerstandes müde, sich

M 3 *endlich*

faßer seine darin zerstreut angebrachten die Verfassung Deutschlands in jenen Zeiten so treflich erläuternden Anmerkungen gesammelt und in Einem großen Gemälde verbunden hätte.

endlich in ihr Schickſal bequemten. Aber vielen war
das doppelte Joch, das ihnen auferlegt war, unerträglich. Fränkiſche Grafen über ſich geſetzt zu ſehn; ſo be-
ſchwerliche Kriegsdienſte in ſo entfernten Ländern leiſten
zu müſſen; zu ſehen, daß Tempel unter ihnen erbaut
wurden, einem Gott zu Ehren, den ſie verabſcheuten;
zu dieſem Bau helfen zu müſſen; an die Diener dieſes
Gottes den Zehnten von allem ihrem Haab und Gut bezahlen zu müſſen, dieß waren Kränkungen, die nicht
fehlen konnten den Haß gegen die Franken deſto lebendi-
ger bey ihnen zu erhalten, je mehr ſie ihn verbergen
mußten. Es ſchien aber nicht, daß ſie jemals wieder
etwas würden unternehmen können, weil ihnen alle Zu-
ſammenkünfte verboten waren. Karl ſelbſt, aus Vertrauen zu ihrer nun dem Anſchein nach ruhigen Unterwerfung, gab ihnen die günſtigſte Gelegenheit, eine neue
Verſchwörung wider ihn einzugehn. Die Soraben,
ein ſlaviſches Volk zwiſchen der Elbe und Saale thaten
einen Einfall in das angrenzende Sachſen. Karl gab
darauf den Grafen in dieſen Gegenden Befehl, die Soraben mit der vereinigten Mannſchaft der Sachſen und
Franken zu vertreiben. Dieſen Umſtand nutzten die
Sachſen. Satt an den beſtimmten Ort zu den Franken zu ſtoßen, verſammelten ſie ſich auf der nördlichen
Seite eines Berges an der Weſer, der damals unter
dem Namen Suntal bekannt war. Wittekind, der eben
aus Dännemark zurückgekommen war, hatte ſie bewogen, den Krieg gegen die Franken noch einmal zu wagen.

Karl hatte drey ſeiner vornehmſten Kriegsoberſten,
Adalgis, Geilo und Wuorad abgeſchickt, das Heer gegen
die Soraben anzuführen. Wie dieſe mit der fränkiſchen
Mannſchaft an die ſächſiſche Grenze kamen, ſo erfuhren
ſie den neuen Aufſtand der Sachſen. Sie beſchloſſen,
lieber

lieber gleich diese Aufrührer aus einander zu treiben, als
den Soraben, deren Streifereyen sie für weniger gefährlich hielten, entgegen zu gehn. Eben der Meinung war
Graf Thederich, der, auf die erhaltene Nachricht von
diesem Abfall der Sachsen mit einigen Truppen vom
Rhein aufgebrochen und zu den genannten drey Feldherren gestoßen war.

Thederich war ein Verwandter des königlichen Hau-
ses. Diese Verwandtschaft und sein eigenes Verdienst
gaben ihm ein Ansehn, das der Ehrgeiz jener drey nicht
ertragen konnte. Sie bildeten sich ein, daß sie die
Sachsen ohne seinen Beystand hätten bezwingen können.
Es kränkte sie daher, daß seine Gegenwart den Ruhm,
mit dem sie sich geschmeichelt hatten, verdunkeln würde.
Thederich machte den Plan, daß sie mit ihrer Mannschaft suchen sollten, den Sachsen in den Rücken zu kommen. Dieses thaten sie. Allein statt verabredeter-
maaßen ihm nun Nachricht zu geben, damit er auch auf
seiner Seite zugleich mit ihnen, den Angrif hätte thun
können, eilten sie, ohne ihm etwas wissen zu lassen, auf
das feindliche Lager zu, für nichts anders besorgt, als
daß Thederich keinen Antheil an dem Siege bekommen
möchte. Die Sachsen hatten von der Annäherung des
Grafen Nachricht; sie waren nicht allein zur Gegenwehr
bereit, sondern hatten auch eine solche Stellung genommen, daß sie die Franken umringten, und bis auf einige
wenige niederhauten. Außer Adalgis und Geilo blieben
vier andere Grafen und zwanzig der angesehensten Officiere auf dem Platz [49]).

Aber entweder dieser Sieg mußte den Sachsen selbst
viel Menschen gekostet haben, oder sie verstanden nicht,

M 4 ihn

[49]) Annal. Eginh. ad a. 782.

ihn zu nußen. Statt nun etwas gegen Thederichen zu
unternehmen, oder Vertheidigungsanſtallten gegen Karln
zu machen, von dem ſie gewiß ſeyn konnten, daß er dieſe
Niederlage nicht ungeahndet laſſen würde, blieben ſie in
einer unbegreiflichen Unthätigkeit. Und ſchnell war Karl
mit einem ſtarken Heere mitten in ihrem Lande. Er be-
trachtete ſie aber diesmal nicht als eine feindliche Nation,
mit der er ſich in Unterhandlung einlaſſen könnte, ſondern als Rebellen, die wegen begangener Verrätherey
Strafe verdienten. Er foderte die vornehmſten Sachſen wegen dieſes treuloſen Aufſtandes zur Rechenſchaft.
Alle beſchuldigten Wittekinden als den Urheber; aber aus-
liefern konnten ſie ihn nicht, weil er abermals nach Dännemark gefloben war. Karl verlangte darauf, daß ſie
ihm alle diejenigen, die an der Verrätherey Theil genommen hatten, übergeben ſollten. Dieß geſchah. Vier
tauſend und fünf hundert Sachſen wurden ausgeliefert, und an einem Tage in Karls Lager bey Ferden an
der Aller enthauptet 50).

Man müßte alles menſchlichen Gefühls beraubt
ſeyn; man müßte den Ruhm eines ſcharfſinnigen Ver-
theidigers gewiſſer Perſonen, Charactere oder Handlungen, auf Koſten ſeines Herzens erwerben wollen, wenn
man die Grauſamkeit dieſer Handlung auf irgend eine
Weiſe zu entſchuldigen ſuchte. Es iſt nicht möglich, ſie
zu erzählen, ohne den lebhafteſten Abſcheu dagegen zu
bezeugen. Es iſt ſchwer, nach dieſem barbariſchen Auf-
tritt, ſich mit Karln wieder auszuſöhnen. Es würde
unmöglich ſeyn, wenn das, was einige Neuere behaupten,
gegründet wäre. Karl, ſagen ſie, habe dieſe Grauſamkeit mit kaltem Blute verrichten laſſen. Dieß iſt nicht
mög-

50) Ibid.

möglich. So etwas zu behaupten, muß man auf die
Reihe der vorhergegangenen Begebenheiten, die ihn zu
dieser That fortrissen, nicht die mindeste Aufmerksamkeit
gerichtet haben. Es ist offenbar, daß Karl dießmal
ganz von Zorn beherrscht wurde. Zu einer Zeit, da er
der Treue der Sachsen so gewiß zu seyn glaubt, daß er
sich ihrer gegen andere feindliche Völker bedienen will,
erfährt er ihren abermaligen Abfall, der ihm zwey seiner
besten Feldherren und eine beträchtliche Anzahl Truppen
kostet. Es konnte nicht fehlen, diese unerwartete Nachricht mußte ihn aufbringen, wie sie jeden andern an seiner
Stelle würde aufgebracht haben. Unglücklicherweise aber
überließ er sich dießmal seinem Unwillen ohne alle Mäßigung.

Es war vermuthlich eine Wirkung dieser barbarischen
Handlung, daß alle sächsische Völkerschaften im Anfange
des folgenden Jahrs 783 mit mehr Einigkeit und Ent-
schloßenheit, wie jemals, die Waffen wider die Franken ergriffen. Ihre Absicht scheint gewesen zu seyn, in
das Fränkische einzudringen. Karl gieng ihnen, ehe er
noch alle seine Truppen beysammen hatte, mit einem
Theil derselben entgegen. Es kam bey einem Orte, den
die damaligen Verfasser Thietmelle nennen, und der vermuthlich das heutige Detmold ist, zu einer Schlacht.
Die Sachsen mußten sich zurückziehn. Aber auch Karl
gieng nach Paderborn zurück, um daselbst die Ankunft
seines übrigen Heers zu erwarten. Sobald er sich mit
diesem vereinigt hatte, gieng er den Sachsen nach, die
sich an der Hase gesetzt hatten. Er griff sie an und
schlug sie, nachdem sie sich hartnäckig gewehrt hatten.
Allein ungeachtet dieser beyden Siege, die von den fränkischen Verfassern, als sehr blutig beschrieben werden,
widerstanden ihm die Sachsen mit festerm Muth und

wahrſcheinlich mit beſſern Anſtalten, als ſie bis dahin ge-
wieſen hatten.   Denn bey allen den Bemühungen, die
er in dieſem und dem folgenden Jahre lebhaft und ununterbrochen anwandte, weiter zu dringen, mußte er ſich
doch beſtändig nach der Gegend von Paderborn zurückziehn 51).   Endlich gegen das Ende des Jahrs 784
faßte er den Entſchluß, den Krieg den Winter durch fort-
zuſetzen.   Es war das drittemal, daß er etwas ſo un-
gewöhnliches von den Franken zu erhalten wußte.   Er
ſelbſt blieb in Eresburg, wohin er ſeine Gemahlin und
Kinder, ohne deren Geſellſchaft er nie lange ſeyn mochte,
kommen ließ.   Er beſchäftigte ſich während des Winters
auf eine doppelte Art, die Sachſen zu einem Vergleich
zu bewegen.   Durch unaufhörliche Streifereyen, auf
welchen alles verheert und verwüſtet wurde, ſchreckte er
ſie mit der Rache, die er ihnen, wenn ſie ſich ferner
widerſetzten, drohte.

Zugleich aber ließ er ſich mit den vornehmſten Häup-
tern in Unterhandlung ein.   Die meiſten wurden gewonnen.   Selbſt Wittekind fieng an, Friedensvorſtellungen
Gehör zu geben.   Im Frühjahr 785 rückte Karl zeitig
ins Feld.   Er war bis in die Bardengau gekommen, vermuthlich die Gegend bey Bardewick.   Hier bekam er
Wittekinds Erklärung.   Dieſer wollte, ſobald er hinlängliche Sicherheit erhalten hätte, nebſt einem andern
Anführer der Sachſen, Namens Albion, zu einer Unterredung mit Karln nach Franken kommen.   Karl ſchickte
ihnen die verlangten Geiſeln.   Wittekind und Albion
ſtellten ſich darauf ein, giengen mit Karln nach Franken,
und wurden zu Attigny getauft 52).

Das

51) Annal. Eginh. ad a. 783.
52) Annal. Eginh. ad a. 785.

Das ganze übrige Volk der Sachsen folgte dem Exempel seiner vornehmsten Häupter. Es ergab sich. Die Bedingungen scheinen die nemlichen, wie im Jahr 780 gewesen zu seyn. Karl hielt für rathsam, dieses‑ mal weder mehr Gelindigkeit noch Strenge gegen sie zu beweisen.

In eben diesem Jahre wurde eine Verschwörung wi‑ der Karln entdeckt, von der wir zwar keine umständliche Nachricht haben, die aber, nach den allgemeinen Aus‑ drücken der damaligen Verfasser gefährlich scheint gewe‑ sen zu seyn [53]). Der Adel in Ostfranken soll stark dar‑ in verwikelt gewesen seyn. Eginhard erzählt, zu seiner Zeit habe man geglaubt, den Anlaß zu dieser Verschwö‑ rung habe die stolze und herrschsüchtige Gemüthsart der Königin Fastrade gegeben. Aus Gefälligkeit gegen sie habe Karl sich verschiednemal von seiner gewöhnlichen Güte und Gelindigkeit zu einem ganz entgegen gesetzten Verfahren verleiten lassen.

Graf Hartrad war der Urheber oder das Haupt der Verschwörung. Ihre Absicht war wider Karls Leben gerichtet. Sie wurden verrathen, plötzlich überfallen und sämmtlich gefangen. Drey von ihnen, die sich aufs äußerste gewehrt hatten, wurden getödtet. Hartrad und einige der vornehmsten Mitverschwornen wurden geblen‑ det, die übrigen aus dem Reiche verbannt.

Im Anfange des Jahres 786 wurde ein Aufstand der Britannier gedämpft. Die Provinz Britannien scheint von den Gothen, Hunnen und den übrigen Völkern, die

[53]) *Valida conjuratio* Eginh. Vita Caroli M. c. XX. *im‑ modica*. Annal. Eginh. ad a. 785.

die durch Gallien zogen, verſchont zu ſeyn, ſie lag ihnen zu ſehr aus dem Wege. Bis in das fünfte Jahrhundert war ſie bloß von galliſchen Völkerſchaften und vielleicht von römiſchen Koloniſten bewohnt. Damals aber kamen die urſprünglichen Einwohner der Inſel Britannien, die vor den Angelſachſen flohen, in großer Menge über das Meer. Sie bauten ſich an. Die Provinz hat von ihnen ihren jetzigen Namen bekommen. Schon längſt hatten ſie den Königen der Franken einen Tribut bezahlen müſſen, von dem ſie öfter und auch dießmal ſich frey zu machen vergeblich verſuchten. Sie mußten ſich aufs neue unterwerfen ⁵⁴).

Hart und drückend war die Herrſchaft der Franken für die von ihnen abhängigen Völker; ſogar die Thüringer machten einen neuen Verſuch, ſich davon zu befreyen, oder eigentlicher, ſie ſprachen laut und unvorſichtig von der Unerträglichkeit ihrer Dienſtbarkeit, und von den Mitteln, ſich wieder in Freyheit zu ſetzen. Ihre kühnen Reden wurden dem wachſamen Monarchen hinterbracht. Durch ſeine Abgeordneten wußte er die vornehmen Thüringer, vermittelſt Drohungen und Zureden zu bewegen, daß ſie ſich aufs neue unterwarfen. Sie wurden nach Rom und nach andern berühmten Kirchen geſchickt, um über den dort verehrten Reliquien der Heiligen einen neuen Eid der Treue zu ſchwören, weil man einen ſolchen Eid für ſehr kräftig hielt, indem man ſich mehr ſcheute, den Heiligen, bey dem man geſchworen, als Gott ſelbſt durch Nichterfüllung des Eides zur Rache zu reitzen. Auf der Rückreiſe von dieſen heiligen Orten ſollen dieſe erwehnten Thüringer bey Worms angehalten, ihrer Augen beraubt und exilirt, und ihre Beſitzungen ſollen confiſcirt ſeyn. Dieſe

⁵⁴) Annal. Eginh. ad a. 786.

Diese Nachricht finden wir nur bey einem einzigen Annalisten [55]), der nur immer mit zwey, drey Worten die
Begebenheiten anzeigt, bey dieser Stelle aber und bey
der gleich darauf folgenden Erzählung von der Absetzung
des Herzogs Taßilo ziemlich ausführlich ist. Man sieht
keinen Grund, seine Glaubwürdigkeit zu bestreiten. Und
so hätten wir denn ein Exempel, daß der große Monarch, wenn er es für noth hielt, auch treulos und grausam zu seyn wußte.

Von allen übrigen Seiten hatte Karl jetzt Friede.
Er nutzte diese Zeit, seine Oberherrschaft auf Benevent
gelten zu machen.

Wir haben der drey longobardischen Herzoge erwehnt,
die, als das Reich der Longobarden von Karln erobert
wurde, die Kühnheit hatten, ihre Unabhängigkeit von
diesem mächtigen Monarchen behaupten zu wollen. Diese
Verwegenheit hatte den von Friaul um Land und Leben
gebracht. Der von Spoleto, durch diesen unglücklichen
Ausgang abgeschreckt, hatte sich ergeben. Der von
Benevent führte seinen Vorsatz standhaft und mit glücklicherm Erfolge aus, als man hätte erwarten können.
Verschiedene günstige Umstände kamen ihm zu statten.
Friaul war mit fränkischen Provinzen umgeben; Spoleto
lag ihnen sehr nahe: beyde waren von mäßigem Umfange.
Benevent hingegen war ein mächtiger Staat; er begriff
drey Viertheile des Königreichs Neapel; (das übrige
gehörte den Griechen) das Land war voll großer Städte.
Außer diesem doppelten Vortheile des größern Umfanges
und der dichten Bevölkerung war die Lage des Landes sehr
glück-

---

[55]) Annales Francisci, vulgó Nazariani ad a. 786, Recueil p. II.

glücklich. Die Franken, um die Beneventaner zu be‑
kriegen, mußten erſt den beſchwerlichen Zug durch das
ganze Italien thun. Nach der damaligen Art Krieg zu
führen, da ſie nicht eher, als im Frühlinge zu Kriegs‑
dienſten verpflichtet waren, konnten ſie erſt ſpät im
Sommer die Grenzen von Benevent erreichen; und da
ſie gegen den Winter wieder auseinander giengen, ſo
blieb ihnen nur eine Zeit von wenig Wochen übrig, die
Eroberung eines Landes zu unternehmen, das, wegen
der Menge ſeiner feſten, mehrentheils am Meere gele‑
genen Plätze, Jahre zu erfordern ſchien.

Durch alle dieſe vortheilhaften Umſtände und durch
ſeinen eigenen Muth beſtärkte ſich Aregis, — ſo hieß
der damalige Herzog dieſes Landes — in ſeinem Ent‑
ſchluſſe: Weder das traurige Ende des Herzogs von
Friaul, noch das furchtſamere Betragen des von Spoleto,
brachte ihn zum Wanken. Es iſt nicht unwahrſchein‑
lich, was die fränkiſchen Geſchichtſchreiber verſichern, daß
ſeine Gemahlin, Amalberga, eine Tochter des unglück‑
lichen Deſiderius, zu ſeinen Entſchließungen beytrug.
Bey einem ſehr empfindlichen Charakter ſoll ſie auf nichts
ſo ſehr bedacht geweſen ſeyn, als den Ruin ihres Hauſes
an deſſen Urheber zu rächen. Aehnliche Geſinnungen
werden ihrer Schweſter, Lütberga, Gemahlin Herzog
Taßilos von Bayern, zugeſchrieben. Und durch die
Vermittelung beyder Schweſtern ſollen geheime Verbin‑
dungen zwiſchen ihren beyden Männern eingeleitet ſeyn.
Aregis war von beyden der entſchloßnere und auch der‑
jenige, der ſich zur Ausführung ſeiner Entſchlüſſe gehö‑
rig anzuſchicken wußte. Er ließ ſich, nach dem Exem‑
pel der fränkiſchen Könige von einem ſeiner Biſchöffe
ſalben. Statt des Titels eines Herzogs, den er bisher
geführt hatte, nahm er den eines Fürſten (Princeps)
an, den Begriff der Unabhängigkeit dadurch auszu‑
drücken.

drücken. Er setzte eine Krone auf, führte einen Scepter und übte alle andere Handlungen aus, von denen man glaubte, daß nur ein unabhängiger Prinz sie auszuüben befugt wäre. In diesem allen sehen wir einen kühnen, vielleicht einen stolzen Mann. Wir werden aber bald sehen, daß er auch nicht unterlassen hatte, die Mittel zu berechnen, womit er seine Kühnheit und seinen Stolz unterstützen könnte. Aber freylich hatte er in der Gegenrechnung Karls Genie und Glück nicht hoch genug angesetzt.

Karl glaubte das Betragen des Herzogs als eine Empörung betrachten zu können. Als König der Longobarden, der er durch sein Schwert geworden war, glaubte er das Recht der Oberherrschaft über ihn erlangt zu haben. Unterdessen ließ er ihn der angemaaßten Unabhängigkeit einige Jahre genießen, weil er wegen des Krieges mit den Sachsen, nicht so viel Kriegsvölker auf so lange Zeit nach Italien führen konnte, als zur Bezwingung dieses muthigen Fürsten nöthig schien. Das Jahr 786, da er mit keinem andern Feinde zu thun hatte, war, in dieser Absicht, ein günstiger Zeitpunkt. Die fränkischen Schriftsteller merken es als einen besondern Umstand an, daß Karl den Zug nach Italien erst spät im Herbste dieses Jahres antrat [56]). Aber eben durch diese Maaßregel entgieng er einem großen Theil der Schwierigkeiten, die einen Feldzug wider die Beneventaner so beschwerlich machten. Er führte das Heer fürs erste nicht weiter als bis in die Gegend von Florenz und Rom, wo er es den übrigen Winter ausruhen ließ. Durch diesen Plan gewann er zwey wichtige Vortheile. Er war nun, gleich mit Anbruch der ersten gelinden

Witte-

---

[56]) Annal. Eginh. ad a. 786.

Witterung, mit unabgematteten Völkern auf der bene⸗
ventaniſchen Grenze, und hatte den ganzen Frühling und
Sommer zur Ausführung ſeiner Abſichten vor ſich. In
der That verurſachte dieſe frühe Erſcheinung der Franken
eine ſolche Beſtürtzung bey Aregis, daß er ſich nicht ge⸗
traute, weder ſeine Hauptſtädt zu vertheidigen, noch
ihnen im Felde entgegen zu gehn.   Er zog ſich in die
am Meere gelegenen Städte.   Die Hauptſtadt Bene⸗
vent und das ganze übrige Land wurde bald von den
Franken in Beſitz genommen.

Aregis ſelbſt hatte ſich nach Salerno begében.   Er
hatte dieſen Ort, wie die übrigen Seeplätze, mit Mau⸗
ern, Thürmen und allen damals üblichen Feſtungswerken
ſo gut verſehn, daß er eine lange Belagerung aushalten
konnte.   Da die Franken noch keine Schiffe hatten;
ſo war ihm die Zufuhr von der See her immer ſicher.
Er konnte alſo nicht durch Aushungerung, wie Deſide⸗
rius in Pavia, zur Uebergabe gezwungen werden.
Gleichwohl, da er die Verwüſtungen ſah, die die Fran⸗
ken in ſeinem Lande anfiengen, und da er vielleicht Karls
Standhaftigkeit in Ausführung einmal beſchloßner Un⸗
ternehmungen fürchtete; ſo bat er um Frieden, auf eine
Art, die ein ſonderbares Gemiſch von Niedrigkeit und
Stolz, von Furcht und Feſtigkeit anzeigte. Er ſchickte
ſeine beyden Söhne, Romuald und Grimoald, nebſt
einer großen Anzahl Biſchöffe und Aebte mit vielen Ge⸗
ſchenken an Karln, mit dem Vorſchlage, er wollte einen
jährlichen Tribut bezahlen, und geloben, Karls Willen
in allem zu gehorchen; Karl ſollte ſeine beyden Söhne
zu Geißeln behalten, nur Eins möchte Karl nicht ver⸗
langen, nämlich daß der Herzog ſelbſt zu ihm käme [57]).

Aus

---

57) Eginh. vita Caroli M. c. 10.

Aus den Worten einiger der damaligen Verfasser scheint es, daß Karls Absicht anfangs gewesen war, entweder den Herzog seiner Würde zu entsetzen, oder wenigstens ihn härteren Bedingungen zu unterwerfen. Er ließ sich indessen jetzt bewegen, ihm alles, was er gebeten hatte, zu bewilligen. Selbst den sonderbaren Punkt, daß der Herzog nicht vor ihm erscheinen durfte, gestand er ihm zu. Er schikte einen Bevollmächtigten ab, welchem der Herzog den Eid der Treue leisten mußte. Von den beyden Söhnen behielt Karl nur den jüngern, Grimoald, als Geißel bey sich. Den ältern, Romuald, schickte er dem Vater zurück.

Wir finden bey den alten Verfassern zwey besondre Gründe, die Karln zu dieser Gelindigkeit sollen bewogen haben. Nach Eginhards Ausdruck war es der Nutzen, en Karl von den Benéventanern glaubte erwarten zu nnen [8]. Es ist schwer zu errathen, worin dieser Nutzen bestanden habe. Nach andern war es Karls Achtung für die Religion. Er wollte lieber in seinen Forderungen weniger streng seyn, als sie durch einen langwierigen Krieg zu erlangen suchen, der die Verwüstung eines Landes, das mit Kirchen und Klöstern übersäet war, unvermeidlich verursacht hätte [9].

[8] Rex *utilitate gentis* — considerata, Vita Caroli M, c. 10 *Divini* etiam *timoris respectu* bello abstinuit. Eginh ad a. 786. Bey dem, was ich in diesem Abschnitte von den beneventanischen Händeln gesagt und in der Folge noch davon sagen werde, habe ich zwar Giannones Historia di Napoli zum Grunde gelegt, jedoch selbst zu den Quellen zu gehn, nicht unterlassen.

[9] Annal. Mettenses a. 787. Recueil p. 345.

Viertes Kapitel.

—

Inhalt.

Außer den beyden Herzogen von Spoleto und Benevent gab es noch einen, der, in einer gewissen Abhängigkeit von Karln, ein ziemlich mächtiges Land beherrschte. Dieser war der Herzog Taßilo von Bayern. Die Herzoge von Spoleto und Benevent erhielten sich bey ihrer Würde, der von Benevent, durch Muth und Klugheit; der von Spoleto durch sorgfältige Vermeidung alles verdächtigen Betragens. Taßilo war nicht so glücklich, wie jene beyde, weil er es zu seyn nicht Klugheit genug besaß. Um die fränkische Oberherrschaft geduldig zu ertragen, fehlte es ihm an der Biegsamkeit des Herzogs

von

von Spoleto; und um ihr sich zu entziehen, an der
Entschlossenheit und Geschicklichkeit des Beneventaners.
Stolz und schwach, gäb er seinen Verdruß über die
Abhängigkeit, worin ihn die Franken hielten, bey jeder
Gelegenheit zu erkennen, ohne sich bey verschiednen gün=
stigen Gelegenheiten der Mittel, die ihn vielleicht hätten
davon befreyen können, auf eine nachdrückliche Art zu
bedienen [1]).

Bayern war damals von weiterm Umfange, wie
heut zu Tage. Es begrif außer dem jetzigen Herzogthum
verschiedene Länder, die gegenwärtig theils das Erzbis=
thum Salzburg ausmachen, theils zu Böhmen, Oest=
reich und Tyrol gerechnet werden. Die Bayern waren
anfänglich den Ostgothen unterworfen. Dann wurden
sie frey, geriethen aber bald wieder in Abhängigkeit von
den Franken. In der alten Sammlung bayerischer Ge=
setze, die unter einem Könige Theodorich gemacht seyn
soll, findet sich eins, das so lautet! „Der Herzog soll
„beständig aus der Familie der Agilolfinger seyn, wie er
„bisher immer gewesen ist; denn die Könige unsere Vor=
„fahren haben es ihr bewilligt, daß, so lange sie treu ist,
„der jedesmalige Herzog aus ihr soll genommen wer=
„den [2]).“ Einige Geschichtschreiber [3]) behaupten, die=
ser König Theodorich, der in der Sammlung selbst
König der Franken genannt wird, sey eigentlich König
der Ostgothen gewesen, und die Abschreiber hätten beyde
mit einander verwechselt. Wie dem auch sey, auch wäh=

N 2   rend

---

[1]) *Bajoaricum bellum* superbia *simul ac* focordiâ *Taffilonis
Ducis excitat.* Eginh. Vita Caroli M. c. XI.

[2]) Leges Bajuar. Tit. II.

[3]) de Buat histoire ancienne. T. XII. p 97.

rend der fränkiſchen Abhängigkeit genoſſen die Agilolfinger dieſes Vorzugs. Aber wir finden Spuren, daß dieſe
Herzoge wiederholte Verſuche machten, ſich dieſer fränkiſchen Oberherrſchaft zu widerſetzen. Taßilo's Vater,
Odilo, führte einen unglücklichen Krieg mit Pipin und
Karloman, als dieſe beyde, dem Titel nach, nur noch
Majores Domus waren, in der That aber das Reich
der Franken eigenmächtig regierten. Er wurde gezwungen, ihnen die Huldigung zu leiſten. Nach ſeinem Tode
im Jahr 757 wurde ſein Sohn Taßilo, auf dem Reichstage zu Kompiegne von Pipinen, der ſchon die Krone
aufgeſetzt hatte, mit dem Herzogthume belehnt, und
ſchwur nicht nur Pipinen, ſondern auch deſſen Söhnen,
Karl und Karloman den Eid der Treue [4]). Vermöge
dieſes geleiſteten Eides verlangte Pipin im Jahr 763,
daß ihn Taßilo auf dem Feldzuge wider die Aquitanier
begleiten ſollte. Taßilo kam zwar mit ſeinen Völkern;
allein er kehrte bald, unter dem Vorwande einer ihm zu-
geſtoßenen Krankheit, zurück. Pipin argwöhnte, daß
dieſe Krankheit Verſtellung wäre, und daß Taßilo mit
feindſeligen Abſichten umgienge. Es wurde zu eben der
Zeit

---

[4]) Annales vulgo Loiſeliani a. 757. Man mußte damals
ſchon zu dem Charakter des Herzogs kein rechtes Vertrauen
haben, und daher für nöthig halten, dem Eide, den man
ihn ablegen ließ, durch verſchiedne in jenen rohen Zeiten
übliche Mittel alle mögliche Kraft zu geben. Er mußte
nämlich den Eid über den Reliquien der vier Schutzheili-
gen ſchwören, die in Frankreich viel große Wunder ſollten
verrichtet haben, und daher ganz vorzüglich verehrt und
gefürchtet wurden, des heil. Dionyſius, des heil. Ruſti-
cus, des heil. Eleutherius und des heil. Martinus. Dieſes war noch nicht genug. Auch die vornehmen Bayern
in Taßilo's Gefolge mußten den Eid ihres Herzogs mit
dem ihrigen bekräftigen.

Zeit eine Heirath zwischen Taßilo und Lutberga, Tochter
des Königs der Longobarden, Desiderius, geschlossen.
Pipin hatte Ursache, diese Verbindung zu fürchten. Er
wagte es daher in einigen Jahren nicht, den Krieg gegen
die Aquitanier fortzusetzen, sondern hielt sich in Franken
bereit, den Bayern und Longobarden, wenn sie vielleicht
etwas unternähmen, zu widerstehn. Allein es fehlte dem
Herzoge an Entschlossenheit. Daß er Pipinen unter
dem Vorwande einer Krankheit verlassen hatte, scheint eine
Würkung nicht so wohl seiner Politik, als seiner Em-
pfindlichkeit gewesen zu seyn. Es verdroß ihn, von Pipinen als ein Vasall begegnet zu werden. Nach seiner
Zurückkunft in seinem Herzogthum war er nicht zu bewegen, je wieder an Pipins Hof zu kommen [*]); er
hatte sogar den raschen Muth alle Handlungen eines

N 3   unab-

---

[*]) Bajoariam petiit et nunquam amplius faciem supra dicti
Regis videre voluit. So sagen die Annales Loiseliani
sub. a. 763. Diese Annales sind älter, wie selbst diejenigen, die man für Eginhards Werk hält. Sie sind von
den spätern Annalisten und selbst vom Eginhard; wenn
dieser die unter seinem Namen bekannte Chronik geschrieben hat, fleißig gebraucht. In dieser Eginhardischen
Chronik nun wird der Umstand, daß Taßilo nicht wieder
vor des Königs Angesicht habe kommen wollen, noch ver-
stärkt; Taßilo heißt es da, habe geschworen, nie wieder
vor des Königs Augen zu kommen, ad Regis adspectum
se ulterius venturum abjuravit. Eginh. Annal a. 763.
Es kann seyn, daß Taßilo ein sehr schwacher Mann, würklich bey seiner Rückkunft in Bayern trotzig genug war,
einen Fluch darauf zu thun, wenn man ihn je wieder an
Pipins Hofe erblicken würde. Es könnte aber auch leicht
seyn, daß Eginhard hier bloß die Annal. Loisel. habe co-
piren wollen, und daß sein ungetreues Gedächtniß oder seine
Unaufmerksamkeit das non voluit in abjuravit verwan-
delt habe.

unabhängigen Fürsten auszuüben; aber er hatte nicht
Klugheit genug sich in Stand zu setzen, seine Anmaßun-
gen gegen Pipinen zu vertheidigen. In einer Verordnung, die von ihm übrig ist, nennt er sich selbst zwar
nur Herzog oder Fürst (Princeps), aber sein Herzogthum
nennt er nie anders als sein Reich (regnum) 6). Pipin unterdessen, als er sah, daß er von Taßilo nichts zu
fürchten hätte, hielt für rathsam, fürs erste den Krieg
mit den Aquitaniern zu Ende zu bringen. Nach seinem
Tode wurde sein Sohn Karl in alle bisher erzählten
Kriege verwickelt, so daß er die Zeit nicht günstig fand,
seine Oberherrschaft über Bayern zu behaupten. Taßilo
übergab einen Beweis seiner unbegreiflichen Unthätigkeit
dadurch, daß er seinem Schwiegervater, Desiderius, als
Karl ihn angriff, nicht zu Hülfe kam, obgleich vorher
zu sehen war, daß Karl, sobald er seine übrigen Feinde
bezwungen hätte, seine Ansprüche an Taßilo nicht vergessen würde gelten zu machen. In der That zeigte
Karl im Jahr 781, daß er nicht willens war, dem
Herzoge die angemaßte Unabhängigkeit länger zu lassen.
Während seinem damaligen Aufenthalt in Rom beschwerte er sich gegen den Pabst, daß Taßilo, seines geleisteten Eides uneingedenk, ihm bisher Treue und Ge-
horsam verweigert habe. Es wurde verabredet, daß
beyde der Pabst und Karl, Gesandte an den Herzog
schicken sollten, ihn zur Erfüllung seiner Pflicht zu ermahnen. Die Vorstellungen dieser Gesandten hatten
die Wirkung, daß Taßilo sich noch in demselben Jahre
auf dem Reichstage zu Worms einstellte und Karln durch
einen neuen Eid die Treue gelobte 7) und ihm zum Un-
ter-

6) Decretum Taßilonis Ducis Bajoariorum.
7) Annal. Eginh. a. 781.

terpfande derselben zwölf Geißel stellte. Allein, nachdem
er in Bayern zurückgekommen war, konnte er seinen
Verdruß über diese seine Demüthigung nicht verbergen [8]). Er drückte sich darüber mit einer Unbehutsam-
keit aus, die am Ende seinen Fall bewürkte. Es gab
Leute an seinem Hofe, welche die Reden, die er in der
Hitze ausstieß, Karln hinterbrachten. Vielleicht wurden dem Monarchen auch die Verbindungen verrathen,
worin Tassilo auf Zureden seiner Gemahlin, mit seinem
Schwager, dem Herzog Aregis von Benevent, sich in
geheim einließ, Verbindungen, die bey Tassilo's schwa-
chem, geistlosem Charakter, von keiner sonderlichen Würksamkeit seyn konnten, ihn aber, Tassilo selbst, sobald sie
entdeckt wurden, in unvermeidliches Unglück stürzten.

Im Jahr 787 hielt Karl einen Reichstag zu Worms,
auf welchem er sich über das verdächtige Betragen des
Herzogs beschwerte, und zeigte, daß es nöthig sey, sich
mehr Sicherheit von seiner Treue zu verschaffen. Es
wurde beschlossen, daß drey Heere von drey verschiedenen
Seiten zu gleicher Zeit in Bayern einrücken sollten. Auf

N 4   die

---

[8]) Folgender Zug, den ein fränkischer Annalist den glücklichen
Einfall hatte, in seiner Chronik mit anzuführen, zeigt uns
zur Gnüge, wie es im Kopfe und Herzen dieses Tassilo
aussah. Er hatte ein Mittel erdacht, seine Bayern, als
diese dem fränkischen Monarchen, als Oberherrn schwören
mußten, zum Meineide zu verführen. Dieses Mittel war
in der That kein anders, als die reservatio mentalis, die
man irrigerweise für eine Erfindung vorzüglich seiner
Köpfe hält, auf die vielmehr Eigennutz und Leidenschaften
zu allen Zeiten die rohesten Menschen geleitet haben — et
homines suos, quando jurabant, jubebat, ut aliter in
mente retinerent, et sub dolo jurarent. Annal. Loisel.
a. 788.

die Annäherung dieſer Heere bat Taſſilo um Erlaubniß,
vor Karln zu erſcheinen, erkannte ſich für ſtrafbar und
flehte um Verzeihung. Sie wurde ihm bewilligt. Aber
er mußte nun ſeinen Sohn Theodor nebſt zwölf vornehmen Bayern, als Geißeln, übergeben. Das Schickſal des Herzogs wurde ein Jahr nachher völlig entſchieden.

Das Jahr 788 ſcheint eines der gefährlichſten für
Karln geweſen zu ſeyn. Die Feinde, die ihm ſeine
glänzenden und glücklichen Unternehmungen zugezogen
hatten, waren endlich mit einander einig geworden, ihn
in dieſem Jahre von mehreren Seiten her anzugreifen.
Eine griechiſche Armee ſollte in Italien gegen ihn agiren,
mit ihnen wollte der Herzog von Benevent gemeinſchaftliche Sache machen. Zugleich waren die Hunnen oder
vielmehr Avaren von den Griechen, und wie Karln berichtet war, vom Herzog Taſſilo beredet in Karls Staaten
einzubrechen. Karl überließ die Vertheidigung Italiens und
der von den Hunnen bedrohten Provinzen ſeinen Feldherren. Er ſelbſt hielt für nöthig, ſich erſt in Anſehung
des Herzogs von Bayern, der zu verdächtig geworden
war, und durch deſſen Vorſchub, wenn der gegen ihn
entſtandene Verdacht Grund hatte, die furchtbaren Hunnen in Deutſchland eindringen konnten, Gewißheit und
Sicherheit zu verſchaffen. Im Frühling 788 hielt er
einen Reichstag zu Ingelheim. Taſſilo als Vaſal wurde
eingeladen und erſchien. Entweder war er ſich ſeiner
Unſchuld bewußt, oder wenn er wirklich aufs neue gegen
ſeine Lehnspflicht gehandelt hatte, rechnete er darauf, daß
ſolches nicht an Tag kommen könnte, oder endlich er war
zugleich der furchtſamſte, wankelmüthigſte und unbeſon-
neſte aller Menſchen. Alle ſeine von den früheſten Zeiten
an gegen die fränkiſchen Monarchen, als ſeine Oberher-
ren, begangenen Treuloſigkeiten wurden ihm wieder vorge-
halten,

halten, und nun wurde eine große Menge seiner eigenen
bayerischen Unterthanen als Zeugen aufgestellt, die ihn
beschuldigten, daß er gesucht habe, die Hunnen zu einem
Kriege wider die Franken zu bewegen, und er habe eben
den geführt, die man nur von dem ärgsten Franken, des
Königs erwarten könnte.   Taißilo bekannte selbst, sich in
seinen Reden aus Unmuth vergangen zu haben.   Was
seine Unterhandlung mit den Hunnen betrifft, so glauben
die fränkischen Geschichtschreiber sie sey durch den Einfall,
den die Hunnen noch in eben dem Jahre in das Fränkische thaten, hinlänglich erwiesen.   Die ganze Versammlung erkannte den Herzog für schuldig und verurtheilte
ihn zum Tode, Karl schenkte ihm das Leben. Nur mußte
er ins Kloster.   Eben dieses Schicksal widerfuhr seiner
Gemahlin, seinen Söhnen und Töchtern.   Karl ließ
Bayern von der Zeit an nicht mehr durch erbliche Herzoge, sondern wie das übrige Franken durch Grafen, die
er nach seinem Gutdünken dazu ernannte, regieren *).

Die Bayern unterwarfen sich Karln ohne allen Widerstand, und blieben ihm immer treu, ein Umstand,
der ein sehr vortheilhaftes Licht auf ihn, hingegen ein sehr
nachtheiliges auf Herzog Tassilo wirft.

Die Hunnen thaten würklich noch in diesem Jahre
einen doppelten Einfall in das Fränkische, den einen in
Friaul, den andern in Bayern.   Sie wurden an beyden
Orten zurückgeschlagen.   Nach Bayern kamen sie zum
zweytenmal mit einer stärkern Mannschaft.   Allein sie
wurden abermals in einem Treffen geschlagen, das die
damaligen Verfasser als sehr wichtig beschreiben.   Der
N 5.   große

*) Annal. Eginh. ad a. 788 Monach. Egolism. ad a.
788. Capit anni 794.

große Verlust, den die Hunnen durch diese Niederlage und auf der Flucht, da sie durch die Donau mußten, erlitten, soll sie abgeschreckt haben, zum drittenmal etwas wider die Franken zu unternehmen [10])

Zu gleicher Zeit, als die Hunnen diese Einfälle thaten, fiengen auch die Feindseligkeiten der Griechen gegen Karln an. Daher einige vermuthen, daß ein geheimes Bündniß zwischen den Griechen und Hunnen gewesen sey. Der griechische Hof hatte die Freundschaft der Franken gesucht, so lange diese noch keine Eroberungen in Italien gemacht hatten. Es war ihm verschiedenemal gelungen, sie zu einem Kriege wider die Longobarden zu bewegen. Als aber Karl den größten Theil von Italien erobert hatte, fingen die Griechen an, über seine Macht eifersüchtig, und wegen der Besitzungen, die sie noch in Italien hatten, besorgt zu werden. Unterdessen, ihrer Schwäche sich bewußt, wagten sie nicht, ihm sich öffentlich zu widersetzen. Vielmehr, um zu verhüten, daß er keinen Vorwand bekäme, sie ganz aus Italien zu vertreiben, hielten sie anfangs für das beste, ein noch genaueres Band der Freundschaft mit ihm zu schließen. Sie ließen ihm eine Heirath antragen, zwischen seiner Tochter Rodtrude und ihrem jungen Kaiser Konstantin [11]),

der

---

[10]) Annal. Eginh. ad a. 788. Monach. Egolism. ad a 788

[11]) Es war der sechste dieses Namens, und ist einer von den wenigen, die das Prädicat Porphyrogeneta, d. i. im Purpur geboren, geführt haben. Bekanntermaßen wurde es denen gegeben, die auf die Welt kamen, während ihre Väter auf dem Throne saßen, und die ihn selbst nachher bestiegen. Da bey den häufigen Revolutionen der Thron oft mit neuen Familien, oder doch mit entfernten Verwandten besetzt wurde, so konnte dieses Prädicat wenigen zu Theil werden.

der unter der Vormundschaft seiner Mutter Irene, stand. Die Unterhandlung darüber war vergeblich. Nach einem griechischen Verfasser soll Irene zuerst den Gedanken dieser Heirath gehabt, aber auch zuerst ihren Sinn geändert haben, weil die Furcht bey ihr entstanden sey, ihr Sohn möchte sich durch die fränkische Prinzessin verleiten lassen, selbst zu regieren 12). Die fränkischen Verfasser sagen, Karl habe in die Heirath nicht willigen wollen. Sie führen keine Ursache seiner Weigerung an. Aber Eginhard versichert überhaupt, Karl habe sich nie entschließen können, seine Töchter zu verheirathen; zur Entschuldigung habe er angeführt, er sey an ihren Umgang so gewöhnt, daß es ihm nicht möglich sey, sich von ihnen zu trennen 13). Es ist viel wahrscheinlicher, daß Karl sich auch in diesem Stücke seines Betragens durch politische Gründe habe bestimmen lassen. Vielleicht ist folgende Muthmaßung nicht ungegründet. Sie kann zwar durch kein einziges ausdrückliches Zeugniß aus jenen Zeiten unterstützt werden. Aber sie bekömmt durch Zusammenhaltung des Betragens, das Karl gegen den griechischen Hof, nach Eginhards Zeugniß beobachtete, mit seiner Art, sich dem entferntesten Ziele immer nach und nach zu nähern, einen nicht geringen Grad innerer Wahrscheinlichkeit. Karls Absicht gieng viel früher, als er den Kaisertitel würklich annahm, dahin, von dem griechischen Hofe die Anerkennung eines gleichen Ranges zu erhalten. Vielleicht machte er schon, bey dieser Heirathsunterhandlung, gewisse dahin abzielende Bedingungen. Vielleicht forderte er schon dießmal den Titel Basileus, den die Griechen bloß ihrem Kaiser mit Ausschließung aller andern

dern

---

12) Zonaras.

13) Eginh. Vita Caroli M. C. XIX.

dern Könige, gaben. Die Abneigung, welche die Griechen merken ließen, ihm in diesem Stück zu willfahren, verursachte vielleicht seinen Widerwillen gegen diese Heirath.

Doch seine Weigerung mag entstanden seyn, woher sie will; die Griechen würden schwerlich den Muth gehabt haben, sie für eine Beleidigung zu nehmen, wenn sie nicht auf Beystand in Italien selbst gerechnet hätten. Den hatte ihnen Aregis von Benevent versprochen.

Sobald Karl im Jahr 787 nach geschloßnem Vergleich mit diesem Herzoge, aus Italien zurückgegangen war, hatte dieser darauf gedacht, sich durch ein Bündniß mit den Griechen in Stand zu setzen, jenen Vergleich ungestraft zu brechen. Bisher waren fast beständig Kriege zwischen den Griechen und Beneventanern gewesen. Denn die Herzoge von Benevent waren Longobarden, die sich immer zu vergrößern suchten, und die Griechen sahen Italien als eine ihnen gehörige Provinz an, von der sie wenigstens den untern Theil zu erhalten suchten. Jetzt vereinigten sich beyde Parteyen, um der Obermacht der Franken desto nachdrücklicher zu widerstehen. Vermöge dieses Bündnißes sollten die Länder in Italien, welche die Griechen bis dahin durch einen Statthalter hatten regieren lassen, dem Herzoge, jedoch als griechischem Statthalter übergeben werden. Der Kaiser sollte ihm die Würde eines Patricius ertheilen, und der Herzog die Oberherrschaft des Kaisers erkennen. Der Herzog sollte seinen Sohn, Romuald, als Geißel, nach Konstantinopel schiffen. Ein griechisches Heer sollte im Neapolitanischen landen und sich mit den Beneventanern vereinigen. Adalgis, Desiderius Sohn, von dem oben erwehnt worden, daß er nach Konstantinopel geflohen war, sollte zugleich

gleich mit dem Heere kommen, und zum Könige von Italien ausgerufen werden. Es war vermuthlich nicht Aregisens Vorsatz, diese Bedingungen alle zu erfüllen seine
Absicht war bloß, sich der Griechen zu bedienen, um sich
von den Franken zu befreyen. Indessen machte er den
Anfang so, als ob es ihm mit seiner griechischen Vasallen-
schaft ganzer Ernst gewesen wäre. Er legte feierlich den
Patricienmantel an, den ihm die Kaiserin Irene über-
sandte; er ließ sich das Haar auf griechische Art schneiden,
wozu die Scheere ebenfals von der Kaiserin geschickt wurde; er wurde ganz Grieche in seinem Aeußerlichen. Allein der Tod vereitelte seine Entwürfe. Sein Sohn,
Romuald, starb im Jahr 787, da er eben nach Konstantinopel abreisen sollte. Aregis starb einen Monat
nachher, aus Schmerz, wie einige Verfasser sagen, über
den Verlust dieses seines Sohnes. Väterliches Gefühl
müßte also doch noch stärker, als der Ehrgeiz bey ihm
gewesen seyn.

Die Beneventaner schickten darauf Gesandte an Karln,
um ihm beyde Todesfälle zu berichten und ihn zu bitten,
daß er Grimoalden, der als Geißel bey ihm war, in
Freyheit setzen und in der herzoglichen Würde bestätigen
möchte. Karl, der von Aregisens heimlicher Untreue
unterrichtet war, gewährte ihnen dennoch diese Bitte.
Er gab ihnen Grimoalden zum Herzog. Pabst Adrian,
der in so vielen andern Stücken mit Karln einstimmig
dachte, konnte sich in diese seine Großmuth nicht finden. Er
machte ihm ziemlich starke Vorstellungen über die anscheinende Unvorsichtigkeit, den jungen Longobarden, der höchstwahrscheinlich bey der ersten Gelegenheit in seines Vaters
Fußstapfen treten würde, ein Fürstenthum anzuvertrauen,
von wo aus er mit Hülfe der Griechen immer ein nicht zu
verachtender, ja ein gefährlicher Feind für Karls italieni-
sche

ſche Staaten werden konnte [14]). Karl ließ ſich durch
dieſe Vorſtellungen von ſeinem großmüthigen Entſchluſſe
nicht abdringen; er glaubte an die Kraft der Dankbarkeit. Er ſandte Grimoald als neuen Herzog nach Benevent. Vorher aber mußte dieſer geloben, Karls Oberherrſchaft anzuerkennen. Zum Zeichen dieſer Anerkennung ſollte in öffentlichen Schriften und auf den Münzen Karls Name vor des Herzogs ſeinem geſetzt werden.
Aber einen noch größern Beweis ſeiner Treue ſollte Grimoald dadurch geben, daß er ſich ſelbſt der Mittel, wodurch ſein Vater den Franken ſo lange widerſtanden hätte,
berauben; daß er die Feſtungswerke von Salerno und
allen übrigen Oertern ſeines Herzogthums ſchleifen
ſollte.

Grimoald mußte nun gegen die Griechen, die als
Alliirte ſeines Vaters kamen, feindlich verfahren. Sie
landeten wirklich im Jahr 788. Allein ſie wurden von
Grimoald geſchlagen. Ihr Verluſt war groß. Ihr
erſter Befehlshaber, Johannes, wurde gefangen. Adalgis, der gehofft hatte, ſeinen väterlichen Thron wieder
zu erobern, gieng nach Konſtantinopel zurück, gab allen
Ehrgeiz auf, und begnügte ſich mit dem Patriciat, das
ihm der griechiſche Kaiſer ertheilt hatte.

Bey dem Treffen gegen die Griechen war auf Gri-
moalds Seite einer von Karls liebſten Feldherren, Winigis, mit einer auserleſenen Mannſchaft zugegen. Karl
hatte ihn Grimoalden zu Hülfe geſandt. Es könnte ſcheinen, Karl, der Klugheit mit Großmuth verband, habe
dabey auch die Abſicht gehabt, daß dieſer Winigis den
jungen

---

[14] Epiſt. Adriani in Cod. Carol. LXXXVI. LXXXVIII.
XL. Recueil p. 571. ſq.

jungen Herzog beobachten sollte. Aber was hätte das bloße Beobachten geholfen, da Winigis nicht stark genug war, etwas auszurichten, wenn Grimoald hätte treulos handeln und sich mit den Griechen vereinigen wollen? Grimoald blieb dem Monarchen auch in der Folge einige Jahre treu, aber nicht beständig.

Karl hielt sich diese Zeit über von Taßilo's Absetzung an bis gegen das Ende des Jahrs 788 in Bayern auf. Er beschäftigte sich mit der innern Einrichtung dieses Landes. Es war dieses das erste Jahr, daß er sich nicht selbst an der Spitze seiner Truppen befand, die indessen nicht nur gegen die Griechen, sondern auch gegen die schrecklichen Hunnen glücklich fochten.

Ein Feldzug, den Karl im Jahr 789 wider die Wilzen that, ein slavisches Volk am baltischen Meere, scheint von ihm mehr in der Absicht unternommen zu seyn, einige Streifereyen, die dieses Volk in das Fränkische gethan hatte, zu ahnden, als eine neue Provinz zu erobern. Die Wilzen gaben ihm Geißeln zur Versicherung ihres künftigen ruhigen Betragens [15]. Karl scheint die Elbe für die natürliche Grenze seines Reichs gehalten zu haben. Wir werden in der Folge erwehnen, daß er ihre Ufer mit verschiedenen Festungen verwahrte.

Im Jahr 790 kamen hunnische Gesandte nach Worms, wo sich Karl den Winter über aufgehalten hatte. Ihr Auftrag war, mit ihm wegen einiger Grenzstreitigkeiten zu handeln. Karl schickte in eben der Absicht Gesandte an die Khane der Hunnen. Der Vergleich kam nicht zu Stande. Karl beschloß, seine Rechte

[15] Annal. Eginh. a. 789.

Rechte durch die Waffen zu behaupten, um ſo viel mehr,
da er für die oberwehnten Einfälle der Hunnen keine Ge-
nugthuung erhalten hatte und beſorgen mußte, daß ſie
in Zukunft ſo wenig mit dergleichen Streifereyen auf-
hören würden, als ſie ſie ſeit ihrer Ankunft in Ungarn
in der Mitte des ſechſten Jahrhunderts jemals unter-
laſſen hatten.

In den unglücklichen Jahrhunderten, als aus dem
nordlichen Aſien zahlloſe aus Hirten, Jägern und Räu-
bern beſtehende Horden in Europa eindrangen, waren
diejenigen Länder, die wir heut zu Tage unter dem Namen von Ungarn und Oeſtreich begreifen, und die damals die Provinzen des römiſchen Kaiſerthums, Nori-
cum, Pannonien und Dacien ausmachten, den Be-
ſuchen dieſer grauſamen Zerſtörer am erſten ausgeſetzt.
Kein anderes Land war ein ſo trauriger Schauplatz ſo
weit ausgebreiteter, ſo oft wiederholter Verwüſtungen.
Alle Spuren menſchlicher Induſtrie wurden vertilgt,
und als insbeſondre diejenige Horden, deren Hauptbe-
ſchäftigung Raub und Pferdezucht war, das Land zu
ihrer zweyfachen Beſchäftigung vorzüglich gelegen fanden, indem es ihnen weitläuftige Weidegegenden für
ihre Pferde, und durch Waldungen, Gebirge, Moräſte
und Flüſſe gedeckte Gränzen und umher reiche Provinzen
zum Plündern darbot, verwandelten ſie es bald in eine
aſiatiſche Stoppe. Von den Zeiten ihrer erſten Einwanderung an, iſt es üblich geworden, alle dieſe wilden
Völker, die Ungarn zu ihrem Sitze wählten, unter dem
Namen Hunnen zu begreifen. Der gelehrte Geſchichtsforſcher unterſcheidet ſorgfältig die verſchiedenen Völker,
die zu verſchiedenen Zeiten aus Aſien nach Ungarn kamen,
und nicht alle eigentliche Hunnen waren. Diejenigen,
mit denen Karl zu thun hatte, ſollten, wenn es nöthig
wäre,

wäre, jedes Volk mit dem Namen zu benennen, den es
sich selbst beylegt, Ogara genannt werden. Avaren
sprachen die Griechen diesen Namen aus [15]). Aber
dem nicht so gelehrten Liebhaber der Geschichte kann man
vielleicht nicht ohne Pedanterie zumuthen, alle die verschiedenen Namen barbarischer Völker zu behalten. Begnügen
wir uns doch die noch heut zu Tage in America befindlichen vielen Völkerschaften mit dem gemeinschaftlichen,
freylich aus Irrthum gewählten, nun aber üblich gewordnen Namen Indianer zu bezeichnen. Schwerlich
würde sich auch ein Geschichtschreiber empfehlen, der von
seinen Lesern verlangte, daß sie immer die Illinesen,
Algonkins, Irokesen und die übrigen kaum zählbaren
Völkerschaften mit ihren eigenthümlichen Namen im Gedächtniß gegenwärtig haben sollten. Es ist Pflicht des
Geographen, das Verzeichniß aller, auch der kleinsten,
Völkerschaften möglich vollständigst und mit ihren eigenthümlichen Namen zu liefern. Aber von dem Geschichtschreiber fordert das Publicum vielmehr, daß er sich der
einmal gäng und gebe gewordnen Namen bediene, weil
er sonst, wenn er die zwar richtigen, aber auch unbe-
kannten Namen, die dabey so schwer zu behalten sind,
bedienen wollte, immer erst eine Erklärung beyfügen und
dadurch die Erzählung auf eine unangenehme Art unter-
brechen müßte.

Zu

---

[16]) Alcvin wußte, daß die damaligen Hunnen eigentlich
Avaren genannt werden sollten. In den Briefen an Col-
cus, dem er allerley Neuigkeiten entdeckt, sagt er: Viri-
liter et Avari, quos nos Hunnos dicimus exarserunt.
Recueil p. 607. Karl selbst in einem Brief an seine
Gemahlin Fastrade, Recueil p. 623, nennt sie auch
Avaren.

Zu dem Feldzuge wider dieſes bisher ſo gefürchtete Volk machte Karl ungleich größere Anſtalten, als er zu keinem ſeiner vorigen Kriege gemacht hatte [17]). Es ſcheint, es ſey faſt ein Jahr mit dieſen Zurüſtungen hingegangen. Denn, nach den Chroniken war es ſchon in der erſten Hälfte des Jahs 790, daß Karl ſich in vergebliche Unterhandlungen mit den Hunnen einließ, und erſt 791 that er wider ſie den erſten Feldzug. In der Zwiſchenzeit, in der letzten Hälfte des Jahrs 790 beſchäftigte er ſich mit der Schiffahrt auf den Mayn.

Die Hunnen ſtritten alle zu Pferde, und ihre Pferde waren ſchnell und dauerhaft. Karl hatte wenig Reuterey; die Ritterzeit, wo kein Fußvolk geachtet wurde, war noch nicht gekommen. Die Franken dienten von Anfang an zu Fuß. Nur ein einzigesmal wird in Karls Verordnung der friſiſchen Reuter erwehnt [18]). Es ſcheint, daß es wenig andre, als dieſe, bey ſeinen Armeen gab.

Wider die hunniſchen Völker alſo den Krieg mit einem Heere zu führen, das mehrentheils aus Fußvolk beſtand; erforderte ohne Zweifel eine eigene Art. Daß Karl die rechte Art getroffen hatte, bewies der Ausgang. Wenn ein Feldherr viel Kriege führt, langwierige Kriege, und gegen verſchiedene Feinde, und wenn er am Ende eines jeden Krieges Sieger bleibt, ſo iſt es wahrſcheinlich, daß er es nicht bloß durch Glück oder zufällige Urſachen, ſondern auch durch die Ueberlegenheit ſeines Genies, durch ſeine klugen Plane, durch ſeine beſſern Anſtalten geworden ſey. Vermöge dieſes Vorurtheils —

denn

---

[17]) Eginh. Annal. ad a. 791.
[18]) Capit. a. 807.

denn ein Vorurtheil ist es, aber das auf guten Gründen beruht — hat man immer Karln, den Bezwinger
der Sachsen nach dreyßigjährigem hartnäckigen Widerstand, den Besieger der einst so tapfern Longobarden,
den glücklichen Bekrieger der Araber, deren kriegerischer
Enthusiasmus freylich angefangen hatte zu erkalten, die
aber doch immer feurige Streiter waren, endlich den
Zerstörer des furchtbaren Reichs der Hunnen für einen
der größten Feldherren des Mittelalters gehalten. Allein
man sagt, im Mittelalter gab es keine Kriegeskunst;
sie war verloren [19]: in Karls Feldzügen finden wir
keine Spuren, daß er den glücklichen Erfolg seiner
Kriege einer vorzüglichen Disciplin oder Taktik, oder
weisen Planen, oder Entschließungen, die einen Helden
verkündigten, hätte zu danken gehabt. Mich dünkt,
daß immer der Feldherre auch der rohesten Völker, ohne
alle Disciplin und Taktik Ein vorzügliches Talent besitzen und dadurch seinem Gegner wesentliche entscheidende
Vortheile abgewinnen kann: ich meine das von dem
größten Kenner der Kriegskunst unserer Zeiten so sehr
empfohlne coup d'oeil, auf das bey Schlachten und bey
der Wahl der Posten und Lager so viel ankommt. Die
alten Lehrer der Kriegskunst glaubten, ein Xenophon
behauptete, daß die Jagd eine trefliche Uebung sey, sich
dieses coup d'oeil zu erwerben. Nach ihrem Urtheil
war die Jagd eine gute Vorübungsschule künftiger Feldherren. Karl war ein eifriger Jäger.

Daß man zu Karls Zeiten noch viel zu roh war,
um durch seine Beobachtungen Grundsätze aufzusuchen

O 2

und

____

[19] Gibbon Ch. XLIX. scheint mir Karln überhaupt, insbesondre im militairischen Fache, zu sehr herabgewürdigt
zu haben.

und zu entwickeln, auf die eine Kunst gebaut werden
konnte, eine Armee wie eine große, aus viel kleinern
zusammengesetzte, Maschine bald im Ganzen, bald theil-
weise, immer aber in Beziehung auf einen gewissen
Zweck, spielen zu lassen.   Daß man noch weit davon
entfernt war, die Mathematik auf die Stellungen, Wendungen und Bewegungen der Kriegsvölker anzuwenden,
dieses wird niemand leugnen wollen.   Auch würde es
lächerlich seyn, von einer Taktik der Franken zu reden.
Aber einige Regeln, die Kriegsvölker zu stellen, sich bewegen zu lassen, und sie im Gebrauch der Waffen zu
üben, mußten doch die Franken haben.   Man bedenke,
daß ihre Vorfahren viel in römischen Kriegsdiensten standen, daß sie die Kriegsübungen der Römer unter ihren
Landesleuten einführten, daß die Hauptwaffen der Franken
zu Karls Zeiten noch die nämlichen waren, die die römischen Legionen führten, Panzer, Schild und Lanze, ist
es nicht wahrscheinlich, daß sich die mechanischen Regeln
der römischen Taktik durch Ueberlieferung bey den Franken erhalten hatte?   Vielleicht geriethen diese Regeln
erst nach Karls Zeiten völlig in Vergessenheit, als man
anfieng, den Dienst zu Pferde vorzuziehn und den Dienst
zu Fuß, als einem freyen Manne unanständig zu verachten [20]).

Aber

---

[20]) Der militairische Charakter der Franken beym Gibbon
ch. LIII. paßt nicht auf die Franken unsers Monarchen,
sondern ist der allgemeine kriegerische Charakter der europäischen Völker im Mittelalter, die von den Morgenlän-
dern aus Unwissenheit alle unter dem Namen Franken begriffen wurden — In den Verordnungen Karls, wo die
Waffen vorgeschrieben werden, womit die aufgebotne
Mannschaft versehen seyn soll, wird des Schwerts, das
in der Folge eine Hauptwaffe wurde, noch nicht gedacht,
sondern nur der Lanze.   Es ist bekannt, daß der Werth
eines

Aber auch an Disciplin fehlte es bey Karls Heeren wahrscheinlich nicht. Ein Monarch, der überhaupt so sehr auf Ordnung hielt, der so weit von der gewöhnlichen Indolenz, Unaufmerksamkeit und Unwissenheit der meisten Monarchen entfernt war, wie Karl, der selbst in der Oekonomie seiner ländlichen Besitzungen bestimmte Vorschriften über alles ertheilte, in allem pünktliche Befolgung seiner Vorschriften erwartete, und beständig ein Auge darauf hatte, wie sie befolgt wurden, ein Monarch, sage ich, der in allen Arten von Geschäften, in den geringsten wie in den wichtigsten, für nöthig hielt, sich nie auf den guten Willen der Menschen ganz zu verlassen, sondern ihn immer durch Vorschriften, Aufsicht und Erinnerung in unnachlassender Wirksamkeit zu erhalten, ein solcher Monarch wird ohne Zweifel auch die Wichtigkeit der Ordnung und des treusten, pünktlichsten und vollständigsten Gehorsams in Kriegesdiensten erkannt und darüber gehalten haben [21].

O 3

So

eines guten Fußvolks erst im funfzehnten Jahrhunderte anfieng wieder erkannt zu werden, und daß die Schweizer die ersten waren, die als gutes Fußvolk die Aufmerksamkeit von Europa erregten. Sollte ihre Art zu Fuß zu streiten nicht ursprünglich die fränkische gewesen seyn, die sich bey ihnen durch den Umstand, daß in ihren Gebürgen keine Reuterey gebraucht werden konnte, natürlicherweise am längsten erhalten mußte?

[21] Nicht allein die Trunkenheit wurde bey Karls Armeen bestraft, sondern es durfte auch nicht einmal einer den andern zum Trinken einladen. Capit. a 812. VI. ap. Baluz. T. I. p. 493. So viel Tage ein Officier zu spät zum angesagten Sammelplatze kam, so viel mußte er der Fleischspeisen und des Weins entbehren ib. III. Wer ohne Erlaubniß vom Heere wegging — (dieses wurde Herislig genannt) — verlor das Leben. ib. IV.

So kümmerlich auch die Nachrichten von Karls Feldzügen ſind, ſo unterſcheiden ſie ſich doch von denen, die in den Geſchichtbüchern des Mittelalters vorkommen, durch zwey Eigenthümlichkeiten, die vorzügliche Eigenſchaften eines Feldherrn, der ſie ausführte, vorauszuſetzen ſcheinen, erſtlich: Karl bewies in allen ſeinen Kriegen eine erſtaunenswürdige Geſchwindigkeit und zweytens: er mußte die Operationen mehrerer Armeen, zu Einem Zwecke zu verbinden.

Karls Geſchwindigkeit hätte müſſen bewundert werden, wenn er auch mit ſtehenden Armeen agirt hätte. Wenn die Sachſen, im Vertrauen er ſey in Italien, in das Land der Franken einbrechen, ſo iſt er, eh ſie bis an den Rhein kommen, ſchon wieder über die Alpen zurück, und verfolgt ſie bis über die Weſer. Und wenn die Longobarden darauf rechnen, nun habe er ſich tief in Norden im Sachſenlande verloren, und wenn ſie, auf dieſe Rechnung ſich verlaſſend, etwas gegen ihn auszuführen anfangen, ſo iſt er ſchon wieder jenſeits der Alpen auf italieniſchem Boden, und die kaum begonnenen Unternehmungen ſeiner Feinde werden, ſo zu ſagen, in der Geburt erſtickt. So ſchnell war kaum Cäſar mit ſeinen Legionen, und dieſe waren ſtehende Truppen. Karl aber war ſo ſchnell mit aufgebotener Mannſchaft, mit Kriegern, die auf ihren Aeckern ruhig ſaßen, bis das Aufgebot ergieng, wo ſie dann ſich erſt zum Sammelplatz begaben.

Wenn in der Volksverſammlung im Herbſt oder Frühjahr ein Feldzug beſchloſſen war, ſo ſagte jeder Graf in ſeiner Grafſchaft denen, die für das Jahr zu dienen verpflichtet waren, an, daß ſie ſich zur beſtimmten Zeit auf dem Sammelplatze einfinden ſollten. Dieſes
drückte

drückte man in der damaligen Sprache so aus: er mahnte sie zum Heerbann. Die Lehnleute, die ein Gut von einer gewissen Größe besaßen, mußten immer selbst mit, Lehnleute, die geringere Güter besaßen, mußten nach einem gewissen Verhältniß Einen aus ihrem Mittel stellen und ausrüsten. Die Freyen waren zu keinen Kriegsdiensten verpflichtet, ausser wenn es die Vertheidigung des Landes galt, und alsdenn, je nachdem es die Umstände erforderten, mußten ihrer aus einer gewissen Anzahl bald mehr bald weniger gestellt werden. Die Lehnleute so wohl, als die Freyen, die sich nicht zu gehöriger Zeit stellten, mußten eine Strafe, den Heerbann, bezahlen, oder sie verloren auch wohl ihr Lehn. Den Lehnleuten war vorgeschrieben, wie sie gerüstet seyn sollten, einige mit einem Panzer, einer Lanze und einem Schilde, andere mit einem Bogen und zwölf Pfeilen. Jedem wurde angesagt, so viel Lebensmittel mitzubringen, daß er von einer gewissen bestimmten Grenze an, die man die March nannte, auf drey Monate Vorrath bey sich hätte. Für die in Gallien ansäßigen, die von der Loire her diesseits des Rheins Dienste thun sollten, war der Rhein die March; für die aus Deutschland, die jenseits der Loire hin bestimmt waren, war es die Loire. Gieng der Zug nach Spanien, so waren es die Pyrenäen; gegen die Dänen, die Elbe. Jeder District mußte zur Fortbringung der Lebensmittel seine eigenen Wagen halten. Auf Wagen wurden auch die nöthigen Geräthschaften zum Aufschlagen eines Lagers, zum Bau neuer Festungen und zu Belagerungen nachgebracht. Karl war der erste in Deutschland, der sich zum Fortbringen aller dieser Bedürfnisse der Schiffahrt bediente.

Den Grafen, durch deren Grafschaften der Zug des Heers gieng, wurde dieses ebenfalls früh genug angesagt,

O 4   daß

daß sie die Brücken, Schiffe und Wege in gehörigen Stand setzen konnten. Auch mußten dann in jeder Grafschaft zwey Drittheile des Grases für die Pferde der durchziehenden Armee bewahrt werden[22].

Mit so organisirten Armeen so schnelle Märsche zu thun, wie Karl nicht etwa zwey oder dreymal, sondern fast immer in allen seinen Kriegen that, konnte nur durch die Pünktlichkeit, womit Karls Befehle gegeben und ausgeführt wurden, möglich werden. Diese Pünktlichkeit aber sowohl von seiner Seite im Anordnen, als von der Seite seiner Kriegsbeamten im Ausführen, setzt bey ihm, als Anordner und Oberaufseher den höchsten Grad von Wachsamkeit und Aufmerksamkeit, die genaueste Kenntniß des Details alles dessen, was einen vorgenommenen Zug betraf und ein schnelles und richtiges Urtheil voraus.

Das zweyte Eigenthümliche, wodurch sich Karls Feldzüge unterscheiden, seine Methode mit mehrern Armeen von verschiednen Seiten her zu gleicher Zeit zu agiren, erforderte eine genaue Kenntniß des Landes, wo sie agiren sollten; eine Kenntniß, die heut zu Tage durch die Landkarten, durch die Beschreibungen der Länder, und durch das größere Verkehr der Völker sehr erleichtert wird. Bey dem damaligen fast gänzlichen Mangel aller neuern Hülfsmittel konnte sich Karl die Kenntnisse der Länder, die seine Kriegsschauplätze seyn sollten, nicht anders, als durch mündliche Erkundigungen

[22] Die Capitularia von den Jahren 805, 807, 812 und 813 ap Baluz. T. I. p 423 — 457 — 493 und 505 enthalten die wichtigsten das fränkische Kriegswesen betreffenden Verordnungen.

gen verschaffen. Mit zwey Armeen gieng er gleich im
ersten Kriege wider die Longobarden über die Alpen;
mit zweyen über die Pyrenäen, mit dreyen werden wir
ihn gleich in Ungarn dringen sehen; jedesmal erreichte er
seine Zwecke und brachte die Kriege zu einer für ihn vortheilhaften Entscheidung. Ausser jenen Localkenntnissen
wird ohne Zweifel auch viel Combinationsgeist erfordert,
verschiedne Armeen so agiren zu lassen, daß durch ihre
auf einander sich beziehende und sich gegenseitig unter-
stützende Operationen ein großer und entscheidender End-
zweck erreicht werde. Auch dieses Talent also muß man
Karln zugestehn.

Den Feldzug wider die Hunnen im Jahr 791 eröffnete Karl mit drey Armeen, die von drey Seiten in
Ungarn einbrechen mußten. Die eine, aus Thüringern,
Sachsen und Friesen bestehend, übergab er den beyden
Grafen Thederich und Meginfried, um von Böhmen
aus längst dem nördlichen Ufer der Donau in das Land
der Hunnen einzudringen. Mit dem andern aus Franken bestehenden Heere marschirte er selbst auf der südlichen Seite dieses Flusses bis zur Ens, welcher Fluß
damals die Grenze zwischen Bayern und dem Lande der
Hunnen machte. Hier ließ er seine Truppen ein Lager
schlagen. Die Zufuhr wurde in Schiffen auf der Donau nachgebracht. In diesem Lager hielt das Heer auf
Karls Befehl drey Bet = und Fasttage nach einander.
In diesen drey Tagen durfte kein Gesunder, ohne Dis-
pensation Fleisch oder Wein genießen. Wer Dispensa-
tion suchte, mußte, wenn er wohlhabend war, für jeden
Tag einen Solidus [23] bezahlen; die andern nach ihren
Vermögensumständen wenigstens einen Denarius [24].

D 5 Außer-

---

[23] Der zehnte Theil von einer Mark feinen Silbers.
[24] Der zwölfte Theil eines Solidus.

Außerdem wurden freywillige Gaben für die Armen geſammelt. Jeder im Lager anweſende Prieſter mußte
eine Meſſe leſen, und jeder andre Geiſtlicher funfzig
Pſalmen ſingen. Bey der Proceßion mußten die Geiſtlichen mit bloßen Füßen gehn 25). Gaillard hält ſich
etwas darüber auf, daß Karl an der Spitze ſeiner Truppen ſo religiös war. Waren es denn die römiſchen
Feld-

---

25) Karl muß in dieſem Lager keinen Eginhard bey ſich gehabt haben, der ſeine Briefe concipirt oder durchgeſehen
hätte. Sein Brief aus dieſem Lager an ſeine Gemahlin
Faſtrade enthält Stellen, die ein Priſcianus hätte auf-
mutzen können, um zu beweiſen, daß, ſintemal Karl die
Regeln der Grammatik ſo oft gröblich verletzte, ſeine ſo
geprieſene Kenntniſſe von ſeinen Bewunderern allzuſehr
übertrieben würden, z. E. Nos autem Domino adju-
uante, tribus diebus litaniam fecimus, id eſt, Nonis
Septembris, quod fuit Lunis die, incipienter et Mar-
tis et Mercaris etc. Unde volumus, vt ſaepius nobis de
tua ſanitate, vel de aliud, quod placuerit, ſignifare
debeas. Caroli M. Epiſt. v. Rec. p. 623.

Unter den Briefen Karls befindet ſich noch einer an
den Biſchof Garibald von Lüttich, worin er ähnliche drey-
tägige Faſten und Bußübungen befiehlt. Alle, denen keine
phyſiſche Urſachen es verwehren, ſollen bis neun Uhr nichts
genießen, um neun einer Proceßion beywohnen, nach der
in der Kirche Meſſe gehalten werden ſoll. Dann mag
jeder etwas genießen, aber bloß zur Nothdurft, und keinen Wein, kein Fleiſch. Wer überall nicht ſo lange faſten, oder Wein und Fleiſch nicht entbehren kann, ſoll für
die Diſpenſation nach ſeinem Vermögen etwas geben.
Jeder Prieſter ſoll eine Meſſe leſen, und jeder Geiſtliche,
der ſingen gelernt, ſoll funfzig Pſalmen ſingen. Alles
dieß wegen bevorſtehender Noth verſchiedener Art — wegen beſorgter ſchlechter Ernte und Hungers, wegen böſer,
ungeſunder Witterung und wahrſcheinlichen Krieges mit
den Nachbarn. Carol. M. Ep. XVIII. Recueil p. 631.

Feldherren weniger? Litaneyen und Pſalmen ſingen bey einer bevorſtehenden Schlacht mit einem furchtbaren, grauſamen Feinde, beweiſet gewiß eben ſo wenig Mangel an Muth, als der römiſche Gebrauch in den Eingeweiden der noch rauchenden Thiere herumzuwühlen und daſelbſt den Ausgang der Schlacht vorher entdecken zu wollen.

Nachdem die Kriegsvölker ausgeruht und Nachrichten von den beyden andern Heeren eingegangen waren, wurde den Hunnen der Krieg angekündigt, und die Heere ſetzten ſich zu gleicher Zeit in Bewegung. Die dritte Armee war aus Italien gekommen und die Herzoge von Friaul und Iſtrien commandirten ſie. Dieſe Armee ſtieß zuerſt auf den Feind. Die Hunnen wurden aus zwey Verſchanzungen, deren Lage zwar von den damaligen Verfaſſern angegeben, dennoch aber heut zu Tage ſchwer zu beſtimmen iſt, vertrieben. Karl ſelbſt gieng über die Raab und nahm ſein Lager jenſeits dieſes Fluſſes an der Donau. Bey ſeinem Heere brach eine Seuche unter den Pferden aus, die ſo heftig war, daß kaum der zehnte Theil übrig blieb. Vielleicht war dieſes die Urſache, warum Karl ſich nach Bayern zurückzog. Auf ſeinen Befehl mußten auch die Grafen Theoderich und Meginfried mit ihrem Heere durch Böhmen zurückgehn. Die Truppen giengen, wie gewöhnlich, gegen den Winter auseinander. Karl blieb den Winter über in Regensburg.

In dem folgenden Jahre 792 finden wir nicht, daß Karl etwas wider die Hunnen vorgenommen habe. Eine Religionsſtreitigkeit, von der wir bald mehr erwehnen werden, beſchäftigte ihn; allein ſo wichtig ſie ihm war, ſo würde er doch ihrentwegen den Krieg nicht das ganze Jahr

Jahr haben ruhen laſſen. Eine Verſchwörung wider ihn, die entdeckt wurde, war ohne Zweifel der Umſtand, der ihn abhielt, im Felde zu erſcheinen. Unterdeſſen ließ er neue Zurüſtungen machen; er ließ eine Schiff-brücke über die Donau bauen, um ſich ihrer, bey der Fortſetzung des Krieges zu bedienen [26]).

Die Verſchwörung hatte ſein Sohn Pipin ange-ſtiftet; nicht der König von Italien; ſondern ein andrer Pipin, den er in ſeiner erſten unſtandesmäßi-gen und wieder aufgehobnen Ehe mit Himiltrude gezeugt hatte. Kinder aus einer ſolchen Ehe waren nach den alten deutſchen Rechten unfähig, von ihren Vätern zu erben, oder ihnen in der Regierung zu folgen. Die Strenge dieſes Geſetzes war dieſem ehrgeitzigen, unglück-lichen Pipin deſto empfindlicher, da ſeine jüngern, aber aus ſtandesmäßiger Ehe erzeugten Brüder, noch als Kinder, zu Königen ernannt waren. Einige vornehme, misvergnügte Franken unterhielten ſeinen Widerwillen gegen ſeinen Vater. Endlich gab ihnen, nach Egin-hards Verſicherung, die Grauſamkeit der Königin Faſt-rade abermals Anlaß, daß ſie eine Verſchwörung ein-giengen. Karl mit ſeinen übrigen Söhnen ſollte getödtet, und dieſer Pipin zum König ernannt werden. Ein Lon-gobarde, Ardulf, entdeckte die Sache. Pipin und ſeine Mitverſchwornen wurden auf dem Reichstage zu Regens-burg zum Tode verurtheilt. Karl ſchenkte ſeinem Sohne das Leben, ſchickte ihn aber in das Kloſter zu Prüm. Die übrigen Mitverſchwornen wurden theils enthauptet, theils gehangen [27]).

Karl

---

[26]) Annal. Eginh. ad a. 791.
[27]) Annal. Eginh. ad a. 791. — Eginh. vita Caroli M. c. XX.

Karl war im Begriff, im Frühjahr 793 den Feld-
zug wider die Hunnen zu eröffnen, als ihm berichtet
wurde, daß Graf Thederich, da er die in Friesland gesammelten Truppen durch Sachsen führen wollen, von den
Rustringern, einer sächsischen Völkerschaft in der heutigen
Grafschaft Oldenburg, überfallen und geschlagen war.
Diese unerwartete Nachricht und die Besorgniß, daß
diese That der Rustringer einen allgemeinen Aufstand der
Sachsen nach sich ziehen möchte, bewegten Karln, den
Zug wider die Hunnen auszusetzen. Damit indessen das
Heer, das bey Regensburg schon versammelt war, nicht
müßig bliebe, ließ er durch selbiges einen Kanal graben,
der die Rednitz mit der Altmühl vereinigen sollte. Beyde
Flüsse sind schiffbar. Jener fließt in den Mayn, dieser
in die Donau. Die Absicht dieses Kanals war also, die
Donau mit dem Rhein zusammenzuhängen, freylich
wohl nur zum Behuf seiner Armeen, deren geschwindere
Bewegung dadurch zu befördern. Es gab noch keine
Handlung in Europa. Indessen wäre das Unternehmen
gelungen, so wäre es der mit der Zeit entstehenden Handlung zu Statten gekommen. Der Kanal sollte zweytausend
Schritte lang, dreyhundert Fuß breit seyn. Das Heer
arbeitete den ganzen Sommer daran. Aber der Boden
war morastig. Das beständige Regenwetter spülte die
ausgegrabne Erde wieder ab. Der Kanal war, eh man
sichs versah, wieder zugeschlemmt. Die Hülfsmittel,
die heut zu Tage dergleichen Arbeiten erleichtern, waren
damals unbekannt. Karl hatte den Verdruß dieses
Vorhaben aufgeben zu müssen. Es ist zu bedauern, daß
ein Monarch mit der Neigung und Anlage zu großen
und nützlichen Thaten durch die Unwissenheit seiner Zeiten, sie auszuführen, gehindert wurde [28]).

Unter-

[28]) Annal. Eginh, a. 793.

Unterdessen kamen Nachrichten, daß der Aufstand unter den Sachsen sich weiter ausbreite, und daß die Saracenen einen Einfall in Septimanien gethan hatten. Karl ließ darauf das Heer auseinander gehn und berief einen Reichstag auf den folgenden Frühling nach Frankfurt. In dieser Stadt brachte er selbst den Winter zu.

Da die Bischöffe und Aebte immer mit zu den Reichstagen berufen wurden, so pflegte Karl diese ihre zahlreiche Anwesenheit zu benutzen, um mit ihnen in besondern Versammlungen, theologische und Kirchenangelegenheiten vorzunehmen: Concilia oder Synoden wurden also gewöhnlich mit Reichstagen zu gleicher Zeit und an einem Orte gehalten. Hier zu Frankfurt wollte Karl einige der wichtigsten damaligen Streitigkeiten untersuchen lassen. Er hatte daher nicht nur die Bischöffe und Aebte aus seinen deutschen Ländern, sondern auch aus Gallien und Italien dazu eingeladen. Indessen müssen wir doch denen recht geben, die behaupten, daß es kein allgemeines, sondern nur ein Provincialconcilium gewesen sey, denn es waren nicht die Bischöffe aus der ganzen Christenheit, sondern nur aus Karls Staaten, die von der ganzen Christenheit, als dem Reiche Christi auf Erden, nur eine Provinz ausmachten, versammelt. Die Zahl der Theologen auf diesem Concilio belief sich auf dreyhundert.

Eine so zahlreiche Versammlung von Männern, die die dunkelsten und schwersten Fragen gelehrter Theologie beleuchten und entscheiden sollten, mitten in dem Deutschlande, dessen Bewohner eben erst anfiengen zu lernen, daß es noch andere, als bloß sinnliche Gegenstände des Denkens gäbe, mußte in den Augen des philosophischen Zuschauers, wenn es damals dergleichen gab, eine

außer-

außerordentliche Erscheinung seyn. Und ohne Zweifel mußte es ihn sehr interesiren, auf die Eindrücke acht zu geben, die durch die Behandlung dieser Streitfragen von dreyhundert Theologen, größtentheils aus den lebhaftesten Nationen in Europa, auf die anwesenden rohen Deutschen gemacht wurden, und von ihnen zu hören, was sie über solche Dinge dachten.

Ob Karl bey dieser Versammlung den Vorsitz geführt, darüber hat sich unter denen, die die so genannte geistliche Gewalt durchaus unabhängig von der weltlichen und über sie erhaben wissen wollen, und denen, die der weltlichen Macht auch Religionssachen unterwerfen, ein sehr natürlicher Streit erheben müssen, da beyde Parteyen in den vorhandenen Nachrichten von dem Concilio Gründe für ihre Behauptung zu finden glauben. Die Bejahung oder Verneinung dieser Frage ist gleichgültig, sobald man überzeugt ist, daß es Thorheit ist, Recht und Unrecht auf das, was einst geschah, und nicht auf die Natur der Dinge zu gründen. Indessen Karl selbst in dem Schreiben, worin er den Bischöffen in Spanien von diesem Concilio Nachricht giebt, braucht Ausdrücke, die es deutlich besagen, daß er sich als den Vorsteher des auf seinen Befehl versammelten Concilii betrachtet habe [29]), und die fränkischen Bischöffe in ihrem Schreiben

_____

[29]) Ad impletionem vero hujus gaudii, *juſſimus* ſanctorum patrum ſynodale ex omnibus undique noſtrae ditionis eccleſiis congregari concilium etc. Er erwehnt darauf zwar, daß er auch an den Pabst gesandt, ſcire cupientes, quid ſancta Romana eccleſia — de hac reſpondere voluiſſet. Aber er fügt gleich darauf hinzu: Nec non et de Britanniae partibus aliquod eccleſiaſticae diſciplinae viros conuocauimus etc. und es ist aus dem Zusammenhange klar, daß er die Meinung des Pabstes

ben an die Spanier bezeugen, daß auch sie auf seinen Befehl und unter seinem Vorsitz die Angelegenheit, wovon in dem Schreiben die Rede ist, verhandelt haben [30]).

Die erste Frage, die das Concilium zu Frankfurt beschäftigte, betraf das Verhältniß der Menschheit Jesu zu Gott dem Vater. Jesus, der Gottmensch ist Gottes Sohn. Ueber diesen Satz war sich die Kirche einig. Allein der übelgeleitete Untersuchungsgeist einiger rüstiger Köpfe anatomirte den Satz, und fragte: „ als „Gott ist Jesus Gottes Sohn im vollkommsten Sinn „des Wortes, aber als Mensch kann er es da in eben „dem Sinne seyn?“ „Nein“ sagten zwey Theologen in „Spanien,“ als Mensch ist er nur Gottes adoptirter „Sohn.“ Diese beyden Theologen waren Erzbischof Elipand von Toledo und Bischof Felix von Urgel.

Karl hatte von dieser neuen Meinung gehört, und da er sich auch durch theologische Einsichten zu unterscheiden und Ruhm bey der christlichen Nachwelt zu erwerben suchte, so hatte er diese neue, folglich verdächtige Meinung mit einigen Bischöffen, deren sich stets etliche an seinem Hofe aufhielten untersucht, und gefunden, daß sie kezerisch wäre. Er ließ daher schon im Jahr 792 Felixen, als dessen Bisthum in Karls Staaten lag, der folglich sein Unterthan war, zu sich nach Regensburg kommen,

s[es aus keinem [andern Grunde verlangt hatte, als warum er die der gelehrten Britannier zu haben wünschte — vt ex *multorum* diligenti consideratione veritas catholicae fidei inuestigaretur ap. Mansi T. XIII. p. 901.

[30]) — congregatis nobis — *praecipiente* et *praesidente* piissimo et gloriosissimo Domino nostro, Carolo rege etc. ib. p. 884.

kommen, um ihn von seinem Irrthum zu überzeugen.
Da Felix beharrte, so schickte ihn Karl nach Rom, ob
vielleicht der Pabst selbst ihn überführen könnte.   Unterdessen ließ er die Frage auf Veranlassung des Erzbischofs
von Toledo, Elipand, auf dem Concilio zu Frankfurt
prüfen und entscheiden.   Dieser Elipand hatte die felici-
anische Meinung in einem Schreiben an Karln vertheidigt, und ihn aufgefodert, sie zu untersuchen.   Er hatte
dieses in einem Tone gethan, den Karl zweydeutig fand,
in einem Tone, der, wie Karl in seinem Schreiben an
die spanische Bischöffe zu erkennen gab, eben so viel
Stolz als Lehrbegierde zu verrathen schien.   Auf Karls
Verlangen wurden zwey Briefe an Elipanden, der eine
im Namen der italienischen, der andere im Namen der
fränkischen Bischöffe geschrieben.   Es wurde ein dritter
beygefügt, den der Pabst ebenfals auf Karls Verlangen
geschrieben hatte: und ein vierter, der in Karls Namen
abgefaßt war.   Er ist, so wie auch die übrigen drey, noch
vorhanden.   Eine Stelle in Karls Schreiben ist ein
trauriger Beweis von dem schädlichen Einfluß, den der
Eifer für die Orthodoxie auf die Gesinnungen auch sonst
edeldenkender Männer zu haben pflegt.   Es war gewiß
ein widersinniger christlicher Glaubenseifer, daß Karl die
Ketzer lieber unter den Ungläubigen erliegen sehen, als
es ertragen wollte, daß sie sich durch seine Gründe nicht
bekehren ließen.„ Wir waren willens,“ schreibt Karl
den Spaniern „euch in euren weltlichen Nöthen (gegen
„die Saracenen) Beystand zu leisten; allein dieses kann
„nicht geschehen, wenn ihr diese Ketzerey unter euch lei-
„det: wir müssen alle Gemeinschaft mit euch aufhe-
„ben ³¹).“

                                                    Felix

---

³¹) Mansi Concil. T. XIII. p. 904.

Hegewisch Gesch.   P

Felix scheint nichts weniger, als hartnäckig, sondern vielmehr veränderlich in seinen Meinungen gewesen zu seyn. Mehr wie einmal widerrief er seine vermeinten ketzerischen Sätze und wurde in dem Schooß der Kirche wieder aufgenommen; mehr wie einmal fiel er in die Ketzerey zurük. Seines zweyten Rückfalls wegen wurde er abgesetzt (Karl konnte ihn absetzen lassen, weil Urgel, wo Felix Bischof war, in seinen Staaten lag) — und nach Lyons exilirt. Er widerrief hier seine Meinung, die ihm sein Schicksal zugezogen hatte, ertrug aber doch dieses Schicksal mit Geduld; in dem Schreiben, worin er der Geistlichkeit und der Gemeine seines Sprengels von seinem Widerruffe Nachricht giebt, nennt er sich einen weiland Bischof. Kann jene Veränderlichkeit in seinen Behauptungen nicht eben so sehr eine Folge von Aufrichtigkeit und Wahrheitsliebe, als von Leichtsinn, Eitelkeit, oder eigennützigen Absichten gewesen seyn? Freylich verräth diese Veränderlichkeit eine gewisse Schwäche der Urtheilskraft; aber nicht nothwendig ein böses Herz [32]).

Aus einem an Felix gerichteten Briefe seines Mitgenossen in der Ketzerey, des Erzbischofs Elipand von Toledo — (den Karl nicht absetzen konnte, weil Toledo unter der Herrschaft der Saracenen stand), — erhellet, daß dieser Erzbischof noch im zwey und neunzigsten Jahre seines Alters bey seiner Behauptung, troz der Entscheidung des frankfurter Concilii, und aller Vorstellungen des

großen

---

[32]) Nur ein Pere Daniel konnte behaupten, daß in Ansehung eines in Meinungen veränderlichen Mannes nur die Alternative statt finde, daß er entweder fourbe ou inconstant müsse gewesen seyn. Hist. de la France Charlemagne unter dem Jahr 798 p. 107. der Ausgabe in 4. von 1757.

großen Monarchen ungeachtet, beharrte. Dennoch behaupten die spanischen Scribenten, ohne Zweifel weil sie glauben, daß der Ehre ihrer Kirche daran gelegen sey, Elipant sey noch vor seinem Tode bekehrt worden.

In Betracht der vor und nach Karln üblichen Art gegen Ketzer zu verfahren, müssen wir noch zweyerley zu seinem Ruhme bemerken. Es würde in der That Ungerechtigkeit gegen seinen Character seyn, sowohl das eine als das andere zu verschweigen. Erstlich sein Ton in seinem Briefe gegen die spanischen Ketzer ist, überhaupt genommen, nicht heftig, nicht bitter, sondern sanft und liebreich. Zweytens, als Karl den Bischof Felix zu sich kommen ließ, daß er seine Behauptung in Gegenwart des Monarchen vertheidigen sollte, versprach er ihm Sicherheit. Und dieß Versprechen hielt Karl. Noch hatten entweder die Orthodoxen jene abscheuliche Entdeckung nicht gemacht, daß man Ketzern sein gegebenes Wort nicht zu halten brauchte, welcher Entdeckung zufolge ein Kaiser im vierzehnten Jahrhunderte sein öffentlich gegebenes Wort vor aller Welt Augen brach; — eine Entdeckung, die noch im achtzehnten Jahrhunderte Vertheidiger finden konnte — oder, wenn sie schon gemacht war, so fühlte doch Karl etwas, das ihm nicht erlaubte, Gebrauch davon zu machen.

Der zweyte Punkt betraf den Bilderdienst. Lange hatte der Streit darüber die Kirche beunruhigt. Er bezog sich nicht auf Geheimnisse, auf Lehren, die metaphysischen Grüblern so viel Anlaß geben, ihren Scharfsinn zu beweisen, aber eben dadurch die Kirche zu verwirren, sondern auf einen äußerlichen Gebrauch, den die eine Partey für nützlich und zweckmäßig, die andere für schädlich und zweckwidrig erklärt. „Ist es nicht natürlich" sagten

die Bilderverehrer „daß man die Gegenstände seiner Liebe,
„Dankbarkeit und Verehrung gern seiner Einbildungs-
„kraft wie gegenwärtig darstellen möchte? Ist es nicht
„ein allgemeiner Wunsch zärtlicher, liebender, empfind-
„licher Herzen die Bilder ihrer Eltern, ihrer Freunde,
„ihrer Wohlthäter zu besitzen? oft vor Augen zu haben?
„sich gleichsam mit ihnen zu unterhalten? warum nicht
„die Bilder derer, die durch ihren Wandel, durch ihre
„Lehren Wohlthäter der Christenheit wurden? Bilder
„sind das bequemste Mittel, dem Volke, den Kindern
„die Kenntniß der Religionsgeschichte beyzubringen; die
„Mütter erklären sie ihren Kindern, und die jungen
„Herzen bekommen dadurch Eindrücke von Liebe, von
„Verehrung, von Dankbarkeit gegen Gott und gegen die
„Männer, durch die er ihnen eine so wohlthätige Reli-
„gion gegeben hat; — Eindrücke, die sie in ihrem
„Leben nicht wieder verlieren. Man muß von sehr kal-
„ten und gefühllosen Herzen seyn, den Bilderdienst zu
„verwerfen" [33]).

„Allein" antworteten die Bilderstürmer „der Bilder-
„dienst artet in Abgötterey aus. Die ersten Christen
„hatten keine Bilder. Man giebt Gott in den Bildern
„eine menschliche Gestalt, und Gott hat dieses selbst
„verboten."

Der gründlichste Kenner der menschlichen Natur
wäre vielleicht bey diesem Streite der competenteste Richter

[33]) Mit solchen, aber nicht mit lauter solchen, sondern mehr
noch mit schlechten Gründen und mit viel heftigen und
groben Declamationen vertheidigt Pabst Gregorius II. die
Verehrung der Bilder in einem Schreiben an Kaiser
Leo III.

ter gewesen, und dieser würde ohne Zweifel keine unbedingte Entscheidung gegeben, sondern Bedingungen vorausgesetzt haben, die sich theils auf die Beschaffenheit der Bilder, theils auf die Art der Verehrung, theils auf den Character des Volks, bey dem der Bilderdienst gelitten oder abgeschaft werden sollte, bezogen hätten. Vielleicht bedarf ein sinnliches Volk von lebhafter Imagination gewisser äußerlicher Erweckungsmittel der Andacht, gewisser seine Imagination vorschwebender Gemälde, um seine Gedanken und Empfindungen auf sie zu heften, wenn eben diese äußern Mittel und Gemälde der geübtern Denkkraft eines Volkes von nicht so lebhafter Phantasie nicht allein entbehrlich, sondern gar anstößig seyn würden. Doch unser Geschäft ist, diesen Streit zu erzählen, nicht über ihn zu urtheilen.

Seit funfzig oder sechszig Jahren hatten die Bilderstürmer im griechischen Kaiserthum gesiegt. Die Kaiser waren fast immer an ihrer Spitze. Allein Irene, die junge, die schöne, die gefallende Irene bekam endlich als Vormünderin ihres minderjährigen Sohnes, Konstantinus VI. alle Macht einer regierenden Kaiserin. Sie, die um der ihr so werthen Bilder willen von ihrem Gemahl Leo IV. und von ihrem Schwiegervater, Konstantin V. viel gelitten hatte, sie legte gleich, nachdem sie die Macht in ihren Händen sah, ihre Gesinnungen ohne weitere Zurückhaltung an den Tag, Gesinnungen, die sie so lange hatte unterdrücken müssen, Gesinnungen, die der größte Theil ihrer Unterthanen ebenfalls im Herzen genährt, aber nicht öffentlich hatte dürfen blicken lassen. Patriarchen trugen nun kein Bedenken zu erklären, daß sie selbst in ihrem Innersten, wie die Kaiserin gedacht hätten; sie klagten sich selbst an, daß sie aus Menschenfurcht, aus Furcht vor den Kaisern, ihre wahre Meinung

nung

nung verleugnet hätten. Irene berief also im Jahr 787 ein Concilium zu Nicäa, das zweyte, das daselbst gehalten werden. Sie lud selbst den Pabst Adrian dazu ein, der zwey Legaten hinsandte. Die Verehrung der Bilder wurde beschlossen und Grundsätze darüber festgesetzt. Ein Marienbild wurde feyerlich in die Versammlung gebracht, von allen anwesenden Geistlichen begrüßt, und die Schriften der Bilderstürmer verbrannt. Pabst Adrian, sehr zufrieden mit den Decreten dieses Concilii, sandte sie Karln seinem Freunde. Aber dieser aller seiner persönlichen Freundschaft gegen Adrian, aller seiner Verehrung gegen den apostolischen Stuhl ungeachtet, gab die Acten jenes Concilii den Bischöffen seiner Staaten zu untersuchen, und sie setzten ein Werk in seinem Namen auf, worin er die Entscheidungen des zweyten nicäischen Concilii als dem Gebrauch und der Lehre der abendländischen Kirche zuwider verwarf und beweisen wollte, daß jenes Concilium kein ökumenisches oder allgemeines gewesen sey. Dieses Werk, das wir noch haben und die karolingischen Bücher nennen, ist mit vieler Bitterkeit geschrieben. Man urtheile aus dem folgendermaßen lautenden Titel. „Wider die Versamm-„lung, die heimlich und frecher Weise in Griechenland „gehalten ist, um den Bildern die Anbetung zu ver-„schaffen."

Alles dieß war schon geschehen, eh das Concilium zu Frankfurt gehalten wurde. Auf demselben wurde die Sache von neuem vorgenommen, und das zweyte nicäische Concilium wurde daselbst abermals verworfen. Da bey diesem Concilio zwey Abgesandten vom Pabst Adrian, die Bischöffe Theophylaktus und Stephanus zugegen waren, so hat es der Partey, welche Karln gern als einen gehorsamen, immer folgsamen Sohn gegen

gen

gen den apostolischen Stuhl vorstellen möchte, viele
Schwierigkeit machen müssen, dieses sein Betragen zu
erklären. Einige haben zu diesem Behuf den Umstand
erdacht, daß Karln und seinen Bischöffen vielleicht durch
die List der bilderstürmischen Partey die wahren Acten
des zweyten nicäischen Concilii verborgen geblieben, hingegen falsche Acten, oder ungetreue Ueberseßungen in
die Hände gespielt wären. In diesen falschen Acten,
oder in diesen, es sey mit Fleiß oder aus Unwissenheit,
ungetreuen Ueberseßungen, wäre der Bilderdienst gerade
mit solchen Worten gebilligt und geboten, die das nicäische Concilium nicht allein nicht gebraucht, sondern verworfen und verdammt hätte. In den griechischen Ori-
ginalacten war würklich diejenige Anbetung, die wir
Gott allein schuldig sind, durch einen eigenen Ausdruck,
Latria [34] von der Verehrung, die wir auch Menschen
erweisen dürfen, und die die Griechen Proskünesis [35]
nannten, unterschieden. In den falschen Acten, oder
in der den Sinn des Originals falsch darstellenden
Ueberseßung habe es geheißen, man sey den Bildern
eben die Anbetung schuldig, wie der heiligen Dreyeinigkeit [36]. Diese Hypothese hat nur das wider sich, daß

P 4

Adrian

---

[34] Λατρεια.

[35] Προσκυνσις, auch wohl mit dem Beyworte τιμητικη
προσκυνσις

[36] Dieser Meinung ist z. E. Baronius sub a. 794. n.
XXXVI imgleichen der Pere Daniel, Histoire de la France, Charlemagne p. 104. Uebrigens wird es vielleicht
manchem Leser lieb seyn, zu wissen, wie so consequente
Vertheidiger der päbstlichen Oberrichterwürde in Glau-
bensfachen, wie diese beyden Männer, den Triumph einiger Protestanten über dieses vom frankfurther Concilio
gegen das zweyte Nicäische ausgesprochne Verwerfungs-
urtheil vernichtet haben. Sie gestehen zu, das zweyte
nicä-

Adrian selbst die wahren Acten schon an Karln geschickt hatte, und daß ja seine Abgeordneten zu Frankfurt den da-

nicäische Concilium wurde auf oder in dem frankfurter Concilio, aber nicht von demselben verworfen. Man kann nicht eher sagen, behaupten sie, daß von einem Concilio etwas beschlossen, festgesetzt oder entschieden sey, als bis seine Schlüsse, Bestimmungen und Entscheidungen vom Pabste bestätiget sind. Baron ib. n XXVII. Nun aber wurden die Aussprüche der frankfurter Väter wider das zweyte nicäische Concilium vom Pabste nicht allein nicht bestätigt, sonden vielmehr verworfen. Das Falsche dieser Behauptungen ist zwar längst von einer großen Partey der Katholiken, von der ächten gallicanischen Kirche, von den Jansenisten und allen denen, deren Gesinnungen Febronius ausdrückte, eingesehen. Dennoch dünkt mich, sollten Protestanten Karls Benehmen, die Schlüsse des frankfurter Concilii betreffend, nicht rühmen. Er brachte sie ja selbst, diese Schlüsse, um ihre Kraft und um ihr Ansehn, in dem er dem Pabst Adrian I. nachgab. Entweder also verließ er sich nicht auf seine eigene Einsichten; oder politische Absichten galten bey ihm mehr als Wahrheit. Seit 788, da die in Vorschlag gewesene Heirath seiner Tochter Rotrude mit dem jungen griechischen Kaiser, Konstantin, rückgängig geworden, waren die Gesinnungen Karls und des griechischen Hofes gegen einander feindselig; und in Unteritalien kam es wohl zu Thätigkeiten. Daß aber um die Zeit des frankfurter Concilii Irene schon auf eine Wiederherstellung des guten Vernehmens, daß sie vielleicht schon auf eine genauere persönliche Verbindung möge gedacht haben, und daß Pabst Adrian von einem Theile ihrer Friedenswünsche unterrichtet gewesen sey, wied dadurch wahrscheinlich, daß schon im Jahr 798 förmlich Gesandten von ihr bey Karln ankamen, nachdem sie 797 ihren Sohn Konstantin hatte blenden und absetzen lassen. Solche förmliche öffentliche Gesandtschaften würde Irene nicht abgeordnet haben, wenn sie sich nicht durch vorhergegangene geheimere Erkundigungen und Unterhandlungen von Karls Neigung, das gute Vernehmen zu

daselbst versammelten Vätern, falls sie würklich mit falschen Acten oder treulosen Uebersetzungen hintergangen
wären, ihren Irrthum leicht hätten benehmen können.
Andere haben also lieber zugestanden, daß Karl mit seinen Bischöffen vor dem frankfurter Concilio das nici-
ische Concilium angefochten habe; aber sie haben kühn
und dreist geleugnet, daß dieses noch zu Frankfurt geschehen sey, ob gleich die Schlüsse dieses Concilii keinem
Verdacht der Unächtheit oder Interpolation unterworfen
sind.   Auch die Aechtheit der karolinischen Bücher haben
sie bezweifelt ³⁷).

Ein Menschenkenner, der sich nicht zu versündigen
glaubt, wenn er auch im Leben und in den Handlungen
der besten Menschen etwas auf die Rechnung menschlicher Leidenschaften schreibt, wird sich Karls Betragen
viel natürlicher erklären, wenn er weiß, daß um diese
Zeit kein gutes Vernehmen zwischen Karln und der Kaiserin Irene war; daß Karl als ein mächtiger und in seinen
Gesinnungen fester Monarch, von großem persönlichem
Ansehen, die dreyhundert Theologen, die beyden päbstlichen Gesandten mit inbegriffen, um so viel eher, seinem
Verlangen gemäß zu stimmen, bewegen konnte, da der
Bilderdienst überhaupt bis dahin in der abendländischen
Kirche noch nicht so weit getrieben war, als in der
griechischen, und daß er endlich den Geist des Wett-
eifers, der ihn selbst gegen die griechischen Kaiser zu

P 5   beseelen

zu befördern, Gewißheit verschaft hätte. Zu diesen ge-
heimern Erkundigungen und Unterhandlungen konnte sie
niemanden besser brauchen, als Pabst Adrian I. einen sehr
klugen Mann und Freund des Monarchen.

³⁷) S. Mansi Concil. T. XIII. p. 914. die Note c) von
Severin Binius.

beseelen anfieng, auch leicht den Erzbischöffen und Bischöffen seiner Staaten einflössen konnte.

Indessen was auch die Veranlassung dieser seiner heftigen Widersetzlichkeit gegen das nicäische Concilium
seyn möchte, so schickte er nicht nur seinen geliebten Angilbert mit den, in seinem Namen verfertigten und auch
seinen Namen führenden Büchern wider das nicäische
Concilium, nebst seinem Glaubensbekenntniß diesen
Punct betreffend, an Pabst Adrian, sondern ließ diesen
auch inständigst ersuchen, den jungen Kaiser Konstantin
für einen Ketzer zu erklären. Warum er sich nicht ein
gleiches Verdammungsurtheil über die Vormünderin des
jungen Kaisers ausgebeten, ob aus Schonung, oder
Verachtung, möchte schwer zu errathen seyn.

Dem Pabste mußte dieses Betragen des sonst so sehr
mit ihm harmonirenden Monarchen desto unerwarteter
und schmerzhafter seyn, da theils seine Gesandten auf dem
von Karl so angefochtenen Concilio zu Nicäa alle daselbst
genommene Beschlüsse durch ihren Beytritt gebilligt hatten, theils Irene eben durch die Wiederherstellung des
Bilderdienstes anfieng, die griechische Kirche der abendländischen Kirche wieder näher zu bringen, wodurch die
schon befürchtete Trennung, die anfangs bloß vom Bil-
derstreit herrührte, schien abgewandt werden zu können.
Adrian schrieb gegen das in Karls Namen abgefaßte
Werk in einem eben so sanften, liebenswürdigen, väterlichen Ton, als der Ton in Karls Schrift bitter und heftig war. Diesesmal gab der Heftige dem Sanften nach,
Karl ließ sich belehren, daß er geirret hatte. — Zu
gleicher Zeit wurde ein besseres Verständniß zwischen dem
fränkischen und griechischen Hofe eingeleitet, u. es
wurde sogar eine Heirath Karls mit Irene in Vorschlag
gebracht.

Zwey

Zwey Jahr nachher 796 starb Adrian I. [38]. Karls ungemein große Achtung und zärtliche Freundschaft für diesen Pabst sind ein Beweis, daß dieser ein Mann von großem und seltenem Character war. Er hatte sich dem Monarchen in einer so wichtigen Sache, als ihm die Verwerfung des nicäischen Concils war, widersetzt. Gleichwohl blieben Karls Gesinnungen gegen ihn unverändert. Als Karl von Adrians Tode Nachricht bekam, weinte er, nach Eginhards Ausdruck, nicht anders, als ob er den liebsten seiner Söhne verlohren hätte. Er hatte eben vor dem Empfang der Nachricht seinen geliebten Angilbert mit ausgesuchten Geschenken aus der Beute, die er in dem gleich zu erwerbenden Hunnenkriege gemacht hatte, absenden wollen. Er machte ein elegisches Gedicht, das eingegraben in eine Marmortafel auf Adrians Grab gesetzt wurde, und noch in der Vaticans Kirche vorhanden seyn soll. Es hat nichts von der geschmacklosen Künsteley der mittlern Zeiten. Es ist voll natürlicher Empfindung.

Auf dem Reichstage, der zugleich mit dem Concilio in Frankfurt gehalten wurde, kamen die drey Kriege, die nunmehr an drey verschiedenen Seiten mit den Hunnen, den Sachsen und den Saracenen zu führen waren, in

Ueber-

---

[38] Er soll ungefehr vier und zwanzig Jahr Pabst gewesen seyn, Petrus soll es nach der Behauptung der päbstlichen Scribenten, gerade vier und zwanzig Jahr, fünf Monate und zehn Tage gewesen seyn. Von allen seinen Nachfolgern ist ihm Adrian I. in Ansehung der Dauer seiner Würde am nächsten gekommen. Unter den Formeln, womit jeder neue Pabst begrüßt wird, ist auch diese: Sancte Pater, non videbis annos Petri. Im Durchschnitt sollen die Regierungsjahre eines Pabstes sich nur auf acht belaufen.

Ueberlegung. Der Saracenische war mit den beyden ändern in Ansehung der Wichtigkeit nicht zu vergleichen. Die Pyrenäen waren von dieser Seite die natürliche Schutzwehr der fränkischen Staaten. Die Saracenen hatten viel von ihrem kriegerischen Geiste verlohren. Sie waren in kleine Fürstenthümer getheilt, deren gegenseitige Eifersucht sie unfähig machte, etwas Bedeutendes zu unternehmen. Es waren einige unter ihnen, die sich mit Karln verstanden. Karl vertraute die Führung dieses Krieges seinem Sohne Ludwig von Aquitanien.

Nach den Zurüstungen, die Karl in den beyden vorigen Jahren zu dem hunnischen Kriege gemacht hatte, muß man urtheilen, daß er diesen für den schwerern und gefährlichern gehalten habe. Gleichwohl überließ er auch diesen Krieg den Grafen in Bayern und Friaul, nebst seinem Sohne Pipin in Italien. Die Bezwingung der Sachsen übernahm er selbst. Eh ich erwehne, was in Ansehung dieser vorgieng, will ich den Verlauf des Hunnenkrieges ununterbrochen erzählen.

Zwey Jahre giengen hin, bis etwas entscheidendes gegen die Hunnen ausgeführt wurde. Damals war eine so große Uneinigkeit unter ihnen, daß einer von ihren Fhanen, Tudun, sich mit Karln in Unterhandlung einließ. Er verlangte, ein Christ zu werden. Im Jahr 796 drangen Pipin von Italien und Herzog Erich oder Heinrich, der die Völker aus Friaul anführte, in das Land der Hunnen ein. Sie eroberten und zerstörten die Hauptverschanzungen, die von den fränkischen Annalisten der Ringus genannt werden, und die einen Kreis um das Gebiet des Oberkhans im Innern des Landes scheinen formirt zu haben. An diesem Ort hatten die Hunnen alle die Beute verwahrt, die sie seit drittehalb Jahrhunderten

derten auf ihren Zügen durch die reichsten europäischen
Länder gemacht hatten. Sie muß, nach den Ausdrücken gleichzeitiger Scribenten sehr beträchtlich gewesen
seyn. Kein Krieg, sagt Eginhard, habe die Franken
so bereichert; bis dahin wären sie fast ein armes Volk
gewesen in Vergleichung der Reichthümer, die sie sich
durch diesen Krieg erworben hätten. Karl schickte einen
Theil der Beute an den Pabst zum Geschenk. Alles
übrige vertheilte er an seinem Hofe und unter dem
Heere.

Der Khan, Tudun, kam in eben dem Jahre selbst
nach Aachen. Er wurde mit andern vornehmen Hunnen
getauft. Alle schwuren Karln die Treue. Allein entweder Tuduns Uebergang zum Christenthum und Unterwerfung unter Karln war von Anfang an nicht aufrichtig,
oder er wurde in der Folge anders Sinnes. Er bewog
die Hunnen zu einem allgemeinen Aufstande, dessen Ausbruch noch im Jahre 799 früh genug von Karln entdeckt wurde, um ihm die kräftigsten Maaßregeln entgegen zu setzen. Auf seinen Befehl rückten Herzog Heinrich von Friaul und Graf Gerold von Bayern in Ungarn
ein, wo sie zwar glücklich fochten und den Rebellen gefangen bekamen; allein Herzog Heinrich gerieth in einen
Hinterhalt, wo er sein Leben einbüßte. Der gefangene
Tudun wurde als ein treuloser Vasall mit dem Tode be-
straft, und nun waren die Hunnen zu sehr geschwächt,
um nicht Karls Oberherrschaft ohne weitern Widerstand
zu ertragen. Und in so weit kann man sagen, daß Karl
seine Staaten nun bis zum Zusammenfluß der Donau
mit der Theisse und mit der Save erweitert hatte [19]).

Allein

[19]) Memoire sur les Limites de l'Empire de Charlemagne par Dom. Lieble.

Allein Ungarn war doch von der Zeit an nicht sowohl eigentlich eine Provinz der fränkischen Monarchie, als von ihr abhängig, wie die Moldau und Wallachey so lange von der Pforte abhängig gewesen sind. Die Hunnen behielten ihre eigene Verfassung, ihre eigene Khane, die sich aber, beym Antritt ihrer Khanschaft von Karln bestätigen lassen und ihm den Vasalleneid leisten mußten.

Wir kehren zu dem Kriege mit den Sachsen zurück. Es ist wahrscheinlich, daß es bloß die nordlichen Gaue waren, die den Grafen Thederich überfallen und den Aufstand erneuert hatten. Die südlichen, den Franken näher gelegnen Gaue scheinen sich ruhig gehalten zu haben. Wir finden, daß während des neuen Krieges, der noch über zehn Jahr fortdauerte, ein Reichstag zu Aachen, im Jahr 797 berufen war, auf welchem die vom Adel sowohl als die Freyen aus Westphalen, Ostphalen und Angrien erschienen. Es wurden mit ihrer Einwilligung verschiedene Schlüsse gemacht, welche beweisen, daß diese Sachsen an die fränkischen Einrichtungen schon gewohnt waren. Man findet in diesem Kapitulare nichts, das sich auf vorhergegangne Feindseligkeiten bezöge [40]; Sodann finden wir, daß der Krieg fast beständig in den nördlichen Gegenden geführt wurde. Bloß im Jahr 794 hatten sich einige Haufen aus den aufrührischen Gauen in einer Gegend bey Eresburg, die das Sintfeld genannt wurde, versammelt. Allein da Karl mit einem Heere aus Hessen, und sein ältester Sohn mit einem andern vom Rhein her gegen sie anrückte, ergaben sie sich ohne die geringste Gegenwehr.

In den nördlichen Gegenden fand Karl stärkern Widerstand. Im Frühjahr 795 hatte er sein Lager bey Bar-

[40] Capit. Saxonum anni 797.

Bardewik. Hier sollte ein Heer der Abotriten zu ihm
stoßen. Sie wurden, da sie über die Elbe gehen wollten, von den Sachsen überfallen. Ihr König oder Anführer, Wilzan, wurde erschlagen. In den Jahren
796 und 797 war Karl beständig zwischen der Weser und
der Elbe; er kam bis an die Nordsee.

Im Herbste des Jahrs 797 fand er abermals nöthig,
seine Völker den Winter über in Sachsen zu behalten.
Er ließ an der Weser an dem Orte, wo er bisher sein
Lager gehabt hatte, Häuser für sich und sein Gefolge bauen.
Er gab dem Orte den Namen Heerstelle, der sich bis
auf unsre Zeiten erhalten hat. Hier ließ er seine beyden
Söhne, Ludwig aus Aquitanien und Pipin aus Italien,
zu sich kommen. Hier kamen auch Gesandte der Hunnen; von dem Könige von Asturien, Alphonsus, und
von dem Chalifen von Kordua, Abdalla, zu ihm. Es
war seine Gewohnheit, auswärtigen Gesandten, die sehr
oft an ihn geschickt wurden, entweder auf den Reichstagen, oder im Lager Gehör zu geben. Im Jahr 798
wurde ein Gesandter, den Karl an den dänischen König
Siegfried geschickt hatte, von den Nordalbingern überfallen und getödtet. Sie erschlugen auch einige Bevollmächtigte, die Karl, es ist nicht recht deutlich aus welcher Absicht, an sie geschickt hatte. Diese treulose That
zu rächen, verwüstete Karl, nach dem Ausdruck der
Chroniken, alles Land zwischen der Weser und Elbe, ohne
Zweifel, weil er die Einwohner für mitschuldig hielt, mit
Feuer und Schwert. Die Nordalbinger sollen auch in
einem Treffen gegen die Abotriten, die Bundsgenoßen
der Franken, vier tausend Mann verlohren haben. Dennoch war der Krieg von seiner Entscheidung noch weit
entfernt. Gegen das Ende des Jahrs gieng Karl nach
Franken zurück und blieb den Winter in Aachen. —

Noch

Noch ist eine für diejenigen, welche die Anordnung der die Religion betreffenden Anstalten als ein wesentliches Stück der höchsten Gewalt betrachten, und alles dahin Gehörige unter dem Namen der Majestätsrechte begreifen, wichtige Begebenheit des Jahres 798 zu bemerken. Karl übte eines dieser Majestätsrechte in Ansehung der Kirche dadurch aus, daß er den Bischof von Juvavia oder Salzburg zum Rang eines Erzbischofs erhöhte, und ihm die Aufsicht über die andern Bischöffe des damaligen Bayerns, das, wie wir gesehen, von weit größerm Umfange war, wie das jetzige, vertraute. Es geschah auf seinen Befehl, daß Pabst Leo III. diesem neuen Erzbischoffe das Pallium und die erzbischöffliche Weihe ertheilte [41]. — Als er im Frühjahr 799 seine Völker zu einem neuen Feldzuge versammelte; zog eine Begebenheit, die in Italien vorfiel, seine ganze Aufmerksamkeit an sich. Leo der III. der nach Adrians Tode zum Pabste erwählt war, wurde von einer Gegenpartey überfallen und mißhandelt. Er nahm seine Zuflucht zu Karln, der ihn zu sich in sein Lager bey Paderborn einlud. Der Pabst hielt sich einige Tage bey ihm auf. Er gieng alsdann in Begleitung einiger Bevollmächtigten, die Karl ihm mitgab, nach Rom zurück. Karl hielt diese italienischen Vorfälle für so wichtig, daß er beschloß, statt den Krieg mit den Sachsen zu Ende zu bringen, selbst nach Rom zu gehn. Er blieb vorerst bloß zurück, um die nöthigen Anstalten gegen die Unternehmungen der Sachsen zu machen. Er that darauf im Frühjahr 800 eine Reise nach den westlichen Küsten seiner Staaten. Die Normänner, unter welchem Namen auch die Dänen begriffen wurden, fiengen damals schon an, wegen ihrer

soge-

[41] Nachrichten von Juvavia, Salzburg 1784.

sogenannten Seeräubereyen berühmt zu werden. Sie
fielen in die am Meer gelegnen Provinzen ein, plün-
derten und verheerten sie. Karl hatte bey jener Reise
zur Absicht, seine Unterthanen gegen diese kühnen Völker zu schützen. Er ließ eine Flotte bauen, und die
Hafen und Mündungen der Flüsse mit Festungen verwahren. Erst in der Mitte des Sommers kam er
nach Maynz zurück, wo er zu einer ungewöhnlichen
Zeit, im August, einen Reichstag hielt. Es wurde
ein abermaliger Winterfeldzug nach Italien beschlossen.
Karl trat ihn im Herbst an.

Fünftes Kapitel.

Inhalt.

Wahl Pabſt Leos des III. — Karl erneuert mit ihm den Freundſchaftsbund, den er mit Pabſt Adrian geſchloſſen hatte. — Leo wird von ſeinen Feinden überfallen und mißhandelt — Er begiebt ſich zu Karln, der ihn nach Rom zurückführen läßt — Unter Karls Vorſiz wird eine Unterſuchung der über den Pabſt von ſeinen Feinden geführten Klagen angeſtellt — In welcher Eigenſchaft führte Karl den Vorſiz bey dieſer Unterſuchung? als Souverain? oder als erbetner Schiedsrichter? — Karl wird von Leo III. zum Kaiſer gekrönt — Die drey Hauptmeinungen über die Natur dieſer Wiederherſtellung der abendländiſchen Kaiſerwürde — Karl ſelbſt ſah ſich als einen Nachfolger der alten römiſchen Kaiſer an — Ueber die Gründe, wodurch Leo zur Wiederherſtellung der Kaiſerwürde mitzuwürken bewogen wurde — Geſchenke die Karl ſeiner neuen Würde wegen der Peterskirche machte —

Senſation, die dieſe Begebenheit zu Konſtantinopel machte — Unterhandlungen zwiſchen Karln und der Kaiſerin Irene — wegen einer Heirath — Irene wird abgeſetzt — Ihr Nachfolger, Nicephorus, ſchickt Geſandte an Karln — Anekdoten von ihrer Audienz —

Neue Unterhandlungen mit den Sachſen zu Selz — Durch was für Mittel Karls Politik ſie zu gewinnen wußte — Statiſtiſche Anmerkungen — über Deutſchlands Bevölkerung zu Karls Zeiten — Ueber die aus der Vereinigung der deutſchen Völkerſchaften unter ihm erfolgten Vortheile oder Nachtheile — Ueber die Mittel die Karl anwandte, ſeinen weitläuftigen Staaten Ruhe, Ordnung und Sicherheit zu verſchaffen — Seine Reiſen in der Hinſicht — Auch die Voltsverſammlungen dienten dazu — Reiſende Intendanten — Damalige äuſſerſt drückende Kriegsverfaſſung. —

Schon

Schon in dem alten Rom war, von seiner Entstehung
an, die Religion eine der wirksamsten Maschinen gewesen, deren sich die Vornehmen bedient hatten, den
großen Haufen zu lenken. Die meisten ihrer gottesdienstlichen Anstalten hatten keine andre Absicht. Ihre
geistlichen Aemter, wenn wir sie so nennen dürfen, gehörten daher mit unter die wichtigsten. Insbesondre war
die Stelle eines Pontifex oder Oberpriesters ein Gegenstand, nach welchem die Ehrgeizigen eben so begierig
strebten, als nach der Stelle eines Consuls. Diese
Gewohnheit durch Religion zu regieren und durch sie regiert zu werden, war bey den Vornehmen und Gemeinen dergestalt eingewurzelt, daß, als das Christenthum
die Oberhand bekam, die Anstalten und Einrichtungen
desselben ebenfalls zu politischen Endzwecken gemißbraucht
wurden. Männer aus den vornehmsten Häusern bewarben sich daher um die Stelle eines römischen Bischofs,
oft so lebhaft, daß Parteyen entstanden, die einander
mit Gewalt von dem heiligen Stuhl zu verdrängen suchten. So vertrieb im vierten Jahrhundert, Damasus
seinen Gegner Ursicinus durch die Ueberlegenheit seines
Anhangs. Im fünften Jahrhundert war die Heftigkeit,
womit die Parteyen des Symmachus und des Lauren-
tius einander verfolgten, so groß, daß es nach vielen
schändlichen Auftritten zu einem Aufruhr kam, worin
eine Menge nicht bloß von römischen Bürgern, sondern
auch von Geistlichen getödtet wurde. In diesen alten
Zeiten wurde der Pabst von der gesammten römischen
Geistlichkeit und vom Volk gewählt. Das Volk und die
so genannte niedrige Geistlichkeit haben dieses Wahlrecht
erst lange nach Karls Zeiten einigen wenigen Geistlichen
von höherm Range, Cardinäle genannt überlassen müssen.
Seitdem das abendländische Kaiserthum zu Grunde gieng,
wuchs das Ansehn dieser Bischöffe in eben dem Ver-

Q 2   hält-

hältniſſe, in welchem das Anſehn der griechiſchen Kaiſer,
die ſich ſeit jenem Untergange die Herrſchaft über einen
großen Theil und über die Stadt erworben hatten, ab-
nahm.   Wir haben ſchon geſehn, daß die Römer ſich
in allen ihren Schritten, die ſie zur Unabhängigkeit thaten, von dieſen ihren Biſchöfen leiten ließen.   Bey dem
allen waren keine Regierungsrechte mit der Stelle verbunden.   Die Römer gehorchten ihnen nicht als ihren
Fürſten, ſie folgten ihnen, als ihren Vätern.

Die Geſchwindigkeit, womit eine Wahl zu Stande
kommt, kann zwar eine Folge von der Einmüthigkeit
der Wählenden ſeyn, wenn ſie über die Verdienſte und
Würdigkeit des gewählten Subjects bald einig werden.
Aber ſie kann auch daher rühren, daß eine Partey, die
gern die Wahl auf ein gewiſſes Subject lenken will,
ſchon vorher alles ſo eingeleitet hat, daß die Gegenpartey, vor der ſie ſich fürchtet, überraſcht wird, und nicht
Zeit bekommt, ihre Gegenbeſtrebungen wirkſam zu
machen.   Schon am erſten auf Adrians Tod folgenden
Tage, am 26ten December des Jahrs 795 wurde Leo III.
ein gebohrner Römer erwählt [1]).   Er ſandte gleich an
Karln,

---

[1]) Ein altes Mährchen ſagt, am Tage ſeiner Einſetzung
hätte ihm eine Frau die Hand geküßt, die dadurch bey ihm
entſtandenen Wallungen hätten den Gedanken bey ihm
veranlaßt, ſich die Hand abhauen, und ſich von nun an
den Fuß küſſen zu laſſen.   In andern Legenden wird dieſes von Leo I. erzählt.   Die Erdichter ſolcher Legenden,
und die ſo daran einfältiglich glaubten, hielten alſo eine durch
äuſſerliche Gegenſtände, deren Anblick man ſich nicht entziehen kann, ihrer Natur gemäß, veranlaßte Regung·für
eine entſetzliche Sünde, und argwöhnten nicht ei·mal,
daß der in einem Menſchen bloß durch ſeinen Willen ent-
ſtehende, ihn ſelbſt bis zu einem Abgott erhöhende Stolz
eines der ſchädlichſten gegen die wahre Religion und gegen

Karln, um ihm diese Wahl bekannt zu machen, und ihn der Treue, die er ihm schuldig zu seyn glaubte, versichern zu lassen.

Wenn Eginhard, der als Secretair des Monarchen ohne Zweifel von den damaligen Vorgängen in der politischen Welt am besten unterrichtet war, von dieser Gesandschaft folgende Nachricht giebt, sie habe dem Könige die Schlüssel zum Grabe des heiligen Petrus und die Fahne der Stadt Rom zum Geschenke überbracht und gebeten, daß der König einen seiner vornehmsten Beamten absenden wolle, um dem römischen Volke den Eid der Treue und Unterthänigkeit abzunehmen [2]); so ist die letztere Hälfte dieser Nachricht, worin uns also Rom, als eine dem Könige unterthänige Stadt, vorgestellt wird, offenbar entscheidend, und weder in Ansehung ihres Sinns, noch in Ansehung ihrer Glaubwürdigkeit irgend einem gegründeten Zweifel ausgesetzt. Die Uebersendung der Fahne, deren in der ersten Hälfte gedacht wird, mag ein Zeichen dieser Unterthänigkeit gewesen seyn, wie einige behaupten, oder bloß ein Zeichen der Achtung, wie andere wollen, denen zufolge die Fahne auch wohl an andere Fürsten, die unstreitig nicht Herren der Stadt waren, gesandt sey — so wurde Karl doch, wie die letzte Hälfte dieser Nachricht deutlich sagt, von Leo III. für den Herrn der Stadt, dem diese den Eid

Q 3

der

---

gen die Menschheit begangenen Verbrechen ist. Solche Legenden, die uns den Geist und die Denkart der Zeiten so treulich darstellen, verdienen, nie in Vergessenheit zu gerathen. Es ist gleich würdig, die Denkmäler menschlicher Größe und menschlichen Beifalls für die Nachwelt zu erhalten.

[2]) Eginh. Annal. a. 796.

der Treue und Unterthänigkeit schuldig war, anerkannt.
Allein die erste Hälfte dieser Nachricht — die Uebersendung der Schlüssel zum Grabe des heiligen Petrus —
ist in Ansehung der Absicht dieser Uebersendung desto un-
bestimmter. Es folgt nicht nothwendig, daß Leo dadurch sich auch als Bischof Karln als seinem Fürsten
unterworfen habe. Es konnte, nach unstreitiger damaliger Sitte, ein bloßes Zeichen der Achtung seyn, und
die zwischen Karln und den Päbsten Adrian I. und Leo III.
gewechselten Briefe enthalten keine einzige Stelle, worin Karl den Ton eines Oberherrn über die Päbste,
oder die Päbste den Ton von Unterthanen führten.
Vielmehr bezeugt der ganze Ton dieser Briefe und einzelne Stellen derselben beweisen, daß Karl und die
Päbste einander als unabhängige Freunde und Bundesgenossen ansahn ³). In dem Glückwünschungsschreiben
an

³) Es ist sehr dienlich, und ich darf sagen, nothwendig, die
von Pabst Adrian an Karln geschriebene Briefe zu lesen,
wenn man in beyder Charaktere, Denkungsart, Absichten
und Plane recht eindringen, insbesondre wenn man sich
von dem in Karls Person so innig zusammenfließenden
Charakter eines Eroberers und eines eifrigen Christen einen
richtigen und bestimmten Begriff machen will. Wir haben
mehr Exempel von kriegerischen Fürsten, die zugleich
Schwärmer für ihre Religion waren z. E. Mahomed, der
Stifter des Reichs von Ghisni und Tamerlan. Karl gehört allerdings in diese Klasse. Karl glaubte ganz ernst-
lich, daß, wenn er sein Schwert zur Ausbreitung des
Reichs Christi auf Erden und zur Verherrlichung des
Stuhls Petri widme, die Nachfolger dieses Petri, die
Päbste durch ihre Fürbitten den Segen des Himmels auf
seine Waffen bringen würden. In diesem Glauben that
er würklich bey seinem ersten Aufenthalt in Rom, da sein
kaum angefangner Krieg gegen die Longobarden, einen so
glänzenden, entscheidenden Erfolg gehabt hatte, dem
Pabste

an Leo III. über deſſen Wahl wünſcht Karl den Bund
mit ihm zu erneuern, den er mit ſeinem Vorgänger,
Adrian I. gemacht hatte. „So wie ich mit eurem Vor-
„fahren" ſagt er „einen Bund eingegangen war, ſo
„wünſche ich dieſen Bund des Glaubens und der Liebe
„unverlezlich mit euch zu erneuern. — Meine Pflicht
„ſey, die heilige Kirche Chriſti gegen die Heiden und
„Ungläubigen von außen zu vertheidigen, und innerlich

Q 4

,über

Pabſte Adrian öffentlich und feierlich am Grabe des heil.
Petri, ein dahin zielendes Gelübde. Hier iſt eine dieſe
Denkungsart des Monarchen und ſein Gelübde beweiſende
Stelle aus einem Briefe des Pabſtes:

,Dem treflichſten Herrn, unſerm Sohne, Karl,
„Könige der Franken und Lengebarden Pabſt Adrian. —
„Tag und Nacht hören wir nie auf mit allen Prieſtern
„und dem ganzen chriſtlichen Volke, am Grabe des Für-
„ſten der Apoſtel, des heil. Petri, demüthig zu bitten,
„daß er dich — zum Sieger über alle barbariſche Natio-
„nen machen wolle, ſo daß ſie alle unter deinem Arme
„gedemüthigt, die Fußſtapfen deiner Füße küſſen, und
„die Kirche Gottes durch deine von Gott dir verliehne
„Königsgewalt erhöht werde. Denn nie können wir
„glauben, daß du das, was du einmal über den ehr-
„würdigen Leichnam des heil. Petri, des Schlüſſel-
„trägers des Himmelreichs verſprochen haſt, aus der
„Acht laſſen, und daß dich irgend eine falſche Größe oder
„Ruhmgier von der Liebe und von der Zuneigung entfer-
„nen, die du von der Wiege an für den Fürſten der
„Apoſtel, den heil. Petrus gehabt haſt, ſondern, wir
„haben das Vertrauen, daß du in der Treue bey dem Ver-
„ſprechen beharren werdeſt, worin auch wir feſt und ſtand-
, haft bleiben wollen, ſo wie wir es einander von Ange-
„ſicht zu Angeſicht unter Gottes Vorſitz und unter
„Vermittlung des heil. Petri, des Fürſten aller
„Apoſtel, gelobt haben." Cod. Carol. Ep. LXII.
Recueil p. 560.

„über den katholiſchen Glauben zu halten; ihr, heiligſter „Vater, ſteht uns bey mit eurem Gebete [4]).“ Karl glaubte zu aufrichtig an die Wirkungen des Gebets, ſchrieb ſeine bisherigen Siege und Eroberungen zu demüthig hauptſächlich den Gebeten des verſtorbnen Adrians zu, als daß er dieſen dem Nachfolger Adrians angebotnen Vertrag bloß wie ein Compliment ſollte gemeint haben. Es war ihm Ernſt damit, und es war keinesweges eine uneigennützige Bedingung, die er dabey von ſeinem neuen Freunde und Bundesgenoſſen verlangte.

Dem Verlangen des Pabſtes gemäß, ſandte Karl ſeinen geliebten Angilbert nach Rom. Die Inſtruction, die er ihm mitgab, iſt noch vorhanden. Ihr zufolge ſollte Angilbert die Harmonie, die zwiſchen Karl und Adrian dem I. geweſen und für beyde ſo reich an vortheilhaften Folgen geweſen war, nun auch mit dem neuen Pabſt zu erhalten und vollkommner zu machen ſuchen.

Vier Jahre ohngefehr hatte Leo III. die Würde eines Pabſtes bekleidet, als plötzlich eine Verſchwörung gegen

---

[4] Epiſt. ad Leonem Papam. Recueil p. 625. Daß Karl dieſes Beyſtehn mit Gebete, welches er für ſeine Bemühungen dem Pabſte zur Gegenbedingung macht, für einen ſehr reellen Dienſt gehalten, erhellet aus der vorhergehenden Note. — Im Anfange des Briefes bezeugt Karl dem neuen Pabſte ſeine Freude auch über deſſen verſprochne Treue.— valde gaviſi ſumus — et in promiſſionis ad nos fidelitate. Allein hier iſt nicht von der Treue eines Vaſallen oder Unterthans, ſondern eines Freundes, oder Bundesgenoſſen die Rede. Gleich darauf redet er vom verſtorbenen Pabſte, als ſeinem geweſenen fideliſſimo amico, imgleichen von der ſuaviſſima familiaritatis fidelitate, die zwiſchen beyden geweſen ſey.

gen ihn ausgeführt wurde, welche im Verborgenen von
seinen geheimen Feinden angestiftet war.   Paschalis und
Campulus, Vettern seines Vorgängers Adrians I. die
unter den Geistlichen in Rom die ersten Stellen besaßen,
waren die Urheber und Anführer dieser Verschwörung.
Ihre Beweggründe zu ihrem Unternehmen sind nicht
bekannt, und es ist also zweifelhaft, ob sie aus Neid,
daß Leo bey der Wahl ihnen vorgezogen war, oder aus
Unzufriedenheit, daß sie vielleicht nach ihrem Wahne
nicht genug von ihm vorgezogen wurden, oder wegen
ihnen wiederfahrner Beleidigungen feindselig gegen ihn
dachten. Aber bey ihren feindseligen Gesinnungen brauchten sie so viel Verstellung, daß Leo, wo nicht sie für
seine besten Freunde hielt, wenigstens keinen Verdacht
gegen sie hegte. Zur Ausführung ihres Vorhabens bestimmten sie den Tag einer feyerlichen Proceßion. Warum sie einen Zeitpunkt dazu bequem hielten, wo das
ganze Volk seine Augen auf den Pabst gerichtet hatte,
darüber geben die alten Nachrichten keinen Aufschluß.

Am 25 April im Jahr 799 will Leo sich aus dem
Lateran nach der h. Lorenzkirche begeben, wo man sich
zur Proceßion versammelte. Paschalis begegnet ihm
und entschuldigt sich, daß er Unpäßlichkeit wegen der
Proceßion nicht beywohnen könne und daher den Kirchen-
habit nicht angelegt habe. Bald darauf kommt Campulus. Beyde begleiten den Pabst zum h. Stephanus
und Sylvester Kloster, das Leo gestiftet hatte. Hier
stürzen plötzlich bewaffnete Leute aus den benachbarten
Häusern hervor. Das den Pabst begleitende waffenlose
Volk, das sich auch die Möglichkeit eines solchen Ueberfalls bey einer religiösen Feyerlichkeit nie gedacht hatte,
wird vom Schrecken ergriffen und flieht. Die Frevler
bemächtigen sich des verlassenen Leo, schlagen ihn, tre-

Q 5   ten

ten ihn, wollen ihm die Augen ausſtechen und die Zunge
ausſchneiden, ſchleppen ihn, da ſie auf der Straße nicht
damit fertig werden können, in die Kloſterkirche, um an
heiliger Stätte die Greuelthat zu vollenden. Allein auch
hier wurden ſie daran verhindert, wenn ſie anders wirklich den Vorſatz hatten, dieſe Grauſamkeit auszuüben ⁵).
Sie hielten ihn nun als einen Verbrecher gefangen.
Es gelang ihm aber die Nacht darauf aus der Gefangen-
ſchaft zu entkommen. Einige ſeiner Freunde halfen ihm
über die Mauern; er floh nach Spoleto. Leo ſchickte
darauf an Karln, ihm den Vorfall zu berichten. Dieſer, der eben im Begriff war, einen Feldzug wider die
Sachſen anzufangen, verlangte, daß Leo zu ihm, in ſein
Lager bey Paderborn kommen ſollte. Leo that die Reiſe.
Hierüber betroffen glaubten ſeine Feinde den Eindrücken,
die Leos Klagen bey Karln machen würden, dadurch entgegen zu würken, daß ſie den Pabſt einiger grober Verbrechen, die er begangen haben ſollte, bey dem Monarchen beſchuldigen ließen. Nach einem Aufenthalt von
einigen Tagen gieng Leo nach Rom zurück. Zwey Erzbiſchöffe, vier Biſchöffe und drey Grafen als Bevollmächtigte von Karln, begleiteten ihn, um ihn nach der von der
geſunden Vernunft zu allen Zeiten und bey allen Völkern
anerkannten Rechtsregel, welcher zu folge der gewaltthäti-
gerweiſe aus ſeinem Beſitz Geſtoßne erſt wieder hergeſtellt
wer-

---

⁵) Anaſtaſius erzählt, ſie hätten ihm die Augen würklich ausgeſtochen und die Zunge abgeſchnitten. Durch ein Wunder habe er beydes Augen und Zunge wieder bekommen.
In den Annal. Eginh wird geſagt, ſie hätten ihm, wie
einige meinten (vt aliquibus viſum eſt) die Augen
ausgeſtochen u. ſ. w. Indeſſen iſt jene Legende beym
Anaſtaſius in das Martyrologium Rom. als eine wahre
Begebenheit aufgenommen.

werden muß, eh seine gewaltthätigen Kläger gehört werden
können, in seine Würde wieder einzusetzen, und bis zu der
Ankunft des Monarchen zu beschützen. Einige alte Nachrichten sagen, daß die Wiederkunft des Pabstes allgemeine
Freude verursacht habe, dahingegen andern zufolge der
schwache Eifer, den das römische Volk an dem Tage, da ihn
seine Feinde überfielen, zu seinem Beystande bewiesen hatte,
Zweifel erregen muß, ob Leo beliebt gewesen sey. Karl
selbst machte darauf, wie wir oben gesehen haben, die
nöthigen Einrichtungen gegen die Sachsen, besuchte im
Frühjahr 800 die westlichen Küsten seiner Staaten, um
Verkehrungen wider die schon furchtbar werdenden Normänner zu machen, hielt eine Reichsversammlung zu
Maynz, und gieng alsdann im Herbste mit einem Heere
nach Italien. Dieses Heer übergab er zu Ancona seinem
Sohn, Pipin. Er selbst setzte seine Reise nach Rom
mit einem großen Gefolge fort, wo er am vier und zwanzigsten November, auf eben die Weise, wie die beyden
erstenmale seinen feyerlichen Einzug hielt.

Den siebenten Tag nach seiner Ankunft, den ersten
December des Jahrs 800, setzte er zur öffentlichen Untersuchung der Beschuldigungen an, die Leos Gegner
wider denselben zur Rechtfertigung ihres gewaltsamen
Verfahrens angeführt hatten. Karl ließ zu dem Ende
alle in Rom gegenwärtige Bischöffe, Aebte und übrige
Geistliche, den römischen Adel und sein fränkisches Gefolge in die heilige Peterskirche einladen. Er selbst befahl allen denen, welche Klagen wider den Pabst hätten,
aufzutreten und zu reden. Karl ordnete die Untersuchung
an, und unter seinem Vorsitz wurde sie in der Peterskirche
öffentlich vorgenommen. Dieses ist gewiß. Allein ordnete er sie, als competenter Richter an, diese Untersuchung? Uebte er, als Patricius, das Richteramt über
den

den Pabst und dessen Gegner, als über seine Unterthanen
aus? oder war er nur ein vom Pabst selbst dazu erbetener
Schiedsrichter? Hierüber sind die Meinungen eben so
verschieden, als die Systeme verschieden sind, die sich die
bekannten Parteyen über den Ursprung und Rechte des
päbstlichen Stuhls gemacht haben. Um meinen Lesern,
die über diese Fragen gern selbst entscheiden möchten, völlige Befriedigung zu verschaffen, halte ich für das Zweck-
mäßigste, hier nicht selbst zu erzählen, sondern ihnen die
Berichte der Schriftsteller, die theils zu diesen Zeiten,
theils nicht lange nachher lebten, vorzulegen.

In dem Leben Karls führt Eginhard gar keine Umstände von diesem Vorgange an, sondern sagt bloß „Karl
„sey nach Rom gegangen, den sehr verworrnen Zustand
„der Kirche wieder herzustellen [6])“. In den Jahrbüchern
ist er etwas umständlicher. Am siebenten Tage, sagt
„er, nach des Monarchen Ankunft wurde das wichtige
„und schwere Geschäft, die Untersuchung der dem Pabste
„schuld gegebenen Verbrechen vorgenommen. Da sich
„aber keiner fand, der den Beweis dieser Verbrechen über-
„nehmen wollte, so stieg der Pabst vor allem Volke in
„der h. Peterskirche auf eine Kanzel mit einem Evange-
„lienbuche in der Hand, rief die heilige Dreyeinigkeit an,
„und reinigte sich durch einen Eid von den ihm angeschul-
„digten Verbrechen [7])“.

Der Longobarde, Paulus Diaconus, sagt auch nur
ganz kurz „im Jahr 800 sey Karl nach Rom gekommen,
„und Pabst Leo habe auf einer Kanzel, mit den vier Ev-
„angelisten in der Hand, geschworen, daß er sich bewußt
„sey,

6) Vita Caroli M. c. XXVIII.
7) Eginh. Annales a. 800.

„sey, die ihm von den Römern schuldgegebenen schändli-
„chen Verbrechen nicht begangen zu haben [8])“

Am umständlichsten erzählt der Biograph der Päbste,
Anastasius, den ganzen Vorgang„. Karl ließ die Erz-
„bischöffe, Bischöffe, Aebte und alle vornehme Franken
„und Römer in der Peterskirche zusammenkommen.
„Er selbst und der Pabst saßen, und hießen auch die
„Erzbischöffe, Bischöffe und Aebte sich setzen, (die übri-
„gen Geistlichen aber und die vornehmen Franken und
„Römer standen) und die gegen den Pabst vorgebrachten
„Klagen untersuchen. Allein alle Erzbischöffe, Bischöffe
„und Aebte antworteten einmüthig: das wagen wir
„nicht, den apostolischen Stuhl, der über alle Kir-
„chen Gottes gesetzt ist, zu richten; denn wir alle
„werden von ihm, von seinem Statthalter gerichtet,
„aber er selbst kann von niemand gerichtet werden,
„wie es von Alters her Gebrauch gewesen ist. Doch
„was er selbst, der höchste Bischof für gut finden
„wird, wir wollen ihm nach den Satzungen der Kir-
„che gehorchen. Darauf sagte der Pabst Leo: ich will
„in die Fußstapfen meiner Vorgänger treten, und
„bin bereit mich gegen die falschen Beschuldigungen,
„die so schändlich gegen mich vorgebracht sind, zu recht-
„fertigen. Darauf an einem andern Tage, als wieder
„alle Erzbischöffe, Bischöffe, Aebte und alle Franken
„im Gefolge des Königs und alle Römer in der h. Pe-
„terskirche versammelt waren, ergriff der Pabst die vier
„Evangelien, stieg auf eine Kanzel und schwur mit heller
„Stimme einen Eid, daß er gewiß sey, die Verbrechen,
„die ihm von seinen ungerechten Verfolgern schuldgegeben
„wären, nicht begangen zu haben. Darauf stimmten
„alle

[8]) Paul. Diacon. de gestis Longob. a. 800.

„alle Erzbiſchöffe, Biſchöffe, Aebte und alle Geiſtliche
„Lieder an, Gott, der heiligen Jungfrau Maria, dem
„Fürſten der Apoſtel, Petro, und allen Heiligen zu
„Ehren ⁹)"

Die übrigen alten Schriftſteller haben entweder den
Eginhard oder den Anaſtaſius ausgeſchrieben.

Ohne dem Urtheil meiner Leſer vorgreifen zu wollen,
bekenne ich, daß ich keine Möglichkeit ſehe, bey theils
ſo unvollſtändigen, theils dem Verdacht der Parteylich-
keit ſo ſehr unterworfenen Nachrichten — (denn wer
wird die des päbſtlichen Bibliothekars Anaſtaſius unpar-
teyiſch finden)? — beſtimmt zu ſagen, in welchem Lichte
ſich Karl ſelbſt bey dieſem Vorgange habe betrachten wollen. Vielleicht dachte er ſich ſelbſt nicht deutlich, was
für eine Perſon er dabey vorſtelle; ob die eines eigentlichen Richters, oder eines Schiedsrichters. Auf der
einen Seite iſt wahr, daß er den Titel eines Beſchützers
und Vertreters des apoſtoliſchen Stuhls (Advocati et
Defenſoris) mit Bewilligung der Päbſte angenommen
hatte, und daß er vermöge ſeines römiſchen Patriciats
die oberrichterliche Gewalt in Rom beſaß. Allein die
Päbſte hatten ihn gewiß durch Ertheilung und Anerkennung jenes Titels nicht über ſich zum Herrn erheben,
ſondern als beſtändigen Bundsgenoſſen zur Seite haben
wollen, und der beſtändige Ton der Gleichheit in ſeinen
Briefen an die Päbſte und in den Briefen der Päbſte an
ihn beweißt, daß er wenigſtens in ſeinem äußerlichen
Betragen nie die Päbſte, als von ihm abhängig, be-
trachtete. Vielleicht dürfte es denen, die in den ſtaats-
klugen,

⁹) Anaſtaſ. Vita Leonis ap. Muratori Scriptor. Rer. Ital
T. III. P. I. p. 196. Recueil p. 466.

klugen, feinen, planvollen und alles allmälig vorberei-
tenden Character dieses außerordentlichen Mannes einge-
drungen sind, keine bloß gewagte Vermuthung scheinen,
wenn man annähme, daß Karl mit Fleiß sein Verhältniß als Herr von Rom zum Pabste als Bischof dieser
Stadt selbst im Fall, da er geglaubt in jener Eigenschaft
auf die Unterwürsigkeit den lezten Anspruch machen zu
können, gleichwohl lieber unbestimmt habe lassen wollen,
weil er von einer so innigen Verbindung mit ihnen bis
dahin so viel Vortheile geerndtet hatte, und noch mehr
zu erndten hoffen durfte, da hingegen ein Pabst, den er
durch den Ton oder durch Aeußerungen eines Oberherrn
gedrückt hätte, ihm in seinen weit aussehenden Planen
noch leicht hätte hinderlich seyn, und sich wieder auf die
Seite der Griechen schlagen können, zumal da von diesen seit Irenens Regierung Schritte zur Aussöhnung mit
Rom geschehen waren. Karls Lage sowohl in Ansehung
der Griechen als seine Politik lassen kaum zweifeln, daß
er nicht alles werde vermieden haben, was ihn mit dem
Pabste hätte entzweyen können.

Ueber dieser Untersuchung und andern Beschäftigungen kam Weihnachten heran. Am ersten Tage dieses
Festes [10]) begab sich Karl nach der Peterskirche um der
hohen Messe beyzuwohnen. Es ist ein kleiner, aber doch
nicht aus der Acht zu lassender Umstand, daß Karl, der
ungern andre, als seine fränkische Kleidung trug, sich
während

---

[10]) Es ist zu bemerken, daß man in jenen Jahrhunderten
das neue Jahr mit dem ersten Weihnachtstage anfieng.
Dieser alten Rechnungsart zufolge geschah die Wiederherstellung des abendländischen Kaiserthums am ersten Weihnachtstage 801. Unter diesem Jahr muß man sie bey den
fränkischen Annalisten suchen.

während ſeines Aufenthalts in Rom von dem Pabſte bereden ließ, den Habit eines Patricius anzulegen ¹¹).
In dieſem Anzuge begab er ſich auch dieſesmal nach der
Kirche. Nachdem er ſeinen Plaß gegen den Altar über
eingenommen und ſein Gebet verrichtet hatte, gieng der
Pabſt unerwartet auf ihn zu und ſeßte ihm eine Krone
auf. Das ganze Volk, das entweder vorbereitet war,
oder durch den Enthuſiasmus, womit Leo die Handlung
verrichtete, fortgeriſſen wurde, rief darauf laut: Leben
und Sieg Karln, dem Auguſt, dem Großen, dem
friedeſtiftenden Kaiſer der Römer. Die ganze Verſammlung wiederholte dieſe Worte dreymal. Der Pabſt
adorirte alsdann den Monarchen und ſalbte ihn zum Kaiſer ¹²).

Karl

¹¹) Eginh. Vita Caroli c. XXVIII.
¹²) Anaſtaſ. in vita Leonis III ap. Murat. T. III. P. I.
p. 199. Recueil p. 466. Annal Eginh. ad a. 801.
Anaſtaſius erwähnt des Adorirens nicht, wohl aber Eginhard. Dieſe uralte Sitte beſtand darin, daß man die
eine Hand an die Lippe hielt, als ob man dem Gegenſtande
ſeiner Verehrung einen Kuß zuwerfen wollte, mit der andern die Hand oder das Kleid des verehrten Gegenſtan-
des — bey Gößenbildern ihren Altar — ehrerbietig be-
rührte.

Keiner der alten Geſchichtſchreiber erwähnt eines Eides,
den Karl als neuer Kaiſer geleiſtet habe. Selbſt Anaſtaſius nicht. Sigonius aber fand in einem alten römiſchen
Ritual, Ordo Romanus betitelt, folgenden Eid, der
von Karln bey ſeiner Krönung ſey geſchworen worden:

„Im Namen Chriſti verſpreche und gelobe ich Karl als
„Kaiſer vor Gott und dem heiligen Apoſtel Petrus, daß ich
„dieſer heiligen römiſchen Kirche Beſchüßer und Verfechter
„in allen ihren Angelegenheiten nach meinem beſten Wiſſen
„und Vermögen in ſo weit Gottes gnädiger Beyſtand mir
„helfen wird, ſeyn will.“ Sigonius de Regno Italiae
ad a. 801.

Karl zeigte, bey dieser außerordentlichen Begebenheit, eine bescheidene Bestürzung, die den großen Begriff ausdruckte, den er sich von der Höheit der kaiserlichen Würde und von den Eigenschaften desjenigen machte, der sie in seiner Person erneuern sollte. Als er nach geendigter Feyerlichkeit in seinen Pollast zurückkam, erklärte er, daß er die Würde eines Kaisers für zu erhaben hielt, als daß er sie freywillig würde angenommen haben. Er versicherte, daß er, wenn er die Absicht des Pabstes vorher gewußt hätte, an dem Tage, ungeachtet es der größte Festtag der Christen sey, nicht würde in die Kirche gegangen seyn. Unterdessen legte er nun den Titel eines Patricius ab, und führte beständig den eines Kaisers (Imperatoris et Augusti).

Diejenigen, welche alle Handlungen dieses Monarchen dem Ehrgeitz und der Politik zuschreiben, zweifeln an der Aufrichtigkeit seiner angeführten Versicherungen, halten seine Bestürzung in der Kirche für geschickte Verstellung, und glauben, alles sey nach einer im Lager bey Paderborn genommenen Verabredung zwischen ihm und dem Pabste vergegangen. Natürlicherweise können weder für noch wider dergleichen Vermuthungen entscheidende Beweise geführt werden. In der That aber ist die gegenwärtige in der allgemeinen menschlichen Natur zu sehr gegründet, als daß nicht jeder Versuch, sie zu entkräften, kraftlos bleiben müßte.

Ich habe in der bisherigen Erzählung alle Umstände angeführt, die bey den alten Verfassern von dieser merkwürdigen Begebenheit, der Wiederherstellung des Occidentalischen Kaiserthums gefunden werden. Diese Begebenheit ist die Hauptquelle, aus welcher wichtige Verhältnisse der solchergestalt wiederhergestellten Kaiserwürde

Hegewisch Gesch　　　R　　　theils

theils zur päbſtlichen theils zur königlichen der übrigen
europäiſchen Souveraine gefloſſen ſind; Verhältniſſe, die
zum Theil noch fortdauern; Verhältniſſe, über die die
Meinungen in allen folgenden Zeiten ſehr getheilt geweſen,
und über die von verſchiedenen Partepen die verſchiedenſten
Syſteme ſind behauptet worden.   In unſern Zeiten läßt
ſich, nachdem die Sache hinlänglich aufgeklärt worden,
kaum noch die Möglichkeit eines Streites darüber denken.
Und wenn es möglich wäre, daß Publiciſten und Geſchichtforſcher noch verſchieden über den Vorgang dächten,
ſo wird doch die Welt nicht mehr, wie in vorigen Zeiten,
darüber zerrüttet werden.   Kein deutſches Heer wird
deswegen wieder über die Alpen gehn, und ſo wie überhaupt alſo wird auch dieſes Streites wegen kein Bann-
gewitter vom Vatican aus Deutſchland mehr mit Furcht
und Angſt erfüllen.   In unſern Zeiten alſo liegt
einem Geſchichtſchreiber bloß die Pflicht ob, hiſtoriſch
und kurz die Hauptſyſteme anzuzeigen, die über dieſe
Begebenheit mit der Zeit entſtanden.

I. Die Päbſte behaupteten, Leo III. als von Gott
dazu bevollmächtigter Statthalter ſeiner Oberherrſchaft
über alle Völker auf der Erde habe die griechiſchen Kaiſer
zu Konſtantinopel ihrer Ketzerey wegen und wegen ihres
Ungehorſams gegen den Stuhl des Apoſtel Petrus ihrer
Kaiſerwürde entſetzt und ſie Karln übertragen.   Sie nannten daher den ganzen Vorgang eine Uebertragung der den
Griechen abgenommenen Würde an die Franken (trans-
lationem imperii) [13]).

II. Eine große Partey ſelbſt unter den Katholiken hat
ſchon längſt dieſer Behauptung der Päbſte in ſo weit wi-
der-

---

[13]) Baron. ad a. 8co, n. IX : XXI. incl.

derſprochen, daß ſie nicht haben zugeben wollen, daß der
Pabſt den griechiſchen Kaiſern ihre Würde genommen
habe; die Griechen wären rechtmäßige Kaiſer geblieben.
Der Pabſt habe nur das abendländiſche in der Perſon des
Romulus Auguſtulus im Jahr 476 erloſchne Kaiſerthum
wiederhergeſtellt.   Die Schriftſteller von dieſer Partey
nennen es eine Erneuerung der abendländiſchen Kaiſerwürde, (renouationem imperii) [14].   Dieſer Meinung war Karl ſelbſt, wie bald ſoll bewieſen werden.

III. Nicht der Pabſt allein, aus vermeinter von
Gott ihm anvertrauter ſtatthalteriſcher Gewalt, ſondern
das römiſche Volk einſtimmig mit ihm — und er eigentlich nur als Dolmetſcher der Wünſche des Volks —
ertheilten Karln die Kaiſerwürde. Dieſes war die Behauptung der deutſchen Publiciſten, ſobald ſie anfingen,
hiſtoriſche und philoſophiſche Kenntniſſe zu ihren Unter-
ſuchungen mitzubringen. Dieſe Meinung hat heut zu
Tage den Beyfall des ganzen aufgeklärten Europa —
nur daß einige ſie noch näher ſo beſtimmen, Karl habe
vom römiſchen Volk und ihrem Wortführer, dem Pabſte
bloß einen neuen Titel erhalten, ſo wie der Czaar Peter der Erſte von ſeinem Senate im Jahr 1721 den
neuen Kaiſertitel erhielt. Herr der Stadt Rom war
Karl ſchon, ſeitdem er ſein Patriciat, das ihm die
Römer ertheilt hatten, könnte gelten machen; und das
konnte er, ſo bald ihm und ſeinem Heere nach der Eroberung von Oberitalien und des longobardiſchen Reichs der
Weg nach Rom offen ſtand. Jeder Fürſt iſt befugt,
den Titel zu führen, der ihm von ſeinem Volk gegeben

R 2   wird

---

[14] Pagi ad Baron. n. X. Sigonius de regno Italiæ
Lib. IV. ad a. 801.

wird [15]). Mehr als einen bloßen Titel konnten ihm die Römer nicht geben; am wenigſten konnten ſie ihm alle die Rechte ertheilen, die die vormaligen Kaiſer in Anſehung der zum Kaiſerthum gehörigen Länder gehabt hatten. Wer den Römern zu Karls Zeiten dieſes Recht zu erkennen wollte, der könnte es ohne Inconſequenz den heutigen Römern auch nicht verſagen. Wer behauptet, daß ſie damals Rechte, die ſeit drey bis vierhundert Jahren vernichtet waren, ſich wieder hätten zueignen können, der muß zugeben, daß ſie dieſes auch nach tauſend Jahren könnten. Dreyhundert oder tauſend Jahre machen hier keinen Unterſchied.

Wenn Karl ſelbſt ſeinen neuen Kaiſertitel als einen Ausdruck einer höhern Würde, eines höhern Ranges, der ihm als dem Beherrſcher von mehreren mit einander verbundenen Reichen, als Repräſentanten mehrerer groſſer mit einander verbundener Nationen vor andern Souverainen nur einzelner, nicht ſo großer Staaten, gebührte, betrachtet hätte, ſo würde er in der That eben das gethan haben, was in neuern Zeiten einige Fürſten thaten, die, nachdem ihre Staaten vermehrt und erweitert waren, einen ihrer erworbenen Größe, wie ſie glaübten, angemeßnern Titel gebrauchten. Allein Karl ſelbſt ſcheint ſo wenig, wie irgend einer ſeiner Zeitgenoſſen, dieſe Idee dabey gehabt zu haben. Vielmehr iſt

---

[15]) Es würde gewiß eine ſehr unzeitige Citirſucht verrathen, wenn ich von deutſchen Publiciſten und Geſchichtsforſchern, die von dieſer Begebenheit gehandelt haben, mehr, als den Herrn Geheimen Juſtizrath Pütter, und von ſeinen verſchiedenen hieher gehörigen Schriften mehr, als ſeine hiſtoriſche Entwicklung der Staatsverfaſſung des Deutſchen Reichs (1. Thl. S. 58 : 65.) anführen wollte.

ist aus seinen Handlungen sichtbar, daß er selbst glaubte,
an die Stelle und in die Rechte der alten römischen Kaiser getreten zu seyn. Er begnügte sich nicht bloß mit
dem Titel Kaiser, sondern ließ den Zusatz beyfügen, Kaiser, der das Kaiserthum der Römer regiert [16]. Seine
Urkunden ließ er nach der am griechischen Hofe gebräuch-
lichen Form einrichten, und ließ daher auch die Indi-
ctionszahl eines jeden Jahrs mit beyfügen, ob er gleich
keine Indiction in seinen Staaten einführte [17]. Auf
den Münzen, die zu Rom, vielleicht auf seinen Befehl,
oder doch mit seiner Genehmigung zum Andenken dieser
Begebenheit geprägt wurden, wird sie Erneuerung des
römischen Kaiserthums (Renovatio Imperii Romani)
genannt.

Unter Karls Verordnungen ist eine sehr merkwürdige,
die man aber auf zweyerley Art erklären kann. Auf die
eine Art würde sie beweisen, daß Karl auf die erlangte
Kaiserwürde so gar neue Rechte über seine alten Unterthanen außer Italien habe gründen wollen. Nachdem
er von seiner diesmaligen Reise in seine fränkische Staaten zurückgekommen war, gab er den Bevollmächtigten, die er in die Provinzen zu schiken pflegte, außer
                    R 3   ihren

16) Imperator, Romanorum gubernans imperium.
17) Indictionen heißen in den letztern Zeiten der römischen
    Kaiser die Steueredicte, die alle funfzehn Jahre neu ge-
    geben und vom Kaiser feyerlich mit Purpurdinte unter-
    schrieben wurden. Die so ausgeschriebne Steuer mußte
    während funfzehn Jahre unabänderlich bezahlt werden.
    Nach Verlauf von funfzehn Jahren wurden die Steuer
    den in der Zwischenzeit vorgefallenen Veränderungen in
    den Umständen der Provinzen, der Städte u. s. w. gemäß
    von neuem regulirt, und diese Regulirungen in einem
    neuen Edicte indicirt oder angesagt.

ihren gewöhnlichen Aufträgen, den Befehl, jeden seiner
Unterthänen, der über zwölf Jahr alt wäre, ihm, als
Kaiser, einen neuen Eid der Treue schwören zu laß-
fen [18]). Das erstemal, wenn man liest, wird man
schwerlich einen andern, als den angeführten Sinn, darin finden. So bald wir uns aber der damaligen Verfassung der Völker erinnern, so werden wir wenigstens
die Möglichkeit einsehn, daß Karl diesen Eid aus einer
andern Absicht gefodert habe. Diese andere mögliche
Absicht können wir am besten erklären, wenn wir vorher eine andere Frage beantworten.

Ein sehr scharfsinniger Verfasser nennt Karln den
größten Politiker seiner Zeiten; er beschuldigt ihn gleichwohl der größten politischen Fehler. Unter andern tadelt
er ihn, daß er, nach Erlangung der Kaiserwürde, seinen Sitz nicht in Rom genommen habe [19]). Rom
hätte er zur Hauptstadt des wiederhergestellten Kaiserthums machen müssen; alsdann würden sie sich eher im
Besitz so wohl Italiens als der Kaiserwürde erhalten
haben. Allein wer sich einen richtigen Begriff von
Karls Klugheit gemacht hat, der wird vermuthen, daß
es wichtige Ursachen waren, die Karln bewogen, lieber
unter seinen Franken zu bleiben, als seinen Sitz in Rom
zu nehmen. Die Ursachen lagen in der Verfassung der
Franken. Karl sah ein, daß es wenigstens noch viel
anderer Vorbereitungen bedürfte, mit Sicherheit Rom
zur Hauptstadt seiner Staaten zu machen. Hätte er,

aus

---

18) Capit. I, anni 802. II. ap. Baluz T. I. p. 365. vt om-
nis homo in toto regno suo qui antea fidelitatem sibi
Regis nomine promisisset, nunc ipsum promissum ho-
minis Caesaris faciat.

19) Voltaire essai des Moeurs ch. XVI.

aus Eitelkeit, diese wichtige Veränderung jetzt gleich
vorgenommen; so wäre er in Gefahr gerathen, alle seine
bisher gewonnenen Vortheile zu verlieren. Wir brauchen uns nur zu erinnern, daß es keine stehende Armeen
gab. Dieser einzige Umstand machte die Ausführung
eines solchen Vorsatzes, gesetzt daß Karl ihn gehabt hätte,
gefährlich, ja unmöglich. Wir wissen, daß die Heere
aus einer aufgebotnen Mannschaft bestanden, die nur
während den Sommer zu Kriegesdiensten verpflichtet
war. Gegen den Winter gieng sie auseinander. Karl
also, wenn er in Italien bleiben wollte, mußte entweder
eine stehende Armee errichten, oder sich auf die Tapferkeit und Treue der Italiäner verlassen. Jenes würde
sehr viele und wesentliche Veränderungen in der damaligen Einrichtung der Staaten erfodert haben. Die
kriegerischen Tugenden der Italiäner aber waren schon
seit einigen Jahrhunderten sehr zweifelhaft geworden.
Und was ihre Treue betrift, so konnte es Karls Scharf-
sicht nicht entgehen, daß sie im Herzen seine Obermacht
eben so sehr haßten, als sie die Herrschaft der Griechen
und Longobarden verabscheut hatten [20]). So bald es
darauf ankam, seine Rechte durch die Waffen zu behaupten, so konnte er sich auf nichts, als die Treue und Tapferkeit seiner Franken verlassen. Dieser Umstand aber
machte seine Gegenwart unter den Franken nothwendig.
Wir wissen, die fränkischen Großen hatten unter den
vorigen Königen viel Gewalt gehabt, und strebten unab-
läßig, sie wieder zu erlangen. Dieses Streben wurde
nach Karls Tode sichtbar und gelang. Nur Karl mußte
während seiner funzigjährigen Regierung die Großen,

R 4 die

---

[20]) Semper *Romanis* et Graecis suspecta fuit Francorum
potentia. Eginh p. 99.

die sich seinen Vorgängern und noch mehr seinen Nachfolgern oft so nachdrücklich widersetzten, in der ruhigsten
Unterwürfigkeit zu erhalten. Aber dieses war bloß eine
Wirkung seiner Wachsamkeit, seiner Gegenwart des
Geistes, mit einem Worte, seines Genies. Durch die
Ueberlegenheit seines persönlichen Charakters herrschte er
über ihre Gemüther. Eine lange Abwesenheit würde
wahrscheinlich eine wichtige Veränderung in den Gesinnungen, mithin innerliche Unruhen verursacht haben.

Jetzt können wir die mögliche zweyte Absicht erklären, die Karl bey obgedachtem Eide hatte, durch welchen er sich als Kaiser die Treue von den Franken versprechen ließ. Er wollte sich bloß ihres Beystandes
versichern, seine Kaiserwürde, wenn es nöthig seyn sollte,
wider die Griechen, von denen er Widerspruch erwartete,
und gegen jeden andern Feind zu behaupten.

Vielleicht war Karl selbst der erste, der diesen Gedanken hatte, das abendländische Kaiserthum wieder herzustellen. Vielleicht hatte ihn Leo zuerst. Die ersten Urheber großer im Stillen angelegter Plane in der politischen Welt werden selten mit Gewißheit bekannt. Wenn
aber Leo Karln den Gedanken dieser Wiederherstellung
nicht zuerst eingab, so war er doch bey der Ausführung
eine Hauptperson. Ohne Einwilligung und Mitwirkung des Pabstes scheint sie kaum möglich gewesen zu
seyn.

Hier entsteht die Frage: wenn Leo sich nicht bloß
als Maschine von dem Monarchen brauchen ließ, wenn
er mit zur Sache rieth, wenn er sie gern beförderte,
was konnte er für Beweggründe dazu haben? was war
sein Zweck dabey?

Wenn

Wenn sich annehmen ließe, daß Leo die Folgen, die aus Erneuerung der Kaiserwürde entstehen konnten, und einst würklich entstanden, vorher gesehen habe — und sie ließen sich einigermaaßen vorhersehn — daß die neuen Kaiser ihre kaiserliche Rechte in Italien, und in Rom insbesondre, würden suchen gelten zu machen — daß alsdann die Päbste völlig von ihnen abhängen würden — daß sie alsdann mit unendlichen Schwierigkeiten würden zu kämpfen haben, um ihre weltlichen Besitzungen zu erweitern und in ein festes Ganze zu verbinden, insbesondere um ihre Herrschaft über die Stadt Rom zu befestigen, mit einem Wort, wenn schon Leo die Maxime gehabt hätte, die alle seine Nachfolger hatten, auf alle Weise zu verhüten, daß Italien, und Rom insbesondre, keinem mächtigen Monarchen unterworfen würde: so scheint es, daß Leo schwerlich aus eigner Meinung die neue Kaiserwürde befördern konnte. Vielleicht war dann persönliches Interesse sein Beweggrund. Vielleicht fürchtete er sich vor der Gegenparten, die ihn gern vom päbstlichen Stuhle verdrängen wollte, so sehr, daß er sich lieber zu jedem Preise Karls Schutz gegen sie erkaufen wollte. Diese Vermuthung bekömmt dadurch einen Grad von Wahrscheinlichkeit, daß gleich schon im ersten Jahre nach Karls Tode eine neue Verschwörung wider Leo entdeckt wurde, und daß er immer bey den Römern so verhaßt blieb, daß eine Krankheit, die ihn dem Tode nahe brachte, neue Ausbrüche dieses Hasses veranlaßte [21]).

Wenn wir hingegen voraussetzen, daß die Angelegenheiten der Kirche dem Pabst vorzüglich am Herzen

R 5   lagen,

---

[21]) Vita Lud. Pii. c. XXV. Recueil T. VI. p. 98. Eginh. Annal. a. 815.

lagen, und daß unter diesen Angelegenheiten die Wiedervereinigung der griechischen und lateinischen Kirche,
deren Trennung noch nicht ganz entschieden war, den
Hauptgegenstand seiner apostolischen Sorgen ausmachte;
so kann man mit dem gelehrten und frommen Pagi
glauben, Leo, voll froher Hoffnung über den glücklichen
Umstand, daß eben damals Irene, die religiöse und zu
einer Aussöhnung so geneigte Irene in Konstantinopel,
nach ihres Sohnes Absetzung, selbst regierende Kaiserin
war, habe die Idee gefaßt, eine Heirath zwischen ihr
und dem Monarchen, der sich und sein Schwert dem
Dienste des heil. Petrus gewidmet hatte, zu Stande zu
bringen, und habe geglaubt, daß Irene dazu desto eher
geneigt seyn würde, wenn auch Karl eine Kaiserkrone
trüge [22]).

Aber eine dritte Voraussetzung findet Statt. Eine
Wiedervereinigung der griechischen Kirche mit der lateinischen mußte doch schon damals in den Augen aller,
die auf den Grund sahen, kaum noch möglich scheinen.
Daß eine Frau, die durch eine Laune des Glücks den
griechischen Thron bestieg, von dem sie durch eine neue
Laune des Glücks leicht wieder konnte gestoßen werden,
daß eine Irene zu dieser Vereinigung Lust bezeigte,
mußte bey Verständigen von keiner Bedeutung seyn. Es
kam nicht mehr auf die Kaiser zu Konstantinopel an,
ob sie sich mit der lateinischen Kirche wieder aussöhnen
wollten. Das Volk war für die Trennung. Also hatte
vielmehr der Pabst an den Griechen, so zu sagen, ge-
borne und unversöhnliche Feinde. Die Griechen beharr-
ten bey ihren Ansprüchen an die Stadt Rom, und sie
waren noch Meister von Unteritalien. Dem mächtigen
Her-

[22]) Pagi ad Baron. 8co. n. XI.

Herzog von Benevent war nicht zu trauen; er war im Grunde griechisch gesinnt. Rom und der Pabst waren von dieser Seite also nie sicher, so lange die Griechen nicht aus ganz Italien vertrieben waren. Indem der Pabst und die Römer Karln zum Kaiser in Occident erklärten, und er diesen Titel annahm, eigneten sie ihm ganz Italien zu, das nach der alten Theilung zum abend- ländischen Kaiserthum gehörte, auf das aber die Grie- chen immer noch Anspruch machten. Sie veranlaßten dadurch einen unvermeidlichen Krieg zwischen Karln und den Griechen, und setzten jenen in die Nothwendigkeit alle seine Macht aufzubieten, um die Griechen völlig aus Italien zu vertreiben. Zwar wurde Karl, wenn ihm dieses gelang, mächtiger in Italien, als es vielleicht dem Pabste lieb war. Allein die Furcht vor den Grie- chen war ein gegenwärtiges Uebel; von dieser Furcht be- freyt zu werden war ein empfundenes dringendes Be- dürfniß; zu große Macht des neuen Kaisers, Anwen- dung derselben gegen den Pabst selbst war nur noch bloß ein denkbares, nicht empfundenes, nicht gegenwärtiges, sondern vielleicht erst kommendes Uebel. Ohne Zweifel ließ sich der Pabst, wenn wir anders zugeben, daß er nicht von höhern Eingebungen geleitet wurde, sondern als Mensch handelte, nach Menschenart durch Bedürf- nisse, die er empfand, und nicht durch Folgen, die er sich nur als möglich denken konnte, bestimmen.

Noch müssen wir bemerken, daß Leo, nachdem er Karln zum Kaiser ausgeruffen und gesalbt hatte, auch seinen ältesten Prinzen, der mit dem Vater gleichen Na- men führte, zum König salbte [23], ohne Zweifel, um ihm

---

[23] Anastas. in Vita Leon. III. ap. Muralor. T. III. P. I. p. 198.

ihm dadurch die Nachfolge in der Kaiſerwürde zu
ſichern.

So ſehr Karl am Weihnachtstage die Mine des Be-
ſcheidnen annahm, als ob Leo ihn mit der Kaiſerwürde
überraſcht hätte, ſo zufrieden, ja man kann ſagen, ſo
dankbar bezeugte er ſich dafür gegen den Apoſtel Petrus,
in deſſen Kirche ihm die neue Würde ertheilt war. Er,
ſein Sohn und ſeine Töchter machten viel koſtbare Geſchenke an dieſe Kirche und an das Grab des Apoſtels.
Sie beſtanden in einer goldenen, mit großen Edelſteinen
beſetzten, funfzig Pfund wiegenden Krone, die über den
Altar aufgehängt wurde; in einer goldenen [24] ebenfalls
mit großen Edelſteinen beſetzten, dreyßig Pfund wiegenden Schüſſel; in einem großen, mit Edelſteinen beſetzten Kelch von acht Pfund, einem andern von ſieben und
dreyßig, noch einem andern von ſechs und dreyßig Pfund;
einem ſilbernen Tiſch von fünf und funfzig Pfund mit den
dazu gehörigen Geräthſchaften; einem Kreuz mit Hya-
cinthen beſetzt, das der Pabſt nach des Kaiſers Verlangen bey Proceßionen vor ſich her tragen ließ; einem Ev-
angelienbuch mit goldenen Verzierungen und Edelſteinen
reich beſetzt, u. ſ. w. [25]. Alle dieſe Geſchenke machte
Karl noch am nemlichen Tage, da der Pabſt ihm die
Kaiſerkrone aufſetzte, gleich nach geendigtem Gottesdien-
ſte [26]. Alſo hielt Karl ſie in Bereitſchaft, alſo war
ihm die wiederfahrne Ehre nicht ſo ganz unerwartet.

Erſt

---

[24] Bey den Schriftſtellern des Mittelalters heißt oft golden,
was wahrſcheinlich nur vergoldet war. — Die den Hunnen abgenommene Beute hatte Karln in den Stand geſetzt,
dieſe Geſchenke zu machen.

[25] Anaſtaſ. in Vita Leonis III.

[26] Anaſtaſ. ib.

Erst nach seiner Krönung zum Kaiser sprach Karl das Todesurtheil über die Feinde des Pabstes, Paschalis, Campulus und ihre Mitgenoßen wegen der gegen Leo begangenen Gewaltthätigkeit. Leo bat für sie, und Karl milderte die Strafe in eine Verbannung von Rom und Italien nach seinen dießseits der Alpen gelegenen Provinzen [27].

Karl gieng erst im Herbste des Jahres 801 nach Franken zurück. Die Regierung von Italien überließ er seinem Sohn Pipin, den er bereits zum Könige dieses Landes erklärt hatte. Karl hatte ihm erfahrne Männer zu Räthen gegeben. Außerdem ließ er sich durch seine Bevollmächtigten von allem die genausten Nachrichten senden. Karl selbst kam nie wieder nach Italien. Vielleicht hielten ihn die Kriege ab, die er, wie wir gleich sehen werden, mit den nordlichen Völkern führen mußte.

Die Nachricht von der Wiederherstellung der abendländischen Kaiserwürde durch einen Monarchen, dessen große Eigenschaften und glänzende Thaten schon allgemeine Aufmerksamkeit und Bewunderung erregt hatten, konnte nicht fehlen, zu Konstantinopel Erstaunen, Bestürzung und mannigfaltige Besorgnisse zu verursachen. Nun war nicht allein die Hoffnung Italien wieder zu erobern ganz dahin, sondern nun mußte man befürchten, auch das, was man noch in Unteritalien besaß, auch Neapel und Sicilien zu verlieren. Noch nie war der kaiserliche Scepter in einer Frauenhand gewesen, und auf welche Art war er in die Hand der Frau, die ihn jezo führte, in Irenens Hand gekommen? Durch den schändlichsten,

---

[27]) Anastas. ib. p. Eginh. Annal. a. 801.

lichsten, grausamen Mord, an ihrem Sohne begangen.
Mußte sie nicht besorgen, daß ihre Unterthanen, so sehr
sie an solche Abscheulichkeiten gewöhnt waren, sobald sich
Karl für ihren Gegner erklärte, den Krieg mit ihm zum
Vorwande einer Empörung gegen sie nehmen würden?
Und hatte sie nicht Grund genug zu befürchten, daß Karl
feindselig gegen sie handeln, daß er sich an ihr für alle
die geheimen Ränke rächen würde, wodurch sie die Longobarden, den Prinzen Adalgis, und den Herzog Arigis
von Benevent, wodurch sie vielleicht selbst die Hunnen
gegen ihn aufgehetzt hatte? Einige Gründe gab es, diese
Besorgnisse zu mildern und die bevorstehenden Gefahren
für nicht so groß, für wahrscheinlich zu halten. Als Leo
Karln die Kaiserkrone aufsetzte, schien dieser überrascht,
schien die Krone ungern anzunehmen. Vielleicht, konnte
Irene denken, wäre in der That diese Kaiserkrönung nur
eine Würkung der enthusiastischen Zueignung des Pabstes
und der Römer gegen Karln, nicht eines überdachten
Plans von diesem selbst gewesen. Einige haben sogar
die Vermuthung geäußert, daß Karl in der That an
jenem Weihnachtstage die Rolle eines Bescheidnen nur
deßwegen gespielt habe, um dadurch zu verhüten, daß
Irene nicht ihn als den Urheber des ganzen Vorganges
ansehn, und die ganze Macht des Orients gegen ihn aufbieten sollte. Ob Karl sich vor der ganzen Macht des
Orients gefürchtet hätte, mag unentschieden bleiben.
Aber allerdings war es seiner feinen Klugheit gemäß, die
Sache so einzuleiten, daß er, wenn sein neuer Titel von
den Griechen angefochten würde, sagen konnte: ich habe
ihn nicht selbst angenommen, sondern der Pabst und
die Römer haben ihn mir gegeben 28).

Zu

---

28) Es war räthsam, die Sache so vorzustellen, da es nach
Karls eigenem Begriff die alte römische Kaiserwürde seyn
sollte,

In jener besorgnißvollen Lage waren schon Unterhandlungen gepflogen; Irene hatte an Karln zuerst im Jahr
802, er dann auch an sie, im selbigen Jahre, Gesandte
geschickt, als sich sogar die Aussicht einer Heirath zwischen
beyden äußerte. Die abendländischen Geschichtschreiber
erwehnen nichts von dieser vorgewesenen Heirath. Den
griechischen Geschichtschreibern zufolge [29] ließ Karl den
ersten Vorschlag thun. Irene war Witwe und sie war
zwar nicht jung mehr, aber noch schön: für Karls Ehr-
geiß konnte nichts so Verführerisches gedacht werden,
als nach der Erneuerung des abendländischen Kaiserthums,
auch noch das morgenländische damit zu verbinden.
Wie leicht sein Herz Feuer fing ist bekannt. Der Schwierigkeiten, die diese Heirath würden begleitet haben, theils

in

sollte, die ihm beygelegt wurde. Hätte er den bloßen
Kaisertitel, ohne Zusatz des römischen, aus dem natürlichen Grunde, daß er ihm als Beherrscher so vieler und so
großer Nationen gebühre, angenommen, so hätte er jene
Wendung nicht nöthig gehabt.

[29] Zonaras T. III. p. 168. Theophanes in Chronogra-
phia sub anno IV. und V. Irenes; s. Recueil p. 188.
Gaillard, ohne dieser Behauptung der Griechen zu erwehnen, erzählt als eine ausgemachte Sache, Irene habe
Karln den ersten Antrag thun lassen. Mir ist keine Quelle
bekannt, woraus er diese Nachricht haben könnte. Der innern
Wahrscheinlichkeit nach läßt sichs kaum von Karls gründ-
lichem Verstande denken, daß er diese Heirath sollte gewünscht haben. Von dieser Seite betrachtet scheint es,
daß die Idee dazu nur von einer Frau entstehen konnte.
Indessen wie oft spielen Ehrsucht und Eitelkeit den Meister über den gründlichsten Verstand! Die Griechen sagen
auch noch, daß Pabst Leo die Heirath zu befördern gesucht habe. Wenn sich dieses so verhält, so konnte Leo
würklich bey Karls Kaiserkrönung jene gute Absicht haben,
die ihm Pagi beylegt.

in Ansehung der entweder gemeinschaftlichen oder getrenn-
ten Regierung, theils der Succeßion, theils der Zwistig-
keiten zwischen beyden Kirchen, der griechischen und lateinischen, und noch in Ansehung vieler anderer wichtigen
Puncte, mußten sich gleich beym ersten Nachdenken über
diese Idee unendlich viel und unendlich große hervorthun.
Aber alle diese Schwierigkeiten und selbst der Umstand,
daß Irene mit so vieler Wahrscheinlichkeit für die Ver-
gifterin ihres Gemahls, und für die Mörderin ihres
Sohnes gehalten wurde, schreckten Karln nicht ab. Er
schickte in eben dem Jahre zum zweytenmal eine Gesandtschaft nach Konstantinopel, an deren Spitze der Bischof
Hetto war.

Aber diese Gesandte waren kaum zu Konstantinopel
angelangt, als sie Zuschauer einer Revolution seyn mußten, wodurch Irene gestürzt wurde. Ihr Minister der
Castrat Aetius (Castraten waren sehr oft am griechischen
Hofe die vornehmsten Minister) aus Besorgniß, seine
Ministerschaft möchte ein Ende haben, wenn Karl Irenens Gemahl würde, suchte die Heirath auf alle Weise
zu hintertreiben. Durch seine Emissarien brachte er das
Volk zu Konstantinopel wider die Heirath auf. Dieses
war desto leichter, da es an sich schon für den Stolz der
Griechen ein unerträglicher Gedanke war, daß ein Franke,
ein Barbar, den Thron Konstantins besteigen sollte. Die
Großen fingen an, Irenen aufmerksam auf die nachtheiligen Folgen zu machen, die diese Heirath haben könnte;
sie erklärten ihr endlich mit deutlichen Worten, sie müsse
ihren Vorsatz fahren lassen; nicht ihr, sondern der Nation komme zu, den Thron im Erledigungsfall zu besetzen,
und nie würde sich das Volk einen Fremden, einen Barbaren zum Oberherrn gefallen lassen,

Man

Man ſah oder hoffte keine Wurkung von dieſen Vorſtellungen. Alſo wurde ein geheimer Plan gemacht, ſie
abzuſezen. Vielleicht dieſem Plan gemäß, vielleicht
durch andere Veranlaſſung erfolgte ein öffentlicher Aufſtand. Das Volk und die Armee riefen den Reichskanz-
ler Nicephorus zum Kaiſer aus, und der Patriarch ſal-
bete ihn. Irene wurde in ein Kloſter geſchickt.

Karls Geſandte hatten nicht allein den Verdruß,
dieſe Scene mit anzuſehen, ſondern ſie erlitten auch mancherley Beleidigungen von den ſtolzen und gegen die Franken ſowohl wegen ihrer Eroberungen in Italien, als wegen Karls vorgehabter Heirath, ſo wie auch aus Religi-
onsvorurtheilen äußerſt aufgebrachten Griechen. Die
Geſandten verhielten ſich dabey nicht duldend, ſondern
proteſtirten gegen Irenens Abſetzung, drohten mit Karls
Rache, und giengen mit lebhaftem Bezeugen ihres Unwillens von Konſtantinopel weg. Indeſſen Nicephorus,
deſſen Klugheit von der furchtſamen Art ſcheint geweſen
zu ſeyn, that den erſten Schritt zu Wiederherſtellung
des guten Vernehmens dadurch, daß er Geſandte an
Karln ſchickte.

Karl gab dieſen Geſandten im Jahr 803 Audienz
in ſeinem Pallaſte zu Selz im heutigen Elſaß. Ein
Anecdotenſammler [10]) der etwa funfzig Jahr nach Karls
Tode

---

[10]) Der Mönch von St. Gallen lib. II. c. IX. Recueil
p. 123. Ich habe mir hier eine Freyheit erlaubt, von der
ich hoffe, daß man ſie nicht für Gleichgültigkeit gegen
hiſtoriſche Wahrheit anſehen werde. Man weis, wie die
blühende Phantaſie gewiſſer franzöſiſcher Schriftſteller,
alles was ſie andern nach erzählen, verſchönern kann.
Die Erzählungen des Mönchs von Gallen ſind alle von
der Art, daß ſie Genies dieſer Art reizen mußten, ihre

Hegewiſch Geſch.   S   Ver-

Tode lebte, hat von dieſer Audienz allerley Umſtände angeführt, die wir ſchwerlich für völlig glaubwürdig halten
können, die aber doch zuſammengenommen ein Gemälde
der damaligen Sitten und Gebräuche enthalten. Nach
ſeiner Erzählung ließ Karl die griechiſchen Geſandten mit
Fleiß nach Selz kommen; die Beſchwerlichkeiten der
Reiſe durch Italien und über die Alpen ſollten eine
Rache für die Begegnung ſeyn, die ſeine Geſandten
in Konſtantinopel erlitten hatten. Er ließ ſie daher
durch alle mögliche Umwege führen. Auch hatte der
Monarch dabey die kleine Abſicht gehabt, (ein Mönch nur
konnte ſie ihm andichten) daß ſie, wenn ſie auf einer ſo
langen Reiſe ihr Geld zugeſetzt und ihre Sachen verdorben hätten, bey ihrer Ankunft an ſeinem Hofe eine
ſchlechte Figur machen und durch den Conträſt ſeiner
Pracht, die er dießmal aufs äußerſte getrieben haben ſoll,
deſto tiefer ſollten gedemüthiget werden. Zur Audienz
wären ſie durch vier große Säle geführt worden. Im
erſten, wo ſie lauter Krieger erblickt, hätten ſie ſich
ganz erſtaunt ob der prächtigen Kleidung und ob der
von Gold und Silber ſchimmernden Waffen, vor
einem auf einem Thron ſitzenden Herrn nieder werfen
wollen. Aber zu ihrer Beſtürzung hätte man ſie zurück-
geſtoßen, mit den Worten: es ſey nur der Marſchall

(comes

Verſchönerungstalente bey dieſer und bey der weiter unten
folgenden die Geſandten des Chalifen betreffenden Audi-
enzgeſchichte anzuwenden, und ich habe mir erlaubt, ihre
Verſchönerungen in meine Erzählung überzutragen. Um
aber jedem das Seinige zu laſſen, habe ich die Züge, die
dem ehrlichen Mönche nicht gehören, und die ich den Franzoſen abgeborgt, durch Schwabacher Schrift unterſchieden. Die Franzoſen, die ich vor Augen habe, ſind hier
Gaillard, und bey der Audienz der Araber, weiter unten,
der Pere Daniel.

(comes ſtabuli).   Im zweyten Saal hätten ſie abermals
den Grafen des Pallaſtes [31], getäuſcht von der ihn umgebenden Pracht und Würde, für den Monarchen angeſehn.   Das nämliche wäre ihnen im dritten mit dem
Truchſeß [32] und im vierten mit dem Oberkämmerer [33]
begegnet.   Ihr Irrthum ſoll ihnen ſogar nach des Mönchs
Erzählung mit Ohrfeigen verwieſen ſeyn.   Der Oberkämmerer hätte ihnen denn endlich verſprochen, ſich zu
erkundigen, ob ſie zur Audienz könnten gelaſſen werden.
Darauf wären ſie von zwey Herren des Hofes in das
Zimmer eines noch viel reicher geſchmückten Apartements geführt, wo ſie den Kaiſer, umringt von ſeiner
Gemahlin, Söhnen, Töchtern, Erzbiſchöffen, Biſchöffen und Grafen, von Gold und Silber glänzend, am
Fenſter ſtehend und gelehnt auf die Schulter des Biſchofs
Hetto erblickt hätten.   Ganz erſchrocken darüber, daß
ſie den in Konſtantinopel ſo verächtlich behandelten Hetto
hier in ſo vorzüglicher Gunſt bey Karln gefunden, hätten
ſie ſich niedergeworfen.   Karl aber mit einem Ton und
mit einer Mine voll gütiger Heiterkeit und hohen
Stolzes habe ſie aufſtehen heißen und geſagt: „Hetto
verzeiht euch, und ich verzeihe uns auf ſeine Bitte;
aber künftig ſey euch die Perſon eines Biſchofs und
eines Geſandten ehrwürdig.‟   Die griechiſchen Geſandten giengen mit einem Schreiben Karls, worin er
ſich über die Friedensbedingungen erklärte, nach Konſtantinopel zurück.

S 2   Nach-

---

[31] Comes palatii, der im Namen des Königs das Gericht,
das bey Hofe gehalten wurde, den Vorſitz hatte.

[32] Magiſter menſae regiae.

[33] Magiſter Cubiculariorum.

Nachdem Karl in Deutſchland angekommen war, ließ er ſich zuerſt angelegen ſeyn, die Empörung der Sachſen völlig zu dämpfen. Es ſcheinet nicht, wie wir ſchon erwehnt haben, daß die Oſtphälinger, Weſtphälinger und Angrarier Theil an den neuen Unruhen genommen hätten. Es waren bloß die nordwärts auf beyden Seiten der Elbe gelegnen Gaue, die ſich den Franken mit Hartnäckigkeit widerſetzten. Denn in dieſen Gegenden wurde der Krieg, nach den damaligen Verfaſſern, geführt [34]. Im Jahre 803 berief Karl die Sachſen zu einem allgemeinen Reichstage nach Selz, um ſich mit ihnen wegen der Punkte, worüber ſie ſich beſchwerten, zu vergleichen. Die Lage, worin beyde benachbarte Nationen, die Franken und die Sachſen, gerathen waren, führte für beyde unabſehbare Uebel mit ſich, und nur Nachgiebigkeit von beyden Seiten konnte jene Lage verbeſſern und dieſe Uebel entfernen. Karl mußte nach einer dreyßigjährigen Erfahrung von dieſer Wahrheit überzeugt ſeyn. Bey jedem Zuge nach Italien, oder Ungarn, bey jeder Reiſe, die er in die ſüdlichen und weſtlichen Provinzen machte, mußte er ſich einen feindſeligen grauſamen Beſuch von den Sachſen in ſeinem eigentlichen Frankenlande, während ſeiner Abweſenheit als höchſtwahrſcheinlich denken. Keine eidlichen Verſprechungen, keine Geißeln gaben ihm Sicherheit vor ihrem Empörungsgeiſte, ſo lange dieſer vom Haß gegen die fränkiſche Oberherrſchaft genährt wurde. Seine Franken wurden durch die ewigen Züge ins Sachſenland, ſelbſt den Winter durch, und durch die Verwüſtungen der Sachſen bey ihren Einbrüchen ins Frankenland zu Grunde gerichtet. Dieſe Betrachtungen ohne Zweifel leiteten Karln auf das einzige dieſer Lage angemeſſene Mittel,

die

---

[34] Annal. Eginh. ad a. 804.

die Hauptquelle der Erbitterung zwischen beyden Nationen
zu verstopfen, indem er den Sachsen völlige Gleichheit
mit den Franken oder eine freye Vereinigung unter gleichen Gesetzen anbot.　Die Sachsen sollten keinen Tribut
geben, wie sonst damals immer von überwundenen Völkern gefodert wurde.　Aber sie sollten an die unter ihnen
gestifteten Kirchen und Schulen den Zehnten und andre
bestimmte Abgaben zahlen, wie auch die Franken selbst
und alle christliche Völker bezahlten.　Sie sollten von
nun an mit den Franken einerley Reichstäge, einerley
Gerichtsverfassung, und in Ansehung der Kriegesdienste
einerley Einrichtungen haben [35].　Aber auch bey diesem
Anerbieten blieben doch für die Sachsen nicht wenige und
nicht unwichtige Bedenklichkeiten übrig.　Die Kriegesdienste bald jenseits der Alpen, bald an den Ufern der
Donau, wozu sie sich, wenn sie diese Bedingungen annahmen, verpflichteten, waren äußerst beschwerlich, und
unaufhörliche Kriegsdienste standen ihnen bevor.　Auf
allgemeinen Reichsversammlungen mußten sie befürchten,
würde das Interesse einer einzelnen Völkerschaft nur als
Nebensache, nur obenhin erwogen, und von den der
Versammlung beywohnenden Sachsen zu oft vernachläs-
sigt, oder wohl gar aufgeopfert werden.　Unerträglich
mußte ihnen auch die Abgabe des Zehnten an die Geistlichen fallen [36].

S 3　　　　　　　Einem

---

[35] Poeta Saxo sub a. 803.

[36] Möser läßt die Sachsen in einer Rede die wesentlichen
Nachtheile, die aus einer selbst nach den Grundsätzen der
Gleichheit eingerichteten Vereinigung der Sachsen mit
den Franken für die ersten entspringen mußten, vortref-
lich aus einander setzen. Osnabr. Geschich 1. Thl. 3.
Abschnitt. S. 41 u. f. Im folgenden Abschnitte, wo
Karls neue Einrichtungen in Sachsen und ihre Folgen
ent-

Einem alten Autor zufolge scheint es, daß Karl bey den Edelingen und bey denen, die am meisten Einfluß bey der Nation hatten, eine völlige Annahme seiner Vorschläge und völlige Zufriedenheit mit denselben, aller jener Bedenklichkeiten ungeachtet, durch seine Freygebigkeit zu bewürken wußte [17]), und so scheint es, daß auch diesesmal das Interesse einer ganzen Nation dem Interesse der vornehmern und reichern Volksclasse aufgeopfert wurde. Vielleicht war auch die Aussicht, die sich durch diese Vereinigung für die Sachsen eröffnete, sich in Kriegsdiensten des Monarchen Lehngüter in andern Ländern zu erwerben, ein nicht schwach mitwürkender Beweggrund. Eben jenem Autor zufolge scheint es in den letzten Zeiten nur das Volk in der eingeschränktern Bedeutung des Worts, scheinen es nur die Gemeinen, die weder zu den Edelingen gehörten, noch sich ihrer großen Besitzungen wegen den Edelingen an die Seite setzen konnten, gewesen zu seyn, die Karln so standhaft widerstanden. Und jene Edelinge und sonst Angesehne, bestochen von Karls Freygebigkeit, sahen mit einem Herzen, worin

entwickelt werden, sehen wir, wie der Monarch die Bedenklichkeiten der Sachsen durch gewisse Modificationen dieser neuen Einrichtung zu heben suchte.

17) Poeta Saxo sub a 803
   Quos per ter denos et tres tam duriter annos,
   Linquere protracti penitus conamina belli,
   Plus regis pietas et munificentia fecit,
   Quam terror. Nam se quisquis commiserat ejus
   Egregiae fidei, ritus spernendo profanos,
   Hunc opibus ditans ornabat honoribus amplis.
   Copia pauperibus Saxonibus agnita primum
   Tunc fuerat rerum, quas Gallia fert opulenta,
   Praedia praestiterat cum Rex compluribus illic,
   Ex quibus acciperent pretiosae tegmina vestis,
   Argenti cumulos, dulcisque fluenta Lyaei.

worin Selbſtſucht alles patriotiſche Mitgefühl erſtickte,
den blutigen Scenen zu, wenn ihre nicht beſchenkten,
für ihre alte Freyheit mit Verzweiſlung kämpfenden
Landesleute vom ergrimmten Monarchen zertreten wurden ³⁸). Und unter dieſen ruhig zuſehenden Edelingen
war Wittekind, der, wie oben erwehnt worden, ſchon
früher gewonnen war ³⁹).

Karl mußte gegen die Nordalbinger und die Einwohner des Landes Wihmodi ſtrenger verfahren   Er hatte
ſich ihres Landes bemächtigt. Aber ſie gaben ihm hin-
länglichen Anlaß, die Aufrichtigkeit ihrer Unterwerfung
in, Verdacht zu ziehn. Zu eben der Zeit machten die
Dänen, mit deren Beyſtand ſich die Sachſen ſo oft ge-
ſchmeichelt hatten, wirklich Anſtalten zu einem Kriege
wider die Franken. Dieſer Umſtand ſetzte Karln in die
Nothwendigkeit, ſolche Einrichtungen zu machen, daß
die Nordalbinger ſich nicht durch die Dänen zu neuen
Feindſeligkeiten verleiten ließen. Die Wahrſcheinlich-
keit, daß dieſes geſchehen würde, bewog Karln zu einem
Schritte, den man allerdings mit ſehr gehäßigen Farben
S 4   ſchil-

---

³⁸) Id. ib.
    His vbi *Primores* donis *illexerat*, omnes
    Subjectos ſibimet *reliquos obtriuerat* armis.

³⁹) Id. ſub a. 785.
    Tunc vbi compererat Widokindum jam memora-
                                      tum
    Abbonemque ſimul
                    mittens propriis de ciuibus ipſis
    Legatos, hortatur eos, quo flectere tandem
    Colla ſibi, fideique ſuae ſe credere vellent,
    Commiſſi veniam, nec non et *praemia* ſpondens
                    properarunt protinus ambo
    Ad regem etc.

ſchildern kann, der aber in der That eine unvermeidliche
Folge von der Lage ſcheint geweſen zu ſeyn, worin er gegen dieſe Völker gerathen war. Entweder er mußte
ihrem neuen Aufſtande, der wegen der nahen Hülfe der
Dänen faſt gewiß war, zuvorkommen, oder er mußte
ſeine fränkiſchen Länder allen den Grauſamkeiten bloß
ſtellen, die von dem Haß und der Rache dieſer Völker zu
befürchten waren. Karl entſchloß ſich zu dem erſten,
und dieſe Abſicht zu erreichen, wählte er ein Mittel,
das ein ſpäterer Lehrer der Politik [40]) für das einzige
wirkſame in ſolchen Fällen erklärt hat. Karl ließ
im Frühlinge des Jahrs 804 an die zehntauſend
Sachſen aus Nordalbingien und Wihmodi mit ihren
Weibern und Kindern, nach ſeinen andern Ländern ver-
ſetzen. Das Land, das ſie bisher bewohnt hatten, gab
er den Abotriten, die beſtändig ſeine treue Bundsgenoſſen geweſen waren. Nach der Vermuthung einiger Verfaſſer gab Karl den transportirten Sachſen, ſieben Jahre
nachher die Erlaubniß, in ihr Vaterland zurück zu kommen. Die Sache iſt ungewiß [41]).

Nun erſt waren alle nicht ausgewanderten deutſchen
Völker im eigentlichen Sinn mit einander vereinigt;
nicht bloß unter einem gemeinſchaftlichen Oberherrn mit
einander verknüpft, wie es Frankreich und Italien waren,
wie Ungarn und Böhmen heut zu Tage ſind; ſondern
durch einerley Geſetze, durch einerley Reichsverſammlun-
gen, durch die Einheit der höchſten Gewalt waren ſie
von nun an Ein Volk, Ein Staat. Ich rechne zu den
nicht

---

[40]) Machiavelli.

[41]) Iacobi Schuback Differt. de Saxonum Transporta-
tione ſub Carolo M.

nicht ausgewanderten Deutschen diejenigen Franken mit, die sich nicht in dem eigentlichen Gallien niedergelassen hatten, sondern längst den westlichen Küsten des Rheins von seiner Mündung an bis zu den Alpen waren wohnend geblieben. Es scheint mir, daß in den gewöhnlichen Vorstellungen die Franken als ein völlig ausgewandertes Volk betrachtet werden. Dieses wäre ein Irrthum. Die Franken Karls des Großen waren ein Stamm, der sich in zwey Nebenstämme getheilt hatte. Der eine breitete sich in Gallien aus, und seine Abkömmlinge wurden mit der Zeit aus Deutschen Franzosen. Der andere blieb in Deutschland, und die heutigen Bewohner der östreichischen Niederlande, der Pfalz am Rhein, der drey geistlichen Churfürstenthümer kurz des ober- und niederrheinischen Kreises sind Abkömmlinge von ihm.

Dieses Deutschland Karls des Großen hatte gegen Westen etwas ausgedehntere Grenzen, wie heut zu Tage, gegen Osten aber viel eingeschränktere. Dort erstreckte es sich oben bis an die Somme, unten fast bis zur Rhone hin. Hier war die Elbe die Grenze. Es ist schwer die damalige Bevölkerung dieses Deutschlandes auch nur ohngefähr zu bestimmen. Der westliche Theil, oder der längst dem Rhein, war bey weitem am meisten angebaut. Der östliche Theil, oder der zwischen dem Rhein und der Elbe, war noch wohl dem heutigen Nordamerika in Ansehung der dünnen Bevölkerung ähnlich [42]). Vielleicht

S 5   wohn-

---

[42]) Diese Behauptung steht mit der im ersten Kapitel, wo ich vom Unterrheine bis zur Weser hin eine starke Bevölkerung annahm, nur in scheinbarem Widerspruch. In jenen Gegenden wohnten in der Periode, von der im ersten Kapitel die Rede ist, diejenigen Völkerschaften, die sich nachher Franken nannten, und die sich durch ihre Neigung

zum

wohnten zu Karls Zeiten zwiſchen dem Rhein und der
Elbe kaum zwey Millionen Menſchen.   Wenn das heutige Deutſchland vier und zwanzig Millionen Menſchen
nährt, ſo hat mehr als die Hälfte davon ihren Unterhalt
von der Induſtrie und der Handlung, die erſt ſeit dem Aus-
gange des zwölften Jahrhunderts ergiebige Nahrungs-
quellen für die Deutſchen wurden.   Man vertilge in
Gedanken alle jetzige Städte in Deutſchland, alles Gewerbe, allen Handel, man hat alsdann ein Bild Deutſch-
landes vor dem zwölften Jahrhundert; und man wird
ſich bald überzeugen, daß vor dem zwölften Jahrhundert
kaum zwölf Millionen Menſchen in Deutſchland lebten.
Von Karls Zeiten an bis ins zwölfte Jahrhundert wurde
der Ackerbau in Deutſchland allenthalben eingeführt und
mit großem Eifer betrieben.   Deutſchland war in der
Hinſicht ungefähr in dem Zuſtande, worin das engliſche
Nordamerika bis auf unſre Zeiten geweſen iſt.   In
Nordamerika, wo der Fleiß der Menſchen, die gern
fortkommen wollen, allenthalben noch ungebaute Länder
findet, verdoppelt ſich die Menſchenmenge mit jeder
Generation.   Ob aber gleich in jenen Jahrhunderten
die Betriebſamkeit und die Gelegenheit Aecker anzubauen
in Deutſchland nicht geringer ſeyn mochte, ſo können
wir doch keinen ſo geſchwinden Fortgang der Bevölkerung damals annehmen, weil noch ſo viel und ſo grau-
ſame Kriege mit den Nachbarn geführt und ſo viel Auswanderungen theils durch die Kreuzzüge, theils durch die
Züge

zum Landbau von andern deutſchen Horden unterſchieden.
In ihren glücklichen Kriegen wider die Römer, da ſie die
von dieſen angebauten ſchönen Rheinländer eroberten,
zogen ſie ſich aus dem rauhen Weſtphalen dorthin, und
Weſtphalen wurde ein Sitz der viel wilderen und zum
Landbau noch gar nicht geneigten Sachſen.

Züge nach Italien, theils durch die Bezwingung der slavischen Länder veranlaßt wurden. Alle diese Auswanderungen scheinen mir aber zugleich zu beweisen, daß die Menschen sich schneller vermehrten, als die Urbarmachung des Bodens von statten gieng. Diese war mühsam, und die jungen kraftvollen Menschen giengen lieber auf Abentheuer aus, als daß sie Wälder ausraden und ihren Schweiß hinter dem Pfluge hätten vergießen wollen. Bey diesen Umständen, glaube ich, kann man ohne Uebertreibung annehmen, daß sich die Menschenmenge in Deutschland in jedem der drey Jahrhunderte von Karl dem Großen bis auf Friedrich den Ersten verdoppelt habe. Von den zwölf Millionen also, die wir ungefehr zu Friedrichs Zeiten annehmen, würden zu Karls Zeiten nur der dritte Theil, also ungefehr vier Millionen, vorhanden gewesen seyn. Wenn nun hinzukommt, daß der westliche Theil oder der auf der Westseite des Rheins bey weitem am meisten angebaut war, daß Deutschland ostwärts sich nur bis an die Elbe erstreckte, daß das heutige Deutschland auf der Ostseite der Elbe wenigstens den dritten Theil des Ganzen ausmacht, daß also auch von den vier und zwanzig Millionen des heutigen Deutschlandes der dritte Theil auf der östlichen Seite der Elbe wohne: so glaube ich, wird die Rechnung nicht unwahrscheinlich befunden werden, nach der ich zu Karls Zeiten die Menschenmenge zwischen dem Rhein und der Elbe nur ungefehr auf zwey Millionen geschätzt habe.

Ob es für die deutschen Völker ein Glück war, daß sie durch das Schwert Karls des Großen genöthigt wurden, ihrer Unabhängigkeit zu entsagen, und einen großen Staatskörper mit einander zu bilden, ist eine Frage, die mit nichts als Möglichkeiten, die keine Befriedigung

gung geben, beantwortet werden kann. So viel iſt gewiß, durch dieſe Vereinigung wurde die Cultur der
Deutſchen befördert, zwar langſam, zwar kümmerlich.
Aber dieſe Langſamkeit des Fortſchrittes war die Schuld
theils der Nachfolger Karls, theils der unglücklichen in-
nerlichen Kriege. Aber ohne jene Vereinigung durch
Karln wäre vielleicht überall kein Anfang mit der Cultur
gemacht worden, wenigſtens viel ſpäter. Viele kleine
rohe Völkerſchaften neben einander ſind in der größten
Gefahr ſo tief in Barbarey zu verſinken, daß ſie aller
Cultur unfähig werden. Sitten und Gewohnheiten
eines Volks werden durch ſeine anfänglichen Umſtände
und Bedürfniſſe veranlaßt. Seine erſte Generation
würde ſich ihrer noch leicht entwöhnen, wenn ihnen Anlaß dazu gegeben würde. Aber bey der dritten und vierten Generation iſt keine Entwöhnung mehr zu hoffen.
Sitten und Gewohnheiten von den Großvätern her, ſind
bey den Enkeln ſchon zu tief eingewurzelt, ſchon zur andern Natur geworden. Die erſten Menſchenfreſſer waren es aus Noth, ihre Enkel ſchon aus Neigung.
Wenn die Sachſen nicht von Karln bezwungen wären,
ſo würden ſie noch Jahrhunderte fortgefahren haben,
ihrem Wodan Menſchen zu opfern und durch Streifereyen ſich allen ihren Nachbarn furchtbar zu machen.
Die Franken hätten immer weiter ſchreiten mögen, die
Sachſen wären rohe Barbaren geblieben, wie es die
Aetolier mitten in Griechenland blieben, als ſchon die
Athenienſer die höchſte Stufe der Cultur erreichten.

Karl beherrſchte jetzt einen Staat, der ſich vom
Ebro bis zum baltiſchen Meere, vom aquitaniſchen
Meere bis zur Theiſſe, oder funfzehn Grade von Süden
nach Norden und zwey und zwanzig von Weſten nach
Oſten erſtreckte. Nach ihm ſind in Europa nur zwey-
mal

mal. Mächte von ähnlichen Umfange wieder entstanden. Es ist hier ohne Zweifel der Ort, etwas über die Art zu sagen, wie Karl diesen großen Staat regierte, von dem Mechanismus, wodurch er eine so ungeheure Masse zu einem lebendigen, thätigen und gegen innere und äußere Gefahren hinlänglich gesicherten Staatskörper organisirte. Etwas ist zwar schon oben hierüber gesagt. Allein ich glaube, daß ich es bey der gegenwärtigen Veranlassung und in Verbindung mit andern die Regierungsart Karls betreffenden Punkten hier wieder anführen darf, ohne mich einer unnöthigen Wiederholung schuldig zu machen.

Karl war kein Attila, kein Gengischan, der mit wilden Horden die Erde wie ein reißender Strom überschwemmte und verheerte. Jedes eroberte Land wollte er wenigstens durch eifriger betriebnen Anbau, durch gute Gesetze und Anstalten zu einer höhern Stufe von Glück erheben.

Der Regent eines großen Staats, der diesen Zweck erreichen will, muß Mittel haben, nicht allein den wahren Zustand des Ganzen und jeder, auch der kleinsten Provinz überhaupt, sondern auch jede in ihnen vorfallende Veränderung, die einigen Einfluß auf das Ganze haben kann, schnell und geschwind kennen zu lernen, eben so schnell seinen Willen, seine Verordnungen und Verfügungen von seiner Residenz aus im ganzen Staate bis zur entferntesten Grenze bekannt zu machen. Ihm sind nicht allein Grenzfestungen gegen unruhige oder kühne Nachbarn, sondern auch Festungen in dem Innern, zumal in Provinzen, deren muthige Bewohner an eine freyere Verfassung gewöhnt waren, unentbehrlich. Endlich ist es unmöglich, daß er sein Ansehn innerlich behaupte

haupte und seine Provinzen gegen feindselige Nachbarn
gehörig schütze, wenn er nicht ein Kriegsheer unterhält,
das wenigstens in einem solchen Grade gutgeordnet und
geübt seyn muß, daß es bey Unterthanen sowohl — ich
setze immer Unterthanen voraus, wie sie Karl würklich
hatte, die ihrer ehemaligen Unabhängigkeit nicht vergessen konnten. — Eindrücke von Furcht und Ueberlegenheit errege, bey jenen aber auch keine gegründete
Klagen über Unterdrückungen veranlasse. Die Gesetzge-
berin des weitläuftigsten Staats unsrer Zeiten sagt: „Ein
„weitläuftiges Reich setzt eine unumschränkte Gewalt in
„derjenigen Person voraus, die solches regiert. Die
„Geschwindigkeit in der Entscheidung der Sachen, die
„aus fernen Orten einlaufen, muß die Langsamkeit er-
„setzen, die aus dieser weiten Entfernung entsteht.[43])."

Das erste Erforderniß also zu einer zweckmäßigen
Verfassung eines weitläuftigen Staates wäre nach dieser
Behauptung, deren Richtigkeit zu untersuchen, hier
nicht der Ort ist, die unumschränkte Gewalt des Re-
genten. Ob und in wie weit Karl sie nach der fränkischen Verfassung besaß, haben wir oben gesehen. Allein
was ihm die Verfassung nicht gab, das besaß er in der
That durch sein Genie. Niemand konnte zweifeln, alle
waren durch seine Handlungen überzeugt, daß das Beßte
des Ganzen immer sein Zweck war; niemand zweifelte,
alle gestanden, daß er immer die weisesten Mittel zu diesem
Zwecke wählte. Daher waren die Volksversammlungen
nie seinem Willen hinderlich, sie waren vielmehr Mittel,
seinen Willen desto schneller bekannt zu machen und auszuführen.

Das

[43]) Katharina der II. Instruction zur Verfertigung eines
neuen Gesetzbuchs II. Kap. 10.

Das zweyte Erforderniß besteht in einer leichten und schnellen Communication des Hofs mit den Provinzen, selbst den entferntesten. Wie aber war diese zu Karls Zeiten möglich? Es gab überhaupt wenig Verkehr; es gab keine Posten, keine Couriere, die Kunst zu schreiben verstanden nur die Geistlichen, ja eigentlich nur wenige unter den Geistlichen. Nur ein unendlich kleiner Theil der Geschäfte konnte schriftlich verhandelt werden. Und in der einzigen Sprache, in der noch einige wenige zu schreiben verstanden, waren sie doch nicht geübt genug, sich immer verständlich, deutlich und bestimmt auszudrücken. Es ist ohne Zweifel der Mühe werth zu sehen, was bey diesen Umständen, da nie schriftliche Berichte eingiengen, auch nicht gefodert werden konnten; Karl für Mittel brauchte, theils sich von allem, was den Zustand der Provinzen betraf und was in ihnen vorgieng, aufs baldigste die nöthigen Nachrichten zu verschaffen, theils seine Verfügungen und Verordnungen geschwind genug bekannt zu machen.

Erstlich reiste Karl selbst viel, es war vielleicht keine Provinz seiner Staaten, die er nicht aus eigener Ansicht kannte, und er hatte einen scharfen, richtigen Blick. In seinen Verordnungen kommen viele Stellen vor, die sich auf von ihm selbst gemachte Beobachtungen beziehen.

Zweytens benutzte er dazu die Volksversammlungen. Da bediente er sich der Fragmethode, sagt ein alter Schriftsteller, der Karls Regierungsmaxime von einem Augenzeugen gelernt hatte [44]). Da durfte nicht nur
jeder

[44]) Secunda autem ratio Regis erat *interrogatio*, quid unusquisque ex illa parte regni, qua veniebat, digna relatu vel retractatu afferret, etc. Hincmar de Ord. Palat. ap. Du Chesne T. II. p. 496.

jeder dem Monarchen alles erzählen, was in seiner Provinz merkwürdiges vorgefallen war, sondern der Monarch trug es ihnen beym Auseinandergehn ausdrücklich auf, ihm bey der Wiederkunft von allem genaue Berichte zu bringen.   Seine wichtigsten Fragen — dieses ist wohl zu bemerken — bezogen sich auf den Zustand des Volks, ob es zufrieden sey, ob es sich worüber beschwere, wie den Beschwerden abzuhelfen wäre.   Nie verachtete er diese Beschwerden, oft hielt er es für wichtig genug, mit der ganzen Versammlung darüber zu rathe zu gehn.

Auf eben diesen Versammlungen wurden den Bischöffen, Aebten und Grafen Abschriften von den neuen Verordnungen und Gesetzen gegeben.   Die eigentliche Absicht der Gesetze und die Art, wie sie sollten vollzogen werden, wurden vorher in der Versammlung mündlich erwogen, so daß die Grafen, die kein Geschriebnes lesen konnten, und nicht fähig waren, so kurze und in ihnen so unbekannter Sprache so unbestimmt abgefaßte Gesetze recht zu verstehn, gleichwohl wußten, was sie eigentlich zu thun hatten, um das Gesetz zu Karls Befriedigung in Ausübung zu bringen.   Jeder Bischof, Abt und Graf mußte bey seiner Zuhausekunft in seinem District eine Versammlung halten, um das neue Gesetz, die neue Verfügung bekannt zu machen.

Drittens ersah sich Karl die einsichtsvollsten, redlichsten und thätigsten Männer, sowohl aus den angesehensten Geistlichen, als Weltlichen.   Diese sandte er in den Provinzen herum. Sie wurden Missi dominici genannt, fürstliche Abgeordnete, oder Commissarii.   Sie wurden vom Monarchen selbst unterrichtet, auf was für Dinge sie zu sehen hätten.   Sie bekamen auch von ihm Vollmacht,

macht, gewissen Misbräuchen auf der Stelle abzuhelfen. Es sind noch einige schriftliche Instructionen, die er solchen Commissarien gab, vorhanden.

Viertens durfte jedermann aus der Provinz an den Hof kommen. Es war in jenen Zeiten gefährlich, anders, als in Gesellschaft zu reisen. Der wehrlose Reisende wurde wohl von gewaltsamen Gutsbesitzern angehalten und zum Leibeignen gemacht, oder verkauft. Karl verbot nicht allein alle Gewaltthätigkeiten gegen sie, sondern trug auch obigen Commissarien insbesondre auf, daß sie dahin sehen sollten, daß denen, die aus Mangel oder um Schutz zu suchen, nach Hofe reisen, nichts dergleichen wiederführe. Vielmehr sollte man ihnen unterweges des Kaisers Schutz und Almosen angedeihen lassen, das ist, in jedem District sollte der Bischof oder Graf ihnen Sicherheit und aus des Kaisers Gütern den nothdürftigen Unterhalt geben ⁴⁵).

Was das dritte Erforderniß zur Handhebung der öffentlichen Sicherheit und Ruhe in einem so weitläuftigen Staate, nämlich eine gute Kriegsverfassung, Festungen und eine stehende Armee anbetrifft, so wird es nicht nöthig seyn der Festungen, oder wie man sie in Deutschland nannte, der Burge zu Karls Zeiten zu erwehnen. Aber wo war seine stehende Armee? wird man fragen.

Es ist schon bekannt genug, daß die Lehnleute, die Vasallen in den mittlern Zeiten eine Art stehender Truppen ausmachten. Dieses Lehnwesen ist keine Erfindung der Deutschen, sondern man mußte allenthalben und zu allen

⁴⁵) Capit. I. a. 802. XXX. ap. Baluz. T. I. p. 365.
Hegewisch Gesch.   T

allen Zeiten darauf verfallen, wo man viel Kriege führte,
folglich immer viel Kriegsleute in Bereitſchaft haben
mußte, und wo man noch nicht im Stande war, ihnen
einen Sold an Gelde zu geben. Man gab dem Krieger
ein Gut für ſeine Dienſte. Dieſe ſolchergeſtalt mit
Ländereyen, ſtatt mit baarem Gelde, beſoldeten Krieger
hießen in dem Latein zu Karls Zeiten die Treuen, die
fideles des Monarchen.

Dieſe Treuen mußten ſich ſelbſt die nöthigen Waffen
anſchaffen, und mit den erforderlichen Lebensmitteln und
mit dem Futter für ihre Pferde auf Kriegeszügen ſelbſt
verſorgen. Den Treuen, das iſt alſo den enrolirten Soldaten, werden in allen Denkmälern jener Zeiten, die
freyen Menſchen (liberi homines) das iſt, ſolche, die
nicht zu Kriegsdienſten verpflichtet waren, entgegen geſetzt. Karl fing an, auch dieſen zuzumuthen, daß ihm
wenigſtens einige nach einer gewiſſen Poportion, unter gewiſſen Umſtänden dienen ſollten.

Es iſt klar, daß dieſe Kriegsverfaſſung unendlich
drückender war als die heutige. Der Gutsbeſitzer mußte
alſo oft ſelbſt abweſend ſeyn. Dieſe Abweſenheit konnte
wenigſtens bei jt Anlaß zu allerley Schaden und Nachtheil geben. Er mußte einige ſeiner Knechte, einige ſeiner Pferde und Proviant und Futter, wenigſtens auf
einige Monate mitnehmen, verlor er ſie, ſo wurden ſie
ihm nicht erſetzt. Er mußte ſich alles auf eigene Koſten
wieder anſchaffen, ſo auch ſeine Rüſtung und Gewehr;
Auslagen, die beträchtlich waren, und für die er keine
Erſtattung anders als vom Zufall erwarten konnte,
wenn er nämlich ſo glücklich war Gefangne und Beute
zu machen. Hier ſtand alſo in ſeiner Rechnung auf der
einen Seite immer gewiſſe und beträchtliche Auslage und

wahr-

wahrscheinlicher Verlust, auf der andern nur möglicher
Gewinnst.   So lange noch Länder zu erobern waren,
wo der Eroberer unter seine Soldaten auch Ländereyen
austheilen konnte, überwog die Hoffnung, sich ein be-
trächtliches Lehngut zu erwerben, das Beschwerliche
der Auslagen und der zu leistenden Dienste. Wie aber
keine Länder mehr übrig waren, wo man nach ihrer Eroberung, solche Austheilungen der Güter unter die
Kriegsleute hätte vornehmen können, so wurde nun das
drückende dieser Dienste empfunden.   Die Lust der Deutschen in den folgenden Zeiten die Kaiser nach Italien zu
begleiten, nahm in eben dem Verhältniß ab, als es
seltener wurde, sich für seine Dienste mit Lehngütern
dort belohnt zu sehen.

Heut zu Tage zahlt der Landbesitzer seine Contribu-
tionen; aber entweder von schon gehabtem Gewinn,
oder er hat Hoffnung das Geld, was er contribuirt,
wieder zu gewinnen. Aus jener sehr beschwerlichen Einrichtung folgte es natürlich, daß die Kriege verwüstend
und grausam seyn mußten.   Der Krieger wollte für
seinen gehabten Aufwand, für seinen ihm zu Hause
durch die Expedition verursachten Schaden Ersatz haben,
den konnte er nur durch Plündern und dadurch erhalten,
daß er viel Gefangne machte, die sich entweder loskau-
fen, oder ihm als Leibeigene dienen mußten.

Wenn erst viele Menschen anfangen einander zu erkennen zu geben, daß sie gewisse Bedrückungen unerträglich finden, so werden die Gemüther allmälig im Stillen zu einer Revolution vorbereitet, die dann, je nachdem Veranlassungen kommen, entweder plözlich und mit
Gewalt ausbricht, oder nach und nach zu Stande gebracht wird.   In diesen beschwerlichen Kriegsdiensten
T 2   il

ist die Hauptursache von der Zertrümmerung der Karolingischen Monarchie zu suchen. Die Krieger hatten
alle Ursache zu wünschen, daß der ungeheure Staat in
kleinere zerfallen möchte. Sie brauchten, sobald sie
einem Fürsten eines kleinen Staates dienten, nicht mehr
zu besorgen, zu Feldzügen nach weit entfernten Ländern
aufgeboten zu werden. Der Gascogner brauchte dann
nicht mehr wie zu Karls Zeiten nach der Elbe, die
Sachsen nicht mehr über die Alpen oder nach Ungarn
zu marschiren. Daher sobald Karls Nachfolger die
Statthalter oder Herzoge in den Provinzen nicht mehr
unter genauer Aufsicht hielten, und daher diese Statthalter Lust bekamen, die Provinzen als ihnen selbst gehörige Länder zu betrachten, hingen die Krieger in jeder
Provinz mehr an dem Statthalter, als an dem Könige,
und beförderten die Unternehmungen des erstern, weil
sie dadurch die Aussicht bekamen, künftig weniger, oder
doch nur auf kürzere Zeit Kriegsdienste zu leisten. In
der That finden wir, daß in den nachmaligen Jahrhunderten, da die vielen kleinen Staaten entstanden waren,
die Kriege und Fehden gewöhnlich in einigen Wochen
abgethan wurden. Da konnten es die Ritter aushalten, wenn sie aufsitzen mußten. Der Zug gieng z. E.
etwa aus Schwaben nach Beyern, oder aus Bayern
nach Schwaben. Ein Krieg, eine Fehde war fast wie
eine Jagdpartie.

Die Kriegsdienste, wie sie unter Karln von Lehnleuten und freyen Gutsbesitzern mußten geleistet werden,
waren nicht allein an sich selbst sehr beschwerlich und
drückend, sondern sie gaben auch zu einer besondern Art
von Bedrückung Anlaß, deren Beschaffenheit wir aus
den Verordnungen, die Karl dagegen machte, kennen
lernen. — Die Grafen sagten oft denen Kriegsdienste

an,

an, die überall nicht dazu verpflichtet waren; freyen
Leuten, die nur im Nothfall mitgehen mußten, muthe-
ten sie auch in Angriffskriegen Dienste zu, wo sie doch
bloß der Lehnmann für sein Lehn schuldig war; sie foder-
ten Kriegsdienste von denen, die eben die Reihe nicht
traf — alles dieses nur, um, wenn diese Leute aus-
blieben, wie sie zu thun befugt waren, die Strafe von
ihnen einzutreiben. Diese Leute klagten dann zwar über
dergleichen Bedrückungen; aber eh es Karl erfuhr, oder
eh er ihnen Gerechtigkeit verschaffen konnte, hatten sie
schon bezahlen müssen, oder waren, wenn sie nicht bezahlen wollten oder konnten [46]), von Haus und Hof vertrieben. So kamen oft freye Leute um ihr Haab und
Gut, dessen der Graf unter dem Vorwande des Heerbanns sich bemächtigte. Diese Ungerechtigkeit zu verhindern war eins der Hauptgeschäfte, die die Missi regii
auf ihren Untersuchungsreisen in den Provinzen zu besorgen hatten [47]).

[46]) Die Strafe des Heerbanns betrug 60 Solidos. Capit II. a. 811. Ein Pfund Silbers wurde zu 20 Soli-
dis ausgemünzt. 60 Solidi also enthielten 6 Mark fein,
waren also, nach dem zwanzig Guldenfuß 120 Gulden.
Das Silber hatte damals wenigstens dreyfach den Werth,
den es heut zu Tage hat. Mit 120 Gulden konnte man
wenigstens so viel ausrichten, als gegenwärtig mit 360.

[47]) Ueber diese grausamen Mißbräuche haben wir Karls
eigne Zeugnisse in den Capitularibus a. 811 und 812 ap.
Baluz. T I p 485 489. Nur eine Stelle will ich aus
jenen hersetzen, die hinlänglich zeigt, wie weit diese Bedrückungen giengen. Dicunt etiam, quod quicunque
proprium suum Episcopo, Abbati vel Comiti, aut Ju-
dici vel Centenario dare noluerit, occasiones quaerunt
super illum pauperem, quomodo eum condemnare
possint, et illum semper in hostem faciant ire, vsque
dum *pauper factus, volens nolens suum proprium tradat*

aus Vendu. Capit. a. 811. III Dieſe Zeugniſſe ſind noch in anderer Hinſicht merkwürdig. Die Freyen, die ſolchergeſtalt von den königlichen Beamten, unterdrückt und in Armuth geſtürzt wurden, mußten ohne Zweifel endlich Knechte werden. Dergleichen Unterdrückungen, wodurch Freye zur Knechtſchaft gezwungen wurden, geſchahen auch in ſpätern Zeiten. Man ſehe meine Cha= raktere und Sittengemählde S. 223. Daraus folgt, daß die heutigen von Adel nicht die einzigen Abkömm= linge der ehemaligen Freyen ſind, daß auch die heutigen Nichtadelichen zum Theil von Vorfahren abſtammen, die vor tauſend Jahren eben des Standes waren, als die Vorfahren des jetzigen Adels. Dieſe hiſtoriſche Wahrheit war dem großen Monarchen unbekannt, der dem Adel auch aus dem Grunde glaubte gewiſſe Vorrechte erhalten zu müſſen, weil er das Ueberbleibſel der alten freyen Na= tion wäre. (Zimmermanns Fragmente über Fried= rich den Großen II. B. S. 130.) Der Adel iſt es, aber er iſt es nicht allein. Man wird ſagen, der Adel kann dieſe ſeine Abſtammung allein beweiſen. Ja, wenn von Beweiſen durch Stammbäume die Rede iſt. Durch Geſinnungen und Handlungen kann es jeder, der ſich würdig fühlt, ein Nachkomme von Männern zu ſeyn, die zu Karls Zeiten eben ſo frey, vielleicht freyer waren, als die Vorfahren manches jetzigen Freyherrn. — Dieſes Argument muß den Nichtadlichen wenigſtens in Hinſicht ihres Selbſtgefühls ſo lange zu Statten kommen, als das poſitive Staatsrecht Vorzüge und Vorrechte der Geburt anerkennt.

Sechstes

Sechstes Kapitel.

—

Inhalt.

Ausbruch des Krieges mit den Dänen — Kriege mit verschiedenen slavischen Völkerschaften — Karl theilt seine Staaten unter seine drey Söhne — Seine Verordnung deswegen — Achtung, worin Karl bey auswärtigen Völkern stand — insbesondre bey dem Chalifen, Aaron Al Raschid, zu Bagdad — Gegenseitige Geschenke Karls und des Chalifen an einander — Einige Anekdoten vom Aufenthalte der Gesandten des Chalifen an Karls Hofe —

Gotfried König der Dänen, bekriegt die Abotriten — legt das Dännemark an — Einige für Karln unglückliche Begebenheiten — Gotfried wird ermordet — Friede mit dessen Nachfolger Hemming — Karls Vorhersagung von den Unternehmungen der nordischen Völker —

Concilium zu Aachen über das Ausgehen des heiligen Geistes vom Vater und Sohn — Kluge Entscheidung des Pabstes — Eine Hauptursache der verfallnen Kirchenzucht — Karl sucht sie wiederherzustellen — Die Geistlichen werden von Kriegsdiensten befreyt — Bittere Vorwürfe, die Karl den Geistlichen seiner Zeit, insbesondere über ihre Habsucht machte —

Karls Achtung gegen den geistlichen Stand überhaupt — Er erweitert die Gerichtsbarkeit der Geistlichen zum Schaden des Staats — Er führt die Abgabe des Zehnten an die Geistlichkeit ein — Seine Bemühungen, die fränkische Gerichtsverfassung zu verbessern — Karl als Gesetzgeber betrachtet — und gegen Gibbon vertheidiget — Einige Merkwürdigkeiten aus seinen Gesetzen —

Verschiedne politische Vorfälle — Reichstag zu Aachen im Jahre 813, wo Karl seinen Sohn Ludwig zum Nachfolger in der Kaiserwürde und zum Mitregenten annimmt — Karls Tod — Gemahlinnen und Kinder. —

T 4

Der

Der Krieg mit den Dänen schien in diesem Jahre würklich auszubrechen zu wollen. Sie, zu denen Wittekind geflohen war, so oft seine Unternehmungen gegen Karln unglücklich ausfielen, und zu deren Beystand er, bey seiner jedesmaligen Zurückkunft seinen Sachsen Hoffnung gemacht hatte, waren gleichwohl bisher immer ruhig geblieben. Im Jahr 782 hatte der König Siegfried von Schleswig, oder wie es die Dänischen Schriftsteller zu nennen pflegen, von Südjutland, Gesandte an Karln geschickt [1]), ohne Zweifel in Beziehung auf die Angelegenheiten der Sachsen überhaupt, vielleicht auch Wittekinds insbesondre. Allein es scheint nicht, daß diese Gesandtschaft Folgen hatte. Wahrscheinlich machten die Dänen schon einige Versuche, die Küsten der fränkischen Staaten zu plündern. Einer alten Nachricht zufolge mußte schon 787 so etwas geschehen seyn [2]); aber es war alles dieses wenigstens nicht erheblich, obgleich Karl Ursach zu haben glaubte, seine Küsten gegen sie zu verwahren.

In Dännemark war noch keine regelmäßige Staatsverfassung. Die verschiedenen Völkerschaften im heutigen Schleswig und Jütland, auf den Inseln und in den waren noch nicht zu Einem Volke, zu Einem Staate vereinigt. Aber schon fiengen kriegerische und von Glück begünstigte Anführer oder Könige einzelner Völkerschaften an, sich die übrigen zu unterwerfen. Natürlicherweise trachteten die unterwürfig gewordenen

da-

---

[1]) Annal. Franc. Loisel. a. 782. Recueil p. 42. Poeta Saxo a eod. Eginh. Annal. a. eod. Die Annales Fuld. a. eod. Recueil p 319. und die Annal. Mettienses Recueil p 344. nennen die dänischen Gesandten mit wahrhaft alten dänischen Namen Helfdan und Asmund.

[2]) Vita Angelberti. Recueil p. 477.

darnach, sich wieder frey zu machen, und so konnte es nicht an Revolutionen fehlen, wodurch diejenigen, die die Oberherrschaft gehabt hatten, sie verloren und unterwürfig gewesene eine Art von Oberherrschaft erlangten. Man kann mit den dänischen Geschichtschreibern den, dem es gelungen war, sich eine Herrschaft über die andern zu erwerben, den Oberkönig, die andern Unterkönige nennen.

So ein Oberkönig war Gotfried oder Gothrich [3]). Karl war eben mit der Transportirung der Nordalbinger beschäftigt, er hatte sein Lager bey Holden stehen jenseits der Elbe, als dieser Gotfried mit allen Reutern, die er aus ganz Dännemark aufbringen konnte, nach Sliestorf oder dem heutigen Schleswig kam. Eben dahin ließ er auch seine Flotte kommen. Seine Absicht soll anfangs gewesen seyn, sich persönlich mit Karln zu unterreden. Allein er soll diesen Vorsatz, auf Vorstellung der seinigen, geändert haben. Karl schickte darauf an ihn und verlangte die Auslieferung einiger nach Dännemark geflohner Sachsen [4]). Von dem Erfolg dieser Gesandtschaft wird nichts gemeldet. Wir finden überall keine Nachrichten wieder von Gotfried, als bis im Jahre 808.

In dieser Zwischenzeit führten die Franken verschiedene kleine Kriege mit den slavischen Völkern, die sich von der Ostsee an auf beyden Seiten der Oder bis in Mähren hinunter ausgebreitet hatten. Sie bestanden aus mehreren unabhängigen Völkerschaften. Dergleichen waren

T 5

ren

---

[3]) Sein ächter dänischer Name war Gudrød. S. v. Suhm Historie af Dänemark II. T. p. 1.

[4]) Annal. Eginh. ad a. 804.

ren die Weletaben oder Wilsen, die Soraben, die Behmannen, die Abotriten u. s. w. Von diesen waren die
Abotriten die einzigen, die sich mit den Franken vertrugen. Sie hatten mit Karln einen Bund geschlossen,
dem sie mit einer Beständigkeit treu blieben, die bey den
Völkern in den mittlern Zeiten etwas sehr ungewöhnli-
ches ist. Denn was man auch von der Redlichkeit und
Treue dieses Zeitalters zu rühmen pflegt, so waren es
wenigstens nicht die Nationen, die diese Tugenden gegen
einander ausübten. Sie waren viel leichtsinniger, als
die heutigen verfeinerten Völker sind, Bündnisse und
Freundschaften zu schließen und zu brechen, so wie es ihr
gegenwärtiger Vortheil zu erfordern schien. Die Standhaftigkeit der Abotriten ist desto außerordentlicher, da sie
mehr Schaden, als Vortheil davon hatten. Es ist
wahr, Karl räumte ihnen diejenigen Länder jenseits der
Elbe ein, die durch die Transportirung der Sachsen
leer geworden waren. Allein dagegen wurde ihr eigenes
Land durch die unaufhörlichen Streifereyen der Wilsen
verwüstet. Auch mußten sie viel von den Sachsen leiden.
Im Jahre 795 verloren sie ihren König, der bey dem
Uebergang über die Elbe von den Sachsen erschlagen
wurde. Wir werden bald sehen, daß es ihnen mit den
Dänen noch schlimmer gieng. Dennoch fielen sie nie
von den Franken ab.

Die Wilsen und Behmannen nöthigten Karln durch
ihre Streifereyen, daß er verschiednemale Kriegesheere
gegen sie schickte, um sie dafür zu züchtigen. Im Jahr
805 beklagten sich die Hunnen, die unter Karls Oberherrschaft standen, über die Einfälle der Behmannen.
Karl schickte darauf seinen ältesten Sohn mit einem Heere
ab. Er streifte tief in das Land der Behmannen. Einer
ihrer Fürsten, Lecho, blieb in einem Gefechte. Im
Jahr

Jahr 806 that dieser sein Sohn einen Zug wider die
Soraben oder Serben. Auch diese verloren in einem
Gefechte ihren Fürsten, Milidoch. Die Franken
bauten darauf zwey Festungen, die eine bey Halle an der
Saale, die andere bey Magdeburg an der Elbe, um die
Einfälle dieser Slaven zu verhüten. Im Jahr 812
wurden die Wilsen bezwungen. Der Ausgang aller dieser
Züge war, daß diese Völker sich eine gewisse Abhängigkeit von den Franken mußten gefallen lassen. Wenn man
bedenkt, daß Karls Staaten in Ansehung aller dieser
Nachbarn ungefehr in der nemlichen Lage waren, worin
die amerikanischen Colonien in Ansehung der Wilden sind,
so wird man es unnöthig finden, über alle diese Kriege
viele moralische und politische Betrachtungen zu verschwen-
den, denen alle Kunst und Lebhaftigkeit des Vortrags,
selbst eines Gaillard gleichwohl ihr Langweiliges nicht nehmen könnte.

Im Frühlinge des Jahres 805 hielt Karl einen
Reichstag zu Thionville. Seine vornehmste Absicht war,
der Versammlung einen Entwurf mitzutheilen, wie er
wollte, daß nach seinem Tode, die Theilung seiner Staaten unter seine drey Söhne geschehen sollte. Die Versammlung gab ihre Einwilligung zu der Theilung überhaupt und zu dem Entwurfe insbesondre. Karl ließ darauf eine Verordnung darüber aufsetzen; die Versammlung versprach eidlich, über ihre Erfüllung treulich zu
halten und dahin zu sehn, daß die drey Prinzen den Inhalt
derselben genau beobachten, und den Frieden mit einander
niemals brechen sollten.

Um dieser Verordnung noch größere Kraft zu geben,
wurde Eginhard mit dem Originale an den Pabst geschickt,
der

der zum Zeichen ſeiner Billigung ſeinen Namen darunter ſchrieb [5]).

Dieſe Theilungsverordnung, welche die damaligen Verfaſſer Karls Teſtament nennen, iſt noch vorhanden [6]). Sie beſteht aus einem Eingange und zwanzig Artikeln. In den drey erſten werden die Staaten, die jedem der drey Prinzen nach Karls Tode anheim fallen ſollten, nach ihren Gren-

[5]) Annal. Eginh. ad a. 806. Ueber die Abſicht die Karl dabey hatte, daß er das Teſtament vom Pabſt unterſchreiben ließ, ſagt Eginhard nichts. Dom Bouquet in dem chronologiſchen Inder vor dem fünften T. ſagt: Karl ließ das Teſtament von den fränkiſchen Großen und vom Pabſt Leo confirmiren. Das ſchrieb Dom Bouquet, als Mönch. Er ſchrieb nicht immer ſo. Gaillard macht folgende Anmerkung: „Wir behaupten in Frankreich mit „Grunde, daß die Unterſchrift des Pabſtes dem Teſta„mente nicht mehr Rechtskraft, ſondern nur mehr Autho„rität geben ſollte. Die Erfahrung hat aber gelehrt, daß „man immer dafür büßen muß, wenn man dem päbſtli„chen Hofe durch einen ſolchen Beweis von Achtung Ge„legenheit giebt, auf dieſen freywillig gegebenen Beweis „das Recht zu gründen, ihn immerfort als Schuldigkeit „zu fodern.‟ So ſprachen von jeher die aufgeklärten franzöſiſchen Publiciſten. Ich bin freylich der Meinung, daß, weder Karl noch der Pabſt an eine Beſtätigung des Teſtaments dachten. Aber mich dünkt doch, daß Karl etwas mehr als bloße Authorität bey der Unterſchrift des Pabſtes beabſichtete. Die Achtung, die Ehrfurcht vor dem Nachfolger des heil. Petrus ſollte ſeine Söhne und Nachkommen zu einer gewiſſenhaften Nachlebung ſeiner Verordnung und zur Vermeidung alles Streits bewegen. In dieſem Sinn ſchrieb ich der Unterſchrift des Pabſtes eine größere Kraft zu.

[6]) Capit. I. anni 806. ſive Charta Diviſionis ap. Baluz T. II. p. 1058. Recueil p. 771.

Grenzen bestimmt: und in dem vierten wird festgesetzt, wie es, wenn einer von den dreyen stürbe, mit der Theilung der von ihm besessnen Länder unter die beyden ihn überlebenden Brüder sollte gehalten werden.

Im fünften Artikel wird verordnet, daß, wenn einer der drey Prinzen einen Sohn hätte, welchen das Volk zum Nachfolger seines Vaters in der Regierung erwählen würde, die beyden Oheime ihre Einwilligung zu dieser Nachfolge ihres Vetters in seinem väterlichen Reiche geben sollten. In den folgenden Artikeln bis zum vierzehnten ist von verschiednen Punkten die Rede, welche Streitigkeiten zwischen den drey Brüdern veranlassen könnten. Der vierzehnte betrift den Fall, da eine wirklich entstandene Streitigkeit, die Grenzen der verschiedenen Reiche betreffend, durch keine Zeugnisse [7]) könnte entschieden werden. In solchem Fall verbietet ihnen Karl den Zweykampf und andere gewaltsame Mittel, und verordnet dagegen, daß sie sich des Kreuzgerichtes (Judicium crucis) bedienen sollten. Dieses Kreuzgericht war eine von den sonderbaren Methoden, die die Menschen in diesen Zeiten erfunden hatten, die Wahrheit oder Unwahrheit einer Behauptung, durch einen vermeinten göttlichen Ausspruch zu erfahren. Jede der beyden Parteyen wählte sich einen Menschen, den sie ihren Advocaten nannten. Diese wurden mit einiger Feyerlichkeit nach der Kirche geführt und gegen den Altar über gestellt. Beyde mußten alsdann ihre Arme über sich gen Himmel ausstrecken und kreuzweise übereinander legen. In dieser Stellung muß-

ten

---

[7]) Da man keine Landcharten und keine Urkunden hatte, die Grenzen zu bestimmen, so waren Zeugnisse derer, die die Grenzen von langen Zeiten her kannten, das einzige Mittel, Zweifel darüber zu entscheiden.

ten ſie bleiben bis die Meſſe zu Ende war.   Der Partey,
deren Advocat am längſten in dieſer Stellung aushielt,
wurde der Sieg zuerkannt.   Man glaubte, Gott ſelbſt
habe die Arme des Mannes geſtärkt.   Durch dieſes
Mittel wollte Karl, daß ſeine Söhne in dunkeln ſtreiti-
gen Fällen die Wahrheit und den Willen Gottes, wie
er ſich ausdrückt, erforſchen ſollten.

Von den übrigen ſechs Artikeln iſt zu unſerer Abſicht
nur noch der achtzehnte zu merken.   Er verbietet den drey
Prinzen, einer des andern Kinder, ohne vorhergegangene
Unterſuchung der etwa wider ſie angebrachten Beſchuldi-
gungen, zu tödten, zu verſtümmeln, zu blenden, oder zum
Kloſterleben zu zwingen.

Wir haben geſagt, Karl habe zu dieſer Theilung die
Einwilligung der Verſammlung erhalten.   Eginhard er-
wehnet dieſer Einwilligung [8].   Gleichwohl geſchieht in
der Verordnung ſelbſt, dieſer Einwilligung mit keinem
Wort Erwehnung.   Vielmehr kommen Ausdrücke darin
vor, welche zu ſagen ſcheinen, daß Karl über ſeine Staaten, wie über ſein Eigenthum, aus uneingeſchränkter
Macht diſponirt habe.   Er nennt ſeine Söhne die Erben
ſeines Reichs, und die Länder, die jeder bekommen ſoll,
die Erbſchaft deſſelben.   Dieſe Verordnung ſcheint zu
beweiſen, das fränkiſche Reich ſey ein Erbreich geweſen,
und bey der verlangten Einwilligung der Verſammlung
zu dieſer Theilung habe Karl vielleicht bloß zur Abſicht
gehabt, die Verſammlung zu berechtigen, bey entſte-
henden Streitigkeiten unter ſeinen Söhnen die Vermittlung zu übernehmen.

Karl hatte zwar dieß letzte zur Abſicht, aber nit
zur Nebenabſicht.   Wir finden in dieſer Verordnung
ſelbſt

---

[8]) Annal. a. 806.

selbst einen entscheidenden Beweis, daß Karl das Wahlrecht der Nation anerkannte.   Der fünfte Artikel betrift
den Fall, da das Volk in einem der drey durch diese Theilung entstehenden Reiche den Sohn ihres Königs zu dessen Nachfolger wählen würde.   Kann man sich vorstellen,
daß Karl dieses Falls würde erwehnt haben, wenn schon
zu seiner Zeit die Nation kein Recht zu wählen mehr gehabt hätte? Eben dieser fünfte Artikel zeiget, in welchem
Sinne die Ausdrücke Erbe und Erbschaft in den damaligen Zeiten genommen wurden und in dieser Verordnung
zu nehmen sind, nämlich in einem sehr unbestimmten,
weitläuftigen Sinn.   An dem erwehnten Orte ist die
Rede von dem Falle, da ein Prinz durch die Wahl des
Volks das Recht bekäme, seinem Vater in der Regierung zu folgen.   Gleichwohl wird dieses auf die Wahl
des Volkes gegründete Folgerecht eines solchen Prinzen
seine Erbschaft genannt.   Wir müssen also auch, wenn
Karl seine Söhne die Erben seiner Staaten nennt, darunter nichts anders als seine Nachfolger in der Regierung
ohne Rücksicht auf den Grund ihrer Nachfolge, verstehen.
So wenig war man damals gewöhnt, mit den Worten
überhaupt, insbesondre mit denen, die man aus der
Sprache und den Gesetzen der Römer entlehnte, deutliche und bestimmte Begriffe zu verbinden.   Vielleicht
ist diese Vernachläßigung der eigentlichen und genauen
Bedeutung der Worte eine der vornehmsten Quellen,
woraus viele Verwirrungen in den mittlern Zeiten entstanden sind.

Diese Theilung, um sie von einer andern Seite zu
betrachten, wird von einigen Neuern für einen Fehler
gehalten, den Karl wider die Politik begangen habe.
Wenn wir die Art erwägen, wie in jenen Zeiten Länder
regiert wurden; so ließen sich vielleicht gute Gründe finden

den, warum Karl es für besser und sichrer hielt, so verschiedne und so weitläuftige Staaten zu theilen, als sie
alle einem einzigen seiner Söhne zu hinterlassen. Allein
es würde überflüßig seyn, diese Gründe hier auszuführen,
da sie sich aus dem, was oben von Karls Regierungs-
methode gesagt worden, von selbst ergeben; ich will nur
zeigen, daß Karl, wenn er auch gewünscht hätte einen
seiner Söhne zu seinem Nachfolger in dem ganzen unzer-
theilten Reiche ernennen zu können, durch andre Betrachtungen zu einer Theilung fast genöthigt war.

Die Theilung des Reichs, wenn ein König mehr
Söhne hinterließ, war bey den Franken so sehr Gewohnheit, daß es wie ein Grundsatz ihrer Verfassung konnte
betrachtet werden. Wir finden in der Geschichte der Merovinger nur sehr wenige Ausnahmen; und dann sind entweder gewisse besondre Umstände, die diese Ausnahmen veranlaßten, oder, wenn einer von den Brüdern den andern
durch Gewalt ausschließen wollte, so entstanden innerliche Unruhen und bürgerliche Kriege. Diese Gewohnheit
war so sehr zur Regel geworden, daß auch die Majores Domus sie befolgten. Karl mußte also theilen, oder er konnte
gewiß seyn, daß, wenn er alle seine Staaten nur Einem
seiner Söhne geben wollte, die beyden andern einen Aufstand erregen würden. Vergeblich hätte er dieses dadurch
zu verhüten gesucht, daß er sie zum geistlichen Leben be-
redt oder gezwungen hätte. Bey dem Ehrgeitze, der ihnen angeboren war, würden sie ein mit ihren Neigungen
so wenig übereinstimmendes Leben bald verlassen, Anhang
gefunden, und ihre Foderungen an den vorgezogenen Bruder durch die Waffen behauptet haben. Es war nur
Ein zuverläßiges Mittel, dergleichen Unruhen zu verhindern. Karl zielt darauf in dem achtzehnten Artikel
seiner Verordnung. Es war ein Mittel, dessen sich
herrsch-

herrschsüchtige Prinzen in diesen Zeiten nicht selten bedienten. Einen Bruder oder Vetter, den sie wegen seiner Ansprüche fürchteten, ließen sie, unter allerley Vorwand tödten, blenden oder verstümmeln. In der Geschichte der Merovinger kommen viel Exempel dieser Grausamkeit vor; und es fehlt daran selbst unter Karls Nachkommen nicht, ob er sie gleich in dem angeführten Artikel verboten hatte. Gesetzt also, Karl hätte selbst eine Theilung eher für schädlich als nützlich gehalten; so waren ihm die nachtheiligen Folgen, die daraus entspringen könnten, nicht wichtig genug, um sie durch Begehung oder Veranlassung solcher Grausamkeiten zu verhüten.

Der vierzehnte Artikel, in welchem Karl seinen Söhnen befiehlt, ihre Streitigkeiten durch das Kreuzgericht zu entscheiden, wird ihn vielleicht in den Augen derjenigen sehr herabsetzen; die es dem menschlichen Verstand zutrauen, daß er sich durch seine eigene Stärke, ohne alle äußerliche Hülfe, über alle Vorurtheile seiner Zeiten erheben könne. Vielleicht würde es ein richtigerer Schluß seyn, wenn man aus diesem Artikel die Folge zöge, daß Karls Anhänglichkeit an die Religion seiner Zeiten ungeheuchelt und eine Würkung, nicht seiner Politik, sondern seiner Ueberzeugung gewesen sey. Denn, in dem gegenseitigen Falle, würde er ohne Zweifel das Betrügliche bey einem Kreuzgerichte eingesehn, und folglich nicht dieses als das einzige Mittel erwählt haben, den Frieden unter seinen Nachkommen zu erhalten. Der Heuchler, der die Religion bloß als ein Instrument gebraucht, seine ehrgeizigen oder eigennützigen Absichten zu erreichen, wird sich dieses Instrumentes nicht bedienen, wo er nur schlechte Dienste davon zu erwarten hat [9].

Ein

---

[9] Karls aufrichtiger Glaube an das, was man zu seinen Zeiten von der göttlichen Vorsehung lehrte, kann keinem

Ein Monarch, der in einer so langen Regierung so vorzügliche Eigenschaften im Kriege und im Frieden gezeigt hatte, konnte nicht fehlen, die Bewunderung seiner Zeitgenossen zu erwecken. Karls Name wurde, noch bey seinem Leben, unter den entferntesten Völkern berühmt. Auswärtige Könige verehrten ihn und suchten seine Freundschaft. Eginhard erzählt, Alphonsus, König von Gallicien und Asturien, habe, so oft er an Karln geschrieben, oder Gesandte geschickt, sich nie anders als seinen Vasallen genannt. Die Könige von Schottland gingen noch weiter. Sie nannten sich seine Unterthanen, seine Knechte [10]). Man sieht, daß diese Ausdrücke weiter nichts als übertriebene Höflichkeiten unverfeinerter Zeiten waren. Von allen Zeichen des Beyfalls, die Karl von allen Seiten erhielt, waren ihm keine schmeichelhafter, als die, welche er aus dem Orient bekam. Der Kalife Aaron Al Raschid, unter welchem die Araber in der Handlung, in den Wissenschaften und Künsten eben so groß wurden, als sie es bisher im Kriege gewesen waren, dieser August der Araber gab Karln vorzügliche Beweise seiner Achtung und Freundschaft. Karl hatte ihm Vorstellungen zum Besten der Christen, insbesondre derer, die nach dem heiligen Grabe reisten, thun lassen. Aaron bewilligte nicht nur alles, was Karl verlangte, sondern er schenkte ihm auch das heilige Grab. Einige haben dieß aber ohne Grund so verstanden, Aaron habe Jerusalem und das ganze gelobte Land an Karln abgetreten.

Bey-

Zweifel unterworfen seyn. Dennoch gebe ich zu, daß, wenn er auch das Kreuzgericht nur als eine Art von Loosen betrachtet hätte, es seiner Denkungsart immer Ehre machen würde, daß er dieses Mittel einen Streit zu entscheiden, den Duellen, einer blutigen Art von Loosen, vorzog.
[10]) Eginh. vita Caroli M. c. XVI.

Beyde Monarchen schickten verschiedenemal Gesandte an einander, die immer, nach der damaligen Gewohnheit, kostbare Geschenke überbrachten. Im Jahr 807 bekam Karl von Aaren unter andern eine Art von Schlaguhr, welche die erste in Europa war. Die Beschreibung, welche die alten Verfasser von ihr machen, zeugt von der Verwunderung, welche diese Maschine an Karls Hofe erregte ¹¹).

Die Gegengeschenke, welche Karl dem Kalifen sandte, bestanden in spanischen Pferden und Maulthieren, und in weißen, grauen, und rothen friesischen wollenen Mänteln, von denen man an Karls Hofe Nachricht hatte, daß sie im Morgenlande sehr gesucht und theuer bezahlt wurden ¹²).

Von dem Aufenthalt der arabischen Gesandten hat der Mönch von St. Gallen in seiner Anecdotensammlung einige Erzählungen, die verschiedene Züge zu einem Sittengemälde der damaligen Zeiten enthalten ¹³). Um ihnen eine große Idee von der Pracht und der feinen Lebensart der Franken ¹⁴) beyzubringen, mußte am Sonntage die Procession unter den Fenstern des Pallastes vorbeygehn, und alle Bischöffe, alle Aebte und übrigen Geistlichen mußten, in ihren schönsten Kleidern und ihrem reichsten Schmuck, den Zug vergrö-

U 2   ßern

---

¹¹) Annal. Eginh. ad a. 807.

¹²) Monach. Sangall. lib. II c. 14.

¹³) Monach. Sangall. lib. II c. 11.

¹⁴) Meine Leser werden sich aus der Note eben bey der Audienz der griechischen Gesandten erinnern, warum hier einiges mit Schwabacher gedruckt ist.

ßern und verschönern. Am andern Tage wurde Muste-
rung der Truppen gehalten, die sich aufs prächtigste
kleiden mußten. Erstaunt über alle diese Pracht, ver-
sicherten die Gesandten, bis dahin hätten sie nur Menschen von Erde, jetzt aber Menschen von Golde gesehen [15].
Als sie bey Hofe speiseten, waren die Tafeln mit einem
Ueberfluß von Speisen besetzt. Aus allen Provinzen von
Karls Staaten waren vornehme Gäste zugegen, jeder
nach seiner Landesweise aufs prächtigste gekleidet.
Aber alles war den Gesandten so neu und ungewöhnlich,
daß sie fast hungrig vom Tische wieder aufstanden [16].
An einem andern Tage gab er, um ihnen Vergnügen
zu machen, eine Jagd, deren Gefährlichkeit sie vielleicht
mehr Angst als Vergnügen empfinden ließ, eine Auer-
ochsenjagd. Noch waren die Wälder in Deutschland
voll dieser wilden Thiere, und diese Jagd war noch ein
Lieblingsvergnügen deutscher Jünglinge und Männer.
Der erste Anblick dieser furchtbaren Thiere erschreckte
die Gesandten so, daß sie die Flucht ergriffen. Karl,
um sie zu beruhigen, sprengt herbey und giebt einem dieser
Thiere einen Hieb über den Nacken, um den Kopf her-
unter zu hauen. Er fehlt. Das Thier, bloß verwundet,

[15] Sollten die guten Franken die feinen Araber wohl recht
verstanden haben? Wo gab es mehr Reichthümer, mehr
wahre Pracht in jenen Zeiten, als zu Bagdad, woher die
Gesandten gekommen waren? Ist es nicht eher zu vermuthen, daß sie eine Anstrengung, prächtig zu seyn, die
aber in ihren Augen eben so armselig als geschmacklos ausgefallen war, persiflirten, und daß ihr Persiflage für ein
ernstliches Compliment genommen wurde?

[16] So sehr hatte man nur an eine recht prächtige Tafel gedacht, daß man sich nicht nach dem Geschmack der aus so
fernen Ländern hergekommenen Gäste erkundigt hatte.

tet, geht auf ihn loß, zerreißt mit seinen Hörnern einen seiner Halbstiefel ¹⁷), und bringt seinem Beine eine, jedoch nur leichte, Schramme bey. Ein Mann, den man hier nicht erwartete, weil er eben in Ungnade war, Isenbart, ein angesehner Franke ¹⁸), springt hervor, und trift mit seiner Lanze das wütende Thier zwischen Hals und Bug, so daß es tödtlich verwundet, niederstürzt. Karl scheint es nicht zu bemerken. Aber auch waren schon alle Höflinge herbey geeilt, und waren so geschäftig um ihn, daß ihm keine Muße sich mit andern (am wenigsten mit seinem Retter) zu beschäftigen gelassen wurde. Man wollte ihm den Stiefel ausziehn, nach der Wunde sehn, u. s. w. Karl litt es nicht, sondern sagte:,, so wie ich bin, geh ich zur Königin Irmen-„garde.“ Sie war seines Sohnes, Ludwigs, Gemahlin, und er liebte sie sehr. Er zeigte ihr seine Schramme, läßt ihr auch den Kopf und die Hörner des furchtbaren Thieres weisen. Sie, erschrocken, macht ihm mit Thränen Vorwürfe, daß er sich so sehr gewagt.,, Aber was „verdient denn der, der mich gerettet?“frägt sie der Monarch.,, Alles, alles, was du ihm geben kannst!“ant-wortet Irmengarde.„Isenbart ist es“erwiedert Karl. Nun fällt sie ihm zu Füßen und bittet für Isenbart. Karl begnadigt ihn, giebt ihm seine eingezogenen Güter wieder, und die Prinzeßin macht ihm große Geschen-ke. — Der Erzähler dieser Anecdote giebt die Ursache nicht an, warum Isenbart so sehr in Ungnade gefallen war, daß er mit der Einziehung seiner Güter war be-straft worden. Es scheint auch, daß sich Irmengarde

U 3   bey

---

¹⁷) Eigentlich Schuhe mit zwey langen Streifen, die um die Waden geflochten wurden.

¹⁸) Er hatte seine Güter in Thurgau.

bey seiner Ungnade auf irgend eine Weise thätig bewiesen, und entweder dazu beygetragen, oder sie zu verhindern gesucht habe. Aber auch diesen Umstand hat der Erzähler im Dunkeln gelassen.

Der dänische König Gotfried fieng im Jahre 808, wegen verschiedner wahrer oder vermeinter Beschwerden, Krieg mit den Abotriten an. Er bemächtigte sich des Landes, und die Abotriten mußten ihm Tribut versprechen. Da sie beständig treue Bundesgenoßen der Franken gewesen waren; so schickte ihnen Karl seinen ältesten Sohn mit einer starken Macht zu Hülfe. Allein der Prinz mußte sich über die Elbe nach Sachsen zurückziehn. Die fränkischen Verfasser merken, als zum Lobe des Prinzen an, daß dieser Rückzug ohne Verlust geschehen sey. Die Abotriten hatten sich übrigens tapfer gewehrt. Einer ihrer Fürsten, Godolaib, wurde von den Dänen gefangen. Gotfried ließ ihn hängen. Man sieht, daß er in Ansehung seiner Denkungsart tief unter Karln und ein Barbar war. Er zerstörte auch Rorich, eine Handelsstadt der Abotriten an der Ostsee.

Aller dieser Vortheile ungeachtet fürchtete Gotfried gleichwohl die Franken. Er machte sehr weit getriebne Anstalten, sein Reich gegen sie zu verwahren. Er ließ von der Ostsee längst der Eyder bis an die Nordsee einen Wall aufführen, in dem nur eine einzige Pforte für Wagen und Pferde soll gewesen seyn. Dieser Wall ist unter dem Namen Danewirk berühmt geworden.

Ob Gotfried bey dieser Vertheidigungsanstalt eine ähnliche des angelsächsischen Königs Offa nachahmte, oder ob ihn nicht sein eigner Verstand darauf leitete, den Eingang in einen Isthmus, den schon die Natur
mit

mit einem Fluße verwahrt hatte, noch mehr durch Auf-
werfung eines Walles zu befestigen, dieses kann uns hier,
wo wir uns nicht mit Gotfrieds, sondern Karls Geschichte beschäftigen, gleichgültig seyn. — Auch in den
folgenden Zeiten wurden von verschiednen dänischen Königen, zwar nicht völlig, aber doch ungefehr in der
nehmlichen Gegend ähnliche Werke aufgeführt, und die
noch an einigen Stellen befindlichen Ueberbleibsel sind vielleicht nicht von jenem Gotfriedischen, sondern von irgend
einem Danewerke der spätern Zeiten [19]).

Im Jahr 809 scheinen beyde Theile Neigung zum
Frieden gehabt zu haben. Bevollmächtigte sowohl von
Karln, als von Gotfried, kamen zu Badenfliet zusam-
men. Sie giengen, unverrichteter Sache, auseinander.

Karl, um seine Besitzungen von dieser Seite zu
sichern, legte in diesem Jahre an der Stör eine Stadt
mit einer Festung an, Essesfleth, vermuthlich das heu-
tige Itzehoe. Er ließ die Stadt durch eine Colonie
Franken und Sachsen anbaun. Graf Eckbert hatte die
Aufsicht darüber. Eine andere Festung an der Elbe,
Hochbuchi, vermuthlich das heutige Hamburg, hatte
Karl wahrscheinlich schon einige Jahre vorher angelegt.

Beyde Oerter scheinen durch ihre Lage, durch ihre
Festigkeit und durch ihre starke Besatzungen, Gotfrieden
abgehalten zu haben, etwas gegen die Franken zu unternehmen. Er hatte übrigens große Lust dazu. Er war,
nach Eginharden, eben so kühn als eitel. Sein Vorsatz war nicht geringer, als ganz Deutschland, wie er
sich schmeichelte, zu unterjochen. Er drohte, mit einem

U 4 großen

---

[19]) v. Suhm Historie ꝛc. T. II, p. 13 etc.

großen Heere nach Aachen zu kommen. Im Jahr 810
ſchickte er eine Flotte von zweyhundert Schiffen nach
Friesland. Ein däniſches oder normänniſches Schiff
in dieſen Zeiten war höchſtens mit hundert Mann beſetzt. Es waren alſo ungefehr zwanzigtauſend Mann,
die in der genannten Provinz landeten. Die fränkiſchen
Grafen, die ihnen entgegen giengen, wurden geſchlagen,
und die Frieſen mußten eine Schatzung von hundert
Pfund Silber bezahlen. So bald Karl dieſe Nachricht
bekam, ließ er das ganze fränkiſche Heer aufbieten.
Allein er war zu ungeduldig, zu warten, bis es ganz
verſammelt war. Er gieng mit den wenigen Truppen,
die er aus der Nähe zuſammenbringen konnte, die Weſer
hinunter, und nahm ſein Lager an einer Stelle, die er
für bequem hielt, die Ankunft ſeiner übrigen Völker zu
erwarten. Hier bekam er einige unangenehme Nachrichten. Die Wilzen, die mit Gotfrieden im Bunde
waren, hatten die Feſtung Hochbuchi erobert und zerſtört. Sein Sohn Pivin war zur See in einer Unternehmung gegen die Griechen unglücklich geweſen und
war geſtorben. Dieſer Tod ſeines Sohnes war ihm das
empfindlichſte. Alle andere widrige Begebenheiten ertrug er mit männlicher Gelaſſenheit, nur den Tod ſeiner
Kinder nicht [20].

Es erfolgten bald andere Nachrichten aus Dännemark und aus Friesland, die ihm die Beruhigung geben
konnten, daß er nicht, wie andre Lieblinge des Glücks,
dazu beſtimmt war, erſt im Alter von der Veränderlichkeit deſſelben völlig überzeugt zu werden. Gotfried war
auf der Falkenjagd von einem ſeiner Kriegsbedienten er-
ſchlagen. Seine Flotte war nach Dännemark zurückgegangen.

Got-

[20] Eginh. Vita Caroli M. c. XIX.

Gotfrieds Ermordung soll, nach einiger Vermu-
thung durch seinen Vetter Hemming veranstaltet seyn [21]).
Man hat keinen andern Grund zu dieser Vermuthung,
als den Umstand, daß Hemming jezt König wurde, un-
geachtet Gotfried, wo nicht einen Sohn, doch einen
Enkel von regierungsfähigem Alter hinterlassen hatte.
Sodann eilte Hemming, sich mit Karln zu vergleichen.
Man schließet daraus, daß er seine Macht nicht sicher
genug gehalten, um den Krieg mit einem auswärtigen
Feinde fortzusetzen.

Ein Waffenstillstand wurde gleich verabredet. Der
völlige Friede wurde im Jahr 811 geschlossen. Die
Eyder wurde zur Grenze beyder Reiche bestimmt. Beyde
Theile gaben, einer dem andern zwölf Personen vom
ersten Range zu Geißeln. Unter den Franken, die in
dieser Eigenschaft nach Dännemark giengen, werden
einige genannt, die Karln bey wichtigen Gelegenheiten
gedient hatten. Z. E. Eckbert, der die Pflanzstadt,
Essesfeld, angelegt hatte, und Thederich, der in den
Kriegen wider die Sachsen und Hunnen verschiednemal
erster Befehlshaber gewesen war. Unter den Dänen,
die nach Franken kamen, waren zwey Brüder Hemmings.
Aus der gleichen Anzahl der beiderseitigen Geißeln und
aus ihrem hohen Range schließen die dänischen Geschichtschreiber mit gutem Grunde, daß Hemming mit Karln
sich nicht anders als unter der Bedingung völliger Gleichheit in Unterhandlungen einlassen wollen, und daß Karl

U 5

der

---

21) Nach einer andern von den dänischen Geschichtschreibern
auf bewahrten Tradition soll Gotfrieds eigner Sohn, dessen
Mutter Gotfried verstoßen habe, um eine andre zu heirathen, auf Antrieb seiner Mutter den Mord mit angestiftet
haben. v. Suhm l. c. p. 20.

der Umſtände wegen, worin er ſich befand, nöthig gefunden habe, nicht auf ſeinem Vorrange als Kaiſer über
dem Könige zu beſtehn ²²).

Gleich nach geſchloßnem Frieden ließ Karl die Feſtung Hochbuchi, die von den Wilſen zerſtört war, wieder aufbauen.   Er ſelbſt that eine Reiſe nach den weſtlichen Küſten, um die Anſtalten in Augenſchein zu nehmen, die er wider die nordiſchen auf der See ſchon damals furchtbar gewordnen Völker hatte machen laſſen.
Alle Häfen und Flüſſe waren hinlänglich mit Feſtungen
und Truppen verſehn, den Feind, wenn er landen wollte,
zurückzutreiben.   Es war eine Flotte erbaut, wovon
der größte Theil zu Boulogne lag.   In dieſem Hafen
ließ Karl einen Pharos wieder herſtellen, der ſchon unter
den Römern, und wie einige vermuthen, zu Kaligula's
Zeiten errichtet war ²³).

Karl hatte große Begriffe von der Kühnheit und
Tapferkeit der nordiſchen Völker.   Auf einer ſeiner Reiſen durch die Seeprovinzen, die er hauptſächlich in der
Abſicht machte, Anſtalten gegen die Unternehmungen
dieſer furchtbaren Söhne des rauhen Nordens vorzukeh-
ren, trug ſich ein Vorfall zu, den ein Mönch mit Recht
wichtig genug gefunden hat, in ſeine Anekdotenſamm-
lung unſern Monarchen betreffend, mit einzutragen ²⁴).
Der Mönch erzählt, Karl habe oben in einem Zimmer
zu Mittage gegeſſen, wo man eine Ausſicht in die See
gehabt hätte.   Man habe in der Ferne Schiffe entdeckt.
Man

²²) v. Suhm l. c. p. 22.
²³) Annal. Eginh. ad a. 811.
²⁴) Monach. Sangall. lib. II. c. 22. ap. Du Chesne T. II.
    p. 130.   Recueil p. 130.

Man habe sie für Kaufardeyschiffe gehalten, und jeder
habe errathen wollen, von welcher Nation sie wären.
„Sie haben keine Waaren geladen" habe Karl gesagt,
„ein kühner Feind befindet sich am Bord." Er habe
darauf behauptet, daß es nordische Seeräuber wären;
er habe sie an der Bauart und leichten Bewegung der
Schiffe erkannt. Hierauf hätte man gleich Anstalten
gemacht, den Seeräubern die Landung zu verwehren.
Diese aber wären von selbst zurückgegangen, nachdem
sie von der Anwesenheit des Monarchen Nachricht bekommen. Während man sich mit den Anstalten gegen
sie beschäftigt, habe Karl traurig am Fenster gestanden,
man habe Thränen in seinen Augen wahrgenommen.
Niemand habe den Muth gehabt, ihn um die Ursache
seines Kummers zu befragen, bis er selbst seine Besorgnisse zu erkennen gegeben und vorhergesagt habe, was
seinen Nachkommen von diesen Nordmännern, die immer
kühner würden, bevorstünde.

In eben dem Jahre starb sein ältester Sohn, der
einerley Namen mit ihm hatte. Dieser zweyte Verlust,
der so geschwind auf den ersten folgte, (Pipin war das
Jahr vorher gestorben) verursachte Karln einen innigen
tiefen Schmerz, der zuletzt zu einer anhaltenden Traurigkeit ward. Gerade diese beyden Söhne hatten die meiste
Hoffnung gegeben.

Wir wollen jetzt das merkwürdigste, was während
des Krieges mit den Dänen vorfiel, nachholen. Im
Jahr 809 hielt Karl ein Concilium zu Aachen, dessen
Veranlassung folgende war.

In dem ältesten Glaubensbekenntnisse der Christen,
das man lange den Aposteln zugeschrieben, wird des
Ausgehens der dritten Person nicht erwähnt; in dem
nicä-

nicäniſchen auch nicht. Das erſte konſtantinopolitani-
ſche Concilium hatte in der nicäniſchen Formel, die
Worte, daß der heilige Geiſt von dem Vater ausgehe,
eingeſchaltet. In den fränkiſchen und ſpaniſchen Kirchen
waren, man weis weder wann noch wie, die Worte:
und von dem Sohn hinzugefügt. Dieſer Zuſatz war
nun ſchon lange in allen abendländiſchen Kirchen außer-
halb Italien, gebräuchlich. Ein Mönch, der von Je-
ruſalem kam, tadelte dieſe Abweichung. Karl wurde
darüber unruhig. Er berief ein Concilium nach Aachen.
Allein entweder er ſelbſt und die verſammelten Biſchöffe
fanden die Frage zu wichtigen Schwierigkeiten unterworfen, oder ſie waren durch das, was in Anſehung des Frankfurter Concilii vorgegangen war, behutſamer geworden,
einen Ausſpruch zu thun, den der Pabſt vielleicht nicht
billigen würde. Es wurde alſo für nöthig gehalten, eine
Geſandtſchaft an ihn zu ſchicken, um ſeine Entſcheidung
zu vernehmen. Die Geſandtſchaft beſtand aus dem
Biſchof Bernhard, von Worms und dem Abt Adelard
von Corbie, einem Verwandten des königlichen Hauſes.
Ein Abt Smaragdus, hat die Unterredung des Pabſtes
mit den Geſandten, bey der er zugegen war, in einem
Briefe an Karln umſtändlich beſchrieben. Wer ſich
einen Begrif von der geiſtlichen Klugheit machen will,
womit der Nachfolger des heiligen Petrus dieſe Sache
behandelte, der wird dieſe Unterredung mit Vergnügen
leſen. Der Pabſt erklärte, daß er zwar ſelbſt an das
Ausgehen des heil. Geiſtes vom Sohne glaube, daß er
folglich den Zuſatz: und vom Sohne billige, daß dieſer
Zuſatz aber bisher von keinem allgemeinen Concilio auto-
riſirt ſey; daß er daher lieber riethe, die ſchon zur
Trennung geneigten Griechen durch eine anſcheinende
Neuerung nicht noch mehr zu reitzen. Die römiſchen
Päbſte ſcheinen Religionsſtreitigkeiten mehrentheils als
kluge

kluge Staatsmänner behandelt zu haben, wenn oft Könige und Fürsten sich dabey, wie Theologen von Profeßion, benahmen. Die fränkischen Bischöffe antworteten, wenn die Griechen an Trennung dächten, so würde keine Nachgiebigkeit sie davon abhalten; es würde also Gefälligkeit ohne Nutzen seyn, wenn man den Zusatz wegließe, und das Weglassen würde bey dem großen Haufen nur den Verdacht erregen, daß er einer irrigen darin enthaltenen Lehre wegen weggelassen sey. Der Pabst erklärte, man müsse den Zusatz nicht auf einmal weglassen, sondern erst in der kaiserlichen Kapelle den Anfang machen [25]). Es geschah aber nicht, Leo, um die Griechen zu überzeugen, wie wenig er geneigt wäre, ihnen zu widersprechen, ließ das Symbolum ohne die ihnen anstößigen Worte auf zwey großen silbernen Platten, auf der einen in lateinischer, auf der andern in griechischer Sprache eingraben, und auf beyden Seiten des Grabes des heiligen Petrus aufhängen [26]). Er konnte nicht stärker bezeugen, wie sehr er es mißbilligte, daß die fränkischen Bischöffe den Zusatz; und vom Sohne beybehielten. Indessen im eilften Jahrhunderte auf dem Concilio zu Florenz 1055 ist er von der ganzen abendländischen Kirche als orthodox angenommen. Der Streit über die Formel erweiterte die allmälig begonnene Trennung der griechischen Kirche von der lateinischen, veranlaßte endlich einen Streit über die Sache selbst, und da die eine Kirche sich für das ausschließliche Ausgehen des Geistes vom Vater, die andere für das doppelte Ausgehen vom Vater und Sohn erklärte, so wurde dadurch die Trennung völlig zu Stande gebracht.

Die

---

[25]) Baron. Annal. a. 809. L. III. sq. Sirmondi Concil. Gall. T. II. p. 256. sq.

[26]) Muratori Script. rer. ital. T. III. P. II. p. 205.

Die Kirchenzucht war Karln eben ſo wichtig, als die Reinigkeit der Lehre. Sie ſchien ihm in Verfall zu ſeyn. Ihre Wiederherſtellung war eine der Hauptange-legenheiten, womit er die Geiſtlichen ſowohl auf den allgemeinen Reichstagen, als in beſondern Verſamm-lungen zu beſänftigen pflegte. Karls Großvater, der Major Domus Karl Martell, hatte dieſen Sittenverfall der Geiſtlichkeit zuerſt dadurch veranlaßt, daß er durch ſein deſpotiſches Verfahren Biſchöffe und Aebte verleitet hatte, Kriegesdienſte zu thun. Er, der immer im Kriege verwickelt war, der immer nur ſeine ehrſüchtigen Abſichten, Eroberungen, und die Erlangung der Krone vor Augen hatte, er, der immer mehr Kriegsleute brauchte, als er unterhalten und belohnen konnte, er kam, da keine Lehngüter mehr übrig waren, womit er die Luſt zu ſeinen Kriegsdienſten hätte unterhalten und anfeuren kön-nen, auf den unglücklichen Gedanken, von den Biſchöf-fen und Aebten zu verlangen, daß ſie ihm die Kirchen-güter, ſeine Krieger damit zu verſorgen, überlaſſen ſoll-ten. Da er gegen die Saracenen und Sachſen Kriege führte, ſo gebrauchte er zum Vorwande dieſes ſeines Ver-langes, daß ſeine Krieger, weil ſie die Kirche gegen dieſe ungläubigen Völker vertheidigten, keiner Verſorgung entbehren könnten. Die Geiſtlichen verbargen ihren Schmerz und Unwillen über dieſe Zumuthung nicht. Aber ihre Klagen waren ohne Frucht. Da ſie nun ſahen, daß Karl Martell den Kriegsſtand ſo ſehr vorzog, da ſie fürchteten, ſie würden immer mehr von ihren Pfründen hergeben müſſen, ſo entſchloſſen ſie ſich, ſelbſt an der Spitze der Mannſchaft, die von den Gütern ihrer Kirchen, oder ihrer Abteyen geſtellt werden mußten, zu Felde zu gehn. Was die Chriſtenheit noch nie geſehen hatte — Biſchöffe und Aebte legten nun die Waffen an, zogen vor ihren Schaaren einher, führten ſie ſelbſt zur

Schlacht

Schlacht — anfangs also bloß aus Eigennutz, aus Be‑
sorgniß, wenn sie es nicht thäten, ihre Güter zu verlie‑
ren — bald aber schon aus Neigung. Im Umgange
mit Kriegsleuten nahmen sie nun auch deren wilde Sit‑
ten an. Der Bischof, der Abt trug wie die Weltlichen,
sein mit Gold und Silber besetztes Wehrgeschenke, sei‑
nen mit Gold, Silber und Edelsteinen besetzten Degen,
seine vergoldete Sporen. Und wie in der Kleidung,
so wurden sie auch in allem, was man Sitten und Be‑
tragen nennt, den Weltlichen immer ähnlicher.

Nun fiengen sie an, ihres ursprünglichen Berufs zu
vergessen. Nun riß die Unwissenheit unter ihnen ein.
Nun fieng man schon an Bisthümer und Abteyen als
Versorgungen der jüngern Söhne aus den angesehnsten
Familien zu betrachten. Die griechischen Geistlichen
blieben ihrer Bestimmung getreuer und nichts stach mehr
von einander ab in den folgenden Zeiten, als ein griechi‑
scher und ein fränkischer oder überhaupt ein abendländischer
Bischof. Jene kannten nur Bücher und theologische
Subtilitäten; diese nur Jagd, Pferde und Hunde.
Wenn griechische Geistliche zusammenkamen, so dispu‑
tirten sie, die abendländischen tranken und spielten.

Schon zu Pipins Zeiten gab es einige Eiferer, die
die Geistlichen wieder an ihre Bestimmung erinnerten,
und sie zu den dahin gehörigen Beschäftigungen und zu
den damit übereinstimmenden Sitten zurückzuführen
suchten. Bonifacius war es, der diese Reform am
thätigsten betrieb. Und hierin unterstützte ihn Pipins
Bruder, Karloman, vorzüglich, so lang er noch
Major Domus war. Concilien wurden gehalten, um
theils den Kirchen die ihnen entzogenen Güter wieder zu
verschaffen, theils die Kirchenzucht wiederherzustellen,
und

und den Geistlichen weltliche Beschäftigungen und Ver-
gnügungen zu verbieten.

Mit größerem Erfolg geschah dieses unter Karl dem
Großen, der eine wahre Reform zu Stande brachte, so
daß die Geistlichen seines Zeitalters bis zur letzten Hälfte
des neunten Jahrhunderts würklich mit denen des folgenden Jahrhunderts, so wie mit denen zu den Zeiten seines
Vaters und Großvaters sehr zu ihrem Vortheile contra-
stiren. Viele von ihnen waren gelehrt, so sehr man es
in jenen Zeiten seyn konnte. Sie kannten ihren Beruf,
und strebten wenigstens die damit verknüpften Pflichten
zu erfüllen. Diese Reform wurde vielleicht eben so sehr
durch Karls persönlichen Charakter, als durch seine Verordnungen bewürkt. Sein Temperament riß ihn zu einigen Vergehungen hin, aber im Ganzen genommen war
er in seinem Wandel und in seinem Bestreben, nicht nur
Religionskenntnisse, sondern auch religiöse Gesinnungen
zu verbreiten, eben so sehr Bischof, als er in Staats-
und Kriegsgeschäften Staatsmann und Feldherr war [27].
Außerdem aber besaß er ein zu richtiges Urtheil, und ein
zu feines Gefühl, als daß nicht kriegerische Bischöffe,
und nur mit Jagd und Pferden beschäftigte Aebte in seinen Augen unerträgliche Geschöpfe hätten seyn sollen.
Gleich die erste seiner Verordnungen im ersten Jahr seiner Regierung enthielt folgende Artikel: 1) „Auf Zure-
„den aller unserer Getreuen und hauptsächlich mit Rath
„der Bischöffe und der übrigen Priester verbieten wir
„allen

---

[27] Der Mönch von St. Gallen nennt ihn einen Bischof
der Bischöffe (1. 27.) und erzählt einige Histörchen von
seiner strengen Aufsicht über sie. Jeder Bischof mußte
an einem bestimmten Tage selbst predigen, bey Verlust
seines Bisthums. ib.

„allen Knechten Gottes gänzlich, Waffen zu tragen, zu
„fechten, und sich bey der Armee einzufinden oder aufzu-
„halten; bloß diejenigen ausgenommen, die zur Besor-
„gung des Gottesdienstes, nehmlich Messe zu lesen und
„die Reliquien der Heiligen zu tragen, ernannt sind,
„welches alles Ein oder zwey Bischöffe mit ihren ältesten
„Capellänen, die Priester sind, verrichten können. Au-
„ßerdem kann jeder Hauptbefehlhaber einen Priester der
„Beichte wegen bey sich haben. 2) Die Priester sollen
„weder Christen- noch Heidenblut vergießen. 3) Wir
„verbieten allen Knechten Gottes zu jagen und in den
„Wäldern mit Hunden herumzustreifen. Auch sollen sie
„keine Habichte und Falken halten [28]). Allein es scheint,
daß diese Verordnung fruchtlos war. Den letzten Artikel schärfte er von Zeit zu Zeit aufs neue ein [29]). Diese
Wiederholung beweist sowohl, wie wenig die Geistlichen
sich daran kehrten, als wie anstößig dem Monarchen
diese ungeistlichen Sitten waren. In Ansehung der
Kriegsdienste aber scheint er eine Weile nachgegeben zu haben, vielleicht weil er selbst bey seinen vielen Kriegen es
nicht gut ändern konnte, vielleicht auch weil er sah, daß
sich eine Sitte, die sich auf herrschende, tief eingewur-
zelte Vorurtheile gründete, durch bloße Verordnungen
nicht abschaffen ließ. Vorbereitungen von weitem her
wurden dazu erfordert. Viele Jahre scheinen hingegangen

---

[28]) Capit. a. 769. I. II. et III. ap. Baluz T. I. 189. Recueil p. 645.

[29]) Im Capit. a. 789, XV. ap Baluz T I. p. 243. Recueil p. 649, wo den Bischöffen, Aebten und Aebtinnen,
auch untersagt wird Possenspieler (joculatores) zu halten.
Imgleichen in Capit. l. a. 802 XIX. ap Baluz. T. I.
p 365, wo denen, die dagegen handeln, der Verlust
ihres Amtes gedroht wird.

gen zu ſeyn, ehe Karl aufs neue an der Abſchaffung dieſer Sitte mit glücklicherm Erfolg arbeiten konnte. Indeſſen wuchs ohne Zweifel durch Karls Einfluß die Zahl
der Geiſtlichen, die aus eigener Neigung oder Ueberzeugung eine Reform wünſchten, oder die es auch nur für
einen Weg hielten ſeinen Beyfall zu erlangen, wenn ſie
das ihrige zur Beförderung der Reform beytrugen. Dieſe
wagten nun den Schritt, ihn zu bitten, daß die Geiſtlichen von perſönlichen Kriegsdienſten möchten befreyt werden.   Gewagt war aber dieſer Schritt deswegen, weil
man ſchon ſo ſehr daran gewöhnt war, Biſchöffe und Aebte
an der Spitze ihrer Schaaren zu ſehen, daß es auch für ſie
ſchon ein point d'honneur geworden war, bey einem er-
gangenen Aufgebot nicht wegzubleiben. Sie mußten daher
gewiß ſeyn, daß der Monarch ſie nicht nur durch die
Genehmigung ihres Wunſches, ſondern auch durch ſeinen
ausdrücklichen und öffentlichen Beyfall gegen alle Vorwürfe zum Nachtheil ihrer Achtung ſchützen würde.
Noch mehr, ſie mußten gewiß ſeyn, daß Befreyung von
Kriegsdienſten in der Folge nicht wieder zum Vorwande
gebraucht würde, ihnen ihre Lehne zu nehmen und Weltlichen zu geben.

In dieſer Hinſicht wurde die Sache ſo eingeleitet —
vielleicht von Karln ſelbſt. Auf einem Reichstage zu
Worms.(— es iſt nicht gewiß in welchem Jahr; man
glaubt im Herbſte 803 —) wurde dem Monarchen
eine Bittſchrift von den Weltlichen übergeben, des Inhalts: „kniend bäten ſie ihn, daß die Biſchöffe künftig
„von der Pflicht, mit zu Felde zu gehn, möchten be-
„freyt werden; ſo auch die übrigen Geiſtlichen. Bey
„dieſem Geſuch hätten ſie nicht die Abſicht, einen Vor-
„wand zu bekommen, irgend etwas von geiſtlichen Gü-
„tern an ſich zu bringen. Denn ſie wüßten, die einmal
„der

„der Kirche geschenkten Güter, als Opfer der Gläubi-
„gen, wären Gott heilig, und sie wünschten, daß wer etwas
„davon an sich zu bringen suchte, als ein Kirchenräuber
„bestraft würde." Indem die Wortführer der Weltlichen diese Erklärung gaben, warfen sie Strohhalme,
die sie in den Händen hielten, auf den Boden, welche
bildliche Handlung bedeuten sollte, daß sie allen Ansprüchen an die geistlichen Güter entsagten. Solche bildliche
Handlungen haben unter allen Völkern, wo man sich
schriftlicher Urkunden noch nicht bediente, üblich seyn
müssen.

Karl bewilligte ihr Gesuch, und nun wurde die Verordnung gemacht, „ daß in Zukunft nur zwey oder höch-
„stens drey Bischöffe, und unter ihrer Aufsicht so viel
„Geistliche bey der Armee seyn sollten, als zum Gottes-
„dienst, zur Austheilung der Sacramente, und zum
„Predigen nöthig wären. Die Geistlichen sollten keine
„Waffen tragen. Ihre Ehre sollte deswegen, weil sie
„keine Kriegsdienste mehr thäten, um nichts verkürzt wer-
„den, vielmehr wollte der Monarch sie um so vielmehr
„in Ehren halten, je sorgfältiger sie ihre eigentlichen
„Amtspflichten erfüllten [30]).

Wenn Karl hoffte, daß die Geistlichen alle diese
Befreyung von Kriegsdiensten als eine Wohlthat ansehn,
und nun aus Dankbarkeit sich desto eifriger bestreben
würden, sich in ihrem Wandel mehr nach dem Muster
der Apostel zu bilden, so machte er zu seinem Verdruße
die Erfahrung, daß seine Bischöffe und Aebte großen-
theils zu rohe, sinnliche Menschen waren, als daß er

X 2　　　　　jemals

---

[30]) Capit. de immunitat. Episcoporum ap. Balut. T. I.
p. 405. Recueil p. 663 etc.

jemals in ihnen solche Männer, wie er sich die alten
Kirchenväter dachte, erblicken würde. Ihre Habsucht,
ihre Neigung zur Pracht, zur Jagd und andern weltlichen Beschäftigungen und Vergnügen fingen an ihm äußerst zu mißfallen. In einigen Kapitularien aus seinen
letzten Jahren finden wir häufige und deutliche Spuren
dieses Mißvergnügens. Die Vorwürfe, die er den
Geistlichen macht, sind oft nachdrücklich und bitter.

Einige dieser Kapitularien sind nicht sowohl Verordnungen, als Aufsätze von Fragen, die er in der Absicht
aufschreiben ließ, um sich über sie mit den Bischöffen zu
besprechen. Viele dieser Fragen sind des Inhalts, wie
der Wandel der Geistlichen sich mit ihrem Beruf vertragen könne. „ Wir wollen von ihnen verlangen“
so lautet eine dieser Fragen, „daß sie uns doch die
„Wahrheit entdecken, was sie darunter verstehen, wenn
„sie sagen, sie hätten die Welt verlassen? woran man
„diejenigen, welche die Welt verlassen, von denen, die
„ihr noch anhängen, unterscheiden könne? ob etwa bloß
„daran, daß sie unbewaffnet und unverheirathet sind? —
„Ob derjenige die Welt verlassen hat, der nicht auf-
„hört, alle Tage auf alle Art und Weise, durch allerley
„Künste, seine Besitzungen zu vermehren? der, zu dem
„Ende, bald durch Androhung höllischer Strafen, bald
„durch Versprechungen himmlischer Belohnungen, ein-
„fältige, ungelehrte und unvorsichtige Leute, reiche so-
„wohl als arme, zu bereden sucht, sich selbst und ihre
„rechtmäßigen Erben, des ihnen gebührenden Vermö-
„gens zu berauben? Ob derjenige die Welt verlassen hat,
„der aus Begierde nach fremdem Gut falsche, meineidige
„Zeugen erkauft, und sich an einen gewissenlosen Richter
„wendet, um durch dessen Ausspruch zu erwerben, was
„ihm nach dem Rechte nicht gehört? — Was von denen

„zu halten sey, die aus vorgegebener Liebe zu Gott, zu
„seinen Heiligen und Märtyrern, die Gebeine und Reli-
„quien der Heiligen von einem Orte zum andern tragen,
„um neue Kirchen zu bauen, und die Menschen durch-
„alles mögliche Zureden zu bewegen, das Ihrige solchen
„Kirchen hinzugeben, oder zu vermachen ³¹)?" Welch
ein Zeugniß des großen, so scharf, so richtig sehenden
Monarchen. In der That ist es nicht zu verwundern,
daß dieses Zeugniß sich erhalten, wenn man bedenkt,
daß es nur durch die Federn der Mönche, die einzigen
Abschreiber in den mittlern Zeiten konnte erhalten werden?

Diese bittern Vorwürfe trafen die unwürdigen Mitglieder des geistlichen Standes. Für den Stand selbst
hatte Karl eine große und wahre Achtung. Diese war
eine Wirkung des großen Begriffs, den er von ihrer
Stiftung und von den ursprünglichen Einrichtungen der
christlichen Kirche hatte. Das, was die Kirchenväter
der ersten Jahrhunderte gelehrt und verordnet hatten,
schien ihm die einzige unverletzliche Regel zu seyn, von
welcher die Christen weder in ihrem Glauben, noch in
ihren äußerlichen Einrichtungen jemals abweichen müßten. Daher gab er sich so viele Mühe, sich die Lehren
dieser Väter und die Schlüsse und Verordnungen der
ältesten Kirchenversammlungen bekannt zu machen.

Unglücklicherweise war die Kritik, zu seiner Zeit,
eine noch unerfundene Wissenschaft. Die Geistlichen
legten ihm ein Gesetz vor, von welchem geglaubt wurde,
daß es schon von Konstantin dem I. gegeben wäre.
Kraft dieses Gesetzes sollte die eine oder andre von zwey

X 3

strei-

---

³¹) Capit. II. a. 811. IV. etc. ap. Baluz. T. I. p. 480.

ſtreitenden Parteyen ſelbſt mitten im Laufe des Proceſſes
ſich von dem weltlichen Richter weg an einen geiſtlichen
wenden dürfen, und es ſollte von dem Ausſpruche des
letzten nicht weiter können appellirt werden [32]). Man
weis jetzt, daß dieſes Geſetz untergeſchoben iſt.
Karl unterdeſſen beſtätigte es. Er war ohne Zweifel
berechtigt, dieſe Verordnung für eine glückliche Einrichtung zu halten. Welche Klaſſe von Menſchen ſcheint
fähiger zu ſeyn, die Gerechtigkeit uneigennützig und
redlich zu verwalten, als die Diener der Religion?
Nur die Erfahrung konnte einen Begrif von den mannigfaltigen Uebeln geben, die aus dieſer Einrichtung
wirklich entſtanden.

Dieſes Vorurtheil, das Karl für die urſprünglichen
Einrichtungen der Kirche hatte, und die irrigen Vorſtellungen, die er ſich aus Mangel richtiger Einſichten
von den älteſten Zeiten der Kirche machte, verleiteten
ihn, manches zu beſtätigen, oder anzuordnen, was er
bey beſſerer Kenntniß, höchſt wahrſcheinlich würde abgeſchaft, nicht aber ſelbſt angeordnet haben. Eine ſo
drückende Abgabe, wie der Zehnte, würde er ſeinen Unterthanen, deren Wohlſtand ihm gewiß nicht gleichgültig war, ſchwerlich befohlen haben, wenn er ſich nicht
hätte überreden laſſen, daß dieſe von Gott ſelbſt den Juden aufgelegte Laſt auch von Chriſten müſſe getragen
werden. Da Alcuin, wie wir oben geſehen, dieſe Abgabe nicht billigte, da er Karln verſicherte, daß die
Apoſtel ſich keinen Zehnten hätten geben laſſen, ſo wäre
es zu wünſchen, daß wir die Gründe wüßten, wodurch
Karl bewogen wurde, in dieſem Stücke der Meinung
und dem Rathe eines von ihm ſonſt ſo hochgeſchätzten
und

---

[32]) Capit. lib. VI. 366. Baluz. T. 1. 985.

und fast den Kirchenvätern gleich geachteten Mannes
weniger Beyfall zu geben.   Vielleicht war Alcuin der
einzige, der den Zehnten widerrieth; alle andere verlangten ihn vielleicht, und Karl gab der Menge nach [33]).
Es kostete Mühe die Menschen zur gutwilligen Abtra-
gung dieser Abgabe zu bewegen.   Zufälligerweise fiel ein
Hungerjahr ein.   Diese Calamität war für die Geistlichkeit eine erwünschte Begebenheit.   Dem Aberglauben
wird es nie leichter seine Herrschaft über die menschlichen
Gemüther zu befestigen, als in Zeiten allgemeinen Unglücks.   Das Hungerjahr, wurde von den Geistlichen
versichert, sey von Gott verhängt; er habe zugelassen,
daß der Teufel die Aehren ausgefressen, weil die Menschen
den Zehnten nicht gehörig bezahlt hätten.   Die Bischöffe auf der Versammlung zu Frankfurt trugen kein
Bedenken dieses Mährchen der neuen Verordnung, wodurch der Zehnte geboten wurde, beyzufügen [34]).   Karl
entweder weil er selbst, der Versicherung Alcuins ungeachtet, den Zehnten für eine göttliche Anordnung hielt,
oder um durch sein eigenes Exempel seine Unterthanen
zur Uebernehmung einer so harten Last willig zu machen,
ließ den Zehnten von seinen eigenen Gütern entrichten [35]).

Da eine gute Gerichtsverfassung, wodurch jeder
Bürger gegen Beleidigungen und Kränkungen von seinen
Mitbürgern hinlänglich gesichert wird, eine der Haupt-
X 4   absich-

---

[33]) Die Abgabe des Zehnten wird befohlen in den Capit.
    779. VII. ap Baluz. T I p. 196 in den Capit. de par-
    tib. Saxon. XVIII. ap. Baluz. ib p 153   Es wird da-
    rin gesagt, der Zehnte würde secundum Dei mandatum
    gefodert.
[34]) Capit. a. 794. XXIII. ap Baluz. T. I. p. 267.
[35]) Cap. de Villis VI. ap. Baluz. T. I p. 332.

absichten ist, warum Menschen in bürgerliche Gesellschaften zusammen treten, so verkennt ein Fürst seine Bestimmung, dem es nicht unter allen seinen Angelegenheiten die wichtigste ist, in dieser Hinsicht die möglich vollkommnisten Verfügungen zu treffen. Auch bildet sich bey jedem erst entstehenden Staate, durch den natürlichen Verstand der Menschen, die ihn errichten, eine ihren Bedürfnissen angemeßne gerichtliche Verfassung. Aber wenn die Eroberer auftreten, die durch die Unterjochung der kleinen Staaten zuerst große Monarchien errichten, so ist Gerechtigkeitspflege für diese gewaltsamen Menschen nur eine Nebensache, oder was noch schlimmer ist, die Verwaltung der Gerechtigkeit wird von ihnen bloß als ein Mittel, ihre Gewalt und ihre Einkünfte zu vermehren betrachtet. Zu Karls Verdiensten gehört, daß er die Wichtigkeit einer zweckmäßigen gerichtlichen Verfassung erkannte, und wesentliche Verbesserungen einzuführen bemüht war, Verbesserung war es, daß auf seinen Befehl die Gewohnheitsrechte der Völker, die bis dahin noch nichts vom Schreiben gewußt hatten, aufgeschrieben wurden ³⁶), daß er befahl, die Richter sollten nach geschriebenen Gesetzen sprechen ³⁷), daß er befahl, jede Obrigkeit, jeder Bischof, jeder Graf sollte zum Behuf seines Gerichts einen Notarius oder einen in Rechtssachen geübten Schreiber halten ³⁸). Seinen Vorsatz die verschiedenen Gesetze und Gewohnheitsrechte der verschiedenen fränkischen Völkerschaften zu sammeln und übereinstimmend zu machen, führte er nur sehr unvollkommen aus ³⁹). Eine zur Befestigung seiner Autorität

³⁶) Eginh. vita Caroli M. c. XXIX.
³⁷) Capit. 1. a. 802. XXVI. ap. Baluz. T. I. p. 370.
³⁸) Capit. 1. a. 805. III. ap. Baluz. ib. p. 421.
³⁹) Eginh. l. c.

torität und zur Erhaltung der öffentlichen Ruhe, besonders unter den zur Unterwürfigkeit so wenig geneigten
Sachsen, damals vielleicht nöthige, aber an sich ver-
werfliche und despotische Anstalt war die Art von Inqui-
sitionsgerichten, die er anordnete, und die nur dadurch
minder unerträglich wurden, daß sie nicht aus beständigen
immer an einem Orte bleibenden Tribunälen bestanden,
sondern daß er dazu von Zeit zu Zeit gewisse Bevollmächtigte ernannte, die in den Provinzen herumrei-
sten [40]). Ihre Ankunft in einem Distrikte mochte bey
den Einwohnern nicht weniger ängstliche Gefühle verursachen, als die Annäherung eines schweren Gewitters;
und nach der Abreise jener Inquisitionsrichter war ihr
Gemüthszustand ohne Zweifel ihrem körperlichen Gefühle,
nach überstandenem Gewitter ähnlich, wenn sie freyer
wieder athmen konnten, und aus den Winkeln, wo sie
während des Donners sich verbergen hielten, in das
offne Feld eilten, um der gereinigten Luft zu genießen.

Der glänzendste unter den heutigen Geschichtschreibern, Gibbon, spricht von Karls Gesetzgebung nicht
mit Bewunderung [41]), und es scheint er würde es
überall nicht der Mühe werth gehalten haben, davon zu
reden, wenn er sich nicht erinnert hätte, daß sie von
einem sehr achtungswürdigen Richter — so drückt sich
Gibbon aus — mit so großen Lobsprüchen gepriesen
war. Dieser achtungsvolle Richter ist Montesquieu,
dessen Gemälde von Karln überhaupt nach französischer

X 5 Art,

---

[40]) Es sey mir erlaubt, hier meine Uebersicht der deutschen
Culturgeschichte (Kap. 7. S. 107. u. f.) anzuführen.

[41]) The History. of the Decline and Fall of the Roman
Empire. ch. XLIX. Vol IX. p. 53. (Baseler Edition.)

Art, schön colorirt, aber nicht richtig gezeichnet ist [42]. Gibbon hat in Karls Anordnungen nur selten jene große Absichten, jenen unsterblichen Geist eines Gesetzgebers, der sich selbst zum Besten der Nachwelt überlebt, finden können. Mich dünkt, es waren doch große Absichten, die Karl hatte, als er die Schulen errichtete, als er befahl, Predigten in der Landessprache zu halten. Wir haben gesehen, daß seine Absichten dabey nicht bloß auf die Bildung der Geistlichen und auf Religion eingeschränkt, sondern auf allgemeine Verbreitung nützlicher Kenntnisse, und auf die Veredlung des Nationalcharakters gerichtet war. Auch ist Karl durch diese Anstalten ein wahrer Wohlthäter aller folgenden Jahrhunderte geworden. Welchen Gesetzgeber kann man nennen, der Karln durch die Größe, oder welches hier ohne Zweifel einerley ist, durch die Gemeinnützigkeit seiner Absich

---

[42] Esprit des Loix Liv. XXXI. ch. 17. Gefahren, sagt Montesquieu, waren Karln ein Spiel. Ich denke, sie waren ihm eine sehr ernsthafte Sache. Insbesondre, sagt Montesquieu, waren ihm diejenigen Gefahren ein Spiel, denen Eroberer fast immer ausgesetzt sind, die Gefahren nämlich, die durch Verschwörungen entstehn. Dieses ist gewiß kein Lob, ob es gleich Montesquieu als ein Lob meinte. Wem es so gleichgültig ist, ob er durch seine Anordnungen Verschwörungen veranlaßt, daß er diese Verschwörungen unbekümmert, leichtsinnig und kaltblütig, wie Spiele zum Zeitvertreibe ansieht, der hat keinen guten Charakter. Dieses Wenige reicht hoffentlich zur Rechtfertigung meines obigen Urtheils über Montesquieu im angeführten Kapitel hin. Schön und wahr hatte er im Anfang dieses Kapitels Karln einen noch größern Menschen, als Fürsten genannt. Dem großen Mann wird vieles leicht, was andern schwer, was ihnen unmöglich scheint; aber dieses vielleicht mit deswegen, weil er er nichts leicht behandelt.

Abſichten überträfe? Wenn wir den Geiſt eines Geſetzgebers richtig beurtheilen wollen, ſo müſſen wir ſein
Verhältniß zu dem Geiſte ſeiner Nation und ſeiner Zeiten nothwendig mit in Betrachtung ziehen. Karl konnte
kein Geſetzbuch, wie Juſtinian ſammeln. Die Zeiten,
wo er lebte, waren jenen ähnlich, da die Römer den
Anfang ihrer Geſetzgebung mit den zehn Tafeln machten.

Die ökonomiſchen Kenntniſſe ſowohl als Tugenden,
die Karl in ſeiner Verordnung, ſeine Domainen betreffend, an Tag gelegt, ſeine Aufmerkſamkeit, ſeine Ordnung und Klugheit, ſind oft bewundert. Aus dieſer
Verordnung, ſagt Montesquieu, könnte ein Hausvater
lernen, ſein Haus zu regieren. Allein, freylich, wenn
Gibbon ſich in dieſer Verordnung, die ſo ſehr ins Kleine
geht, die ſogar den Verkauf der Eier und Gartenge-
wächſe betrifft, nach Proben großer geſetzgebender Weisheit umſah, ſo konnte er ſie da nicht finden. Iſt es denn
nicht aber auch entweder Mißverſtand oder Sophiſterey
eine Inſtruction für einen Gutsverwalter als ein eigentliches Geſetz zu betrachten? Eine Inſtruction aber für
einen Geſchäftsverwalter macht unſtreitig ihrem Urheber
um ſo vielmehr Ehre, je mehr er ſie mit vollſtändiger
und richtiger Kenntniß der Geſchäfte, mit Sorgfalt und
Beſtimmtheit abgefaßt hat. Und in dieſem Lichte betrachtet, hat Karl unleugbar in dieſer Verordnung oder Inſtruction ein Denkmal hinterlaſſen, das ihm allenthalben, wo der Werth ökonomiſcher Tugenden erkannt wird,
große Achtung erwerben muß.

Dieſe Verordnung iſt in einer andern, in einer hiſto-
riſchen Hinſicht lehrreich. Deutſchland hatte in jenen
Zeiten diſſeits des Rheins noch keine Städte: Viele
der nachmals entſtandenen Städte waren damals königliche

liche Meyerhöfe. Die Verordnung hilft mit erklären,
wodurch die allmälige Verwandlung der Meyerhöfe in
Städte bewürkt wurde. Wir sehen hier, daß Karl seinen Verwaltern auftrug, dafür zu sorgen, daß immer
allerley Künstler und Handwerker daselbst wohnhaft wären: Goldschmiede, Schuster, Drechsler, Wagener,
Schildmacher, Seifensieder, Bier = Most = und Cider-
brauer, Becker, Netzmacher, und mehr andre, die er,
um Weitläuftigkeit zu vermeiden, nicht nahmhaft macht.
Wenn man nun hinzufügt, daß Karl sich nicht nur
selbst mit seinem ganzen Hofstaat bald auf diesem, bald
auf jenem dieser Meyerhöfe aufzuhalten pflegte, daß nicht
nur die Großen geistlichen und weltlichen Standes, deren
immer viele aus allen Provinzen an den Hof kamen, dem
Monarchen, wohin er sich begab, folgen mußten, sondern daß er auch auf diesen Meyerhöfen Reichsversammlungen hielt, so sieht man, wie immer mehr fleißige
Menschen veranlaßt werden konnten, sich daselbst nieder-
zulassen, wodurch ein Flecken allmälig zu der Größe einer
Stadt anwuchs.

Um Karln überhaupt als Gesetzgeber zu charakterisi-
ren, glaube ich, daß niemand in seinen Gesetzen, die
zusammengenommen eine beträchtliche Sammlung ausmachen, den aufmerksamen, den eifrigen, den unermü-
deten Beförderer der Ordnung erkennen wird. Wenn
zuweilen der Inhalt dieser Gesetze und der Ton worin sie
abgefaßt sind, zu der Anmerkung Gelegenheit geben,
daß er den Gesetzgeber mit dem Sittenlehrer vermengt
habe; so beweißt dieses, wie sehr ihm auch die moralische Verbesserung der Menschheit am Herzen lag. Er
gebot Gastfreyheit [43]), eine edle, aber willkührliche Tugend,

---

[43]) Capit. a. 801. XXVII. ap. Baluz. T. I. p. 365.

gend, die der Regent durch weise Einrichtungen erzeu-
gen kann, aber nicht durch positive Gesetze befehlen soll.
Seine Strafgesetze wider die Trunkenheit sind Muster,
wie Nationallaster durch würksame Mittel zu vertilgen
sind. Ein dem Trunk Ergebener durfte, weder als
Zeuge noch Partey, vor Gericht erscheinen [44]). Ein
anderes Gesetz, worin Karl einen Mittelpreis des Ge-
traides auf gute und schlechte Jahre festsetzt, scheint in
seinem Jahrhunderte, da schlechte oder gute Ernten die
einzigen Ursachen theurer oder wohlfeiler Zeiten waren,
eine eben so weise, als billige Verordnung gewesen zu
seyn [45]). In andern Hinsichten merkwürdige Verordnungen sind folgende: Die Aebte sollen nicht länger aus
Habsucht von denen, die als Mönche in einem Kloster
wünschen aufgenommen zu werden, Geld nehmen [46]).
Die Aebte sollen keinen Mönch irgend eines Vergehens
wegen blenden oder an seinen Gliedmaßen verstümmeln[47]).
Niemand soll glauben, daß Gott nur in drey Sprachen
dürfe angebetet werden. Man könne Gott in jeder
Sprache anruffen und der Mensch dürfe hoffen erhört
zu werden, wenn seine Bitte nur gerecht sey [48]). Bischöffe, die sich oft von ihrem Bisthum entfernen, oder
über drey Wochen abwesend sind, sollen ihr Bisthum
verlieren [49]). Karl hielt über diese Verfügung so genau,
daß er selbst, wenn er gern diesen oder jenen Bischof lange
bey sich behalten wollte, um Kirchenangelegenheiten mit
ihm

[44]) Capit. III. a. 803. XV. ap. Baluz. ib. p 391.
[45]) Capit. a. 704. II. ap. Baluz. ib. p. 263.
[46]) Capit. a. 794. XIV. ap. Baluz T. 1 p. 261.
[47]) Ib. XVI.
[48]) Ibid. XXXI.
[49]) Ibid. XXXIV

ihm zu überlegen, bald ſich die Erlaubniß des Pabſtes dazu ausbat, bald auch die Einwilligung der Biſchöffe, wenn ſie auf einem Reichstage oder auf einer Synode verſammelt waren, dazu ſuchte [50]).

Im Jahr 810 ſchloß Karl Frieden mit den Saracenen in Spanien. Seit dem Einfall, den ſie im Jahr 793 in das Fränkiſche gethan hatten, war der Krieg zwiſchen beyden Nationen mit abwechſelndem Glück, fortgeſetzt. Im Jahr 797 übergab ein ſaraceniſcher Statthalter, den die fränkiſchen Verfaſſer Zatus nennen, die Stadt Barcelona den Franken. Allein ſeine Abſicht war bloß ſich durch ihre Hülfe von dem Könige von Kordua unabhängig zu machen. Sobald er ſie erreicht zu haben glaubte, wollte er die Oberherrſchaft der Franken eben ſo wenig anerkennen. Barcelona wurde daher von den letztern belagert, im Jahr 801 erobert, und Zatus gefangen. Im Jahr 799 machten ſich die Einwohner der baleariſchen Inſeln, mit Hülfe der Franken von den Saracenen frey, und unterwarfen ſich Karls Oberherrſchaft. Im Jahr 804 eroberte der König von Aquitanien Tortoſa. Aber die Saracenen nahmen den Ort im Jahr 806 wieder weg. Dagegen ergaben ſich den Franken Pampelona und andere Oerter in Navarra. Ludwig belagerte Tortoſa im Jahr 809 vergeblich. Im folgenden Jahre kam der Friede nach den Chroniken zu Stande. Gleichwohl findet man, daß die Saracenen bald nachher, faſt in jedem Jahre, Landungen bald in Korſika, bald, in Italien verſuchten [51]).

Wir

---

[50]) Ibid. LIII.

[51]) Es wird leicht ſeyn die verſchiedenen Annales unter den angeführten Jahren nachzuſchlagen, wenn man ſie über alle dieſe Vorfälle nachleſen will.

Wir haben oben erwehnt, daß der Nachfolger der gestürzten Irene, Nicephorus, des Friedens wegen, Gesandte an Karln geschickt habe. Die Unterhandlungen dauerten eine Weile fort, aber vergeblich. Der Kaisertitel, den Karl foderte, und den der Stolz der Griechen ihm nicht gern geben wollte, war die große Schwierigkeit, die man nicht übersteigen konnte, oder wollte. Eginhard beschuldigt die Griechen einer hartnäckigen Weigerung; Karl habe seine Rechte mit Würde und Gelassenheit gegen sie behauptet. Indessen wurde der Krieg fortgesetzt und hauptsächlich zur See geführt. Karl, der im Jahr 786 noch nicht Schiffe genung hatte, den Hafen von Salerno, wo der Herzog von Benevent hingeflüchtet war, einzuschließen, war jetzt im Stande zu gleicher Zeit den Griechen und den Saracenen, damals den beyden mächtigsten Nationen auf dem mittelländischen Meere hinlängliche Flotten entgegen zu setzen. Venedig, das nebst andern Städten am adriatischen Meere noch dem Kaiser von Konstantinopel gehörte, war der Waffenplatz der Griechen. Im Jahr 810 eroberte Pipin diese Stadt [52]). Allein in eben dem Jahre schloß er Frieden mit Nicephorus und gab ihm Venedig zurück [53]). Pipin starb gleich nach dem Schluße des Friedens, den Karl bestätigte; er schrieb bey dieser Gelegenheit an Nicephorus, um ihm sein Verlangen nach einem freundschaftlichen Vernehmen zu bezeugen. „Lan-„ge" sagt Karl, „aber vergeblich habe er ein brüderliches „Schreiben vom Nicephorus erwartet [54])." Ein brüderliches Schreiben bedeutete hier ohne Zweifel ein sol-

ches,

[52]) Annales Loisel. a. 810.

[53]) Ibid.

[54]) Epist. Caroli M. ad Nicephor Recueil p. 631.

ches, worin Nicephorus Karln für ſeinen Kollegen in der
Kaiſerwürde anerkannte. Michael, der im Jahre 812,
an Nicephorus Statt den griechiſchen Thron beſtieg,
ſchickte Geſandte an Karln, den von ſeinem Vorgänger
geſchloßnen Frieden zu beſtätigen. In einem Schreiben,
das er Karln durch die Geſandten überbringen ließ, nannte
er ihn zum erſtenmal Baſileus oder Kaiſer [55].

Nur ein Krieg war noch ungeendigt, der mit dem
Herzoge von Benevent. Unſre Leſer erinnern ſich der
Bedingungen, zu welchen ſich Grimoald anheiſchig
hatte machen müſſen, als er ſeinem Vater, Aregis, in
der herzoglichen Würde, mit Karls Einwilligung folgte.
Aus Noth oder aus Gewiſſenhaftigkeit blieb er, in den
erſten Jahren ſeiner Regierung, ſeinem Verſprechen treu.
Allein nach und nach unterließ er, Karls Namen auf den
Münzen und in öffentlichen Acten zu erwehnen. Er
beſſerte ſeine Feſtungen aus, ſtatt ſie zu ſchleifen. Pipin
hatte dieſe Treuloſigkeit ahnden wollen. Aber es war
Grimoalden gelungen, vermuthlich durch die Lage und
Feſtigkeit ſeiner Plätze ſich gegen Pipins Tapferkeit und
überlegene Macht zu behaupten. Grimoald ſtarb im
Jahre 806 ohne Erben. Ihm folgte ein anderer Grimoald, den die Beneventaner zum Herzog wählten [56].
Dieſer Grimoald der II. ſchloß im Jahr 812, Frieden
mit Karln. Die Bedingungen waren gelind, in Anſehung des langen Widerſtandes, den die Beneventaner
Karln gethan hatten. Sie mußten aufs neue einen
jährlichen Tribut von ſiebentauſend Gulden verſprechen.

Für

---

[55] Annales Loiſel. a. 812.

[56] Locus ex Erchemberti Hiſtoria Longob. Recueil
p. 324.

Für die ganze Zeit, da sie während des Krieges nicht bezahlt hatten, mußten sie fünf und zwanzig tausend Gulden geben 57).

Dieser Krieg mit den Beneventanern, so wie der mit den Griechen und Saracenen, waren zuletzt nicht mehr mit dem Nachdruck, den man sonst von Karln gewohnt war, geführt worden. Sein zunehmendes Alter fieng an, merklich von ihm empfunden zu werden. Er war immer sehr gesund gewesen; er wurde jetzt oft krank. Dazu kam die Traurigkeit über den Tod seiner zwey Söhne.

Einige an seinem Hofe, die seine Betrübniß und die Abnahme seiner Kräfte sahn, riethen dem Könige von Aquitanien, seinen Vater zu besuchen. Er würde, glaubten sie, durch die Gegenwart seines dritten noch lebenden Sohnes getröstet und erheitert werden. Ludwig, dem seine Höflinge vorstellten, Karl könnte diesen unverlangten Besuch eigennützigen Absichten zuschreiben, hielt für rathsam diesen Verdacht zu vermeiden und blieb in Aquitanien 58).

Karl selbst ließ seinen Sohn nicht eher, als im Jahr 813 zu sich nach Aachen rufen. Zu gleicher Zeit berief er einen Reichstag.

Der Tod seiner Söhne hatte eine Veränderung in dem, was er in Ansehung der Succeßion verordnet hatte, nöthig gemacht. Nur der eine von diesen Söhnen, Pipin,

57) Adonis Chron. a. 812 Recueil p 313. Annal Fuld. a. 811. Nach Ado hätte Grimoald jährlich 25000 solidos aureos bezahlen sollen. Dieß ist unglaublich. Die suldische Chronik sagt: tributi nomine d. i. wegen des bisher schuldig gebliebenen Tributs habe er auf einmal so viel bezahlen müssen. So versteht es Giannone.

58) Vita Lud. Pii. c XX. Recueil T. VI. p 96.

pin, hatte, außer einigen Töchtern, einen Sohn Bernhard, hinterlaſſen. Dieſer Bernhard hatte, nach dem
unter den damaligen europäiſchen Völkern üblichen
Staatsrechte, kein Recht, ſeinem Vater in der Regierung zu folgen. Denn ſein Vater ſelbſt war, des
königlichen Titels ungeachtet, bloß Karls Statthalter
in Italien geweſen. Karl hatte alſo jetzt die beſte Gelegenheit, ſeinen Sohn Ludwig zum einzigen Nachfolger
in allen ſeinen Staaten zu ernennen. Gleichwohl erklärte er, auf dieſem Reichstage zu Aachen, Bernharden zum König von Italien. Einigen alten Schriftſtellern zufolge ſoll Karl hauptſächlich durch Ludwigs
großmüthige Bitte bewogen worden ſeyn, eine ſo gün-
ſtige Verfügung für Bernharden zu machen. Ich weis
nicht, ob es mehr ſo großmüthige Prinzen gegeben hat;
Ludwigs Großmuth aber wäre noch außerordentlicher geweſen, wenn es zuverläßig wäre, was einer dieſer Schriftſteller noch hinzufügt, Bernhard ſey aus einer unſtandes-
mäßigen Ehe erzeugt geweſen, in welchem Fall er ſogar
nach den fränkiſchen Rechten der Regierung nicht fähig
war [59]. Allein dieſe beyden Verfaſſer, die überhaupt
für Ludwigen partheyiſch ſind, verdienen in dieſem Punkte
am wenigſten Glauben. Eginhard, der ebenfalls dieſe
Ernennung Bernhards zum König von Italien als einen
vorzüglichen Beweis von Karls zärtlicher Geſinnung
gegen die Seinigen anführt, erwehnt dieſes Umſtandes
von Bernhards Geburt nicht, und würde er wohl vergeſſen haben, ihn, wenn er wahr geweſen wäre,
anzuführen? Die Güte des Monarchen wäre dadurch
in ein noch viel ſtärkeres Licht geſetzt. Auch die übrigen
Chronikenſchreiber erwehnen weder der vermeinten un-
ſtan-

[59] Theganus de geſtis Ludovici Pii. c. XXI. Du Chesne T.
II. p 28. Recueil T. VI. p. 79. Vita Iud. Pii c. XXIX ap.
du Chesne ib. p. 299. Recueil T. VI. p. 101.

standesmäßigen Geburt Bernhards, noch der vermeinten großmüthigen Bitte Ludwigs.

Es ist aber nicht unwahrscheinlich, daß Karl selbst
das, was bloß Güte gegen seinen Enkel schien, vielleicht für Gerechtigkeit, vielleicht für Nothwendigkeit
hielt. In dem fünften Artikel der Theilungsverordnung
hatte er ausdrücklich erklärt, daß, wenn einer seiner
Söhne stürbe, dessen nachgelaßner Sohn in der Regierung folgen sollte. Er gebot, daß, in solchem Fall,
die beyden Oheime sich der Succeßion des Vettern nicht
widersetzen sollten. Schien er nicht durch diesen Artikel
sich selbst ein Gesetz gegeben zu haben, dessen Beobachtung ihm eben so heilig seyn mußte, als er sie seinen
Söhnen empfohlen hatte? Was für Gründe hätte er
anführen können, eine Verordnung, die er überhaupt
zum Vortheil seiner Enkel gemacht hatte, zum Nachtheil
des einzigen Bernhards aufzuheben? Sodann war die
Verordnung bekannt, und Bernhard hatte daher, ohne
Zweifel, sich längst als seines Vaters Nachfolger in dem
italienischen Reiche betrachtet. Endlich war zu befürchten, daß ihm einst, wenigstens nach Karls Tode, wenn
er jetzt seiner Hoffnung hätte sollen beraubt werden, weder
Neigung noch Anhang fehlen würde, innerliche Unruhen
zu erwecken.

In Karls übrigen Staaten war Ludwigs Succeßion
dergestalt gewiß und festgesetzt, daß sie keiner neuen Bestätigung bedurfte. Aber Karl wollte ihm die Kaiserwürde versichern. Dieß war bey dem gegenwärtigen
Reichstage seine eigentliche Absicht.

Karl glaubte, daß die Kaiserwürde, die er in seiner
Person erneuert hatte, weder an Italien noch an Rom
gebunden sey. Die griechischen Kaiser, die ihren Sitz
in Konstantinopel hatten, nannten sich gleichwohl römische Kaiser und Nachfolger der alten Cäsarn. Er glaubte

ebenfalls, daß er in einer Würde, die er ſich ſelbſt ver-
dankte, ſich ſelbſt einen Nachfolger zu ernennen, berechtigt ſey. Auch hatten die letzten Kaiſer dieſes Recht
ausgeübt.

Aber zugleich ſah Karl, daß zu Beobachtung dieſer
Würde weder die Krönung durch den Pabſt noch die Einſtimmung der ohnmächtigen, wankelmüthigen Römer
hinlänglich ſey. Eigne Kräfte wurden dazu erfordert.
Dieſe ſeinem Sohne zu verſchaffen, hatte Karl dießmal
die Reichsverſammlung berufen; er ſuchte von den Franken das Verſprechen zu erhalten, daß ſie ſeinen Sohn
bey der Kaiſerwürde ſchützen wollten. Außer dieſem
Grunde, bedurfte er ihrer Einwilligung nicht, um ſeinem Sohne eine Würde zu ertheilen, die er ſelbſt nicht
von ihnen, ſondern von den Römern bekommen hatte.
Die Art, wie er Ludwig zu ſeinem Nachfolger erklärte,
beweißt hinlänglich, daß er die Einſtimmung der Franken bloß aus dieſer angeführten Abſicht verlangte.

Karl eröffnete den Reichstag durch eine Rede, worin er die Franken ermahnte, ſeinem Sohne eben die
Treue zu beweiſen, die ſie ihm, dem Vater, bewieſen
hätten. Er ſchloß mit der Frage, ob ſie einwilligten,
daß er ſeinen Sohn zum Gehülfen in der Regierung
und zu ſeinem Nachfolger in der Kaiſerwürde annähme.
Die ganze Verſammlung, gerührt durch den Vortrag
des durch ſeine Jahre, durch ſeine Thaten und durch ſeine
Perſon ehrwürdigen Monarchen, gab ihre einmüthige
Einſtimmung lebhaft zu erkennen. Es wurde darauf
der nächſte Sonntag beſtimmt, Ludwigen die Würde
feierlich in der Kirche der heiligen Maria zu ertheilen.
Karl erſchien in feierlicher Kleidung mit einer Krone
auf dem Kopfe. Eine andere goldene Krone, die er als
Kaiſer bisweilen getragen hatte, lag auf dem Altar.
Nach einigen gottesdienſtlichen Handlungen hielt Karl

eine

eine Rede an seinen Sohn, den er an seine Pflichten
gegen Gott, gegen die Kirche, gegen seine Unterthanen,
gegen seinen Vater und seine Geschwister erinnerte. Als=
dann befahl er ihm, die Krone mit eigenen Händen vom
Altar zu nehmen und sich selbst aufzusetzen ⁶⁰). Diese
von Karln selbst erfundene von der gewöhnlichen Krönung
der fränkischen Könige abweichende, Ceremonie sagte so
deutlich, als eine Ceremonie etwas sagen kann; daß
nächst Gott, Karl der einzige sey, dem Ludwig die Krone
zu danken habe.

Karl lebte nach diesem Reichstage ungefehr noch ein
halbes Jahr. Er hatte in den vier letzten Jahren oft
Anfälle vom Fieber. Außer diesen natürlichen Vorboten
seines herannahenden Endes glaubten seine Zeitgenossen
noch andre in einigen zufälligen Begebenheiten zu entde=
cken. Eginhard erzählt verschiedne davon und fügt hinzu,
Karl selbst habe ihre Bedeutung zwar verstanden, aber
entweder so wenig geachtet, oder die Eindrücke, die sie
auf ihn gemacht, so glücklich verborgen, als ob sie ihn
am wenigsten betroffen hätten; eine Fassung, der dieje=
nigen, welche an dergleichen Dinge glauben, selten mäch=
tig sind, und die selbst einem Alexander und Julian
fehlte.

Karl starb an einer Pleuresie zu Aachen am acht und
zwanzigsten Januar im Jahr 814. Es ist wahrschein=
lich, daß er sich in seiner Krankheit des Raths der Aerzte
nicht bediente; er hielt so wenig auf sie, daß er sie
fast zu hassen schien ⁶¹). Er selbst hielt das Uebel
für ein Fieber und hoffte es durch seine gewöhnliche

Y 3　　　　　Me=

⁶⁰) Thegan. c. VI. ap. Du Chesne T. II, p. 276. Recu=
eil T. VI. p. 75. Eginh. vita Caroli M. c. XXX. Id.
Annal. a. 813.

⁶¹) Eginh. Vita Caroli M. c. XXII.

Methode, durch eine strenge Enthaltung von Essen, zu heilen 62).

Er hat zwey und siebzig Jahr gelebt und sieben und vierzig als König der Franken regiert. Vierzehn Jahre waren, seitdem er die Kaiserwürde annahm, verflossen. Er wurde zu Aachen in der Stifts = oder Marienkirche, die er hatte bauen lassen, begraben.

Die bisherige Geschichte enthält die Hauptzüge von Karls Character. Aeußerst thätig und unternehmend, aber voraussehend und richtig urtheilend, handelte er stets nach großen aber sichern Planen. Ruhmgierig in dem Grade, unter welchem es nie einen großen Mann gegeben hat, war er gleichwohl nicht leichtsinnig genug, um des Ruhms willen das Außerordentliche zu lieben. Er mußte ihn mit edlern Zwecken zu verbinden. Durch sein Genie, durch seine Bekanntschaft mit der Geschichte, durch das, was er in Italien von Denkmälern alter römischer Größe sah, und durch das, was er von dem ehmaligen Zustande dieses Landes aus dem, was er sah, schließen konnte, hatte er Ideen von einer mächtigen, aufgeklärten und gesitteten Nation bekommen, die er sehnlich wünschte bey seinen Franken zur Würklichkeit zu bringen.

Ein Monarch von Karls Genie wird immer große Veränderungen in dem Zustande, in der Denkungsart, in den Sitten der Menschen bewürken. Hat er zugleich die edlen Absichten, die Karl hatte; so werden diese Veränderungen Wohlthaten für das menschliche Geschlecht seyn. Aber wenn er so glücklich ist, in Zeiten zu leben, wo er alles vorbereitet findet, seine großen Entwürfe zu erleichtern; so denke er, ohne Stolz, an Karln zurück, der mit allen den Hindernissen, die sich jemals der Ver-

voll-

62) Eginh. ib. c. XXX.

vollkommnung der Menschheit widersetzten, zu kämpfen hatte.

Schon bey seinem Leben wurde Karl, auch von fremden Völkern, oft ein großer König genannt. Er selbst, nachdem er die Kaiserwürde angenommen hatte, gab sich in öffentlichen Schriften, unter andern Titeln, den eines großen Kaisers. Aber dieß war bloß Nachahmung des griechischen Hofes, bey dem gehäufte und großklingende Titel gebräuchlich waren. Den eigentlichen Beynamen des Großen, hat er erst nach seinem Tode bekommen. Dieser Beyname wurde so gewöhnlich, daß man endlich den Namen Karl nicht mehr ohne diesen Zusatz aussprach.

Karl war lang und stark gebaut; von majestätischer, aber heitrer Gesichtsbildung; in Leibesübungen geschickt; ein großer Liebhaber von der Jagd, vom Schwimmen und Reiten. In seiner Kleidung, wie an seiner Tafel, gewöhnlich ohne alle Pracht; mit vieler bey feierlichen Gelegenheiten. Pracht liebte er auch in Gebäuden, deren er verschiedne aufführte; am meisten aber beym Gottesdienst. Ueber Tische ließ er sich insgemein aus der Geschichte vorlesen. Auch hörte er gern aus Augustins Büchern von der Stadt Gottes.

Karl hatte sich viermal vermählt. Seine erste Gemahlin war eine longobardische Prinzeßin; die zweyte, Hildegarde, eine Schwäbin von vornehmen Adel, die dritte Fastrade, aus einem ostfränkischen; die vierte Lüdgarde, aus einem allemannischen Hause. Nur von den beyden mittlern hatte er Kinder; von Hildegarde, drey Söhne und drey Töchter; von Fastrade, zwey Töchter. Vor seiner ersten Heirath lebte er in einer unstandesmäßigen Ehe. Nach dem Tode seiner letzten Gemahlin, die im Jahr 8 > starb, hatte er sich noch einigemal, aber ebenfalls unstandesmäßig verheirathet.

Die

Die Erziehung seiner Kinder war für Karln eine seiner wichtigsten Angelegenheiten. Er ließ seine Söhne und seine Töchter in den Wissenschaften unterrichten, die er selbst spät angefangen hatte, zu cultiviren. Daß er seine Töchter zum Weben und Spinnen anhalten ließ, war nicht Sonderbarkeit, sondern auch noch später allgemeine Sitte der Deutschen, wie sie, bey den Römern und Griechen gewesen war. Feinere, weiblichen Händen angemeßnere Arbeiten waren noch nicht erfunden.

Seine Neigung zur Freundschaft, und seine Zärtlichkeit und Standhaftigkeit in derselben, wird von Eginhard, der sie erfahren hatte, gerühmt. Die Königin, Fastrade, verleitete ihn einigemal zu Handlungen, wie man sie von seinem gelinden und gütigen Charakter nicht gewohnt war. Alle übrige Zeit genoß er, nach Eginhards unverdächtigem Zeugniß, einer allgemeinen, lebhaften Zuneigung und Liebe.

Zu verbessern:

S. 2. Z. 6. von unter, lese man: Chaucer, statt: Chauder

= 8. = 4. in der ersten Note lese man: von da bis zur
Weser, statt: von den bis zur Weser.

= 26. = 1. in der Note 24) = Atrebatum = Atrebetum.

= — = — ib. Arras = Arres.

= — = 5 = Gallieni = Gallicci.

= 41 = 11 = Grifo = Grifo.

= 47 = 6 = Krieg = König.

= 64 = 12 in der Note 15) = et Kniv = et Knire.

= — = — = Knivet = Kniret.

= — = 15 = de König = de Köwig.

= — = 18 = jeg Kaller = jeg Caller.

= — = 19 = jeg Kalles = jeg Calles.

= 77 = 11 = wollen. Bald = wollen, bald.

= 85 = 5 = in Ansehung der = in Ansehung in der.

= 108 = 5 von unten, = schnell gewachsne = schnell
gemachte.

= 110 = 12 = ihrer ursprünglichen Reinigkeit ge=
mäß = ihrer ursprünglichen gemäß.

= 117 = 15 = nie ein Grund = nie Grund.

= 118 = 10 = die Oker = die Oder.

= 120 = 15 = die Sachsen = die Sachen.

= — = 1 in der Note = Gaillard = Guillard.

= 124 = 9 = Bedingungen = Beleidigungen.

= 130 = 16 in der Note = und dann ihnen gemäß =
und dann erst ihnen gemäß.

= 133 = 3 von unten. Diese, mit den Worten: Im
Frühlinge ꝛc. anfangende Anmerkung
ist aus Versehen unter die Noten gerathen, da sie eigentlich ein Theil des Tex-
tes selbst seyn sollte.

= 141 = 15 = und ihm eine = und ihm ein.

= 142 = 2. in der Note = Frobenius = Froberius.

= 153 = 2 = Elipand = Elipard.

S. 154

S. 154 Z. 1 lese man: vom Kaiſer aus, ſtatt: vom Kaiſer.

= 155 = 21 = nicht verletzen werde = verletzen
werde.

= 165 = 6 in der Note 35. = Vorzügen = Vergnügen.

= 168 = 2 = Theater = Thealer.

= 171 = 4 von unten in der Note = ſeiner Abweſen=
heit = ſeine Abweſenheit.

= 172 = 15 in der Note = das Gewühl = Gemälde.

=, — = 17 = Jagdpartie = Jagdpartey.

= 175 = 21 = gelang = gelung.

= 183 = 9 von unten = der Grafen = des Grafen.

= 198 = 13 = aber gab = übergab.

= 208 = 8 von unten = Steppe = Stoppe.

= 209 = 3 in der Note = meldet = entdeckt.

= 212 = 5 = zu laſſen; daß man = zu laſſen. Daß
man.

= — = 18 = daß ſich auch = daß ſich.

= — = 20 = erhalten hatten? = hatte?

= 244 = 3 = großen Theil Italiens und = großen
Theil und.

= 246 = 6 von unten in der Note = widmete = widme.

= 258 = 15 = aus dem Vatican = vom Vatican aus.

= 262 = 4 = wenn man dieſen Befehl lieſt = wenn
man lieſt.

= — = 17 = hätten er und ſeine Nachfolger =
hätte er.

= 270 = 13 = für nicht ſo wahrſcheinlich = für
wahrſcheinlich.

= 275 = 6 von unten = ich verzeihe euch = ver=
zeihe uns.

= 281 = 9 = Hauptzweige = Nebenſtämme.

= 287 = 2 von unten = Regierungsmaximen = Re=
gierunsmaxime.

= 295 = 12 = Danewirk = Dänemark.

= 296 = letzte Z. in der Note 1) = Halfdan = Helfdan.

= 297 = 11 = Holdenſtetten = Holden ſtehen.

= 318 = 6 = beſchäftigen = beſänftigen.

= 319 = 6 = beſetzte Wehrgehenke = beſetztes
Wehrgeſchenke.

= 328 = 18 = war. Verbeſſerung = war, Ver=
beſſerung.

= 332 = 7 von unten = verkennen = erkennen.